宗教史学論叢 19

「呪術」の呪縛

【上巻】

江川純一・久保田 浩 編

LITHON

はしがき

　magic 概念について改めて考えてみたい。1960 年代以降に展開してきた religion（宗教）概念批判により、religion 概念の自明性が揺らぎはじめ、近代西欧で確立した religion という概念で古今東西の類似の現象を一括りにしてきたことが反省的に思考されるようになった。この流れは religion の一種の対立概念として、劣位概念として、類似概念として使用されてきた magic 概念にも当然影響を及ぼすであろう。

　また magic は、「呪術」「呪法」「魔術」「魔法」「奇術」「まじない」「のろい」といった具合に様々に訳され、学問的概念としての使用にとどまらず、文学、サブカル、実践の場といった様々な領域においても、自称としてまた他称として歴史的に用いられ、そして現在でも使用されている。この状況そのものも宗教史研究の対象となり得るであろう。

　本論文集においてわたしたちは、magic 概念を破棄しようとするつもりも、新たな magic 概念の定義を提示するつもりもない。また、magic をめぐる複数の訳語を整理し統一しようとする意図もない。従来の学問的議論が往々にしてそうであったように magic 概念を所与のものとして前提にしたり、より妥当性のある magic の定義を提案したりするのではなく、事例に則して概念生成の場、概念使用の場に立ち返り、magic の諸相に光をあてたい。

　本論文集は上下巻から構成されるが、両巻とも、それぞれ概念史的・学問史的研究、歴史的事例研究の両方から成り立っている。上巻第一部は学術用語としての magic 概念をめぐる理論的・学説史的研究であり、アメリカ、イギリスとフランス、ドイツ、日本における概念の生成と展開を

取り上げる。第二部は東アジア・東南アジアの事例研究であり、スリランカ、インドネシア、中国、朝鮮の事例が論じられる。第三部では近世から現代に至るまでの日本における magic をめぐる諸相を取り上げる。下巻は、上巻とは別の視点から改めて概念史的・学問史的な諸問題を考察し、事例としては古代オリエント史と西洋史から magic の多様な歴史的事象を取り上げる予定である。また上巻では、問題の所在と本論文集の狙いを明確にするために、編者による序論（「呪術」概念再考に向けて）を付した。本論文集のタイトルが意味するところについてはそこで詳しく述べている。

様々な時代・地域において、どのような事象にたいして magic の語が適用されてきたのか（また適用されてこなかったのか）、そこにはいかなる精神史的・文化史的背景があったのかを明らかにすることで、宗教史学の新たな可能性が立ち上がることを望んでいる。それはあるいは分野横断的でトランスディシプリナリな「magic 学」となるかもしれない。

本論文集は、リトンの大石昌孝氏の細やかで正確な編集のお仕事と、編者の無理難題に忍耐強く対応してくださる寛大さがなかったら完成しなかったに違いない。ここに大石氏への心からの感謝の念を記しておきたい。

    2015 年 2 月

              江川純一・久保田　浩

* 本書の出版には大畠記念宗教史学研究助成基金からの援助を受けている。ここに記して謝意を表したい。また、本書刊行に向けて編集作業の最終段階にあった 2014 年 12 月 12 日、田丸徳善先生が逝去された。編者の大畠基金への助成申請に際して、本書の刊行意図をお汲み取り下さり、編者の身に余る推薦のお言葉を頂戴した。本書の刊行を以て、これまで先生から頂戴した学恩に対する僅かばかりの感謝の意を表したい。

「呪術」の呪縛

上巻

目　次

はしがき　　江川純一・久保田 浩　1

「呪術」概念再考に向けて
　　——文化史・宗教史叙述のための一試論——　　江川純一・久保田 浩　7

　　第一部　呪術概念の系譜

アメリカ宗教学における「呪術」概念　　藤原聖子　47

イギリスとフランスにおける呪術研究　　竹沢　尚一郎　79

ウェーバーのいう「エントツァウベルンク」とは何か　　横田理博　99

初期の日本宗教学における呪術概念の検討　　高橋　原　143

呪術研究における普遍主義と相対主義、そして合理性
　　——分析哲学と認知宗教学から——　　谷内　悠　163

　　第二部　事例研究：アジア

スリランカの呪術とその解釈
　　——シーニガマのデウォルを中心に——　　鈴木正崇　195

プロテスタント宣教師の見た「呪術」と現地社会
　　　──ヨハネス・ワルネック著『福音の生命力』
　　　　　　をめぐって──　　木村敏明　233

中国における呪術に関する若干の考察
　　　──呪術(magic)という語の呪術的性格──　　池澤　優　257

近代朝鮮における「宗教」ならざるもの
　　　──啓蒙と統治との関係を中心に──　　川瀬貴也　297

　　第三部　事例研究：日本

熊沢蕃山の鬼神論と礼楽論　　井関大介　323

魔術は催眠術にあらず
　　　──近藤嘉三『魔術と催眠術』の言説戦略──　　一柳廣孝　353

科学と呪術のあいだ
　　　──雪男学術探検隊、林寿郎がみた雪男──　　宮坂　清　369

「魔法少女」の願い　　今井信治　389

サブカルチャーの魔術師たち
　　　──宗教学的知識の消費と共有──　　堀江宗正　417

編者・執筆者紹介　467

「呪術」概念再考に向けて
――文化史・宗教史叙述のための一試論――

江川純一・久保田 浩

I 「呪術」や「魔法」は訳語なのか？

魔法。
魔法とは、まあ何という笑わしい言葉であろう。[1]

　昭和3年に上梓された『魔法修行者』を、幸田露伴はこの諧謔的な言葉で説き始めている。
　彼によれば、「笑わしい」なりにも「真面目に魔法を取り扱って」みれば、それは「化学」「天文学」「医学」「数学」等の歴史とも関係している一方で、「人類学」や「伝説研究」の対象として、また「文芸製作」「心理現象」「宗教」として取り扱うこともできる（519頁）。露伴は「魔法」を科学史的に論じ得る対象であると同時に、人間の想像力の発露とも捉えているようである。
　露伴はこのテクストで、二人の「魔法修行のアマチュア」（京都管領細川政元と『源氏物語』の注釈者関白九条植通（たねみち））について論じている。『舟岡記』[2]の記述（「魔法飯綱の法愛宕の法を行ない、さながら出家の如く、山伏の如し、或時は経を読み、陀羅尼をへんし」云々）を引用しつつ、政元を戦乱の世にあって修法に励んだ人物として、そして植通を、「飯綱の法を修行し」、「藪の中の朽ちかけた坊に物寂びた朝夕を送っていて、毎朝毎朝輪袈裟を掛け、印を結び、行法怠らず、朝廷長久、天下太平、家門隆

昌を祈って、それから食事の後には、ただもう机に凭って源氏を読んでいた」ような人物として描いている（532-534、543頁）。

しかし、本論文集の問題関心との関連で興味深いのは、露伴が描き出すこの二人の姿ではなく、彼がこのテクストで概観している「魔法」史と、彼の「魔法」概念である。まずそれを簡単に紹介しておこう。

露伴の「魔法」はある特定の実践的行為を指しているが、彼によればそうした実践は、上古の「厭勝の術」に始まる。時代が下って、「大分魔法使いらしい魔法使い」である役小角、「立派な魔法使い」である白山開山の祖泰澄とその弟子臥行者、久米仙人等が登場し、「魔法くさいことの行われるには最も適した時代」である平安期以降には、「生霊、死霊、のろい、陰陽師の術、巫覡の言、方位、祈禱、物の怪、転生、邪魅、因果、怪異、動物の超常力」等の記事が多くの説話集に現れ、「大概日本人の妄信はこの時代に醞醸し出されて近時にまで及んでいる」と指摘している（521-523頁）。

一方、露伴が「魔法」概念の下で理解している事象は何よりも、「げほう」「荼吉尼の法」（「吒祇尼法」）「狐つかい」「飯綱の法」である。露伴は「げほう」を「吒祇尼天を祈る道法」と特徴づけ、「狐つかい」は吒祇尼天と稲荷信仰との習合からして、本来は吒祇尼法の一種であると主張する。そして人々が「魔法の本統大系」と考えている「飯綱の法」については、管狐の使用や天狗と荼吉尼天との同一視といった民間信仰に言及している（525-529頁）。

論者がここで露伴の「魔法」論を紹介したのは、彼の説明の妥当性を論じるためではない。『魔法修行者』は論者にとって、当時の社会において「魔法」がいかなる概念的布置のなかに置かれていたのかを示唆してくれる一つの資料である。21世紀のわたしたちは、露伴の「魔法」概念を共有しているのであろうか。

こうした観点から見たとき、以下の点をまず確認しておくことが有益で

あろう。第一点は、露伴の「魔法」概念は「厭勝の術(まじない)」や修法等を始めとする諸々の実践を外延とする概念として用いられていることである。第二に、露伴にとって「魔法」は日本語のなかで使用され続けてきた自明な語であった。先述したように、彼自身が参照している『舟岡記』に「魔法飯綱の法」という表現が見られるだけではなく、「魔法」は既に室町中期の節用集の刊本の一つ文明本（1474 年）に現れている[3]。またキリシタン版の『日葡辞書』（17 世紀初）にも "Mafô" という項目の下に「Tenguno nori（天狗の法） 悪魔の教法」という意味解説が付されている[4]。第三点は、こうした実践は文化横断的に観察されるものだと考えられていることである。露伴は、エジプト、インド、アラビア、ペルシア、中国は「皆魔法の問屋(といや)たる国々だ」と述べ、例えば西洋の「マジックスクエアー」と中国の洛書を比較の対象としている（519-520 頁）。これは明らかに、当時の西洋の magic 概念の（オリエンタリスト的）使用法に基づくものであり、英語の magic を始めとした西洋諸言語の相当語は露伴において、「魔法」と一対一対応していたことがうかがわれる。

　まさにこの第三点において、第二点との連関で——確かにあまりにも常識的ではあるが、本論文集の問題関心にとっては——きわめて興味深い、概念形成の一つの過程が観察できる。遅くとも室町中期には確認される「魔法」概念は露伴において、その外延として日本のみならず海外の諸実践をも指示する概念となっている。これは、近代日本において西洋言語の邦訳という一方向的な翻訳作業とそれにともなう認知的再学習が強いられたというだけでなく、日本の外部の文物を所与の概念によって認知的に取り込む作業も同時に進行していたことを示している。確かに、歴史的に観察される様々な〈翻訳〉作業においては、こうした双方向性が重要な役割を果たすことは敢えて指摘するまでもないが、ここでこの点を改めて強調しておくのは、「魔法」概念と本書の題名に掲げた「呪術」概念との間に微妙な語用論的差異が認められるからであり、まさに・日・本・語・と・し・て・の、そ

して日本語史におけるその差異に留意しておくことが、本論文集の随所で論じられる諸事象がはらむ問題性を確認する作業につながると思われるからである。

　「魔法」も「呪術」も近世まで使用されてきた語である。「魔法」については先述の通りであるが、「呪術」は遅くとも漢訳の『観無量寿経』に現れ[5]、日本では『続日本紀』（巻第3、文武3年（699年）5月丁丑の条）において役小角の実践を表す語として言及され、また鎌倉期の語源辞典『名語記』（1275年）にも「あしき事を鎮ずる呪術の芸」とある。ただし、「術」を特定の目的を持つ諸実践を包括する語と捉え、その熟語的結合能力の汎用性を考慮すれば、「咒（呪）・術」は、まじないや真言・陀羅尼を唱える実践一般を包括する語として、とりわけ特別な含意をともなっていた訳でもなかろう。と言うのも、「咒（呪）術」という語そのものは、『易林本節用集』（1597年）や『和漢音釈書言字考節用集』（1717年）には確かに見出されるものの、『日葡辞書』（1603、04年）、ヘボンの『和英語林集成』（初版1867年、再版1872年、第三版1882年）、大槻文彦の『言海』（1889-1891年）には現れてこないからである[6]。つまり、「呪術」は「魔法」と比べると、近世・近代において独立した概念として人口に膾炙していたと断言することは難しいのである。

　このあたりの事情を念のため、ヘボンの『和英語林集成』[7]を例に確認しておこう。まず英和の部で、magic ならびにその周辺語、特に後に学問的な記述概念とみなされるようになる諸単語の訳語を見ていこう（表①）。

表①『和英語林集成』英和の部

英単語項目	初版(慶応3年＝1867年)	再版(明治5年＝1872年)	第三版(明治19年＝1886年)
magic	mahō [魔法]; idzna [飯縄]; yōjutsz [妖術]	mahō; idzuna; hōjutsu [法術]; genjutsu [幻術]	mahō; izuna; hōjutsu; genjutsu
magician	mahō-tsukai; idzna tszkai	mahō-tsukai; idzuna-tsukai	mahō-tsukai; izuna-tsukai; yōjutsusha
conjuration	mahō	ju-mon [咒文]; majinai [咒]; chikai [誓]; koi-negai [希]	ju-mon; majinai; chikai; koi-negai

conjurer	mahō tszkai	mahō-tsukai; shina-damatsukai [品玉使い]	mahō-tsukai; shina-damatsukai; tezumashi [手妻師]
sorcery	mahō; idzna; majutsz [魔術]	mahō; idzuna; majutsu	mahō; izuna; majutsu; genjutsu
sorcerer	mahō tszkai; idzna tszkai	mahō-tsukai; idzuna-tsukai	mahō-tsukai; izuna-tsukai
witch	matszkai onna; ichiko [降巫]	ma-tsukai-onna; ichiko; miko [巫子]	ma-tsukai-onna; ichiko; miko
witchcraft	mahō tszkai	mahō-tsukai	mahō-tsukai
wizard	mahō tszkai	mahō-tsukai	mahō-tsukai

次に、英和の部の訳語として現れてくる語を中心に和英の部を確認しておく（表②）。

表②『和英語林集成』和英の部

日本語項目	初版	再版	第三版
魔法	devilish, or infernal rites, magic arts, conjuration	sorcery, magic arts, conjuration	sorcery, magic arts, conjuration
魔法使い	a conjurer, sorcerer, magician	a conjurer, sorcerer, magician	a conjurer, sorcerer, magician
飯縄	a kind of sorcery or magic	a kind of sorcery or magic	a kind of sorcery in which small animals like rats are used
役鬼者（いづなつかい）	a sorcerer, a magician	a sorcerer, a magician	a sorcerer, magician or diviner
妖術	magical arts	magical arts	magical arts (syn. mahō [魔法], genjutsu [幻術])
法術	magical arts	magical arts	magical arts
幻術	secret arts, magic arts, supernatural powers, (of becoming invisible, etc.)	secret arts, magic arts, supernatural powers, (of becoming visible [sic.], etc.)	secret arts, magic arts, supernatural powers, (of becoming invisible, etc.)
降巫（いちこ）	a fortune-teller, or spiritualist (syn. adzsamiko [梓子])	a witch, a fortune-teller or spiritualist, one who has communication with the spirits of the dead	a witch, a fortune-teller, or spiritualist, necromancer, one who has communication with the spirits of the dead
魔術	sorcery, magic, witchcraft	sorcery, magic, witchcraft (syn. mahō [魔法])	sorcery, magic, witchcraft (syn. mahō [魔法])
品玉	the balls and articles used in sleight-of-hand tricks	the balls and articles used in sleight-of-hand tricks	the balls and articles used in sleight-of-hand tricks
品玉使い	a juggler	a juggler, conjurer	a juggler
手妻	sleight of hand tricks, legerdemain (syn. tejina [手品], shinadama [品玉])	sleight of hand tricks, legerdemain (syn. tejina, shinadama)	sleight of hand tricks, legerdemain, jugglery (syn. tejina, shinadama)

以上から確認できる重要な点は、magic は邦訳され得る語（逆の観点から言えば、「魔法」は西洋語訳され得る語）とみなされていたという事実である。この点は自明なことのように思われるかも知れないが、「呪術」等の関連諸語の定着を明治期の翻訳作業という文脈で解明しようとする際に決して無視し得ない点である。例えば religion や culture 等の、西洋における政治的、社会的、文化的文脈のなかでその意味内容が確定していった諸語は、magic とは異なり、邦訳されなければならなかった語（訳語が創り出されねばならなかった語）であった。この点に関して改めて『和英語林集成』を参照してみれば、両者の相違が明らかとなる（表③）。

表③『和英語林集成』における religion と culture

項目	初版	再版	第三版
religion	oshie [教え], michi [道], hō [法], dō [道]	oshie, michi, hō, dō	oshie, michi, hō, dō, kyōhō [教法], kyōmon [教門], shūkyō [宗教]
culture	項目なし	＊	gakumon [学問], kyōiku [教育], fūga [風雅]
シウケウ 宗教（oshie）	項目なし	項目なし	religion
文化	項目なし	項目なし	項目なし

＊項目自体はあるが、"id." と記され、これは前項目の "cultivation" を指しており、この項目は以下のように説明されている。"tagayeshi [耕し], tsukuri [つくり], shugiyō [修業], shitsuke [躾], bummei [文明], kai-kuwa [開化]"。

　ヘボンの『和英語林集成』の版ごとの変遷については、再版以降、特に第三版において明治期の新造語が多く収録されていることが確認されている[8]。すなわち、第三版（1886年）になって明治期の新造語として新たな訳語が登場し、「宗教」はそうした新造語の内の一つであった[9]。一方、「文化」は1886年に至っても、訳語としては確立していなかったことがわかる[10]。

　このような、邦訳されなければならなかった西洋語諸単語の訳語（新造語）と、邦訳され得た諸単語（その訳語が従来の語彙から選ばれた西洋語諸単語）のその後の概念史的展開がそれぞれ異ならざるを得なかったこと

は、容易に察せられよう。前者が〈翻訳〉による認知システムの西洋化（新造語の確立と定着による、例えば「宗教とはreligionのことである」という現実認識の常識化）をもたらした一方で、近世までに確立していた前者は、西洋的近代（ことに学問）の導入と定着にともなって新造語が急増するただなかで、その前近代的出自ゆえに応戦を強いられることにならざるを得なかったと考えられる。

　この関連で第二に確認できることは、magicの対応語として「魔法」の使用が突出している点である。後に学界で定着した、あるいは現在定着していると言われることの多い「妖術」（witchcraft）や「邪術」（sorcery）といった語[11]について言えば、少なくとも『和英語林集成』ではまだこの二つの英単語には「魔法」が当てられている（因みに、「邪術」は、『和英語林集成』にも『言海』にも項目としては現れていない）。このように当初は、「魔法」がmagic及びその関連語の訳語としては優位にあったことが確認される。

　第三に指摘しておきたいのは、『和英語林集成』（と『言海』）における「呪術」の欠如と対照的な、『日本国語大辞典』初版（1974年）の「呪術・咒術」の項目である。

> 超自然的な力を直接的方法でよびおこし、望んでいる現象を起こさせようとする行為。「まじない」と「うらない」とがあり、前者はさらに「藁人形に五寸釘」のような類感呪術と、御賓頭盧（おびんずるさま）のような感染呪術とに区別される。魔術。魔法。[12]

このように、「呪術」についての記述が、ジェイムズ・ジョージ・フレイザー由来のsympathetic magic、すなわちhomoeopathic or imitative magicとcontagious magicという分類（第II章で詳述）に依拠した説明となっており、「呪術」概念自体が（とりわけフレイザー的）magicの訳

語という性格を帯びているのである。

　1880 年代（『和英語林集成』第三版、『言海』）における「呪術」の欠如と、そのほぼ百年後の 1970 年代（『日本国語大辞典』初版）における magic、それもフレイザー的な magic の訳語としての「呪術」[13]。露伴の『魔法修行者』（1928 年）には「咒詛」は見えても、「咒術」「呪術」は現れてこない。そうすると、明治初期、そして昭和初期にも、magic に対応する語とみなされていたと思われる「魔法」は、その後いかなる概念史的変容の波にさらされることになったのか、という素朴な問いが現れてくる。「呪術」によって呪縛されてしまったのだろうか。この「呪術」の呪縛は、「魔法」概念への効力のみならず、他の諸概念や認知システム全体へも何らかの影響を与えたのであろうか。もしそうだとすれば、呪師は一体誰だったのだろうか……。

　この関連で無視できないのは、1960 年代から「魔法」そして「魔術」、果ては「魔道」「魔界」等が、とりわけサブカルチャーの領域において再顕在化してきたことである。これが示唆しているのは、magic に対応しているとみなされている日本語の諸単語は、日本語としての使用という点で錯綜した展開を示しているということである。

　こうして、本論文集が提起する問題の領域はまずは二つに分けられる。一つは、magic を始めとした西洋諸言語の相当語の概念性に関わる領域、そしてもう一つは日本語としての概念性に関わる領域である。

　以下本試論を進めるに当たって、問題の次元をさらに区別しておきたい。それは、上の二領域はそれぞれ、二つの次元で主題化され得るということである。すなわち、近代学問の概念として使用される次元（エティックな他者表象の次元）と、近代学問がそこから自らを差異化しようとした非学問的、日常言語的に使用される次元（イーミックな自己・他者表象の次元）である。このように問題の領域と次元とを設定した上で、次章では学問的概念としての magic をめぐる諸問題に目を向けてみよう。

ただし予め断っておくが、本試論は magic 及びその関連諸概念の歴史的な使用のされ方に着目して論じているものの、歴史的に多様な概念使用の実態を網羅的に遺漏なく紹介した上でその特徴を抽出するといったことをもとより目指していない。magic をめぐる歴史的な概念使用と現実認識のシステムを改めて再考するために、多種多様な歴史的な事例のなかのいくつかにきわめて選択的に着目することで、問題の所在を明るみに出すこと、それが本試論の目的である。

II　学問的概念としての magic

学問的概念としての magic がどのような変遷を辿ったのかを検討するための出発点として、ヴィクトリア期イギリスの二人の研究者に焦点を当ててみよう。まず、エドワード・バーネット・タイラーである。彼は 1865 年に刊行された『人類の初期の歴史及び文明の発達についての探究』[14]のなかで、magic を研究の俎上に載せている (p. 135ff.)。彼は magic の語源について、以下のように説明する。まず、サンスクリット語では kṛ (to do)、kṛtya (sorcery)、kṛtvan (enchanting)、kârmaṇa (enchantment) といった語群に由来し、ラテン語の facere がイタリア語の fattura (enchantment)、古フランス語の faiture、ポルトガル語の feitiço といったロマンス系諸語のもととなっている。さらに、ドイツ語の zauber については、グリムに基づき、zouwan から来た古高ドイツ語の zoupar、そして、ゴート語の táujan (to do) に由来するものではないかと推定できる。ここで、タイラーの説明を補う形で――また後段の論述との関連で――いくつかの言語の対照表を示しておく（表④）。

さて、「文化の低次段階にある人間 (Man, in a low stage of culture)」(p. 118) を研究の対象とするタイラーにとって、magic についての考察

表④　言語対照表（下段は人を指す言葉）

LAT	ITA	FRA	ENG	DEU
magia magus	magia maga (mago)	magie magicien (-ne)	magic magician	Magie Magier
sors sortilegus	sortilegio: 占い sortilego: 占い師	sorcellerie sorcière	sorcery sorcerer	
striga, strix	stregoneria strega	strige: 吸血鬼	striga: witchweed ※1	Striga: 同左 ※1
			witchcraft witch (wizard)	
			hag	Hexerei Hexe (Hexer)
				Zauber, Zauberei Zauberer
facere ※2	fattucchieria (fattura) fattucchiere	faiture		
goetia ※3	goetia (goezia)	goétie	goetia	Goëtie
theurgia ※4	teurgia	théurgie	theurgy	Theurgie

※1（植物の学名）
※2（inf. ← facio）
※3（← Gr: γοητεία, goêteia）
※4（← Gr: θεουργία, theourgia）

は不可欠のものであった。タイラーによると「文化の低次段階」においては、対象とイメージの間に実際的なつながりがあると考えられ、オリジナルにたいしてはコピーを通じて働きかけが可能であると信じられている（p. 118）。動物の絵にたいする働きかけが、実際の狩りの成功につながるといった具合にである。その上で、これをタイラーは「誤った信仰」であり、「主体と客体の関係の混乱」であると捉える（p. 118）。

　1871年の『原始文化』[15]になると、先の説明がより明確なものとなる。「思考における連合は、現実における同様のつながりに関係するに違いない（association in thought must involve similar connexion in reality）」（vol.1, p. 104）。この有名な一節が示しているように、magic は、ヒューム以来の「観念連合（the Association of Ideas）」に基づく pseudo-sciences（p. 108）として捉えられるのである。

　先に『人類の初期の歴史及び文明の発達についての探究』のなかの

「誤った信仰」という言葉を紹介した。では「誤っていない信仰」とは何か。それが religion である。『原始文化』のなかでタイラーは religion の最小の定義として、そして「religion の進化」の出発点として「アニミズム」を置いた[16]。「アニミズム」についてタイラーは「一般に、霊魂やその他の霊的存在についての教説（the doctrine of souls and other spiritual beings in general）」(vol.1, p. 21)、「霊的存在にたいする信仰（the belief in Spiritual Beings）」(vol.1, p. 383) と定義している。ここから生まれるのは、では「アニミズム」と magic はいかに関わるのかという問いであるが、それについてタイラーは明確な答えを示していない。目下重要なのは、タイラーにおいて、magic の概念は science そして religion との間の線引きの手段であったという点である。彼における Occult Science という用語が、このあたりの事情を示している。タイラーは、Omens（予兆）、Augury（卜占）、Oneiromancy（夢判断）、Haruspication（腸占）、Scapulimanny,（肩甲骨占い）、Chiromancy（手相占い）、Cartomancy（トランプ占い）、Rhabdomancy（棒占い）、Dactyliomancy（指輪占い）、Coscinomancy（ふるい占い）、Astrology（占星術）などを Occult Science と呼ぶ。彼によると、近代西洋においてもみられる Occult Science は、「観念連合」に基づいているため (p. 104)、science でも religion でもなく magic の領域に含まれるのである。それ故、Occult Science は過去の残存（survival）として否定的に捉えられる。このことを確認して、次に進もう。

　タイラーの延長線上で magic 研究を進めたのが、ジェイムズ・ジョージ・フレイザーである。フレイザーの magic 研究は、後に見るように、社会学、人類学、民俗学などの様々な分野に大きな影響を与え、アカデミズムにおいては多くの場合、否定的に継承された。本論文集に収められる諸論考においても、幾度となくフレイザーの名前が取り上げられることであろう。そのため、ここでやや詳しく見ておきたい。フレイザーが magic

についてどのような論じ方をしているのかを原典に則して確認しておくことは、決して回り道ではないはずである。

　magic研究の出発点として語られることの多いフレイザーだが、その理論的枠組みは既に、先に触れたタイラーのなかに示されている。『金枝篇』初版[17]のなかでフレイザーは、タイラーの「思考における連合は、現実における同様のつながりに関係するに違いない」という確信[18]をmagicの原理に適用し、以下のように整理した。

　　世界は霊的な力で満ちているという世界観とならび、原初的な人間は別の観念も持っていた。それは、自然法則という近代的な概念の萌芽とみなすことができるかもしれないもの、すなわち、自然とは不変の秩序のなかで人格的な作動因（agency）の介入無しで生起する一続きの出来事であるとする自然観である。ここで言う萌芽は感応（シンパセティック）magicとでも呼ぶことができるものと深く関わっている。感応magicは迷信のほとんどの体系のなかで大きな役割を果たしている。感応magicの原理の一つは、いかなる効果もそれを真似ることによって生み出されるというものである。いくつか例を挙げよう。ある人を殺したいと思うとき、その人の像を作りそれを破壊する。つまり、人とその像の間の物理的な感応によって、像に加えられた危害はまるで身体自身に加えられたもののように感じられ、像が破壊されると同時にその人も死ぬに違いないと信じられたのである。[19]

　　また、magicの感応は、人と、髪の毛や爪のように人から切り離されたものとの間に存在すると考えられている。だから、髪の毛や爪を手に入れた者は誰でも、どれだけ離れていても、それらが切り離された当の人にたいし自らの意志をはたらかせることができる。[20]

そして『金枝篇』の最終形である第三版では、以下のような記述に至る。

> magic の基礎を成している思考原理を分析するなら、おそらく次の二つに分けられるであろう。一点目は、似ているものは似ているものを生み出す、あるいは、結果は原因に似る。二点目は、かつて互いに接触していたものは、物理的接触が終わり離れたあとでも、互いに影響を及ぼす。前者の原理を《類似の法則》、後者を《接触または感染の法則》と呼んでよい。第一の原理、すなわち《類似の法則》に基づき magician は、ただ真似ることで自分が望む結果を生み出すことができると考える。そして第二の原理により、物体にたいして行った行為は、その物体が相手の身体の一部であったかどうかにかかわらず、かつて接触していた身体に同じ影響を及ぼすと考える。《類似の法則》に基づく charms を《Homoeopathic（類感）もしくは Imitative（模倣）Magic》、《接触または感染の法則》に基づく charms を《Contagious（感染）Magic》と呼んでも良い。[21]

その上で「magic とは非合理的な行動指針であると同時に、自然法則の偽りの体系である。発育不全の技術であると同時に誤った science なのである」[22]と捉えられる。タイラーの場合と同様に magic は religion や science と区別されている。だが、それらが歴史的な段階に位置づけられている点にタイラーとの違いがある。『金枝篇』初版のなかで、フレイザーは人間の歴史について以下のような見取り図を描いている[23]。歴史の初期の段階においては、自然も超自然も平等な足場の上に立っており、「神々とは人間の意志に従って動くよう威嚇され強要される存在」を指す概念（人間に大いに優越するものではない）であった。しかし人間の知識の発達にともない、世界にある存在はすべて平等であるという思考は崩れ、人間は自然の前で自分たちの小ささ、弱さをより強く自覚するように

なった（そのため超自然的な力という概念が強まる）。人間はmagicのような独自の力によって自然の成り行きを動かすという望みを諦め、超自然的な力を神という特別な唯一の存在に委ねるようになる。こうしてmagicはreligionへと移り変わっていく。さらに時代が下ると、自然の力は人格的な作動因によるものであるとする思考は、自然法則という認識に道を譲る。magicは、不可避・不変の連鎖、原因の連鎖を自然のなかで探究することによって、scienceへの道を用意する。

　これが、有名になったいわゆる「magic → religion → science」の図式である。注意しなければならないのは、この図式が『金枝篇』という書物全体を支配しているわけではないという点である。つまり、版を重ねるごとに増大していった数多の事例が、この図式に当てはめられているわけではないのである。そうではなく、『金枝篇』は「magicの実践」そして「magicalとしか言いようのない思考」が、いかに普遍的かを書き連ねた書である。『金枝篇』第三版ではこのように述べられている。

　　こうした普遍的信仰、すなわちまさにカトリックの信条（Catholic Creed）[24]とは、magicの効果への信仰である。religious体系はそれぞれの国においてだけでなく、同じ国でも時代によって異なる。一方、感応magicの体系はどこでもいつの時代でも、その原理と実践に関し本質的に同じである。[25]

2巻本から出発し、最終的に11巻（書誌、補遺を加えると13巻）にまで膨れ上がることになる『金枝篇』。そのなかに詰め込まれているのは、magicという「普遍的な」実践なのである[26]。

　『金枝篇』におけるmagicからは、無数の系譜を創り出すことができよう。乱暴な試みであるが素描を試みてみよう。まず、「宗教現象学」の名のもとでmagicは、ヨアヒム・ヴァッハ、ルドルフ・オットー、グ

スタフ・メンシング、ヘラルドゥス・ヴァン・デル・レーウ、ラッファエーレ・ペッタッツォーニらによって、主として religion との差異化、religion との連続性（magico-religious については第Ⅲ章で触れたい）、さらには合理性／非合理性という観点から研究が進められた。例えば、ヴァッハは、magic を力の操作や支配として、一方 religion を究極的実在の神的本性として把握されるものにたいする服従・信頼・崇敬として説明した[27]。また、レーウは、Magie と Religion は力との関連という面では一致するが、Magie には力、生、神への強制や命令がみられ、Religion にはそれらへの屈服、祈願、嘆願がみられるため、両者には精神的態度の違いが存在するとした[28]。

　また、アンリ・ユベールとマルセル・モースによって magie は社会学的研究の対象とされ、社会的現象として捉えられた[29]。それはさらにデュルケームへと受け継がれる[30]。そこでは、私的行為か公的行為かが magie / religion を考える際のポイントとなっている。さらに、社会学ではこれとは別の流れとして、マックス・ヴェーバーの有名な Entzauberung 概念との関連で前近代の社会形成の動因としての Magie / Zauberei が論じられてきた。

　一方、フレイザーが用いた資料と手法への批判が、人類学的研究の原動力の一つとなった。フレイザーが依拠した探検家や旅行者や宣教師や行政官の見聞は不正確で曖昧であることに加え、表面的な類似の羅列からなる『金枝篇』は、magic の研究としてまったく不十分なものであるとされたのである。また magic を非合理的な所与のものとして捉えることが、magic 研究に寄与しないことも明らかになってきた。トロブリアンド諸島で現地調査を行ったブロニスワフ・マリノフスキー[31]（フレイザーは彼の支援者であった）によって、不安や恐怖の解消、自信という観点から、アンダマン諸島で調査したアルフレッド・ラドクリフ＝ブラウンによって、社会構造との関わりという観点から研究が進められた[32]。また、エドワー

ド・エヴァン・エヴァンズ＝プリチャードは、マリノフスキーと『社会学年報』派の両方の影響を受けつつ、南西スーダンのアザンデ族で現地調査を行った。彼は magic という領域を切り取ってしまうのではなく、社会的コンテクストのなかで、統合的な儀礼複合体として捉えることを主張した[33]。

歴史学においては、古代研究、ルネサンス期の magic 研究、中世から近世にかけての「魔女」研究に加え、20 世紀に人類学との関連で新たな動きが起こってきた。主に『社会経済史年報（*Annales d'histoire économique et sociale*）』に集った人々により、人類学の成果と歴史学の接続が図られたのである。この流れは、1971 年のキース・V・トマスの *Religion and the Decline of Magic*[34]、1980 年のエマヌエル・ル・ロワ・ラデュリの *La Sorcière de Jasmin*[35]、といった書物を生み出していくことになる。

以上のように magic をめぐる研究は各ディシプリンのなかで、確実に一定の領域を占めてきたようにみえるが、本章では最後に magic をめぐる数多くの系譜のなかから、一つの線を見定めておきたい。それは、magic 概念のポジ／ネガをひっくり返したとも、概念の消滅を図ったとも捉えることができるクロード・レヴィ＝ストロースの線である。

レヴィ＝ストロースは、『金枝篇』で扱われた magic を貫く思考を「野生の思考・飼い慣らされない思考（la pensée sauvage）」と呼ぶ。さらに彼は、ロマーン・ヤーコブソンに倣って「類似」をメタファー、「隣接」をメトニミーと捉え[36]、研究者によって「トーテミズム」の名のもと信仰体系として誤って語られてきた、自然種と文化集団の間の論理的対応関係の説明に適用する[37]。この「類似」「隣接」の区分はフレイザーによる magic の原理に由来するものである。

しかしながら、『野生の思考』においてレヴィ＝ストロースは、フレイザーのように magie を誤った science とは捉えることはせず、magie

とscienceは人間の認識の二つの様式であるとする。両者の違いは、magieが包括的で全面的な因果的決定性を公準として立てるのにたいし、scienceはまずいろいろな水準を区分し、そのうちのいくつかのみに因果的決定性の形式が成立することを認め、その他の水準には適用不可能であるとする点にあるとする[38]。さらに、効率をともなう実利的活動を客観的行為、有効性を欠いたmagique＝儀礼的活動を主観的行為として区分することはできないと述べられる（scienceを客観的行為と捉え、magieを主観的行為と捉える姿勢を、レヴィ＝ストロースは否定しようとしている）。なぜなら、実利的活動とは行為主体が物質世界に干渉すること、magique＝儀礼的活動とは宇宙の客観的秩序の鎖に補助的な輪を付け加えることとするならば、行為者の立場から見ると、実利的活動のほうが主観的行為だからである（p.794）。

さらにレヴィ＝ストロースは、magieを「人間行動の自然化（naturalisation des actions humaines）」、すなわち「ある種の人間行動を物理的な因果的決定性の構成要素の一部であるかのように扱うこと」と捉え、一方、religionを「自然法則の人間化（humanisation des lois naturelles）」だとする（p.795）。「人間の自然化（physiomorphisme de l'homme）」と「自然の擬人化（l'anthropomorphisme de la nature）」。両者は、二者択一のものでも進化の二段階でもなく、常に与えられている二つの構成要素であり、力の配分だけが変化するものである。こうしてmagieに込められた否定的要素は霧散する。より正確には、religionとmagie、scienceとmagieという、最初の項に常に積極的な意味が込められていた対比は意味をなさなくなる。

このことと関連して、マルセル・モースの論文集への「序文」において、レヴィ＝ストロースはモースがmagie論で扱ったマナ（メラネシア）、ワカン（ダコタ族）、オレンダ（イロコイ族）、マニトー（アルゴンキン語族の人々）といった概念を、シニフィエとシニフィアンの間のずれ

（このずれは不可避であるとされる。「浮遊するシニフィアン（signifiant flottant）」を補うもの、さらには、どんな象徴内容をも担うもの（「ゼロ象徴価値（valeur symbolique zéro）」）と捉える[39]。magie もマナその他の概念と同じく「ゼロ象徴価値」である、という方向で理解するならば、象徴体系の下支えの役割を果たす magie は、象徴体系にとって不可欠のものであることになる。レヴィ＝ストロースの指摘をポジティヴに解すると、magie をめぐる研究は、文化史そして宗教史叙述にとってきわめて有意味なものになるのではないだろうか。さらに、自分たちの思考様式に合わないもの、「剰余のもの」を、エティックな視座から magic と呼んできた状況を再考しようとする本論集にとって、一つの大きなヒントとなるようにも思われるのである。

III　日本における訳語の状況

　明治32（1899）年に泉鏡花が発表した小説「幻往来」のなかに、「年紀（とし）六十ばかりの小使」が本郷の医学生にたいして、車前草（おおばこ）を用いて不治の病を治す方法を語る場面がある。油をしみこませ乾かした葉に火を灯し、病人の額を照らす。そして、その影を脇に置いた筵に映す。最後に、影をしっかり巻き込んだまま筵を引き離し、川へ流す。このような実践である。

　　魔法じゃあがせんから、呪文も何も要りやしません、私（わつし）が覚えてからも、それで治ったのが七人ありまさ。学問をなさるお前（めえ）さんにゃ、馬鹿々々しいでがしょう……。[40]

ここには面白いことが示されている。まず、この実践は呪文がないため「魔法」ではないということ。次に、この実践は学問の立場からは「負の

位置」(「馬鹿々々しい」) にあるということ。最後に、「呪術」という言葉も使われていないということ。21 世紀のわたしたちはこの実践をなんと呼ぶだろうか。さらに、なぜその語を選び、他の語を選ばなかったかをどのように説明するだろうか。本論文集が扱う問題系の複雑さはこんなところに潜んでいる。

　こうした状況を把握するために、前章までで論じた内容を踏まえつつ本章では、民族学・人類学、社会学、民俗学（フォークロア）、歴史学、宗教学、文学に対象を絞り、学問的概念としての magic の日本における翻訳状況の素描を試みたい。予め断っておくが、これは試論にすら届かないものであり、恣意性を免れ得ていない。各学問分野のすべてに目を配り、用語の歴史的変遷をくまなく記述することは論者の能力を超えている。繰り返しになるが、多種多様な歴史的な事例のなかのいくつかにきわめて選択的に着目することで、問題の所在を明るみに出すことが目的である

　まず、前章で扱ったタイラーやフレイザーやレヴィ＝ストロースの流れをその中心とする民族学・人類学の分野から見てみよう。赤松智城と宇野円空の監修により、昭和 2（1927）年に『原始文化叢書』（岡書院）の刊行が開始された（意欲的な企画であったが四巻のみの刊行で終わった）。magic の訳語に注目すると、第一巻のハートランド（中井竜瑞訳）『原始民族の宗教と呪術』[41]においては「呪術」、同年の第二巻、ハッドン（植木謙英訳）『呪法と呪物崇拝』[42]においては「呪法」という具合に分かれている。ハッドンの巻では宇野圓空が「はしがき」を書いており、そこでも「呪法」の語が用いられている。一方で、宇野は自身の著作『宗教民族学』（岡書院、1929 年）においては「呪術」の語を用いている。宇野にその起源を求めるつもりはないが、1930 年代以降、民族学・人類学において magic はほとんどの場合「呪術」と訳されることになる（因みに、露伴の『魔法修行者』は 1928 年刊である）。witchcraft「妖術」、sorcery「邪術」、black magic「黒魔術」、white magic「白魔術」などの用語も用いら

れるが、常に magic「呪術」が上位概念である。

　続いて、社会学に移ろう。とはいっても、先の民族学・人類学や、後に触れる宗教学との間に断絶があるわけではない。例えば「南方文化」についての民族学的な研究、フランスのデュルケーム学派（『社会学年報』派）研究、隠れキリシタン研究などを行った古野清人の研究は、民族学・人類学、社会学、宗教学という三つのディシプリンが重なるところに位置している。田辺寿利と古野清人の編集により1931年に刊行が始まった雑誌『社会学』に掲載された古野の論文「原始宗教における呪術・宗教的要素（1）」では、「呪術」の語が用いられている[43]。一方で、田辺寿利は magie (magic) に「魔術」の語を当てている[44]。それでも、デュルケーム、ユベール、モース、エルツといった『社会学年報』派研究においては、「呪術」の語が支配的であったということができるだろう。これは、『社会学年報』派が、タイラーやフレイザーといった民族学的研究の延長線上で研究を行ったことによるものと思われる[45]。

　また、社会学において見逃すことができないのが、マックス・ヴェーバーの Entzauberung der Welt の問題である。まず *Die protestantische Ethik und der 'Geist' des Kapitalismus* (1904-1905) の翻訳を繙くと、1931年の梶山力版では「『世界を魔法から解く』こと、即ち救済の方法としての魔術を排斥すること」[46]、1989年の大塚久雄版では「世界の『呪術からの解放』、すなわち救いの手段としての呪術を排除すること」[47]となっている。その他の翻訳でも、*Wissenschaft als Beruf* (1917) では「魔法からの世界解放」[48]、*Gesammelte Aufsätze zur Religionssoziologie* (1920-21) の抄訳では「現世〈世俗生活〉を残るくまなく呪術から解放する」[49]という具合に複数の訳語が混在している。こうした状況は、次に取り上げる歴史学の事情と関連しているようである。

　歴史学においては、エジプト、ペルシア、ギリシア、ローマなど古代における実践、西欧中世のキリスト教の学知や自然観と対立した思想や実

践、ルネサンス期の magia naturalis、中世から近世にかけての魔女など に関する研究で、「魔術」の訳語が多く使われている。1915 年に刊行され た、ウォルター・ペーターの Studies in the History of the Renaissance の 邦訳において、magic は「不思議な力」、natural magic は「自然の魔力」 と訳されており、「呪術」ではない[50]。2003 年刊行の J・ヘイル編『イ タリア・ルネサンス事典』においても、magic の訳語は「魔術」であり、 ジャンバッティスタ・デッラ・ポルタ Magia naturalis（第 IV 章を参照 のこと）は『自然魔術』、アリオストの Il negromante は『魔術使い』、グ ラッツィーニ La Strega は『魔女』という具合に訳されている[51]。例とし てイタリア語の場合を見ると、一般に strega が「魔女」、diavolo が「悪 魔」と訳されている以上、やはり stregoneria は「魔術」であろう[52]。一 方で magia を「魔術」とするか「呪術」とするかは難しい問題である。 第 II 章でも触れたように、人類学の問題関心を歴史学のフィールドに適用 させるような研究[53] の場合は「呪術」の語が用いられることが多い。分 析概念としての「呪術」、実体概念としての「魔術」という（無自覚的な） 区分がなされていると言えるかもしれない。

　宗教学の分野からは、例としてエリアーデ『世界宗教史』を取り上げよ う。ここに翻訳の難しさが顕著に示されているからである。第 3 巻第 38 章のタイトル Religion, magie et traditions hermétiques avant et après les réformes は「宗教改革前後における宗教、魔術、ヘルメス主義の伝統」 と訳されているが、本文中の cérémonies magico-religieuses には「呪術 宗教的儀式」[54] という訳語が当てられているのである。「魔術」と「呪 術」、どちらも原語は magie, magico- である。だが、magico-religious (magico-religieux) を「魔術宗教的」と訳す者は少ないだろう。しかし、 それはなぜだろうか。magico-religious とは、マレットが民族学的研究の 流れのなかで提唱した概念である。積極的側面を指す用語として「マナ」、 消極的側面を指す用語として「タブー」といった具合に、超自然を善と

悪の二つに分け、それぞれを religion と magic に割り当ててきたことを批判し、超自然の善悪二側面を合わせて捉えるものとして彼は magico-religious の語を用いたのであった[55]。すなわち magico-religious は、エティックな分析概念であるため、「呪術宗教的」あるいは「呪術－宗教的」と訳されていると言えるかもしれない。

　続いて、日本の民俗学(フォークロア)の場合である。本邦初の民俗学の辞典である、中山太郎編『日本民俗学辞典』（昭和書房、1933 年）には、項目として「呪術」、「呪法」、「魔術」、「魔法」、「妖術」、「邪術」、「まじない」も見あたらない。類従索引を見てみると、各種の占いや「詛いの人形」は『俗信』に、雨乞は『農業』に、「呪詛伝説」は『伝説』に含まれている。つまり、諸事例は収録しているが、それらを magic という概念のもとで括る作業は行われていないということになる。民俗学研究所編『民俗学辞典』（東京堂出版、1951 年）になると、「呪法・呪術」の項目が立てられている。まず、「英語の magic の訳語であるが、古い日本語ではこれに相当するものを『まじない』と呼んでいた」（273 頁）とある。そのうえで、「呪術」の区分が二通り紹介されている。一つは類感呪術・模倣呪術／伝染呪術というフレイザーの呪術論に基づく区分である。フレイザーの影響の大きさがうかがわれるが、ここではもう一つの区分に着目したい。それは「既に到来した不幸災害を防ごうとする形」／「事前に災害を避け、福を招こうとする形」という区分である。前者の例としては、疫病が村に入ったときに行われる「疫病送り」や「雨乞い」、田畑の虫害を取り除く「虫送り」が挙げられている。また、後者の例としては、「田の畔に榛名山の御札を立てる」こと、「山の神に猟の祈願をするとき、ヲコゼを半分見せて、『とれれば全部見せる』と呪文をとなえる」こと、さらには、旧正月の「粟穂稗穂」や「成木責め」が挙げられている（273 頁）。

　「既に到来した不幸災害を防ごうとする形」／「事前に災害を避け、福を招こうとする形」。この区分は柳田國男による「兆・応・呪・禁」のう

ちの「呪」にあたる。柳田はこう書いている。

> まず呪はそういう兆候があってから、これを封じてワザハイをなくしようとするもの、即ちそういうことがやって来られては困るというものと、既に来てしまってからなくしようとするもの、たとえば病気になってからそうさせた原因のあるものを除こうとするものがある。[56]

 だが「呪」が民俗学の用語として定着することはなかったようである[57]。2000年の『日本民俗大辞典』では「呪術」と「呪い(まじな)」の項目が立てられているが、ともに(第Ⅱ章で扱った)フレイザーの分類に従って事例が紹介されるなど、人類学寄りの記述であり、内容も「呪術」と「呪い」の間に特徴的な差異はみられない[58]。
 最後に、翻訳受容史の問題として忘れてはならないのは、イーミックな概念としてのmagicをエティックな次元で紹介しようとした文学研究の場合の訳語である。例えば、フランス文学におけるデモノロジー(体制的教会側が営む他者学としてのそれではなく、文学的創作における自己表出としてのそれ)やオカルティズムに着目し続けた澁澤龍彦がタイトルに「魔術」を冠するエッセイ(そのなかには、後段で言及するエリファス・レヴィに関する論考も含まれる)を次々と発表し始めたのは1960、70年代である。またドイツ文学者種村季弘がドイツ幻想文学の翻訳を始めとして、薔薇十字思想や錬金術等をテーマとした「魔術」「魔法」についての著作を精力的に出していたのが1970、80年代である。この二人にとって、magicは「魔術」「魔法」であって、決して「呪術」ではなかった。こうした観点から見れば、分析概念としてではなく、人間の想像力・創造力の発露として捉えられたmagicは、1960年代以降、「魔術」「魔法」として訳されてきたと言うことも不可能ではなかろうし、先述したサブカルチャーでの「魔術」等の再顕在化も、同じ時代的文脈のなかに位置づけら

れよう。

IV　西洋文化史・宗教史における magic 概念

　では、目を西洋に向けてみよう。そうすれば、以下の点が明らかになる。すなわち、西洋諸言語における magic 及びその相当語は、近代以降の諸学問分野における試みに見られる、歴史的他者（前近代西洋）、地理的・文化的他者（非西洋）の実践や観念を記述したり分析したりするための装置として生み出された、（近代学問の視座から見て）エティックな概念であるだけではない、という点である。本章の冒頭でまず、そうした学問的概念装置が、本論文集の分析視座からすればイーミックな次元で立ち現れてくるという点を改めて確認しておこう。

　第 II 章で考察したタイラーやフレイザー等の magic 論からわかるように、magic はまずは religion と差異化させられるべき概念として立ち現われている。換言すれば、magic とは明確に区別された領域としての religion を生み出す意味論の形成が試みられていたと言えよう。一方、同じくタイラーやフレイザーから理解されるのは、magic と science との間の画定作業も行われていたということである。すなわち、例えば magic は science ではあるけれども誤った推論に基づく誤謬に満ちた science であると断定することは、近代の science と前近代の magic との差異化を図る行為遂行的実践でもあった。換言すれば、こうした言語行為によって magic は science の領域から摘出され、人文・社会諸科学（サイエンス）の対象となっていったのである。以上のように、学問的概念としての magic の産出は、社会内で許容、さらには推奨されるべき religion と science とを裏面から担保するという機能を帯びていた[59)]。

　けれども magic は近代学問においてのみならず、西洋文化史・宗教史のなかで成立し、育まれ、概念内容を変容させつつ存続し続けてきたとい

う意味でも、イーミックな語であった。この点からすれば、第II章で概観した学問的術語としてのmagic概念史も、約2500年にわたるこうした西洋におけるこの概念の変遷の歴史の一局面であり、こうした分析視角からのmagicの捉え直しによって、それが学問的概念として形成されていった過程自体が持つ歴史的意義を検討する可能性も開かれてくるだろう。

　さて、第II章で言語対照表を示したが、西洋語としてのmagicという語の起源をさらに遡ってみれば、古代ペルシア語に由来する古代ギリシア語のμάγος（magos、複数形はμάγοι）とその派生語μαγεία（mageia）に行き当たり、他言語からの借用語であったことが確認される。したがって必然的に、magosは他者を、mageiaはその他者が実践する（不可解な）行為を指示する概念として機能していた[60]。ただし、後期ギリシア社会では、自生のγόης（goês）が行うγοητεία（goêteia）の方がmagos、mageiaよりも使用頻度が高く[61]、後者はローマ社会に移植（magicus、magia）されることで定着したものの、ペルシア由来であるという他者性の含意がともない続けたとされている[62]。

　古代ペルシア語に端を発し、ギリシア語化、ラテン語化することによって西洋文化史のなかに定着していくmagicが、こうした他者性の指示機能を保持し続けたという点は、その後の概念史を見ればきわめて重要な指摘のように思われる。なぜなら、この他者性の意味論は、多数派・主流派が少数派・非主流派を他者として貶めたり、排除したりするためにも援用され得たし、他方、非主流派が主流派にたいし、自らの（歴史的・系譜的、ならびに地理的）他者性——それが想像的な他者性であったとしても——を喧伝することによって逆に、自己の比類なき存在意義を主張する機能も果たし得たからである。前者の例は、キリスト教世界における主流派による非主流派にたいする烙印としての機能に見られよう[63]。そして後者の好例としては、ルネサンス期以降の自己表象としてのmagicが挙げら

れる。前者は、第Ⅱ章の学問的概念形成と関係しているので、本章では後者について言及しておこう。

　ヘルメス文書のラテン語訳者マルシリオ・フィチーノと、カバラーのキリスト教化に邁進したピコ・デッラ・ミランドラ等による新プラトニズムの再興を目指す思想潮流は、magia とキリスト教とを自覚的に融合させようとする試みであった。彼らが重要視したのは、ヘルメス・トリスメギストス、オルフェウス、プラトン、ゾロアスター、モーセ等に代表される古の賢者等の prisca theologia（古代神学）[64]、すなわち伝統的な主流派の基準（アリストテレスに依拠するスコラ神学）からすれば地理的他者（非西洋）・歴史的他者（古代）・宗教的他者（非キリスト教、いわゆる「異教」）と思想的に自己同一化することによって、それとキリスト教とが融合した普遍知を形成し、その存在意義を主張することであった[65]。この思想的系譜は一世代後には、ハインリヒ・コルネリウス・アグリッパによって、フィチーノ思想（magia naturalis）とピコ思想（magia cabalistica）とを結合させた occulta philosophia（オカルト、すなわち、隠された哲学）という名の下で、普遍知の体系として提示されるに至る[66]。

　ピコが異端嫌疑をかけられ、16世紀にはヘルメス主義的 magia が異端として宣言されることから察せられるように、その後否定的他者表象としての magia も確かに存続していた。しかし他方で聖職者であり続けたフィチーノは、こうした magia demonica（デーモンの magia）あるいは magia illicita（許されない magia）にたいして、magia naturalis（自然の magia）あるいは magia licita（許される magia）を説いていた[67]。またアグリッパは、彼の三次元的世界観に基づく magia naturalis、magia coelestis（天の magia）、magia ceremonialis（儀式の magia）をそれぞれ、自然の諸事物に隠された諸力に関するもの、星辰と数が自然世界へ及ぼす影響に関するもの、神的・天的世界に由来する諸力をこの世界で実現させるために有益なことばや数に関するものと説明している[68]。ここから察せ

られるように、目指されていたのは、自然世界と照応関係(コレスポンデンス)にあるとされた天的世界をも包括する普遍知の構築であった。

ルネサンス以降の magic 及びその後のヘルメス主義的錬金術[69]が 17 世紀の科学革命との関連で評価されるようになるのは 1970 年代以降であるが、そうした近代科学の自己系譜作成の試みにおいて出発点とみなされたのは、magia naturalis であった[70]。一方、先ほどのアグリッパの三分類の一つ「儀式の magia」は彼にとっては、キリスト教と矛盾するどころかそれを完成させる普遍知を構成する不可欠の一部であったが、教会当局からすれば（そして後の近代科学史叙述にとっても）、許容されない他者性の現れとして捉えられたのである[71]。

この点で見逃してはならないのは、ギリシア語において借用語であった mageia とは一線を画して使用されていた先述の goêteia を由来とする概念のその後の展開である[72]。グリモワール（grimoire）とフランス語の名称で流布するようになった書物群（magic の指南書）に登場してくる ars goetia（goês の行う術）がそれである。グリモワールの一つ *Clavicula Solomonis Regis*（『ソロモン王の鍵』。15 世紀頃成立、17 世紀に流行）の第一部は "Ars Goetia" と題されている。そこには、ソロモン王が召喚したとされる諸々のデーモンについての詳細とその召喚方法が詳述されている[73]。つまり、15 世紀のフィチーノから 16 世紀のアグリッパやデッラ・ポルタに至るまでの自己表象としての magia naturalis と並んで、magia ceremonialis あるいは magia demonica を指す概念として、ペルシア起源ではなくギリシア起源の goetia が使用されているのである。つまり、ペルシアという他者性を温存しつつギリシア語化された mageia はその後、ラテン語化、そしてフィチーノらによって——その非キリスト教性が弾劾される可能性を伏在させながらも——キリスト教化、さらに自然科学化される一方で、その過程で改めてギリシア的他者性を帯びる goetia が magia の別の一面として前景化してくるのである[74]。

そして 19 世紀になると、まさに後者の系譜の延長線上で、magic をアナロジーに基づく science と考えたエリファス・レヴィ[75]、そして 19 世紀末から 20 世紀初頭にかけて、先述の『ソロモン王の鍵』を英訳したアレイスター・クローリーの登場と共に[76]、magic 概念は（magia naturalis とも近代科学とも異なっていたとしても、それでも）science であるという自己主張と共に用いられていく。これは、近代科学が徐々に確立しつつある時期に、science 性を magic という概念によって担保しようとした試みの一環であった。19 世紀前半から中葉にかけては、magic 概念が隆盛を極める時期であり（これは、学問的 magic 概念が誕生する直前である）、ヨーゼフ・エンネモーザーの *Geschichte der Magie*（『Magie の歴史』）が出版されたのも 1844 年のことであった[77]。これは本来、*Geschichte des thierischen Magnetismus*（『動物磁気の歴史』）と題された叢書の第一巻として出版されたもので、当時流行していたメスメリズムを magic と同一視し、それを「科学的に（wissenschaftlich）」根拠づけることを目的とした著作であった[78]。

近代科学史から哲学史・文学史に目を転じてみれば、自称としての magic の別の側面が浮かび上がってくる。18 世紀末、ドイツ初期ロマン主義者ノヴァーリスは、外的世界の表象を構成する知性の働きを説くフィヒテの超越論的観念論に依拠しつつ、Magie を「感覚的世界を意志によって自由に利用する術（Kunst）」とし、自らの詩作行為を意志による感覚的世界の創出——Magischer Idealismus（Magie 的観念論）——として特徴づけている。それは、自然と精神（霊）との間の分離を克服し、思想を外的世界において具象的な事物として生起させることを目指すもので、とりわけ芸術家の創造的ファンタジーに重要性が認められている[79]。これは、（文学的）芸術創作の根拠を指す概念として magic が用いられている一例である[80]。

以上の素描から察せられるように、西洋文化史・宗教史においてイー

ミックな次元で現れてくる magic は概して、包括的な普遍知の体系、つまり不完全であると考えられた同時代の主流派の知識（scientia）体系を超える science として自己を表象する際に、また、芸術的創作という形態での自らの現実創出の実践を根拠づける際に用いられてきた。これは、制度化した religion と 19 世紀以降の制度化しつつある学問(サイエンス)が歴史的・文化的・地理的他者に magic という名を与えることで自らが religion あるいは science であろうとした歴史的過程の裏面であったとも言えよう。

V 本書の背景と構成

　以上の問題関心に基づいて、本論文集は、多様な地域・時代において一体何が magic（及びその周辺諸概念）として特徴づけられてきたのか（そして——同様に重要な問いであるが——何が magic として特徴づけられてこなかったのか）、そのような概念化はいかなる社会的・文化的文脈において為されてきたのか、21 世紀初頭の学問言語の慣習からして何が〈magic 的なるもの〉と概念化され得るのかといった問いの下、不完全であることを承知の上で意図的に多種多様な対象領域と分析的アプローチから magic をめぐる諸問題に取り組もうとしている。諸学問分野の最新の成果を取り入れた上で、magic あるいは「呪術」概念の新たな、そしてより妥当性のある定義を提供するといったことは、本論文集の意図から最も遠いところにある。本論文集は、変容し続けている生々しい概念である magic が生み出してきた、そして今も生み出し続けている豊饒な文化的営為に（学問的呪術論はその一面に過ぎない）——もちろんそのごく限られた部分にではあるが——光を当てることによって、問題の全体像をおぼろげながらにでも予感することを目指している。

　しかし、本論文集は『宗教史学論叢』の一巻として刊行されるわけであるから、以上のような問題意識が生まれてきた背景について、宗教学の動

向との関係にのみ絞って簡単に言及しておくことも無駄ではあるまい。
　1980年代後半からポスト・モダニズム的ならびにポスト・コロニアル批評の立場から展開してきた宗教学の自己批判的反省[81]は、宗教学が用いてきた諸宗教理論が内包するイデオロギー性と諸概念（特に religion）の構築性を明るみに出してきた。同時に、宗教学の制度化の歴史への批判的視座から学問制度史的文脈における学問史研究も進展し[82]、また宗教学の理論構築におけるイデオロギー性も問われてきた[83]。狭義の概念史的再検討としては、エルンスト・ファイルが religion 概念の意味論的変遷を初期キリスト教の時代から、宗教学が姿を現す直前の19世紀初頭の哲学的言説に至るまで詳細に跡づけてきた[84]。
　あまり強調されることはないようであるが、これらの研究を通して得られた知見の一つは、宗教学の創成期において、近代的学問言説と近代的宗教言説とが未分化の状態にあったという洞察であると思われる。これは論者の観点からすれば、記述・分析のために宗教学が産出してきた概念装置——magic はその一つである——と、宗教学が対象とする過去と同時代のイーミックな言説との、相互補完的・相互形成的な関係の指摘だと言い換えることができる。したがって、宗教学との関係に絞って言えば、本論文集はこうした学問的概念再検討の議論と成果を踏まえた上で、宗教学が使用してきた概念である magic（そして「呪術」「魔術」「妖術」等々）に着目し、それらの成立・普及・定着を、とりわけ近代的学問言説と近代的宗教言説との相補性という観点から検討し直すものであるとも表現できる。そして、こうした再検討において重要となってくるのは、近代の宗教学が magic と名づけることによって対象としてきた過去と同時代の〈magic 的なるもの〉の歴史的再検討なのである[85]。
　以上のような反省に基づきつつ編まれた本論文集の構成は「はしがき」で述べたとおりである。本論文集は上下二巻から成り、各巻とも magic 概念が学問的概念として使用されてきた歴史、そして使用されている現状

に着目し、magic の学問的概念化の諸相を論じる第一部（本試論第 II 章の内容と関連している）と、特定の地域と時代における magic（あるいは、イーミックな次元では magic としては概念化されていない〈magic 的なるもの〉）の事例分析を行う第二部以降から構成されている。第二部以降は、上巻では本試論第 III 章に対応しつつ、東・東南アジアの事例が、下巻では第IV章と関連してオリエント史とヨーロッパ史における事例が論じられる。

先述したように、本論文集は magic をめぐる多様な概念的問題を、狭義の〈呪術概念論〉としてではなく論じようとする試みの第一歩に過ぎない。本試論の役割は、そうした第一歩を踏み出す前の下準備以上のものではない。

注

1) 幸田露伴『魔法修行者』（『露伴全集』第 15 巻、岩波書店、1952 年、519-544 頁、引用箇所は 519 頁）。以下引用にあたって旧字体は新字体で、歴史的仮名遣いは現代仮名遣いで表記する。
2) 露伴が依拠している『舟岡記』とは、戦国期の政治的動向を細川氏を中心に描き出している軍記物『細川両家記』の写本の一つである。『群書類従』所収の写本（第 20 輯、合戦部 12、巻第 380）と内容的な一致が多いとされている。ただし、引用の文章ならびにそれに類した内容は『細川両家記』（『群書類従』訂正 3 版、八木書店、1996 年）には見られない。
3) 『日本国語大辞典』第 2 版、第 12 巻、小学館、2001 年、500 頁。
4) 土井忠生ほか編訳『邦訳日葡辞書』、岩波書店、1980 年、378 頁。
5) 諸橋轍次編『大漢和辞典』巻 2、修訂第 2 版、1999 年、953 頁。
6) 『日本国語大辞典』第 2 版、第 6 版、2001 年、1373 頁。19 世紀末以降の「呪術」概念の歴史については、本試論第 III 章及び本論文集所載の高橋論文を参照のこと。
7) 初版（上海美華書院、1867 年）、再版（上海美華書院、1872 年）、第 3 版（丸善、

1886 年）。J・C・ヘボン著（飛田良文、李漢燮編）『和英語林集成―初版・再版・三版対照総索引』全 3 巻、港の人、2000-2001 年。
8）木村一「解説」、美国平文先生編譯『和英語林集成』（1867）、復刻版、明治学院、2013 年、7-8 頁。松村明「解説」、飛田良文「和英語林集成の諸版について」、J. C. Hepburn『和英語林集成―復刻版』、北辰、1966 年、25-28 頁、37-38 頁。
9）開国以降の religion の翻訳事情については、以下を参照のこと。磯前順一『近代日本の宗教言説とその系譜』、岩波書店、2003 年、山口輝臣『明治国家と宗教』、東京大学出版会、1999 年。
10）加藤周一「明治初期の翻訳―何故・何を・如何に訳したか―」、加藤周一、丸山真男編『翻訳の思想』、岩波書店、1991 年、342-380 頁を参照のこと。
11）「訳語について」、L・E・サリヴァン編『エリアーデ・オカルト事典』、鶴岡賀雄ほか訳、法蔵館、2002 年、vi 頁。(L. E. Sullivan (ed.), *Hidden Truth. Magic, Alchemy, and the Occult*, London, 1987.)
12）『日本国語大辞典』[初版]、第 10 巻、1974 年、352 頁。
13）因みに、『邦訳日葡辞書』（1980 年）の "Majinai" の項目解説は以下の通りである。「マジナイ（呪い）　異教徒の祈祷、祭事、または、呪術」（299 頁）。この箇所は『日葡辞書』（復刻版、岩波書店、1960 年、200 頁）の原文では、"Deprecaçoés, & ceremonias gentilicas, ou feitiçarias" となっている。つまり、1980 年の時点で "feitiçaria" が「呪術」と訳されており、この語が訳語として定着していたことをうかがわせる。第 II 章本文冒頭も参照のこと。
14）E. B. Tylor, *Researches into the Early History of Mankind and the Development of Civilization*, London, 1865.
15）E. B. Tylor, *Primitive Culture: Researches into the Development of Mythology, Philosophy, Religion, Art, and Custom*, vol.1, 2, London, 1871.
16）タイラーについては、江川純一「折口信夫における宗教学的思考――ライフ・インデックス論と最高存在論――」『現代思想 2014 年 5 月臨時増刊号 総特集　折口信夫』、青土社、282-293 頁を参照のこと。
17）J. G. Frazer, *The Golden Bough: A study in comparative religion*, vol.1, London, 1890.
18）Tylor, 1871, p. 104.
19）Frazer, 1890, p. 9.
20）*Ibid.*, p. 10.
21）J. G. Frazer, *The Golden Bough: A study in magic and religion, third edition*, vol.1, London, 1911, pp. 52-53.
22）Frazer, 1911, p. 53.

23) Frazer, 1890, pp. 30-32.
24)「カトリック」の語は、「普遍、公同」を意味するギリシア語の καθολικός (katholikos) に由来する。
25) Frazer, 1911, pp. 235-236.
26) 興味深いのは、magic の基本原理として用いられる類似の原理と接触の原理が、『金枝篇』という書物自体の横糸と縦糸になっている点である。つまり、膨大な事例が（表面的であるにしても）類似と、（地理的・時間的）接触という原理に従って並べられているのである。江川前掲論文、286 頁。
27) J. Wach, *The Comparative Study of Religions*, New York, 1958, p. 53. ヨアヒム・ヴァッハ『宗教の比較研究』、渡辺学・保呂篤彦・奥山倫明訳、法蔵館、1999 年、100 頁。
28) G. van der Leeuw, *Einführung in die Phänomenologie der Religion*, Gütersloh, 1961, p. 192. G・ファン・デル・レーウ『宗教現象学入門』、田丸徳善・大竹みよ子訳、東京大学出版会、1979 年、269 頁。
29) H. Hubert, M. Mauss, "Esquisse d'une théorie générale de la magie", in *L'Anée Sociologique*, 1902-03, pp. 1-146（江川純一訳が近刊予定）。magie と religion の差異に関してはこの一文が重要である。「religion が形而上学を目指し、理想的イメージを創ることに専念するのにたいし、magie は数多の裂け目によって、力の源泉である神秘的生から抜け出し、世俗的生と混ざりあい世俗的生に奉仕する。religion が抽象を目指すように、magie は具体を目指すのである」(p. 134)。
30) É. Durkheim, *Les formes élémentaires de la vie religieuse: Le système totémique en Australie*, Paris, 1990(1912). エミール・デュルケーム『宗教生活の基本形態―オーストラリアにおけるトーテム体系』（上・下）、山崎亮訳、ちくま学芸文庫、2014 年。
31) B. Malinowski, *Argonauts of the Western Pacific: An account of native enterprise and adventure in the Archipelagoes of Melanesian New Guinea*, London, 1922. マリノフスキ『西太平洋の遠洋航海者』、増田義郎訳、講談社学術文庫、2010 年。
32) A. Radcliffe-Brown, *The Andaman Islanders: A study in social anthropology*, Cambridge, 1922.
33) E. E. Evans-Pritchard, *Witchcraft, Oracles and Magic among the Azande*, Oxford, 1937. 同書において witchcraft / magic / black magic の整理が行われている。
34) K. Thomas, *Religion and the Decline of Magic: Studies in popular beliefs in sixteenth and seventeenth century England*, London, 1971. キース・V・トマス『宗教と魔術の衰退』、荒木正純訳、法政大学出版局、1993 年。
35) E. Le Roy Ladurie, *La Sorcière de Jasmin*, Paris, 1980. エマヌエル・ル・ロワ・ラ

デュリ『ジャスミンの魔女 —南フランスの女性と呪術』、杉山光信訳、新評論、1985年。

36) R. Jakobson, "Two Aspects of Language and Two Types of Aphasic Disturbances", in *Selected Writings*, vol. 2, Berlin - New York, 1971.
37) C. Lévi-Strauss, *Le totémisme aujourd'hui*, *La Pensée sauvage*, in Œuvres, Paris, 2008(1962).
38) C. Lévi-Strauss, *La Pensée sauvage*, in *Œuvres*, Paris, 2008(1962). p. 570.
39) C. Lévi-Strauss, "Introduction à l'œuvre de Marcel Mauss", in M. Mauss, *Sociologie et anthropologie*, Paris, 1950, pp. XLIV-L.
40) 東雅夫編『文豪怪談傑作選 泉鏡花集 黒壁』、ちくま文庫、2006年、73頁。
41) E. S. Hartland, "Learning to "Think Black"", "The Relations of Religion and Magic", in *Ritual and Belief: Studies in the History of Religion*, London, 1914.
42) A. Hadden, *Magic And Fetishism*, London, 1906.
43) 古野清人「原始宗教における呪術・宗教的要素（１）」田辺寿利・古野清人編『社会学』第一号、森山書店、1931年。「呪術にも諸々ある。しかしここでは未開共同社会の生命が依存しているところの追求と連結されたすべての呪術、イヴァンズ・プリチャドの所謂《important magic》のみが問題となる。農耕、漁労、狩猟、クラの如き商業上の遠征などの共同作業に用いられる呪術、雨乞い、請天の如き全共同社会のために行はるる呪術、トテム動植物を繁殖せしむるための呪術、政府や軍事指揮の如き社会でのある種の本質的機能を強めるために用いらるる呪術等が問題となる」(45頁)。
44) 田辺寿利『フランス社会学史研究』、刀江書院、1931年、337頁。
45) 近年刊行の翻訳を見てみても、エミール・デュルケーム『宗教生活の基本形態 —オーストラリアにおけるトーテム体系』（上・下）（山崎亮訳、ちくま学芸文庫、2014年）、マルセル・モース『贈与論』（吉田禎吾・江川純一訳、ちくま学芸文庫、2009年）、ロベール・エルツ『右手の優越—宗教的両極性の研究』（吉田禎吾・板橋作美・内藤莞爾訳、ちくま学芸文庫、2001年）など、magieはすべて「呪術」である。
46) マックス・ウェーバー『プロテスタンティズムの倫理と資本主義の精神』、梶山力訳、有斐閣、1938年、140頁。
47) マックス・ヴェーバー『プロテスタンティズムの倫理と資本主義の精神』、大塚久雄訳、岩波文庫、196頁。
48) マックス・ウェーバー『職業としての学問』、尾高邦雄訳、岩波文庫、1980年、33頁。
49) マックス・ヴェーバー『宗教社会学論選』、大塚久雄・生松敬三訳、みすず書房、

1972 年、168 頁。
50) Walter Pater, *Studies in the History of the Renaissance*, London, 1873.（第二版以降のタイトルは *The Renaissance: Studies in Art and Poetry*)、ウオルター・ペーター『文芸復興』、田部重治訳、北星堂書店、1915 年、46 頁、129 頁。
51) J・ヘイル編『イタリア・ルネサンス事典』、中森義宗監訳、東信堂、2003 年、457 頁。
52) C. Ginzburg, *I benandanti. Ricerche sulla Stregoneria e sui Culti Agrari tra Cinquecento e Seicento*, Torino, 1966 の邦訳、カルロ・ギンズブルグ『夜の合戦――16-17 世紀の魔術と農耕信仰』(上村忠男訳、みすず書房、1986 年) において、stregoneria は「魔術」と訳されている。改訂版の邦訳『ベナンダンティ――16-17 世紀における悪魔崇拝と農耕儀礼』(竹山博英訳、せりか書房、1986 年) では「悪魔崇拝」と訳されている。
53) こうした研究の端緒はフランスのロベール・エルツによる 1913 年の論文「聖ベス」であろう。エルツは北アルプスの聖人崇敬を対象に、歴史資料と民俗学的調査の架橋を試みた。R. Hertz, "Saint Besse. Étude d'un culte alpestre", in *Mélanges de Sociologie Religieuse et Folklore*, Paris, 1928.
54) M. Eliade, *Histoire des croyances et des idées religieuses, 3 : De Mahomet à l'âge des Réformes*, Paris, 1984. エリアーデ『世界宗教史 6 ムハンマドから宗教改革の時代まで（下）』、鶴岡賀雄訳、ちくま学芸文庫、2000 年、79 頁。
55) R. R. Marett, *The Threshold of Religion*, London, 1909, p. 100.
56) 柳田國男「郷土生活の研究法」『柳田國男全集 28』、ちくま文庫、1990 年、234-235 頁。
57) 勿論、柳田の問題意識は継承されている。「呪」の背後にある（もしくは、かつてあった）「心性」としぐさの問題を考察したものとして、常光徹『しぐさの民俗学――呪術的世界と心性』(ミネルヴァ書房、2006 年) がある。
58) 「呪術」、福田ほか編『日本民俗大辞典 上』、吉川弘文館、2000 年、826 頁。「呪い」、福田ほか編『日本民俗大辞典 下』、吉川弘文館、2000 年、569 頁
59) B.-C. Otto, *Magie. Rezeptions- und diskursgeschichtliche Analysen von der Antike bis zur Neuzeit*, Berlin, 2011, p. 7.
60) J. N. Bremmer, "The Birth of the Term 'Magic'", in J. N. Bremmer et. al. (eds.), *The Metamorphosis of Magic from Late Antiquity to the Early Modern Period*, Leuven, 2002, pp. 7f.
61) M. W. Dickie, *Magic and Magicians in the Greco-Roman World*, London, 2001, pp. 11ff. goêteia の後の歴史的展開については、本章の後段で略述する。
62) Bremmer, *op. cit.*, pp. 7-11.

63) 例えばアウグスティヌスは、『神の国』第 10 巻第 9 章で、ヘブライ語聖書に記されている様々な奇跡（例えば、モーセが杖で岩を打つと水が湧き出るといった記述（民数記 20 章 11 節）等）について解説しているが、そこで以下のように magia に言及している。聖書に記されているこのような奇跡は、素直な信仰と敬虔なる信頼の心が起こさせた出来事であって、「人々が magia と、またより忌まわしい名前を使えば goetia と、あるいはより高貴な名前を使えば theurgia と呼ばれている、不届きな好奇心の為せる業」とは全く異なる。なぜなら、一部では肯定的な評価もされている theurgia も含め、これらは全て「天使であるとして召喚されたデーモンの儀式、ペテンの儀式」だからである（*De civitate dei*, Corpus scriptorum ecclesiasticorum Latinorum, vol. 40, sect. 5, pars 1, vol. I: Libri I-XIII, reprint, New York, 1962 (1899), p. 460.)。アウグスティヌスのこの理解から読み取れることは、第一に、諸霊を召喚する実践は否定的には goetia と、肯定的には theurgia と呼ばれていても、両者は共にデーモンの業として magia という概念で包括され得るということ、第二に、「デーモンの儀式」と特徴づけることによって、明瞭な他者性（否定されるべき他者）を表示する機能を帯びていることである。因みに、歴史上現れて来た theurgia（特に新プラトン主義において）の内実については、A. C. Lloyd, "The Later Neoplatonists", in A. H. Armstrong (ed.), *The Cambridge History of Later Greek and Early Medieval Philosophy*, Cambridge, 1970, pp. 272-330 を参照のこと。

64) D. P. Walker, *The Ancient Theology. Studies in Christian Platonism from the Fifteenth to the Eighteenth Century*, Ithaca, 1972. D・P・ウォーカー『古代神学』、榎本武文訳、平凡社、1994 年。

65) F. A. Yates, *Giordano Bruno and the Hermetic Tradition*, London, 1964. F・A・イエイツ『ジョルダーノ・ブルーノとヘルメス教の伝統』、前野佳彦訳、工作舎、2010 年。

66) F. A. Yates, *The Occult Philosophy in the Elizabethan Age*, London, 1979, chap. 5. F・A・イエイツ『魔術的ルネサンス』、内藤健二訳、晶文社、1984 年。

67) Yates, *Giordano Bruno and the Hermeric Tradition*, p. 80.

68) B. Könneker, "Zauberei und Zauber in der deutschen Literatur im 16. Jahrhunderts", in K. E. Grözinger et. al. (eds.), *Mysticism, Magic, and Kabbalah in Ashkenazi Judaism*, Berlin, 1995, p. 184.

69) F. A. Yates, *Rosicrucian Enlightenment,* London, 1972. F・A・イエイツ『薔薇十字の覚醒』、山下知夫訳、工作舎、1986 年。Richard van Dülmen, *Die Utopie einer christlichen Gesellschaft. Johann Valentin Andreae* (1586-1654), Stuttgart, 1978.

70) この概念は、近代科学の端緒の一つとみなされたジャンバッティスタ・デッラ・ポ

ルタの著作（1558年）のタイトルでもあった。因みに、1970年代に近代科学の出発点であると想定されたmagia、そしてその約一世紀前にフレイザーがscienceの前段階として想定していたmagicという二つのmagic理解を比較することは、magic概念史の再考にとって興味深い作業であると思われる。

71) そうした召喚儀式に関する記述が、彼の与り知らぬ形で彼の著作である『オカルト哲学について』の補遺として出版されるといった事例からわかるように、アグリッパはデーモンの召喚儀式を行っていた人物として世の中では受容されていった。W.-E. Peuckert, *Pansophie*, third edition, Berlin, 1976, pp. 127ff., 135ff.
72) 註63も参照のこと。
73) N. Cohn, *Europe's Inner Demons*, Chicago, 1973; R. Kieckhefer, *Magic in the Middle Ages*, Cambridge, 1989.
74) 当然、この「ペルシア」も「ギリシア」もその都度、自己を確定するための他者性を指し示す記号として機能しているに過ぎない。
75) C. McIntosh, *Eliphas Lévi and the French Occult Revival*, London, 1972. 第II章のタイラーのOccult Scienceに関する言及も参照のこと。また、レヴィの主著 *Dogme et Rituel de la Haute Magie*（1854-56年）は、『高等魔術の教理と祭儀』（生田耕作訳、人文書院、「教理篇」初版1982年、「祭儀篇」1992年）と題して邦訳されている。
76) H. Bogdan et. al. (eds.), *Aleister Crowley and Western Esotericism*, New York, 2012.
77) N. Goodrick-Clarke, *The Western Esoteric Traditions*, Oxford, 2008, p. 191.
78) J. Ennemoser, *Geschichte der Magie*, Leipzig, 1844, pp. VIIIff.
79) F. Starck et. al. (eds.), *Fragmente der Frühromantik. Edition und Kommentar*, Berlin, 2011, p. 344.
80) 興味深いことに、ノヴァーリスが自らの創作実践をそのように概念化した「Magie的観念論」は、1920年代の学問的文学研究において、ノヴァーリスの詩作とシラーのそれとを差異化しようとする試みのなかでMagischer Realismus（Magie的リアリズム）というエティックな観点からの概念を生み出していくことになる。この概念は同じく1920年代にポスト表現主義絵画の様式を指示する概念としても登場した（この意味では、「ノイエ・ザハリヒカイト」の方が人口に膾炙するようになっていく）後、文学的様式を指す概念、とりわけガルシア・マルケスに代表されるようなラテン・アメリカ文学の一潮流を特徴づけるための概念として使用されるようになっていく。"Magischer Realismus", in G. Braungart et. al. (eds.), *Reallexikon der deutschen Literaturwissenschaft*, Bd. 1, Berlin, 2007, pp. 526f.; M. Scheffel, *Magischer Realismus. Die Geschichte eines Begriffes und ein Versuch seiner Be-*

stimmung, Tübingen, 1990. 種村季弘『魔術的リアリズム』、PARCO 出版局、1988 年。これは、magic（の形容詞形）の使用主体・適用対象の流動性を見事に示している一例と言えるであろう。
81) 例えば以下を参照のこと。T. Asad, *Geneaologies of Religon*, Baltimore, 1993 (T・アサド『宗教の系譜』、中村圭志訳、岩波書店、2004 年); R. T. McCutcheon, *Manufacturing Religion. The Discourse on Sui Generis Religion and the Politics of Nostalgia*, New York, 1997; T. Masuzawa, *The Invention of World Religions*, Chicago, 2005.
82) 例えば以下を参照のこと。A. L. Molendijk and P. Pels (eds.), *Religion in the Making. The Emergence of the Science of Religion*, Leiden, 1998.
83) 例えば以下を参照のこと。S. Arvidsson, *Ariska idoler. Den indoeuropeiska mythologin som ideologi och vetenskap*, Stockholm, 2000 (*Aryan Idols*, Chicago, 2006); F. Heinrich, *Die deutsche Religionswissenschaft und der Nationalsozialismus*, Petersberg, 2002; H. Kubota, *Religionswissenschaftliche Religiosität und Religionsgründung*, Frankfurt a. M., 2005.
84) E. Feil, *Religio*, 4 vols., Göttingen, 1986-2007. 以上のような欧米における自己批判的な学問史・概念史研究の視点は本邦においても、『〈宗教〉再考』（島薗進、鶴岡賀雄編、ぺりかん社、2003 年）や『宗教を語りなおす』（磯前順一、タラル・アサド編、みすず書房、2006 年）等で共有されてきた。
85) その意味で本論文集が提起する問いは、人類学における magic 概念再検討の動向（S. J. Tambiah, *Magic, Science, Religion and the Scope of Rationality*, Cambridge, 1990（S・J・タンバイア『呪術・科学・宗教』、多和田裕司訳、思文閣、1996）、白川千尋ほか編『呪術の人類学』、人文書院、2012 等）とは異質なものである。

第一部

呪術概念の系譜

アメリカ宗教学における「呪術」概念

藤原聖子

はじめに

　本稿は、本書編者から、「アメリカ宗教学の「呪術」概念について論じてほしい」という依頼を受けたことに端を発する。管見の限り、これまで宗教学ないし人文社会諸学の「呪術」概念が問題にされる際は、そこに西洋諸国間で違いがあるという指摘はなされず、「西洋近代的」と一括りにされるか、個々の学者の呪術論が取り上げられるかだった。対象を「アメリカの「呪術」概念」にまで広げれば、ヨーロッパからの入植者と先住民のコンタクト・ゾーンにおける「呪術」概念の力学や、20世紀のカウンターカルチャーやポップカルチャーにおける「呪術（たとえばヴードゥー教）」と「スピリチュアル（たとえば『スター・ウォーズ』のフォース）」の概念操作などは、アメリカらしい研究テーマになりそうである。しかし、筆者は、あえて依頼を額面通りうけとり、アメリカ宗教学ならではの「呪術」概念の展開といえるものはあるのかどうかを探ってみることにした[1]。

　このような課題を与えられた場合、普通の発想では、アメリカ宗教学の最初期から現在までの呪術概念を洗い出し、その最大公約数的部分を抽出することが試みられるだろう。だが、アメリカの学者自身によっても「アメリカ宗教学には固有の呪術概念がある」とは議論されていないのだか

ら、その方法でアメリカならではの特徴が浮かび上がるかどうかは疑わしい。そこで、比較の視点を発見法的に用いながら、アメリカ宗教学的な「呪術」概念がもしあるとしたら、それはどこに現れやすいかを予想し、以下の2つの研究事例群に焦点を当てることにした。

① 19世紀末〜20世紀初頭の、黎明期とされるアメリカ宗教学では、「呪術」はどのように論じられていたか。当時フランス（デュルケム学派）やイギリス（フレイザー、ロバートソン・スミス）では「呪術」と「供犠」が盛んに議論されていたことはよく知られているが、アメリカではどうだったのか。
② 1980〜90年代のピューリタン研究において、ウェーバー・テーゼへの批判として、ピューリタンも呪術を盛んに実践していたという議論が起こった。その「呪術」概念はどのようなもので、カルヴィニズムとどう関連づけられたか。同時期に日本の宗教学では、新宗教研究の分野においてやはりウェーバー・テーゼへの批判という文脈で「呪術」が評価されたことがあったが、その議論との異同はどうか。

①と②の間に直接の因果関係はないが、比較分析の結果、系譜とも言いうるような連続する特徴を見出すことができた。それを即座に一般化することはできないが、本書が目指す「呪術」概念批判の上では重要な問題に結びつくものであることを論じていく。

1．宗教学黎明期の「呪術」概念

1.1　モーリス・ジャストロウ Jr.

宗教学黎明期といっても、アメリカの宗教学については、イギリスやオランダのように"起源譚"として定着しているものがあるわけではな

い。たとえば本来ならば北米宗教学の通史であるはずの論文で、G・ベナヴィデスはアメリカ宗教学はいつ誰によって始められたかという問題には触れずにすませている[2]。そのような中で目を引くものに、後にシカゴ学派（北米で「宗教学」のディシプリン性にもっともこだわったとされる学派）の重鎮となるC・H・ロングが1980年に発表した論文がある。「追記」の中で、その2年前にたまたま古本屋で、1902年という早い時期に国内で出版された宗教学概論の本を見つけ、驚愕したというエピソードが綴られているのだが、それはM・ジャストロウ（1861–1921）という学者による『宗教学』（Morris Jastrow Jr., *The Study of Religion*）[3]だった。ロングが驚いた理由は、

第一に、自分が院生当時、ワッハ（Joachim Wach, 1898-1955 シカゴ学派の創始者とされる）に習った宗教学 history of religions は、ジャストロウのこの本の構成と瓜二つだった。第二に、それにもかかわらずワッハはこの本に言及したことはなかった（存在を知っていたのだろうか）。第三に、その本はアメリカの学者によって1902年に書かれたものだった。……成立経緯は今となってはわからないが……宗教学の入門書としては80年近く経った今日でも推薦できるほどの妥当性と洞察を備えたものだ。なぜ長年にわたって

表1　M・ジャストロウ『宗教学』目次

第1部　一般的側面
1. 宗教学―その歴史と特徴―
2. 宗教の分類
3. 宗教の特徴と定義
4. 宗教の起源

第2部　特殊的側面
5. 宗教の研究に含まれる諸要因
6. 宗教と倫理
7. 宗教と哲学
8. 宗教と神話
9. 宗教と心理（学）
10. 宗教と歴史
11. 宗教と文化

第3部　実践的側面
12. 宗教学の一般的態度
13. 資料研究
14. 大学や神学校での宗教に対する歴史学的研究
15. 宗教学の補習としての博物館

補遺1　パリ高等研究院［後の社会科学高等研究院］宗教学（history of religions）部門のプログラム
補遺2　ギメ美術館の構造

注目されなかったのだろうか。[4]

つまりロングは、「宗教学」はワッハがドイツから1940年代にアメリカに持ち込んだもので、そこからシカゴ学派を中心とするアメリカ宗教学が育っていったと長年理解していたのだが、ワッハより半世紀近くも前に、アメリカ人自身が、今日でも通用するような宗教学、しかも一つのディシプリンとしての宗教学を説いていたと知ったのである。

調べたところ、ジャストロウは『宗教学』出版当時、ペンシルヴァニア大学教授であり、宗教学者としては不遇の人生を送ったのだが[5]、『宗教学』はアメリカに宗教学の伝統を築かんとするジャストロウの意気込みに溢れている。本書は宗教学の創始者（の一人）とされている、オランダのT・ティーレに捧げられており、オランダやフランスといった宗教学先進国の例に倣い、アメリカにも神学や哲学とは異なる、歴史学的で客観的な宗教学を導入すべきだと説いている。宗教学を体系的に解説するほか、共感的理解という宗教学の基本的姿勢や、大学での宗教学教授法についても説明している。

ちょうどヨーロッパでは「共感呪術」の章が加えられたJ・フレイザー『金枝篇』の第2版が1900年に、M・モースとH・ユベールによる「呪術論」論文が1902年に出ている。『金枝篇』第2版の序文には、供犠をめぐってフレイザーとモースの間で論争があったという言及もある。それに対してアメリカではどうだったのだろうか。アメリカ初の宗教学概論[6]といえるジャストロウの『宗教学』に探ってみよう。

1.2　ジャストロウ『宗教学』の「呪術」概念と「呪術」論

まず言えるのは、『宗教学』全体にわたって呪術は影が薄いということである。「呪術・迷信」に該当する語を広くとり、ざっと検索したところ、本文400ページ中、「magic」の語は19回、「superstition/s」は15

回使われ、「occult」は1回、「sorcery」や「witchcraft」は0回だった。「sacrifice」の語も5回しか現れない[7]。これは決してジャストロウが宗教の行為（practice）面を軽視したということではなく、むしろ彼はそれまでの哲学者の宗教論が、民衆の儀礼や迷信（popular rites/superstition）を対象に含めなかったことを批判している。

1.2.1　宗教史記述の中での「呪術」への言及

　ジャストロウが『宗教学』の中で「呪術」（「迷信」や「オカルト」を含む、宗教と科学に対置された概念群）にある程度まとめて言及しているのは、2箇所である。一つは第1部で、宗教を分類し、それを時系列に並べて一般宗教史を記述する中で、もう一つは第2部で、宗教と心理（学）の関係について説明する中でである。

　前者の一般宗教史の箇所は、原始段階から説き起こすという、当時のパラダイムだった宗教進化論に大枠では従ったものである。ジャストロウはヨーロッパの学者による多数の先行研究を総合しながら、最近の歴史学の成果に照らし、妥当と言える線を示すという方法をとっている。結果としては、ティーレが大成した普遍宗教史にやや修正を加えた内容になっており、そこに特にアメリカ特有と言えるようなものは見受けられない。

　簡単に要約すれば、呪術は原始文化段階の宗教（古代チュートン、古代メキシコ・ペルー、現在の北米先住民などの宗教）の3要素のうちの1つをなす。他の2つはアニミズムと祖先崇拝である。アニミズムは原始宗教の「信仰」の側面、呪術はその「実践」の側面を指す。アニミズムが自然物に霊や霊的力が宿るとすることであれば、呪術はその霊や力を人間が慰撫ないし支配する試みである。その点において呪術は未開の科学と言える、とジャストロウは論じる。

　一般的には、呪術とは、生命や力の現象（善にも悪にもなるもの）の

背後に存在する精霊を慰撫するか、支配する試みと定義することができるだろう。ジェヴォンズは呪術を信じる人々がいかに論理的な手続きを踏むかを示している。呪術は近代科学と同様、経験と観察に基づく、真の科学の原初的形態である。呪術が誤るのは、観察・経験の範囲に制限があるからに過ぎない。[8]

　宗教が発展し、次の段階（古代インド、バビロニア、エジプト、中国、ギリシャ・ローマの宗教）に進むと、宗教は道徳に結合し、それにより社会秩序を正当化するようになる。また、儀礼や宗教義務の規定において法・律法の要素が強化される。その結果、公式の宗教（祭司が組織する儀礼・律法。法典に基づく）と非公式の宗教（民間の呪術・迷信。伝統に基づく）が分離する。さらに発展しもっとも高次の段階（古代ユダヤ教、キリスト教、仏教、ゾロアスター教、イスラム）に到達すると、非公式な宗教は否定され、公式宗教が生活の全領域を覆うようになる。

　つまり、この箇所でのジャストロウの「呪術」概念は、フレイザーにもウェーバーにも見られる[9]、呪術は人間が対象を能動的に操作する行為、それに対して宗教は崇拝対象に人間が受動的に従うものという、当時の学界で一般的だった二分法に従っている。そのような呪術を科学の前段階である実用的・道具的行為とする見かたも然りである。ウェーバーはこの二分法を「神強制 Gotteszwang」と「神礼拝 Gottesdienst」と呼んだが、本稿も以下では便宜上この呼称を使用する。

　ジャストロウが第1部3章で示す「宗教」の定義もこの二分法を下敷きにしている。それによれば、宗教は3要素からなり、それらは①人間のコントロールを超えた力の自然的認識、②その力への依存感情、③その力との関係の構築である。①は宗教の信仰・観念の部分、②は感情の部分、③は組織・行為・行為に対する規則の部分に該当する[10]。

1.2.2　宗教心理学論の中での「迷信」「オカルト」への言及

それに対して、ティーレの宗教学概論の書[11]には見られない「呪術」のとらえ方が、第2部の「宗教と心理（学）」の章に登場する（言葉としては「magic」よりも「superstition」「occult」やその下位概念が使われている）。ジャストロウは、宗教の成長・衰退の原因を知るには歴史学的アプローチでは不十分であり、新興の学である心理学に期待できると述べる。彼によれば、宗教心理学は特に宗教の感情的側面を対象とし、宗教信念と感情の関係を分析するものである。E・スターバックの回心研究には言及しているが、W・ジェイムズについてはギフォードレクチャーを行ったことが記されているだけであるのは、ジェイムズの『宗教的経験の諸相』（1902年）の出版前に『宗教学』の原稿が書かれていたことによるのだろう。

当時のアメリカの学界の傾向として、回心や神秘体験といった宗教体験の病理学的側面が関心を集めていたことが『宗教的経験の諸相』から窺われるが[12]、ジャストロウもまた、宗教心理学は宗教体験の病理性を判断することで、同時代の社会的ニーズに応える面があると考えていた。

> 宗教心理学から得られるのは、宗教信仰の絶対的真理をはかるための基準ではなく、宗教本能の「アブノーマル」で病理的な現れと、ノーマルで健全な信仰を区別する基準である。[13]

この観点からジャストロウは宗教史全体をこの章で再び語っている。それは、前述のような宗教類型論的進化論ではなく、知性主義と反知性主義の対立と循環としての歴史である。その文脈で、呪術（迷信・オカルト）も語りなおされているのである。

それを段階を追って要約すれば、以下のようになる。

①宗教史の発端は、自然の脅威（力）に対する恐れ（fear）の感情であり、それを知性が克服する試みが歴史の動因である。

> 教養のある人間とない人間の違いは主として、感情 emotions が知性 intellect によってコントロールされる範囲である。子どもと未開人はこの点において同じレベルである。……宗教史の発展は、全体的に、感情と知性の絶え間ない争いとしてみることができる。発展とともに、知性は次第に感情を支配するようになる。[14]

②感情が知性によって支配されると教義が形成される。

> 知性による感情の克服の最も重要な帰結は、混乱した心象［自然の脅威に対する当初の感情］が宗教教義へと結晶化することである。

> ある人が霊感を受けたとみなされ、その人が口ばしる言葉に大きな価値が置かれるのは、論理的思考によるのではなく、そういった人が醸し出す畏怖 awe のためである。そのような人の異常な風貌は見る人を驚かせ、行動は慣習から逸脱している。三位一体のような「秘儀 mystery」も、当初はとらえどころがなかった感情が結晶化して教義になったことが明らかである。[15]

③知性主義が進むとそれへの反動として感情に走る人々が現れる。それは歴史上、度々繰り返される。すなわち、心理学的には病的と言える現象は、どの宗教にも現れるものである。

> 知性主義が過剰になり、また生活が贅沢になると、宗教の流れが何らかの mysticism ［筆者注：日本語の「神秘主義」概念よりやや広義だ

が、「蒙昧主義」ほど曖昧ではない］の濁流に変わりやすくなる。ギリシャ・ローマでは、神への信仰が衰退した時、信仰を浄化する代わりに、オリエントから未開宗教の観念が輸入された。……その後、若々しいキリスト教が新鮮なそよ風のように古代世界を吹き清め、mysticism と迷信 superstition のクモの巣を一掃した。しかし、キリスト教も後には、過剰な感情の犠牲になることがあった。禁欲主義教団において強調されたように病的な人生観が推奨されたのである。ユダヤ教、イスラムにも、カバラ、スーフィズムといった感情過多の時代があった。[16]

④そしてアメリカはまさに今、感情過多の時代にある。

このように、宗教の病理的現象に対する心理学的研究は、理論的関心を呼ぶだけでなく、実践的にも重要になってきている。現在、過剰な知性主義への反動が起きており、人々の知性に対して、スピリチュアリズム（心霊主義）、神智学、クリスチャンサイエンスなどの運動が支配の手を広げているため、このような研究は特に重要である。

ノーマルな状態ならば感情に屈することはないように人間は作られている。それに対して、感情に屈してしまった結果が、神秘主義、スピリチュアリズム（心霊主義）、クリスチャンサイエンスである。[17]

このように論を進めながらジャストロウは、スピリチュアリズム、神智学、クリスチャンサイエンスなどを「現代のオカルト」として、弟のジョセフが心理学的に分析していることを紹介している。また、他に病理的例として挙がっているアメリカの現象には、プロテスタントの集団的回心体験であるキャンプ・ミーティングがある。

まとめると、宗教心理学の文脈では、実用的・道具的行為としての呪術への言及はなくなり、アブノーマルな感情の横溢状態として、迷信、オカルト（心霊主義・神智学）、神秘主義、クリスチャンサイエンス、突発的回心体験などが一括りにされている。先の「呪術＝神強制」「宗教＝神礼拝」の二分法が、「信仰か行為か」というプロテスタント的関心に一致するものだとすれば、この感情を知性が克服するかどうかという関心は、「啓示［信］と知」というやはりキリスト教では伝統的な二分法に対応している。つまり、呪術（迷信）は、現世利益ではなく、（異常心理状態という意味での）反知性主義に結び付けられているのである。
　ジャストロウは幼少時に渡米した移民であり、アメリカの主流派（ピューリタンの末裔）とは何の関係もない。だがそれでもこの心理学的な呪術の位置づけ、そしてその裏面としての現世利益的呪術への関心の後退は、彼がモデルとしたティーレの宗教学にはなかったものであり、アメリカ的展開と考えられる。ティーレの宗教類型論に、当時のアメリカでは学界でも社会でも関心が高かった心理学的問題を接続し、宗教学をアメリカに根づかせようとし、また、またその流れで呪術をもとらえなおしたのである。

1.3　J・H・リューバによる「宗教の定義」の分類に関して

　この仮説を補強するものとして、同時代のアメリカの（宗教）心理学者、J・H・リューバ[18]による「宗教の定義」の分類の試みがある。リューバは1912年に刊行した『宗教心理学』の中で、さまざまな学者による48の「宗教の定義」を集め、①主知的観点　②主情的観点　③主意的観点の3種に分類した。これは後世への影響が大きく、1973年刊の小口・堀監修『宗教学辞典』に収録された、脇本平也による「宗教」の項目でも大きく紹介されている。しかし、脇本がリューバを受けて敷衍する分類と、もとのリューバの分類の間には興味深い違いもある。それは主意的

観点のとらえ方に現れている。
　リューバの言う、宗教に対する主意的観点とは次のようなものである。

　　意志――広義では、この語は欲求や衝動を含む。……この［主意的］
　　観点によれば、宗教は「本能」や、特定の行動様式や、何らかの型の
　　存在を実現する努力になる。
　　［主意的観点からは、］宗教は「不可視の霊的秩序 order に対する実践
　　的関係 practical relation の意識」としてしばしば描写される。この実
　　践的関係は、必然的に目的も感情の状態も含むので、人間全体に関わ
　　るものである。[19]

　そのような観点からの宗教の定義の例として、リューバが挙げているのは
　　「宗教を生み出す本能は、幸せを求める本能である」（L・フォイエル
　　バッハ）、
　　「宗教は私たちの存在のあらゆる側面を通して、善の完全な現実を表
　　現する試みである」（F・H・ブラッドレー）
　　「宗教生活は、見えない秩序が存在しているという信仰、および、私
　　たちの最高善はこの秩序に私たちが調和し順応するにあるという信仰
　　から成り立つ」（W・ジェイムズ）
　　「宗教とは神と超越界の存在に対する、またそれと関連して、救済の
　　可能性に対する、理解と実践的実現である。理論的側面では、宗教
　　は、感覚世界の適切性を否定し、存在と価値の最高位である超越界の
　　存在を肯定する世界観を特徴としている。実践的側面では、宗教は、
　　現世の事物から超越界の現実の理解と体験への移行に、つまり現世か
　　らの救済に存する」（H・ジーベック）
などである。

それに対して、脇本はリューバの3分類を紹介した後、主意的観点からの宗教の定義の例として、ティーレやフロイトの（脇本のいう）「宗教本能論」に言及し、さらに石橋智信の「いのちの拡充」を取り上げている。

> しかし本能にはかぎらず、広い意味で、より充実した、より満足な生活を求めようとする願望が、あらゆる宗教の根底を流れているとみることもできる。石橋智信が「いのちの拡充」をもって宗教を定義したのは、この観点からであった。いのちの拡充とは、あまりにも広漠として摑まえどころがなさすぎる憾みもある。しかし他方からいえば、宗教が人間の願いのまさしく広漠たる領域の全体にかかわっていることも事実である。病気平癒や商売繁盛などのきわめて身近な願望から、人格の向上や平和の実現などの甚だ高邁な理想に至るまで、およそ人間のおもいのぞむところのすべてが、それぞれに宗教に託される。<u>そうした実情の観察から、たとえば、宗教とはつまるところ現世利益の追求にほかならぬ、というふうな功利的宗教観も生まれてくる。</u>あるいは一方では、宗教とは人間の行為のあるべき理想を追求するものだ、というふうな道徳的宗教観も生じてくる。[20]（強調筆者）

このように脇本は、宗教の現世利益面と道徳面を（同じ主意的側面として）完全に並置しているが、もとのリューバの5ページにわたる主意主義論では、現世利益や功利、病気平癒への言及は皆無である。つまり、リューバでは、呪術と倫理・道徳は、同じカテゴリーに属するものとみなされていないが、脇本においては両者が自然に繋がっているのである[21]。迷信もオカルトも神秘主義もクリスチャンサイエンスも突発的回心体験もひとまとめにするジャストロウの語法は、現在からみると違和感があるが、現世利益面の軽視は、後世に影響を与え続けたリューバにも見てとる

ことができるのである。

2. 1980〜90年代ピューリタン研究の「呪術」概念

それでは次に1980〜90年代のピューリタン研究における「呪術」概念を検討しよう。予め断り書きをすれば、以下では、17世紀ピューリタン社会の呪術は（歴史的事実として）どのようなものだったかは探究しない。概念批判という本稿ならびに本書の目的に合わせ、1980〜90年代のアメリカ宗教史学者が、ピューリタン社会を対象とするとき、「呪術」概念をどのように用いていたかのみを論じる。言い換えれば、彼らの説自体が史実に照らして正しいかどうかは考察しない。

2.1 研究史のコンテキスト

1692年のセーラムの魔女裁判は米国史上の著名な事件だが、ピューリタニズムそのものは、「呪（魔）術からの解放 disenchantment（救いのための呪術的方法、被造物神化の徹底的な否定）」の純粋型、すなわち宗教史における合理化の完成として位置づけられてきた。それに対し、1980年頃から、ピューリタンもまた呪術を盛んに実践していたとする研究が相次いだ。その草分けであるJ・ディーモスによれば、

> ［村全体を巻き込む魔女騒動の一方で、］ウイッチクラフトは、小さく個人的な形をとることもあった。魔女裁判の記録は、……社会の日常生活でのできごとも映し出している。そこではウイッチクラフトは、もう一つの超自然的な力への信仰に結び付いていた。すなわち、占いfortune-telling、占星術、病気平癒のお守り healing charms、媚薬などである。あらゆる種類の「呪術 magic」が、ニューイングランドだろうとどこだろうと、17世紀［の新大陸］にはいきいきと存在して

いた。[22]

　それらの研究は、ウェーバーよりも直接的にはキース・トマスの『宗教と魔術の衰退』(1971) へのアンチテーゼとして出されている。とはいえ、ピューリタンは脱呪術化していなかったという主張は、ウェーバー・テーゼを正面から否定することになることは言うまでもない。

　そこでの「呪術」概念の特徴をつかみ取るために、日本の研究史から一つ比較対象を設けよう。20世紀後半の日本の宗教学において盛んだった分野に新宗教研究がある。ディーモスらがピューリタンの呪術実践を論じていた頃、日本の新宗教研究では、「日本近代の新宗教教団においては、呪術は近代化を阻害せず、むしろ倫理化をもたらすことで貢献した」とする説が、やはりウェーバーへのアンチテーゼとして出された。その代表は、島薗進の『現代救済宗教論』(1992年刊) である。

　　（『プロテスタンティズムの倫理と資本主義の精神』では、）「呪術からの解放」や「内面的孤立化」が、近代における大衆的倫理革新の根底をなすものである、と考えられている……日本の近代化過程を見る限り、ウェーバーがあげたのとは異なる型の宗教と倫理、宗教と近代化の関わり方があることを認めざるをえないと思うのである。……私は次節で、新宗教における呪術的なものの意義を積極的に捉えて、それと大衆的倫理革新との関連に触れるつもりである。……
　　天理教の信仰者たちは、つとめやさづけ（病に苦しむ者にほどこされる呪術的儀礼）といった神との呪術的、情緒的交流の機会を通じて神への帰依を深めてきた。……こうした呪術的儀礼において、人間を生み、守り、いつくしんでいる神の働きが生き生きと感じられ、人々の深い帰依をひきだすのである。

　　ここに引いた二つの文章は明治30年頃に書かれたものであり、

……日本近代の多くの庶民宗教者がもっていた倫理的気質（エートス）を例示するものでもあろう。ここでは「通俗道徳」的自己規律が敬虔な信仰と結びついている。そして宗教的謙虚と思いやりに裏づけられることによって、リゴリズムや功利主義を免れ、一種の暖かみを含むものとなっている。そうした暖かみは、たとえば・つ・と・めや・さ・づ・けにおける呪術＝宗教的体験を通して得られた感動と無縁ではないであろう。

　ウェーバーが西洋におけるカルヴィニズムの意義を「内面的孤立化」と「世界の呪術からの解放」に、したがって人間と人間、人間と世界との自然的紐帯からの解放に求めようとしたのに対して、私は日本の新宗教を中心とする生命主義的思想の意義を、人間と人間、人間と世界との自然的紐帯を回復しようとする点に見ようとしたのである。[23]

まとめれば、呪術と近代化・倫理革新は対極的なものではなく、日本の民衆は、病気治しなどの呪術を実践しながら、いわば人間味のある近代化を遂げた（あるいは近代化に順応できた）という主張である。これを本稿では島薗テーゼと呼んでみたい。ピューリタンも呪術を実践していたとするアメリカの研究者は、カルヴィニズムや近代化と呪術の関係をどのようなものとしてとらえていただろうか[24]。それは島薗テーゼと比べてどうか。

2.2　David D. Hall, *Worlds of Wonder, Days of Judgment*, 1989 の「呪術」概念

　以下ではピューリタン・呪術論の代表的な研究書を3冊挙げる。島薗テーゼと比較するため、もとの本の構成は脇に置き、①どのような「呪術」がピューリタン社会に存在したと述べているか（換言すれば、その書の中で「呪術」の語が指すものは何か）、②ピューリタンの呪術と近代

化、ないし近代性との関係はどのようなものか（換言すれば、なぜピューリタン社会にも呪術が歴然として存在したのかという点をどう説明しているか）、③呪術とピューリタン神学の関係はどのようなものか（あるいは、ピューリタンはなぜ呪術を必要としたのか）、④18世紀以降、呪術はどうなったかという4つの点についてどう書かれているかを祖述する形でまとめていく。

1冊目はハーヴァード大学ディヴィニティ・スクールでニューイングランド史を研究するD・ホールの『不思議の世界、裁きの日』である。

2.2.1 『不思議の世界、裁きの日』の内容
① どのような呪術が存在したか

ヨーロッパでは盛んだったがニューイングランドのピューリタン社会で廃止された「呪術」[25]は、異教的なクリスマス、メイポール、カーニヴァル、聖者崇拝、教会内の偶像などだった。これは「呪術からの解放」の「呪術」にあたるものである。

それに対して、ニューイングランドでも行われた「呪術」（ホールはこれを magic や occult sciences の語で総称している）は、占星術つきの暦（ただし月名は数字表記[26]）、占い fortune-telling、ウイッチクラフトから身を守るための呪術、殺人を露見させる呪術、予知夢やヴィジョン prophetic dreams and visions などだった。聖職者も自ら占星術つき暦を作成するなど、ピューリタニズムという宗教とこれらの呪術は必ずしも対立しなかった。一言では、呪術と宗教は「調和 accommodation の関係」[27]にあった。

聖職者による呪術批判が、それを信じない（脱魔術化）の方向に作用するのではなく、魔女信仰を強化するということもあった。たとえばウイッチクラフト除けに薬草を使用したり、魔女と疑われる人の血液をまじないに使ったり、病気治しの効果を狙って馬蹄を戸にとりつけたり、といっ

た特定の行為を、聖職者は、悪魔から力をもらう行為だと決めつけ、信者にはふさわしくないとした。それが結果的に魔女狩りを煽っていたのである。

　呪術に連なるもう一つの概念で、やはりピューリタニズムと背反しなかったものに「不思議・怪異 wonders」がある（「呪術 magic」の語は、本書の中でイーミックにもエティックにも使われているが、wonders の語はイーミックである）。当時、ニューイングランドでは幽霊・超常／怪奇現象・異常災害の類を報告する「怪異譚」が流行した。これは聖職者も一般信者も同様に信じ、神がもたらす奇跡（摂理・神罰）でもあり、悪魔のしわざでもあると解釈されていた。[28]

② 近代化／近代性との関係

　なぜピューリタン社会にも呪術は存在したのかといえば、ピューリタンには近代的な面もあったが、エリザベス朝的でもあったためである。すなわち、ピューリタンの呪術のもとは、移住する前のイギリス文化に存在した、異教のギリシャ・ローマ宗教や中世の民衆宗教だった。どのくらいその旧来の文化を継承するかには個人差もあった。[29]

③ ピューリタン神学との関係

　ピューリタンが呪術を必要としたのには、ピューリタン神学に由来する動機もある。二重預定説は、自分は救いの方に予定されているのか、それとも地獄の方かという底しれぬ不安をピューリタン与えたとされるが、多くの信者は不安のままではいられず、自分は救われるという確証を儀礼に求めたのである。つまり、ピューリタンは反儀礼主義だと言われてきたが、実は独自の儀礼、しかも行為によって救いを得ようとする「神強制」性＝呪術性のある儀礼を頻繁に行っていたのである。前述のようにクリスマスなどは廃止したが、断食と感謝祭をはじめ、通過儀礼も危機儀

礼も行った。そういった儀礼は、「改悛と更新の道徳的アレゴリー moral allegory of repentance and renewal」、すなわち罪を清め、信者としての義務の契約を更新するために行われた。

不安はまた、死後の救済に対してだけでなく、日常的にもニューイングランドを襲ったさまざまな危険に向けられていた。自然災害、病気、人々の対立、悪魔や魔女の妨害（と当時の人々が解釈した事象）を防ぐために、儀礼（上記と同じく、神強制＝呪術性のあるもの）が有効であるとされた。祈り、断食、魔女狩り、犯罪者を見つけ出す呪術、公開処刑などがそれに該当する。なかでも断食の日や公開処刑での「告白」は、「代表的なニューイングランドの儀礼（the New England ritual）」だった。危機は人間の罪に対する神の罰であると解釈され（悪魔がもたらす場合も、それは怒れる神が悪魔を放置したために起こることとされた）、それを防ぐ手段は、ニューイングランドでは（中世に民衆が頼ったような）聖人の力やとりなしではなく、内面的・道徳的な改悛だったため、断食や告白という形をとったのである。

病気の場合は、儀礼のほか、医者や民間療法師（cunning folk）に頼る信者たちがいた。聖職者はまじないの類を使う民間療法を非難し、祈りや断食による改悛によって回復すると説いた。もっとも一般の信者にしてみれば、それは祈り自体に病気を治す（かつて聖人が発揮したとされる）力があると考えるのと大して変わらなかった。[30]

④　18世紀以降の変化

1690年代までには自然科学の発達により、学のある聖職者は「怪異」の多くを自然現象とみなすようになるが、信者に道徳（安息日、共同体のモラル等）を守らせるために怪異譚を利用した。怪異譚を人間の罪・堕落に対する神の罰とする解釈を示し続けたのである。他方、夢・ヴィジョン・予言は「悪魔の憑依」＝「熱狂主義 enthusiasm」とみなし、これを

封じ込めようとした。

　18世紀には聖職者に啓蒙主義の影響が広がった。ピューリタン神学（摂理、予型論）から離れ、宗教を、内的体験ではなく理性のことがらととらえるようになっていった。それに伴い、怪異譚も魔女狩りも終息していった。

　ところが、理性がそのように重視されるようになると、間もなく反動も現れた。大覚醒運動という"カーニヴァル"である。魔女狩りの時期に頻繁に起こった霊的（憑霊）体験や「怪異」が再び脚光を浴び、罪の告白と清めの物語が復活した。

　さらに19世紀には、大覚醒運動で更新されたような民衆宗教は民主主義的ナショナリズムと混ざり、「自由な人々」を称揚するようになっていった。[31]

2.2.2 『不思議の世界、裁きの日』と島薗テーゼ、ジャストロウの呪術概念の比較

　ここまでを整理すると、ホールがピューリタン社会においてピューリタニズムと調和しつつ存在した「呪術」としているものは、呪薬で病気を治す類ではなく、物質的ではないが神強制的・手段的である点で呪術性をもつ危機回避の儀礼、具体的には祈り、告白、魔女狩り、処刑等である。それに加え、オカルト的な怪異譚も、社会の堕落を人々に認識させるのに牧師にとって利用価値があったとされ、「呪術」に類するものとして並べられた。

　ホールはそのようなピューリタンの呪術が、改悛という倫理革新をもたらすものであったと論じているが、（島薗テーゼとは対照的に）それは18世紀以降の近代化に結び付けられてはいない。物質的な呪術については、それを中世ヨーロッパの民間信仰の「残存」にすぎないとみなす傾向も強い。

これは主たる関心のありどころが、島薗とホールでは異なるということにもよるだろう。ホールら、この時期のアメリカ宗教史研究者は、なぜ近代性（ないし近代化につながる倫理革新）と呪術が両立したかという点よりも、聖職者の宗教と民衆宗教の異同・関係性に興味をもっていた。ペリー・ミラーを代表とするそれまでのピューリタン研究が、ピューリタン内部の同質性を前提していたのに対し、その多様性に注目するようになったのである。したがって、ホールはピューリタン神学に呪術（儀礼）がどう組み込まれたのか、その論理を解き明かしてはくれるが、それと資本主義の精神の関係などは論じていない。

そして、18世紀以降の展開を論じる時は、呪術と宗教の対立は、「神強制」と「神礼拝」から、「信仰・熱狂」と「理性」の対立図式に入れ替わっている。ジャストロウの『宗教学』に現れていたものと似た転換が、本書の中でも、おそらくホールがそれと意識しないうちに起こっているのである。

2.3 Richard Godbeer, *The Devil's Dominion: Magic and Religion in Early New England*, 1992 の「呪術」概念

二冊目はイギリス生まれでオックスフォード大卒業後、アメリカで初期アメリカ宗教史を研究してきたR・ゴッドビアの『悪魔の支配』である。ホール説との大きな相違点は、呪術と宗教の関係は①調和かつ②分裂という二面性を持っていたとするところである。すなわち、ゴッドビアによれば、呪術には、①聖職者も一般信者も受け入れた、宗教に混じり込んだ民間信仰的呪術と、②聖職者や厳格な信者が非難・排斥した呪術が存在した。ただし、②の呪術を実践する信者も、キリスト教に対抗しているという意識はもたず、宗教と呪術は相互補完的であるととらえていたという。その詳細は以下のとおりである。

2.3.1 『悪魔の支配』の内容

① どのような呪術が存在したか

　イギリスでは盛んだったが、ニューイングランドで廃止された「呪術」は、「教会魔術」、すなわち病気治しや災害防御のために教会が施した数々の儀礼である。それに対してニューイングランドに引き継がれたのは民間呪術で、未来の予知、病気治し、敵を倒す、オカルト的攻撃から身を守るなどの目的のために超自然的力を操作するものだった。[32]

② 近代化／近代性との関係

　たしかに宗教改革により、人間は超自然的力を行使できないとする神学が徹底された。中世カトリックでは、聖職者であろうと信者であろうと、しかるべき方法で行えば、儀礼は治病などに効果があるとされていたが、それが否定されたのである。しかし、ピューリタンにおいても平癒などを神に懇願する儀礼、つまり神強制としての呪術に近い行為は行われた。だが神の超越性を強調するピューリタン神学からして、人間が行為によって働きかけたとしても、神がそれに応じて快癒等をもたらすかどうかは全くわからないとされた。それでも行われたのは、物理的な効果はなくても、感情の面でやむにやまれずということがあったためである。[33]

③ ピューリタン神学との関係

　ピューリタンが呪術を必要としたのには、二重預定説の不確かさと恐怖に耐えられなかったということがある。そのために自分の将来に関心をもったので、呪術のなかでも特に占いの需要が高まった。加えて、ピューリタンの中で呪術を使った人たちは、それを問題視しなかった。神学上禁じられていることを知らなかったか、知っていても役立つからよし、と考えたのである。ただし、必要に迫られてというよりもそれまで宗教と呪術

を併存させていたイギリスの慣習やメンタリティを踏襲している面が大きい。

　また、信者が呪術を使ったのは、聖職者側にも原因がある。彼らが説く教義は漠然としており、人間の罪や災難の原因について多様な解釈を許した。そのため、信者が、呪術と宗教は両立可能とみなす余地が生じ、間違ったことをしているという意識なしに呪術を行ったのである。

　その前提として、呪術に対しては、聖職者による神学的解釈と信者の解釈は、どこから呪力が来ているのかをめぐって対照的だったということがある。神学の解釈では、人間は超自然的力を生み出せないため、それは悪魔または神から来ていたとされた。民間の解釈では、人間が呪力を操作でき、それを悪用したのがウイッチクラフトであるとされた。

　これらの解釈にしたがい、病気や災難が発生した場合、聖職者は、ある時には①それらを個々の人間の罪・堕落に対する神の罰とみなし、「祈りや断食による改悛と道徳的変革によって対処できる」とし、別の時には②共同体を結束させるため、「悪魔がピューリタン社会を狙っている」とした。①のみであれば、民間の解釈との接合面はなかったのだが、②の方の解釈が公然ととられたことにより、一般信者が、病気や災難を悪魔に唆された人のウイッチクラフトによるものとする解釈は正しいと思い、対抗呪術によって対処しようとした。他方、悪魔が憑依する体験をもった者は、それは（①の解釈にしたがって）悪魔に付け入る隙を与えた自分の罪によるものであるとし、改悛という克服手段をとることもあった。

　占いや占星術が行われたのにも、神学の両義性が絡んでいる。聖職者はそれらを批判したが（神が隠すことを暴く行為であるため）、同時に天体の運行や天候の変化の摂理的な意味（神の罰ととるなど）には関心があった。信者から見れば、それは占いの肯定と異なるものではなかった。[34]

④　18世紀以降の変化

18世紀には、呪術や魔女の存在に対する懐疑が、啓蒙主義的教育を受けた人の間では広まった。それに対し、民間では、19世紀になっても呪術は存続した。たとえば、バター作りを邪魔する呪術と、それへの対抗呪術などである。農業や航海、商業でも占星術、民間療法師（cunning folk）が頼りにされ続けた。[35]

2.3.2 『悪魔の支配』と島薗テーゼ、ジャストロウの呪術概念の比較

ゴッドビアがピューリタン社会にあるとする「呪術」は、病気治しや悪魔払いの類の実用的・道具的な呪術行為であり、それはヨーロッパ民衆文化の「残存」であるとされた。それらが存在できたのは、ピューリタニズム（宗教）の側にも神強制に近い儀礼があり、また、悪魔の脅威も説かれたため、一般信者から見ると、呪術的行為と宗教的行為はしばしば非常に似ていたためだった。

ゴッドビアもホール同様、呪術（神強制）と倫理革新（改悛）の接合面を論理的に説明しているが、それと近代化の間に因果関係は全く認めていない。呪術の感情的側面には注目するが、それを現代の諸現象に積極的に結び付けることはなされていない。

2.4 John Demos, *Entertaining Satan: Witchcraft and the Culture of Early New England*, 1982/2004 の「呪術」概念

三冊目はJ・ディーモスの『悪魔を楽しませる』である。前述のようにディーモスはピューリタン・呪術研究の草分けだが、本書のほとんどの内容は魔女裁判に割かれているため、ごく簡潔にとりあげる。前述のように、彼はニューイングランドにあらゆる種類の呪術が存在したとし、例として占い、占星術、病気平癒のお守り、媚薬を挙げ、それらとウイッチクラフトが入り混ざっていたとした（「magic」と「witchcraft」概念の異同

や包摂関係には、ディーモスはこだわっていない)。

　特に注目したいのは、ディーモスが呪術と感情の関係を重視しているところである。『悪魔を楽しませる』は学際的魔女狩り研究ブームの火付け役となった書だが、その第2版の序で、ディーモスは本来のテーマだった2点を改めて強調したいと述べている。その一つは、ウイッチクラフトは17世紀ニューイングランドでは、日常的に存在していたということ。もう一つは、ウイッチクラフトは非常に感情的な現象であるということ。後者は、P・ミラーを代表とするそれまでのピューリタン研究が知的側面ばかりを対象にしたことに対して彼が新たに打ち出したことだと言う。この感情は主に恐れ、怒りの感情を示す。そのような感情を伴うのは、呪術の中でも占いやお守りの類ではなく、ウイッチクラフトの告発から成る魔女裁判だった[36]。本書の表紙の図案には、少女たちがトランス状態で魔女を指さし告発する裁判シーンが選ばれている。

　18世紀以降の変化に関しては、ディーモスは、ウイッチクラフトは啓蒙主義と対立したが、19世紀まで消えることはなかったとしている。ただし18世紀、19世紀のウイッチクラフトはスケールダウンし、死をもたらす恐ろしい呪術の類ではなく、バター作りを邪魔される、金縛りになるなどに変わっていったという。さらに、ピューリタン神学を支配した摂理の考え方もなくなり、呪術を支えた、物事が相互に関連しているという観念（ミクロコスムとマクロコスムの相応や共感の法則の類）も低下し、近代化のエトスにとって代わられていったと論じている。[37]

　このように、ディーモスのいう「あらゆる「呪術」」のうちのいかなる部分も近代化と内的関係はない。そして呪術は近代化が進めば消滅するにすぎないとされている。また、呪術の感情的側面を重視する一方、ホールやジャストロウに比べると、それと現代の諸現象は積極的に関連づけられてはいない。

2.5 考察

　以上をまとめると、1980～90年代のアメリカのピューリタン研究者は、ピューリタン社会において呪術が倫理革新に結び付く内的ロジックを説明することはあっても、呪術をあくまで前近代的なものとした。「呪術による倫理革新も、宗教よるそれと同様、資本主義のエトスに結びついた」といった論理展開はなされなかった（こう述べるのは、呪術と近代化を結びつけた島薗テーゼの方が優れているとかいないとかという意味ではなく、そうしなかったところにアメリカの「呪術」概念の特徴が見てとれるということである）。呪術の感情面への注目は、ヨーロッパ中世の呪術研究に比べ、特徴的であり、また、特にホールはそれをジャストロウと同様に信仰と理性の対立図式（それはまたアメリカでは「知性主義」対「反知性主義 anti-intellectualism」[38]というナショナル・アイデンティティ論争でもある）に引き寄せている。

　概念批判という目的からは、この年代のピューリタン研究についてはもう1点指摘することができる。もともと非常にプロテスタント的・カルヴィニズム的な二分法であった「神強制―神礼拝」の分類が分析概念として取り入れられるという、奇妙な自己言及現象が起こっているのである。どうやら、宗教学や他の人文社会学で使われてきた「宗教」「呪術」概念の西洋近代性、プロテスタント性に関する批判的議論が十分に知られていないようなのである[39]。この場合、イーミックとエティックが一致していることになるのだが、何とも転倒した状況である。

おわりに

　かつてB・マリノフスキー（1884-1942）は「呪術・科学・宗教」論文の中で、現代人（西洋人）は「呪術」と聞いただけで胸躍るが、「未開」

の呪術は実利的すぎて、刺激に乏しいというギャップがあると語った。

　　呪術——この言葉を口にしただけで、神秘的で思いもかけなかったような可能性の世界が開けてくるような気がする。オカルトや「秘伝の真実」へのあこがれをさしてもたない人にとっても、呪術に対する病的な関心は、「神智学」とか「降霊術」とか「心霊主義」、あるいは様々な疑似「科学」や「何々学」、「何々主義」の名の下に、今日では生半可に理解された古代の信仰や崇拝の陳腐な復活によってばらばらに支えられており、明晰な科学的精神の持ち主にとっても、呪術と言うテーマは特別の関心を引くものである。……しかし、社会学者が呪術の研究に手を染める時、呪術が支配的な位置を占め現在でも十分発達した状態であるようなところ——つまり今日の石器時代段階の未開人の社会に、完全に醒めた散文的で不器用でさえある技術を見つけて失望を覚えるのである。この技術ときたら、純粋に実用的な目的で使われ、粗削りで底の浅い信仰に支配されていて、単純で単調な方法で適用される。……未開呪術は——フィールドに出た人類学者なら誰もが骨身に染みて知っていることだが——極めて単調で刺激に乏しく、手段としての行為に厳しく限定されていて、その信仰の枠内を少しも出ることなく、基本的な前提の段階に留まっている。[40]

「呪術」という言葉が喚起するものは、「ワクワクさせる不思議な世界」と「退屈な実利的行為」に分けられるということである。本稿で辿った「呪術」概念は、この二分法の前項と、17世紀セーラムの「witch craze」の原風景、そして宗教学黎明期に、オカルト的心霊体験とともに科学の目に晒されていた劇的回心体験というアメリカのプロテスタント・アイデンティティ問題が結びついたものと見るならば、アメリカ的な展開の一つの現れと言えるだろう。

1990年代に阿部年晴は、人類学の「呪術」概念批判の文脈で、呪術を、「近代ヨーロッパの形成過程において、宗教（キリスト教）科学や近代的な社会制度から排除され否定的な価値を付与された<u>残余カテゴリー</u>」（強調筆者）[41]として位置づけた。それに対して筆者は、「呪術」概念を引き算の結果としてとらえるよりも、「宗教」、「科学」と相関的なものとして把握することに可能性を見てきた[42]。さらに本稿では、その相関性は、当該の時代・社会の宗教に対する論争的関心（特にcontested identitiesと言われるような自己理解をめぐる論争）によって組み換えられることを示した。すなわち、デュルケム学派の供犠論が、カトリック神学の供犠概念に対抗して編まれていった面があるように[43]、アメリカ宗教学の「呪術」概念は、アメリカの宗教・文化全般の自己理解の一環である反知性主義論争や、宗教体験は異常心理か健全な現象かという論争の中で浮遊していた。その中で居場所を失いがちなのは、現世利益を追求する物質的で手段的な呪術実践だった。

　もちろんジャストロウやホールの「呪術」概念をアメリカの宗教学者に共通するものとみなすのは早急である。とはいえ、ジャストロウを「発掘」した、シカゴ学派宗教学のロングの研究を改めてブラウズするならば、彼が自身のアイデンティティであるアフリカ系アメリカ人の宗教を分析する時に対象としているのはもっぱらナラティヴであった。彼が宗教学者として目指したのは、奴隷制時代から続く民間伝承や詩を現代の黒人神学に接続することだったが、それらのナラティヴは聖なる宗教体験を表出するものであり、また民族の抑圧からの解放という社会変革の推進力となるものだった[44]。彼が同胞の現世利益的呪術実践を正面から研究対象としなかったのは、資料や方法論の面での制約もあったには違いない。それでも、西洋・白人文化をもっとも相対化しやすい位置にいたロングですら、実利的「呪術」を素通りしていったというのはきわめて示唆的である。

註

1) 厳密には依頼は「北米宗教学の「呪術」概念」だった。これを「アメリカ宗教学」と置きなおすこと自体が国民国家内の同質性を無批判に前提にしているように見えるかもしれないが、大学の制度史的観点からは、むしろ国民国家単位で学術の展開を追うことは一定の正当性をもつ。20世紀の欧米諸国の宗教学はもっぱら自国の中で充足し発展してきたとされているためである。Cf. M. Stausberg, "The study of religion(s) in Western Europe (I): Prehistory and history until World War II," *Religion*, 37, 2007, pp.294-296.

2) G. Benavides, "North America," in *Religious Studies: A Global View*, ed. by Gregory Alles. Oxton and NY: Routledge, 2008.

3) Morris Jastrow, Jr., *The Study of Religion*, (The Contemporary Science Series, ed. by Havelock Ellis) New York: Charles Scribner's Sons, 1902.（同じ本を1901年にロンドンのThe Walter Scott Publishing Co.から出版している。シリーズ編纂者のH・エリスはイギリスの心理学者。)

4) Charles H. Long, *Significations: Signs, Symbols, and Images in the Interpretation of Religion*. Aurora, Colorado: The Davies Group, 1999[1986], pp. 25-26. 該当の章は1980年発表の論文。

5) ジャストロウは1914-15年にアメリカオリエント学会（American Oriental Society）の会長、1916年に聖書学会（Society of Biblical Literature）の会長を歴任するなど、当時の宗教学関係の学界で中心的な人物であったことは間違いない（アメリカ宗教学会はまだ存在していなかった）。そのような人物がいつの間にか忘れられた原因は、おそらく何よりも彼がポーランド生まれのユダヤ人であったためと考えられる。19世紀末から20世紀初頭にかけては、アメリカの大学でも反セム主義が強く、ユダヤ人が教授職に付けたのはセム語学（ジャストロウはその一例だった）や新興の分野に限られていた。門戸が開かれなかったのは、過去・現在のキリスト教文化を対象に含む学科、すなわち歴史、宗教、英文学、芸術学だったという。Judith Baskin & Reesa Baskin, *The Cambridge Dictionary of Judaism and Jewish Culture*. New York: Cambridge University Press, 2011, pp. 627-628.

　『宗教学』を書いたジャストロウも宗教学科や歴史学科の教授になることはできず、そのため後継者が生まれずじまいで、ついには忘れ去られたのであろう。なお、弟に「アヒル―ウサギ頭」のだまし絵（錯視）で知られる心理学者のジョセフ・ジャストロウがいる。

6) 当時の他のアメリカの宗教学者による総合的な書物には次のようなものがあるが、

いずれも「宗教学概論」の体裁ではない。
A History of the Ancient World, for High Schools and Academies, 1904
シカゴ大学の宗教学者、G. S. Goodspeed (1860-1905) による古代宗教史。ティーレ的宗教類型論や、呪術論、供犠論の類はない。「呪術」の語への言及も3箇所程度。
Comparative Religion, Its Genesis and Growth, 1905
カナダ人 Louis Henry Jordan(1855-1923) がシカゴ大学で行った講演をもとにしたもの。宗教ではなく宗教学の歴史。「呪術」にも「供犠」にも言及はない。
Studies in the History of Religions, 1912
ハーバード大学の旧約学者、C. H. Toy への献呈論文集。モノグラフ論集であるため、体系性、網羅性はない。

もっと早いものでは、James Clement Moffat による *A Comparative History of Religions*, 1871 があるが、これは著者の信仰の立場が顕著な世界宗教史である。

7) モースやユベールはもちろん、W・ロバートソン・スミスの供犠論への言及もない。
8) Jastrow, op. cit., p.101.
9) ただし科学論上重要な違いも両者の間には存在する。拙論「〈宗教・呪術・科学〉三分法の成立と合理性」『聖概念と近代――批判的比較宗教学に向けて』大正大学出版会、2005年。
10) Jastrow, op. cit., p.171.
11) C. P. Tiele, *Outlines of the History of Religion : To the Spread of the Universal Religions*, 6th ed. London: Kegan Paul, 1896 and *Elements of the Science of Religion*. Vol.I & Vol.II, Edinburgh: Blackwood, 1897.
12) 1924年にはまだドイツにいたワッハも、出版した『宗教学』の中で、アメリカやフランスの宗教心理学は、宗教の中の異常現象へと研究関心が偏っていると指摘している。ヨアヒム・ワッハ『宗教学――その科学理論的基礎づけのための序説』下宮訳、東海大学出版会、1970年、99-100頁。(原著は1924年刊)
13) Jastrow, op. cit., p.284.
14) Ibid., pp. 279-280.
15) Ibid., p.280, 281.
16) Ibid., p.285.
17) Ibid., p.286, 284.
18) リューバ (James H. Leuba, 1867-1946) はスイス生まれのアメリカの心理学者。ジェイムズに私淑し、神秘主義や宗教体験の研究を行う (本人は無神論者)。ペンシルヴァニア州の Bryn Mawr College (Seven Sister Colleges の1つ。フレンド派

が設立）で心理学の教授を務めた。
19) J. H. Leuba, *A Psychological Study of Religion, its Origin, Function, and Future*. New York: Macmillan, 1912, p.25, 38.
20) 脇本平也「宗教」小口・堀監修『宗教学辞典』東京大学出版会、1973年、257-258頁。
21) より正確には、リューバも脇本もここでは呪術ではなく宗教の定義について論じている。だが、その文脈でも脇本は、病気平癒や商売繁盛を祈願する行為、すなわち「呪術的行為＝神強制」「宗教的行為＝神礼拝」の二分法では前者に近いものを、ごく当たり前のように代表例としているというのが注目に値する点である。
22) John Demos, *Entertaining Satan: Witchcraft and the Culture of Early New England*, New York: Oxford University Press, 2004[1982], p.4.
23) 島薗進『現代宗教救済論』青弓社、1992年、137、141、143、146、150頁。
24) 魔女裁判研究ではなく、呪術と宗教の関係について正面からとりあげた同時期の研究としては、以下にとりあげる3名のほか、Richard Weisman, *Witchcraft, Magic, and Religion in Seventeenth-Century Massachusetts*, 1984 があるが、これは宗教と呪術を対立関係にあるととらえる（よって、カルヴィニズムと呪術に関係はないとみる）ものであるため、考察の対象に加えなかった。

なお、witchcraft と magic の異同については、宗教学・人類学では、「ヨーロッパでは妖術（witchcraft）と邪術（sorcery）とを、呪術（magic）という語から区別して用いていなかった。ふつう英語でも、妖術は邪術と同意義に使われている。しかし、エヴァンス＝プリッチャードが、アフリカのアザンデ族において、人間のもっている霊力が、その人が意図しなくても他人に災いをもたらすような心霊作用としての「妖術」と、意図的に相手に危害を加えようとする呪術としての「邪術」が概念的に区別されていることを報告」（吉田禎吾「呪術」小口・堀監修『宗教学辞典』）「妖術は、心に抱いた悪意や恨み、嫉妬が意図や呪術行為がなくとも、相手に危害を加えるという信仰である。妖術の告発は物的証拠なしでも行われる。ヨーロッパキリスト教世界でさかんに行われた魔女裁判がこれである」（嶋田義仁「妖術」星野他編『宗教学事典』丸善株式会社、2010年）などとされてきたが、これらのアメリカ・ピューリタン研究者による用法は若干異なるようである。magic も witchcraft も明確に定義されて使い分けられているわけではないのだが、witchcraft は文字通り「魔女のしわざ」、特に悪意ある魔女の奸計を指すことが多く、その場合、magic は占いや厄除け・招福のまじないの類になる。
25) クリスマスやカーニヴァルを「呪術」と呼ぶことは、この語の普通の語法からすると奇妙に見えるかもしれないが、これらはみな「神強制」であり、「信仰のみ」のプロテスタント原理に反する行為なのである。したがって、「呪術からの解放」の

「呪術」にあたる。
26) March, April などはギリシャの神々の名に由来するため。
27) David D. Hall, *Worlds of Wonder, Days of Judgment: Popular Religious Belief in Early New England*. New York: Knopf, 1989, p.7.
28) Ibid., pp.9-10, 19, 59-61, 85, 101.
29) Ibid., p.11, 19, 244.
30) Ibid., pp.166-170, 184, 198.
31) Ibid., pp.106-110, 243-244.
32) Richard Godbeer, *The Devil's Dominion: Magic and Religion in Early New England*, New York: Cambridge University Press, 1992, p.7, 25-30.
33) Ibid., pp.27-28.
34) Ibid., pp.46-53, 77, 94, 119-120, 126-132.
35) Ibid., pp.226-230.
36) Demos, op. cit., p.viii.
37) Ibid., pp.387-399.
38) R・ホーフスタッター『アメリカの反知性主義』田村哲夫訳、みすず書房、2003 年。
39) ゴッドビアは本書の冒頭で、呪術を神強制、宗教を神礼拝として定義しているのだが、そこの注に、自分と似た定義として 1972 年に出版された宗教人類学の教科書内の記述に言及し（ちなみにその教科書の方は、その 7 年後に出された版からはその記述を削除している）、さらにこう書いている。「非西洋文化の分析をする人類学者は、今は「呪術」を独立した信念／実践カテゴリーとしては使わないようにしようとしており、「呪術—宗教的」というラベルを使う人もいる。……しかし後述するように、初期近代の西洋文化について論じる上では、呪術と宗教の分類はなおも有効である。特にプロテスタントの宣教師たちに広められた観念を考察する上ではそうである」(Godbeer, op. cit., pp.9-10)。それはそうでしょう、当事者概念なのだから、と指摘する人がゴッドビアの周りにはいなかったのだろうか。
40) B・マリノフスキー『呪術・科学・宗教・神話』宮武公夫・高橋巌根訳、人文書院、1997 年、91-92 頁。
41) 阿部年晴「日常生活の中の呪術——文化人類学における呪術研究の課題」『民族学研究』62(3)、1997 年、342 頁。
42) 藤原、前掲論文。
43) フランス・デュルケム学派の供犠論が、当時のカトリック神学論争に関係していたことを I・ストレンスキーが論じている。I. Strenski, *Contesting Sacrifice: Religion, Nationalism and Social Thought in France*. Chicago: University of Chicago Press, 2002 and *Theology and the First Theory of Sacrifice*. Leiden and Boston:

Brill, 2003.
44) Long, op.cit., Part 3.「奴隷たちの森での「集会」は、主人たちの宗教のためのものではなく、彼ら自ら「呪術 conjuring」と呼んでいたものと関係していた」(p.190)という文章はあるため、ロングがアフリカ系アメリカ人の伝統における「呪術」を認知していなかったわけではないのだが、かろうじて触れている程度である。

イギリスとフランスにおける呪術研究

竹沢　尚一郎

1．宗教進化論：比較し序列化すること

　イギリスとフランスにおける呪術研究[1]は19世紀後半にはじまった。なぜこの時期であったか。それを理解するには、19世紀という時代がどのような時代であったかを社会経済的背景のうちで理解する必要がある。

　19世紀がいつ始まったか。たんに時間的にではなく、世界史的な意味でのその開始はいつであったか。それを論じる仕方は多くあるはずだが、なかでも有力なのは、前世紀の末、1789年のフランス革命を起点とする見方であろう。食料を求める庶民の直接行動として始まったそれは、さまざまな偶然が重なることによって、国王の処刑を通じての身分社会の解体と、国民が主体となる国民国家を誕生させた。この試みは十数年で終わったとはいえ、ここで新しくつくり出された2つの原則、身分制社会の解体と国民国家の成立は、19世紀を通じてヨーロッパ諸国のあいだで大きな影響を与えたのだった。

　しばしば市民革命と呼ばれるこの変革は、経済の次元での変革と並行して実現されていた。18世紀後半のイギリスにはじまる産業革命がそれである。各種の紡織機械の発明や1785年のワットによる蒸気機関の改良は、イギリスをはじめとする西ヨーロッパ諸国の産業のあり方を大きく変えた。それだけでなくそれは、蒸気船や蒸気機関車の発明を通じて人びと

の行動能力や行動様式にも大きな変化をもたらした。西ヨーロッパ各国はこの世紀の後半以降、遠く離れたアジアやアフリカでの植民地獲得戦争にあけくれるようになるが、それもこうした経済と技術の次元での変革によって可能になったのだ。

このようにして実現された植民地の拡大が、ヨーロッパの人びとに異なる宗教をもつ人びととの出会いを増加させ、彼らに対する関心を増大させたのは必然であっただろう。1851年にはロンドンで世界最初の万国博覧会が開催され、その5年後にはパリでも万国博覧会が開催されるなど、19世紀の後半にヨーロッパ各国は万国博の開催をきそっていた。今日ではたんなるお祭り騒ぎに終わりがちな万国博覧会だが、それがはじまった19世紀には、多大な文化的・社会的影響力をもつ国をあげての一大イベントであった。

この時代の万国博覧会は、私が別のところで論じたように2つの主要なベクトルを軸とするものであった[2]。ひとつは、1851年のロンドン博が、新しいテクノロジーとしての鉄筋とガラスによってつくられた「クリスタル・パレス」を主会場として開催されたことに象徴されるように、産業と科学技術が可能にする人間の未来を目に見えるかたちで示すことであった。もうひとつは、西ヨーロッパの諸国家が世界を軍事的・文化的に支配する能力を有していることを、遠方から運んできたモノと人間の展示を通じて「実証」してみせることであった。これら2つのベクトル、未来に向かうベクトルと遠方に向かうベクトルを占有したのは、市民革命と産業革命を通じて再編成された近代国家であった。まさに万国博覧会こそは近代国家がつくり出した世俗の祭典だったのであり、国家はそれを通じて、旧来の宗教に代わってすべての国民の願望と欲望を操作する主体としてみずからを提示したのである。

1851年、ロンドン博の会場であるクリスタル・パレスをひとりの英国人がおとずれている。彼の名はヘンリー・クリスティ、万国博覧会の異文

化展示に刺激されることで世界中の民族の品々を蒐集するようになり、のちに大英博物館の民族学部門の基礎となるコレクションを築いた男である。このクリスティと、「英国人類学の父」と呼ばれるエドワード・タイラーとはアメリカ大陸でぐうぜん会っている。人類学の創設物語の一部として興味深い出会いなので、それを物語るタイラーのことばを後世の一人類学者のコメントとともに引用しよう。

「一八五六年の春、わたしはハバナの乗合馬車でぐうぜんクリスティ氏に会った。かれはなんか月も前からキューバに滞在し、波瀾に富んだ生活を送っていた。かれは、砂糖のプランテーション、銅鉱山、コーヒーのエステイトを訪れ、洞窟を探検し、熱帯密林で植物を採集し、二週間もサンゴ礁の間をボートでさすらい、亀や海牛を捕り、外国人領事やラサリスト派宣教師から、隠退した奴隷商人や暗殺者まで、情報の集められるあらゆる種類の人たちを訪ねていた」。

イギリス人類学の父タイラーには、人類学者が時おり「謹厳な」諸科学の研究者によって軽蔑されるロマンチックな気風がむきだしになっている。なにしろキューバの乗合馬車から誕生したのも同然の学問であるから、多少ちぐはぐな面があっても仕方がないであろう。しかしタイラーの文章にはさまざまな、じかの経験を重視する価値が含まれている。この価値がかれの後継者たちを特徴づける現地調査に駆りたてたのである[3]。

英国人特有のユーモアの効いた文章だが、「多少ちぐはぐな面があっても仕方がない」とまでいわれると、タイラーとしても反論したくなったかもしれない。なるほど、タイラーの主著であり1871年に出版された『原始文化』は、世界中の民族の宗教的慣行に関する報告をまとめたものであり、内容的に「ちぐはぐな」印象を与えるものであることを否定できな

い。しかしタイラーは、そこに集めたさまざまなデータのあいだにある種の導線を導入することで、著作を首尾一貫したものにしようとつとめていた。彼の著書にきわめて19世紀的な香りを与えているのはその導線であったのだが、それはなにであったか。もうひとつ引用をおこなうことでそれを示すことにしよう。『原始文化』の序におかれている一文である。

> ヨーロッパとアメリカの教養世界は基準として社会の諸系列の一方の端を占めており、他方の端を占める野蛮な諸部族とのあいだに、教養生活と野蛮のいずれに近いかに応じて人類の残りが割り当てられている。……文化の序列において、オーストラリア人、タヒチ人、アズテカ人、中国人、イタリア人を、この順に並べることに異議を唱えるものはほとんどいないであろう[4]。

進化論人類学あるいは宗教進化論と呼ばれる思考方法である。タイラーのこの本は、当時としてはきわめて斬新な「文化」の定義をおこなったことでよく知られているが、それに尽きるものではなかった。タイラーはこの著作のなかで、世界中の民族からとりあげた事例を比較検討することを通じて、宗教のもっとも未開段階としてのアニミズムから、多神教、そして一神教へといたる「宗教進化」をあとづけようとしていたのだ。

宗教進化論とは、今日の私たちからすれば奇妙なもしくは荒唐な言説であろう。しかし19世紀の後半には、多くの研究者によって大まじめに論じられていたことを思い起こすべきである。あらゆる事象が、単純から複雑へと進化してきたと論じる『種の起源』が出版されたのが1859年であり、これは当時の思想界に大きな影響を与えていた。それは生物の進化をあとづけるための議論であったが、社会と経済が大きく変化しつつあることを身をもって実感していた19世紀の欧米の人びとにとって、社会であれ文化であれ、すべてが単純から複雑へ、未開から文明へと進化していく

と考えることは、おそらくこのうえなく自然なことであったのだ。

たとえばフレイザーが1891年にベストセラーになる『金枝篇』を出版したのは、人間の精神生活が、もっとも未開の段階としての呪術の段階から、宗教、そして科学へと進化していくことをあとづけるためであった。一方、社会学の祖のひとりであるデュルケームは、すべてを通時的に理解しようとする19世紀の支配的風潮に対しては強く反発していた。しかしその彼でさえ、1912年の『宗教生活の基本形態』のなかで[5]、トーテミズムをもっともアルカイックな宗教として理解することで、あらゆる宗教がそなえているはずの宗教の基本形態を解明しようとしていたのである。

世界中の民族のもとで観察される宗教的慣行はたがいに比較可能であること、そのうえでそれらは、単純から複雑、未開から文明という図式にしたがって序列化可能であること。これが、とりわけタイラーとフレイザーによって代表される宗教進化論の要諦であった。しかしそこには、さまざまな宗教的慣行をそれぞれの社会の他の実践と結びつけながら理解しようとする視点もなければ、個々の宗教実践に内在する論理や要素間の安定した関係性を理解しようという視点も欠落していた。外部の特権的な立場に立ちうると信じていた当時の研究者たちは、自由に多様な対象に接近して、それに呪術とか宗教といったレッテルを押しつけることで満足していたのである。

2．宗教人類学の刷新

宗教人類学の刷新は19世紀から20世紀への転換点において実現された。英仏両国でその刷新にあずかったのは、ポーランドで生まれイギリスで人類学を学んだブロニスロウ・マリノフスキーと、デュルケームの弟子であり甥であったマルセル・モースであった。

最初に、モースが友人のアンリ・ユベールとともに1899年に発表した

論文「供犠の本質と機能についての試論」(以下「供犠論」)をとりあげよう。原著で 80 頁ほどの小論だが、明確な方法論と分析視角によってつらぬかれたこの論文の射程は、はるか遠くまでおよんでいるためだ。

それはどのような方法論であったか。モースとユベールは、宗教進化論の立場に立つタイラーやロバートソン・スミスの研究方法を、類似によって集めた事象を恣意的に分析しているといって批判する[6]。しかしそれだけでは、彼らの批判がなにをめざしていたかは明確ではない。その後に書かれたデュルケームの『宗教形態の基本形態』により明確な批判と方法論の提示があるので、それを引用しよう。

> 社会学者にとっては、歴史学者にとってと同様、社会的事象は社会システムの函数でありその一部であるのだから、それから切り離されたなら理解は不可能である。それゆえ、ふたつの社会に属するふたつの社会的事象は、似ているというだけの理由で有意義な比較をすることはできない。ふたつの社会がたがいに似ており、同一種の変数であるときにのみ比較可能なのだ。比較という方法が可能なのは、社会類型が存在し、しかもおなじ類型の内部で活用されるときだけだ[7]。

世界中の諸民族から集めたデータを恣意的にとりあげるタイラーらの比較法は、科学的方法とはいえない。重要なことは、まず適切な社会ないし一群の社会を選び出し、「真に有意的な諸経験を」とりあげて、そこに「宗教とはなにかをよりよく理解させてくれるような性質をもつ諸関係を発見すること」である[8]。デュルケームはそう主張し、これはまた彼のひきいた社会学年報派の基本姿勢になっていくのだが、そうした方法論が宗教現象の研究にはじめて適用されたのが、1899 年のモースとユベールの「供犠論」であったのだ。

彼らはこの論文の目的を、冒頭のところでつぎのように限定する。供犠

の「本質と社会的機能を定義すること」、そして供犠という「一制度の単純で基本的な形態を識別する」ことである。そのためには、「典型的な事例をよく学ぶこと」が可能になるよう対象を限定しなくてはならない。かくしてモースとユベールは、モースがみずからの経歴の出発点としていた古代インドの事例をとりあげて、そこに供犠の「図式」ないし「基本形態」を明らかにしようとつとめるのだ。

　それでは、供犠の「図式」とはなにか。彼らはそれを３つの局面からなるものとして理解する。入場―執行―退場という図式である。「入場」とは、供犠の執行者が儀礼の場におもむくこと、そして供犠獣に対して必要な措置をとることで、それを聖化することである。「執行」とは、供犠獣の殺害などの措置をとりおこなうことで、供犠の対象を聖化し神格との絆を設定ないし再確認することである。そして「退場」とは、供犠者が儀礼の場から退出して「脱聖化」すると同時に、殺害された供犠獣を共食するなどの措置をとることで、参加者が聖を分有することである。

　多くの宗教が核に据えている供犠については、象徴論の視点からさらにいうべきことがあるが、これについてはあとで戻ってこよう。ここで押さえておきたいことは、モースとユベールが宗教行為の理解のためのより厳密な方法論を明確に提示してみせたこと、それにあたって、研究対象にできるだけ接近したうえで、宗教行為を構成する諸要素のあいだに内在する「図式」を引き出そうとつとめていたことだ[9]。

　タイラーのように超越論的な立場からさまざまの社会から集めた事象を比較検討するのではなく、研究対象にできるだけ接近したうえで、その構成要素間の関係を明らかにしようとすることは、もうひとりの革新者であったマリノフスキーが試みたことでもあった。もっとも、彼が採用した方法はモースらの文献学的な方法とは大きく異なっていた。マリノフスキーが採用したのは、ひとりで対象社会のなかに入り込み、長期にわたって滞在しながら現地の人びとの行為と発言を書き写し、それをもとに理解

を組み立てていくという方法であった。人類学的フィールドワークと呼ばれるこの新たな方法は、マリノフスキーがもたらした成果とともに宗教人類学の主流となっていくのである。

　それでは、マリノフスキーは儀礼と呪術をどのように理解していたか。彼はデュルケームにならって、事象と事象のあいだ、制度と制度のあいだの関係性を「機能」のことばでとらえ、個々の社会を成り立たせているさまざまな機能を解明しようとする。彼が機能主義人類学の祖と呼ばれるゆえんである。しかし、彼の貢献はそうした理論的な次元ではなく、むしろ綿密な対象社会の記述にあった。

　「毎日、目ざめれば、朝は私にとって、原住民が感じるのとほぼ同様な一日のはじまりとなった」[10]。そう語る彼は、「現地語を覚え、これを調査の道具として使う」ことで、村びとの生活のすべてに首を突っ込み、なんども「エチケットに違反し」て、そのたびに「親しい現地人の指摘」を受けるようになるだろう（75頁）[11]。このような毎日を送ることによって、やがて彼は「原住民のものの考え方、および彼と生活との関係を把握し、彼の世界についての彼の見方を理解すること」（93頁）ができるようになるだろう。そして最終的に、「人間生活の現実、日常の出来事の静かな流れ、祭や儀式、またはある珍しい事件をめぐって起こる興奮のざわめき」（84頁）を読者に生き生きと伝えるエスノグラフィーを完成させて、西洋の学界へと帰還するのである。

　マリノフスキーの主著である『西太平洋の遠洋航海者』にしても、後期の代表作である『サンゴ礁の菜園とその呪術』にしても、そこに描きこまれているのは、儀礼や呪術などの宗教行為が人びとの日常生活の端々に深く入り込んでいるさまである。しかも、呪術と儀礼はあまりに深く関係しあっているので、両者を区別することはほとんど不可能である。そして両者は、現地の人びとが生存のために重要だと考え、なおかつ不確定さに満ちているあらゆる日常的実践に関係することで、彼らが自分たちの営為を

確信をもっておこない、未来への希望と期待を手にするのに貢献すると、彼は主張するのである。

　マリノフスキーによれば、こうした期待と確信を生み出すものこそ、宗教行為がおこなわれる理由にほかならない。彼は宗教行為がその当事者にもたらす心理的貢献を重視したので、彼の方法はしばしば心理学的機能主義と呼ばれている。しかし、個々の宗教行為がはたしうる心理＝身体的効果に特化した彼の解釈は、のちにあまりに単純だとして多くの批判と疑問を招くことになる。とはいえ、宗教行為を理解するにはその社会的・心理的コンテキストの参照が不可欠だとする彼の主張は、人類学的宗教研究の出発点として位置づけられていったのだ。

3．その後の人類学的呪術研究

　大仰な比較を排したうえで、個々の宗教行為の構成要素のあいだに存在する図式を引き出そうとしたり、宗教行為と他の諸行為とのあいだの関係性を機能の語のもとで理解しようとしたりした世紀の転換点に実現された方法論上の革新は、以後の宗教人類学の主流になっていく。実際、モースとマリノフスキーは研究史上に名を残した研究者であっただけでなく、具体性と個別性への関心を学生に植えつけた卓越した教育者でもあった。

　やがて彼らの薫陶を受けた研究者は世界各地に散って、微細な社会文化研究である人類学的モノグラフを実現するようになっていく。彼らの弟子たちの成果は1930年代から50年代にかけてあいついで出版されたが、ここでは初期の研究を2つとりあげよう。東アフリカの諸社会で卓越したモノグラフをものしたことで知られる英国のエヴァンズ＝プリチャードと、フランスの大学システムのなかに民族学講座を創設したマルセル・グリオールのドゴン研究である。

　エヴァンズ＝プリチャードはナイル川上流のアザンデの人びとのもとで

長期間滞在し、1937年に最初の著作である『アザンデ人の世界』（原題は『アザンデ人の妖術と託宣と呪術』）を出版した。彼によれば、アザンデの人びとはありとあらゆる不運な出来事が妖術によって引き起こされると信じているので、死であれ病気であれ、あるいは不作であれ事故であれ、それらが妖術によって引き起こされたと考えることは彼らにとってあまりに当然だという。

　　妖術はいたるところに存在する。それはアザンデ人の日常活動のすべての分野にわたって作用している。農耕、漁業、狩猟、家庭生活、宮廷や地区における共同生活などでも作用するし、託宣や呪術の背景にあって精神生活の重要なテーマになっているのも妖術である。妖術の影響は、法や道徳、礼儀作法、宗教にもはっきりと認められる。また、技術や言語にも顕著に表れている[12]。

　それでは、どのような出来事や事件が妖術に帰されるのか。具体的に見ていこう。エヴァンズ＝プリチャードはつぎのような例をあげている。ある少年がブッシュの小道で切り株を踏みつけ、そこから足が化膿したとする。妖術の仕業である。ビールを仕込んでいるある男が、夜たいまつをもって小屋に入ったところ火が燃え移って、小屋とビールが駄目になったとする。妖術の仕業である。ある木彫師が細心の注意を払って制作していた皿や椅子がひび割れして、駄目になることがある。これも妖術の仕業である。かつて彼の友人のひとりが、狩りをしていたときに象に傷つけられてしまった。これもまた妖術の仕業である。さらに、ある人が穀物小屋の陰で日を避けて休んでいたときに、その小屋が倒れてきて怪我をしたとする。これもまた妖術の仕業とされるのだ[13]。

　とはいっても、アザンデの人びとが、出来事のあいだの客観的な因果関係に無知であるわけではないし、怪我や火災などの出来事が超自然的な

仕方で生じると信じているわけでもない。彼らは、怪我が根柱の腐った小屋の倒壊によってひきおこされたこと、ビールの置かれていた小屋がたいまつの火から燃えうつって延焼したことを、正確に認識している。その意味で彼らは、自然界の出来事が客観的に推論可能なある種の法則性にしたがって生起していることを理解しているのである。

にもかかわらず、彼らは妖術が存在することをいささかも疑っていない。というのは、ある男が小屋の陰で休んでいるちょうどその時に、その小屋が彼の側に倒れてきたのはなぜか。たいまつの火をもってビールの置かれている小屋を見守るのは誰でもしていることなのに、彼のその小屋だけが燃えてしまったのはなぜか。それらの理由を説明してくれるのは、妖術だけだというのである。ここからエヴァンズ゠プリチャードは、アザンデの人びとの意識のなかでの妖術の位置をつぎのように説明する。妖術とはある種の説明体系であり、それが説明するのは、「ある個人を、特異な仕方で傷つけることになった自然の出来事に関係づける、特定の状況」ないし因果関係である[14]。

二世代前のフレイザーやタイラーと異なり、エヴァンズ゠プリチャードにとっては、妖術が非合理的な信念なのかどうか、現地の人びとが客観的な実在性と主観的な観念の働きを混同しているかどうかは、どうでもよいことである。彼にとって重要なのは、人びとが出来事を解釈するための認識枠組みとして妖術信仰をつくりあげていることであり、そのことにより、人びとがあらゆる出来事を一定の因果関係のなかに位置づけることができるようになっていること、そして妖術に対抗するための儀礼や呪術、託宣などの宗教的技法を合わせて発展させることで、環境世界との相互作用のなかで生じる出来事に対して彼らが受け身の存在ではなく、能動的に対処することのできる主体として自分たちを定位していることを理解することなのだ。

エヴァンズ゠プリチャードの最初期の論文であるこの研究では、のちの

ヌエル研究で顕著になっていく、生態環境や生業形態、社会組織、宗教体系などからなる全体をひとつの閉じたシステムと見なし、それらを関係づけながら理解しようという視点はいまだ明確にはなっていない[15]。とはいえそれは、3つの点でいかにもエヴァンズ＝プリチャード的な研究であった。すなわち、現地の人びとがおこなっている宗教実践を間近で、しかもできるだけ多く観察することを通じて理解しようとすること、それに当たっては外部から解釈をもちこむのではなく、彼らの視点に沿って内在的に理解しようと努めること、そして妖術と呼ばれる実践を個別にとらえるのではなく、儀礼や呪術、託宣、邪術などの実践と関係づけながら理解しようとすること、である。

4．世界を縮減すること

現地の人びとの実践を間近で観察することによって理解しようとする姿勢は、ほぼ同時期にアフリカ社会の研究を開始したグリオールとも共通するものであった。もっとも、東アフリカの英領植民地で研究をおこなったエヴァンズ＝プリチャードに対し、グリオールが調査をしたのはフランスが西アフリカに築いた広大な植民地であり、なかでも現在はマリ共和国にふくまれるドゴン社会であった。彼の研究のうちでもっとも代表的なものはドゴンの神話や宗教体系を精緻に分析した『水の神』であるが、ここでは人びとがさまざまな出来事を理解するために活用している占いの研究を見ていくことにしよう。

ドゴン社会をおとずれると、しばしば男が夕刻に村はずれの空き地で、砂の上に奇妙な図を描いている姿を見かけることがある。それはユルグの占いと呼ばれるものであり、さまざまな問いを描いた図のまわりに落花生をまいておき、夜中にそれを食べに来た狐が残した足跡から、未来の出来事を占おうとするものである。狐が未来を伝えることができるとされるの

は、この社会では狐は神の長子であるユルグに同一視されているためである。ユルグは自分が犯した過ちによって神界から追放されてしまったが、神の長子として未来を知る能力を保持していると信じられているのだ。

　占い師が砂のうえに描く図は、上下（南北）に2つ、左右（西東）に3つの、合わせて6つの細長い長方形からなっている。それぞれの区画は、左から順に、神の善なる意思＝吉（上）と悪なる意思＝凶（下）、当人（上）とその周囲の人間（下）、死をあらわす仮面の置かれている洞窟（上）と仮面の小屋（下）をあらわすという。この6つ一組の枠組みのなかに、占い師は問いに関連するさまざまな図柄を描いておく。そして翌朝、狐が通った足跡をもとに未来を読み解こうとするのである。

　それはどのようなものか、いくつか例を挙げておこう。ある農民が、今年は自分の畑になにを植えたらよいかを知りたいといって訪ねてきた。占い師は、真ん中の列の中央付近に畑をあらわす小さな盛り土をもうけ、その周囲に、それぞれトージンビエ、インゲン、オクラなどの主要な作物をあらわす盛り土をつくっておいた。翌朝までに、狐が畑とそれぞれの作物をとり囲むようなかたちで歩いたなら、それらの作物の収穫はよいだろう。しかし、狐が畑と作物のあいだを切り離すように歩いたなら、それらの作物の収穫は期待できないと判断されるのだ[16]。

　もうひとつの例。相談者には最近亡くなった近親者がいた。相談者はそれが妖術師の仕業だと思って、妖術師を特定するために訪ねてきた。占い師は、死にむすびつく右側の列に死者をあらわす小枝をおき（A）、中央の列に妖術師であることが疑わしい3人の人間をあらわす砂の盛り土を3つつくった（B、C、D）。翌朝、狐がBとAの盛り土を踏んでいたなら、Bが怪しいということになるし、CとA，DとAについてもおなじである。一方、狐がどの符号にも触れないで通過したなら、死が妖術師の仕業ではないか、3人とは別の妖術師の仕業である可能性があるということになる。

以上2つの例によって、この占いがどのようなメカニズムでなされているかがわかるだろう。この占いの特徴は、狐の歩みという偶然に100パーセントゆだねている点にある。そのため、それがつねに都合のよい答えを与えるとはかぎらず、答えがあいまいであったり、複数の狐が通過して異なる答えを示すこともある。もし答えがあいまいであったなら、相談者は供犠をおこなったうえで、再度占い師を通じて問いをくり返すだろう。また、満足のいく答えが得られない場合には、他の占い師のもとをおとずれたり、他の種類の占いに訴えるかもしれない。かくして相談者は満足のいく答えが出るまで、占いをくり返すのである。

　占いが一定の答えを出したとしても、質問者がそれを受け入れるかどうか、質問者を含む村人がそれを受け入れるかどうかは、別の問題になる。最初の事例のようにひとりの農民にのみ関わるようなケースであれば、彼がその答えに従って行動するか否かは彼の判断にゆだねられている。しかし、第二のケースのように、ひとりの人間の死が妖術師の仕業とされる場合には、その答えを受け入れるか否かは村全体で判断すべきものである。残念なことに、この社会では妖術師であることが確定された人間は村から追放されるという記述はあるが、その決定がどのような社会的診断を経て下されるかの説明はない。いずれにしても、村人の追放は重大な決定であるのだから、その決定が下されるためには、多くの寄り合いと儀礼がおこなわれることが予想されるのである。

　占いとは、不可知の未来や不確定の現在を確定知に変えるための装置と考えることができる。このとき、この社会でそれが成功するための前提になっているのは、隠された真実を知る能力をもつユルグが本当のことを告げてくれるはずだということである。そのために、人びとはユルグの祭壇をもうけ、毎年そこで供犠をおこなって占いの成功を祈願する。また、もしユルグの使者である狐の死骸が見つかったときには、人間とおなじように綿布にくるんで埋葬するだろう。一方、占いがもたらした結果に満足し

た相談者は、ニワトリをもちよってユルグと占い師に感謝をささげるはずである[17]。

　村はずれにもうけられるこのユルグの占いの場は、1.5メートル×0.6メートルほどの小さな枠組みでしかない。しかし、人びとはそこであらゆる事柄について問いを立てる。というのも、それはその背後に、世界を理解し、世界に働きかけるための装置としての一連の神話や儀礼をひそませているためである。3列×2段のこの小さな占いの場は、左の列から順に、天にいる神、地上の人間、死をあらわしており、研究者がいうように「人びとが見ているかたちでの丸ごとの宇宙」にほかならない[18]。いいかえるなら、それは縮減された彼らの宇宙なのである。

　私は縮減という語をつかったが、もちろんそれは偶然ではない。著名な社会学者であるニクラス・ルーマンは、私たちの生きている世界があまりに複雑性に富んでいるので、人間は社会であれ知の体系であれ、認識可能なシステムをつくるためには「縮減」という作業が不可欠であることをつぎのように述べている。

　　全体としての世界、すなわちあらゆる人間的な体験の普遍的な地平は、ひとえにその法外な複雑性という観点のもとでのみ、何らかの取組みうる問題となりうるからである。世界には境界がないのだから、世界はなんらシステムではない。世界には、その環境がないのだから、世界は存続を脅かされることもない。……全体としての世界は、ただひとえに世界と、世界の－内で－同じでありつづけるものとの関係において、問題を課す。しかも世界は、時間的・空間的に展開していく複雑性を通じて、見渡しえないまでの世界の諸現実と諸可能性をつうじて、問題を課す。したがって、個人が世界に対して確実な立場を採ることは、まさにこうした複雑性ゆえに不可能なのである。こうした捉え切れない複雑性こそが、世界の内在的な姿なのであり、世界

の中で自己を維持しようとしている諸システムに対して、世界が提示してくる問題の姿なのである[19]。

　世界がそのように途方もなく複雑なものであるとすれば、人間はそれを理解することも、それに対して有効に働きかけることも、ほぼ不可能になる。そうであるがゆえに、人間は社会や知の体系などのシステムをつくりだし、それに合わせて世界を縮減しようとする。そうしてつくられたシステムは、もちろん世界と等価ではないが、限定された数の要素と関係性とからなるのだから、認識可能であり、操作可能なものとなる。

　　システムは、世界を選択的に解釈し、システムに与えられた以上の情報を引き出し、そうすることによってシステムは、世界の極度の複雑性を、システムが有意味に自己を方向づけうる範囲にまで縮減する。そしてシステムは、このことを通じてはじめて、固有の体験と行動の、構造化された可能性を獲得するのである。こうした縮減は、間主観的に一致する仕方で遂行可能であり、その場合には、社会的にも保証され、したがって「真」と体験される認識へと帰結する[20]。

　どういうことか。道路の通行を考えてみよう。もし、車の通行や歩行者の行動がまったくの自由にゆだねられているとすれば、他者の行動にはあまりの可能性があるので（＝複雑性）、それを予測することは不可能であり、怖くてとても車の運転などできないだろう。しかし、そこに複雑性を縮減するためのいくつかのルールが持ち込まれたなら（たとえば車は左側を通り人は右側を通る、赤信号では止まる、最高速度は60キロなどのルール）、人は他人の行動を予測し理解することができるので、それに合わせて自分の行動を決定し、遂行することができる。こうして全体として、多様な人びとの理解と行為のうちに一定の秩序と共同性が生まれてく

るのである。

　こうして見てくると、道路交通というシステムであれ、科学というシステムであれ、社会というシステムであれ、すべてが複雑性の縮減を前提として成り立っていることが理解できるだろう。その意味では、3×2列の長方形によって世界のすべてをカバーしようとするドゴンの占いも、人間に生じるすべての出来事を妖術の用語で解釈しようとするアザンデの妖術も、要素の数こそは多いがそのなかに一定の規則性をもつ現代の科学や法というシステムも、本質的な意味では違いがないということになる。

　人間は世界とそのなかで生じる出来事を理解するために、占いであれ、妖術であれ、科学的な認識体系であれ、あるいや法やエチケットの体系であれ、さまざまな要素からなるシステムをつくりあげてきた。それがあるがゆえに、他者の行動に対する予測可能性とそれゆえの信頼と、自分の行動に対する確信を得ることができるようになったのである。世界の縮減の仕方はそれぞれの社会によって異なっているだろう。しかし、世界があまりに複雑であるという事実と、それぞれの社会が固有の仕方で複雑な世界を縮減しながらやりくりしてきたという事実は、共通しているのだ。

おわりに

　私はこの論文のなかで、1860年から1950年までのイギリスとフランスにおける呪術研究をとりあげ、考察してきた。最後に、これまでの考察を要約することで、いくつかの見通しを示しておこう。

　1．最初期の人類学的な宗教研究は、呪術と宗教を対比させ、前者から後者への発展の図式を描くことをめざしたものであった。しかし現実には、両者は複雑に関係した一続きの実践であるので、両者を切り離して考察することはいかなる有意義な結果ももたらさないだろう。おなじことは、呪術、儀礼、妖術、占い、邪術、邪視等の用語についてもいえるので

あり、これらを切り離して考察するより、関連しあったひとまとまりの実践として捉え、それが全体としてどのように働いているかを理解すべきである。

2．人間がそのなかで生きている世界はあまりに複雑性に満ちている反面、人間がつくりだしたシステムは、社会というシステムであれ、科学というシステムであれ、あるいは人類学が考察の対象にしてきた宗教‐呪術のシステムであれ、要素の数と要素間の関係の数を限定することでなりたっている。そのときこれらのシステムがめざしてきたのは、世界の複雑性をシステムに合わせて縮減することで、世界に対する理解可能性と予測可能性を増大させることであり、それによってはじめて人間はこの複雑きわまりない世界のなかで、自己の行為に対する確信と、他者との共同作業や共同性の可能性を獲得したのだ。

3．ここでは十分に議論できなかったが、フレイザーは呪術の２つの法則として類似と接触をあげていた[21]。これらはのちに、言語学者ローマン・ヤーコブソンによって、人間精神の２つの基本原理としてのメタファーとメトニミー（あるいは類似性と接続性）として定立されている[22]。モースらの『供犠』を読むと、世界中で観察されてきたこの儀礼が一連のメトニミー＝連続性からなっていることが理解される。供犠獣を特定の空間におくこと。供犠獣を聖化するためにことばを投げかけ、その体に印をつけること。そのうえで供犠獣に、最大の接触行為としての殺害をおこなうこと。それが終わったあとで、供犠獣の肉を参加者で共食すること。

供犠とは、なんらかの願望を実現するために、神格との絆をつくりあげ、あるいは再確認するための宗教的行為にほかならない。いいかえるなら、それは人間と神格とのあいだに連続性をつくりあげるための行為である。であれば、それが一連のメトニミーからなっているというのは当然であろう。それぞれの社会で、神格がどのようにイメージされているか、執

行者がどのような社会的・宗教的特性を与えられているかは、二義的なことにすぎない。重要なのは縮減のメカニズムが働いていることであり、それに沿ってさまざまな行為や象徴や観念が選択されていることである。

注

1) ここでは呪術のカテゴリーのなかに、狭義の妖術、託宣、呪詛、邪術、邪視などを含めて考える。具体的実践のレベルでは、これらはしばしば区別することが困難だし、一続きの行為として実践されることが多いためだ。
2) 竹沢尚一郎 2001『表象の植民地帝国』世界思想社、第 2 章。
3) リーンハート 1972「エドワード・タイラー」T．レイゾン編『社会科学の先駆者たち』鈴木二郎他訳、社会思想社、142-143 頁。
4) Tylor, Edward Barnett, 1929 (1871), *Primitive Culture*, John Murray, pp.26-27.
5) デュルケームのこの本は日本語訳では『宗教生活の原初形態』となっているが、これは明らかな誤訳であるので、本論文では『宗教生活の基本形態』と記す。残念なことに、おそらく読みやすさを優先させたせいか、この本は全編にわたって訳語の選択を間違えており、正確さを欠いている。なお、この論文の執筆後、デュルケームのこの本の新訳が出版された。題が『宗教生活の基本形態』になっていただけでなく、山崎亨による訳は全体としてはるかに正確になっている。
6) モース、マルセルとアンリ・ユベール (1983)『供犠』小関藤一郎訳、法政大学出版局。原典を参照して訳語を一部変えてある。
7) Durkheim, Emile, 1979 (1912), *Les Formes élémentaires de la vie religieuse*, PUF, p.133 (訳書、上、169 頁)。
8) 同書、p.135（訳書、上、170 頁)。
9) このような視点から、私はモースらのフランス社会学派の研究を、のちにクロード・レヴィ＝ストロースによって発展させられる人類学における構造主義的方法の先駆者と考えている。この点については、竹沢尚一郎 2007『人類学的思考の歴史』世界思想社、第 4 章を参照のこと。
10) マリノフスキー『西太平洋の遠洋航海者』73-74 頁。以下のマリノフスキーの引用は、同書による。
11) 現地の人びとの行動や慣習のすべてに首を突っ込み、質問攻めにしていたマリノフスキーを、現地の人びとや他の白人たちは冷笑していたという。トロブリアンド諸島に 30 年間住んでいたある神父は、マリノフスキーが現地の人びとにつぎのよう

に記憶されていたと証言している。「驚いたことに、マリノフスキーは現地人に間抜けな質問をする大馬鹿者として覚えられていました。……ヨーロッパ人は……マリノフスキーのことを「人類学馬鹿（anthrofoologist）」と呼び、かれの学問を「人類馬鹿学（anthrofoology）」と呼んでいたのです」（Kuper 1983:18 より）。

12) エヴァンズ゠プリチャード、E.E., 2001,『アザンデ人の世界』みすず書房、向井元子訳、75-76 頁。
13) 同、78-83 頁。
14) 同、80 頁。
15) アザンデ研究とヌエル研究の違いは、エヴァンズ゠プリチャードの最初の教師であったマリノフスキーと、第 2 の教師であり、デュルケームの影響をより深く受けていたラドクリフ゠ブラウンとのあいだの方法論上の違いであった。生涯マリノフスキーにしたがっていたレイモン・ファースは、フィールドからつぎのように質問していたという。「もしすべてがすべてに結びついているとすれば、どこで記述を終えたらよいのでしょうか」。マルセル・モースが 1935 年に書いた手紙は、より辛辣である。「私はマリノフスキーの専制君主ぶりを知っています。……彼が保護している若い世代の人びともそう判断しているのは疑いありません。それは長くつづくはずのない王国なのです。呪術と農業についての彼の大部な著作は、疑いなく見事な事実の提示です。彼がすぐれているのはそこです。ただそれを除くと、呪術という基本的な事柄について彼はおそろしく貧弱な理論しかありません。ようやく彼は社会と親族組織の機能主義理論について大著をあらわすようです。彼の理論的弱点と学識の完全な欠如が、そこでは一層強く感じられるでしょう」（Fournier, Marcel, 1994, *Marcel Mauss*, Fayard, p.635）。これらの点については、竹沢 2007、前掲書、第 2 章を参照。
16) Griaule, Marcel, 1937, "Notes sur la divination par le chacal", *Bulletin du Comité d'études historiques et scientifiques de l'Afrique occidentale fançaise*, pp.121-126.
17) ibid. pp.135-139; Paulme, Denise, 1937, "La divination par les chacals chez les Dogon de Sanga", *Journal de la Société des Africanistes*, pp.5-8.
18) Paulme, 1937, p.12.
19) ルーマン、ニクラス 1990『信頼──社会的な複雑性の縮減メカニズム』大庭健・正村俊之訳、勁草書房、4-5 頁。
20) 同書、56 頁。
21) フレイザー、ジェームズ、1951-52『金枝篇』岩波書店、57 頁以下。
22) Jakobson, Roman, 1956, *Essai de linguistique générale*, Editions du Minuit.

ウェーバーのいう「エントツァウベルンク」とは何か

横田理博

一　序

　大塚久雄（1907-1996年）が1947年に発表した「魔術からの解放」という論文がある[1]。その中で大塚は、「民衆が平常からマギー［魔術…引用者］一般を信じ、いつでも呪縛に応ずるような心理的雰囲気（エートス）のうちに生活している」ような状況が、ウェーバーのいう「魔術の園（Zaubergarten）」であり、そこから脱却すること、すなわち、「非合理的な心理的束縛から民衆を解き放ち、彼らをして自己の内面から合理的な自発性をあたかも『活ける水のごとく湧きいずる』（ヨハネ伝、4-4～14）ことをえせしめる過程」がウェーバーのいう「魔術からの解放（Entzauberung）」だと紹介する。「魔術の園」はなんらかの形で我々の心のうちにひそんでいる。特定の人間の権威にひれふすのも一種のマギー（魔術）、特定の伝統を不可侵と考えるのも一種のマギーだと大塚は言う。「魔術からの解放」は決して容易な道のりではない。それは「内面的にも外面的にも、坦々たる道ではなく、むしろ歴史上血みどろな抵抗と闘争の過程」であった。そして、この文章が書かれた1947年という時代を反映して、「魔術からの解放」をなしうる「近代的人間類型」が創出されることが「わが国の民主的再建」のために不可欠な前提条件だと大塚は主張している。

日本人は伝統の桎梏をふりすてて新しくよみがえらなければならない、という、大塚が戦後「魔術からの解放」論に込めたメッセージの意義は高く評価されてよいと思う。しかし、これから本稿で検討していくことでわかるはずだが、大塚はウェーバーの「エントツァウベルンク」概念を継承しつつも、実はこれをかなり大胆に拡大解釈して使っている。

「エントツァウベルンク（Entzauberung）」。これを大塚は「魔術からの解放」や「呪術からの解放」と訳しているし、日本のウェーバー研究者はいろいろな訳語をあててきた。たとえば、「魔力を打破する」、「魔法から解く」、「魔術を解く」、「脱呪術化」、「脱魔術化」、「呪力剥奪」など[2]。本稿では「脱呪術化」と訳している。これが最適な訳語と考えているわけではなく便宜上である。ウェーバーはおそらく >Zauberei<（ないし >Zauber<）と >Magie< とを同じ意味で使っている。同じ訳語をあててもよいと思うが、一応、前者を「呪術」、後者を「魔術」と訳し分けた。「呪術」というと「丑の刻参り」で藁人形に釘をうちつけているイメージがあるし、「魔術」というと手品やマジックショーを連想してしまうのが日本人の普通の感覚のような気がする。そうだとすれば、訳語によって誤ったイメージを与えてしまいかねない。はたしてどう訳すのがよいのか、はなはだ疑問ではあるが、とりあえず上記のような訳し方にしておく。

さて、この「エントツァウベルンク」という言葉は、たしかにマックス・ウェーバー（1864-1920年）の思想の中でよく知られる概念である[3]。しかし、その意味するところは、あまりクリアーになってはいないのではなかろうか。それは、ウェーバーという人物が、のちに重要視されるようになる諸概念にそのつど明確な定義を与えずにいたことや、一つの概念を全く別の意味で使ったりしていたという事情に由来する。本稿では、まずウェーバーのいう「呪術」や「呪術師」とはどういう意味なのかを明らかにした（第二節）のち、ウェーバーの「脱呪術化」とは何なのかを彼のテキストに即して解明すること（第三節）を課題としたい。

二 「呪術」と「呪術師」

(1) 呪術と宗教

『経済と社会』[4]に収められてきた『宗教社会学』草稿[5]の中に、ウェーバーが「呪術」と狭義の「宗教」とを区別しようとしているところがある。

「祈願・供犠・崇拝（Bitte, Opfer, Verehrung）として表現されるような形の、超感性的な力への関わり方を『宗教（Religion）』・『礼拝（Kultus）』として、これを魔術的な強制としての『呪術（Zauberei）』と区別することができる。またそれに応じて、宗教的に崇拝されたり祈願されたりする存在を『神（Götter）』と呼び、魔術的に強制されたり呪縛されたりする存在を『デーモン（Dämonen）』と呼ぶことができる。」（WG 259, MWG I/22-2 157, 武藤ほか訳 39 頁）

人間が超感性的な力に対峙するとき、それに向かって「祈願」したり犠牲を捧げたり「崇拝」したりする関わり方をとるケースが「宗教」ないし「礼拝」であり、そうではなくてその超感性的な力を魔術によって強制するのが「呪術」だ、という区別である。超感性的な力については、「宗教」の場合は「神」、「呪術」の場合は「デーモン」だと区別されているが、「デーモン」はキリスト教的「神」のもとで下位におしこめられた旧来の神々のことであるから、この「神／デーモン」という区別は神々の力関係を意味するもので、人と超越者との関わり方という点ではあまり本質的とは考えられない。少し前のところでは、「宗教」を「神への奉仕（Gottesdienst）」、「呪術」を「神への強制（Gotteszwang）」と表現し、神への呼びかけは、前者では「祈り（Gebet）」、後者では「呪文（magische

Formel)」だと言われている（WG 257-258, MWG I/22-2 154, 武藤ほか訳 35‐36 頁）。

　呪術から宗教への移行という方向性は、「一神教（Monotheismus）」の成立とも関わる。ウェーバーは「厳密に『一神教的』であるのは、根本的にはユダヤ教とイスラム教のみである。」（WG 255, MWG I/22-2 148, 武藤ほか訳 28 頁）と言い、キリスト教は神が人となって救済するということを含むゆえに"厳密な一神教"とは言えないと考えている。いずれにせよ、規則正しさと結び付く天の神や天体の神が神々の中で優位を占めるようになり、「祭司層」がそういう神々の序列を「万神殿（Pantheon）」という形で形成し体系化していくことや、諸地方の政治的統合により「世界帝国」が成立するのに伴って諸「地方神」が一つの「普遍的」な神の下位に位置づけられていくことなど様々な要因が、一神教の成立を促すことになる。とはいえ、一神教が成立したとしても、その最高神が人々を惹き付けるとは限らず、むしろ人々の生活に密着した「『より低い』精霊やデーモン」のほうが人々の日常的関心にアピールするケースが多いことをウェーバーはくりかえし指摘する（WG 255, 257, MWG I/22-2 148, 153-154, 武藤ほか訳 29, 35 頁）。

　「宗教（ないし礼拝）」と「呪術」との区別についてウェーバーは、「もちろんこの区別は、どんなところでも全面的に通用するとは限らない。なぜなら、この意味での『宗教的』礼拝の儀礼も、ほとんどどこでも魔術的な要素を多く含んでいるからである。」（WG 259, MWG I/22-2 157, 武藤ほか訳 39 頁）と付記している。呪術から宗教に移行したように見えても実際には呪術が存続している。

　また、両者の区別は実際のところ困難だということも確認しておこう。現世における君主が強大な力をもつとき、そのイメージが神に投影されて、人は神の意に沿うようにふるまうようになる。君主に願い出てもその願いが叶うかどうかは君主の意向しだいであるのと同様に、神に祈願して

願いを叶えてもらえるかどうかは、神の意向しだいである。ここに「神への礼拝」が成立する。だが、「神への礼拝」における祈りや供犠において、人は何らかのことの成就を願って、なにがしかの犠牲を神に捧げている。神に祈って自分の願いを叶えていただくのか、神を呪術的な力で強制して自分の願いを叶えさせるのか。そこには微妙な意識の違いがあるものの、実際のところ、その境界はきわめて流動的だと考えられる。

(2) 呪術師・祭司・預言者

「呪術師 (Zauberer)」とは「持続的にカリスマ的資質をもつ人間」だとウェーバーは言う (WG 246, MWG I/22-2 124, 武藤ほか訳 6 頁)。「忘我 (Ekstase)」の状態に入ることは、呪術師以外の素人の場合にも「狂騒 (Orgie)」や「陶酔 (Rausch)」という形で起こりうる。しかし、呪術師は忘我を継続的な「経営 (Betrieb)」の対象としている点で素人から区別される。

呪術の担い手を「呪術師」、礼拝(狭義の「宗教」)の担い手を「祭司 (Priester)」、と一応定義上区別することができるのだが、現実には「祭司」と呼ばれる人々が「呪術」を担っている場合も少なくない。呪術師と祭司とを区別する標識(メルクマール)としてウェーバーは、呪術師は必要に応じて個別的に、自由に活動しているのに対して、祭司は一定の団体と結びつき、組織化され継続する「経営」に限定された活動を行なう、という区別を立てている (WG 260, MWG I/22-2 159, 武藤ほか訳 42 頁)。

呪術を脱して合理的形而上学や宗教倫理を形成するのは、通常、「祭司」と「預言者 (Prophet)」と「平信徒 (Laie)」という三者の共働に基づく。では、「預言者」とは何なのか。

「預言者」とは、「自らの使命によって宗教的教説ないし神の命令を告知する、純粋に個人的 (*persönlich*) なカリスマの担い手」(WG 268, MWG I/22-2 177, 武藤ほか訳 64 頁)であると規定される。そして、祭司

が呪術師と対比して性格づけられていたのと同様に、預言者は祭司や呪術師とどのように異なるのかが説明されている。まず祭司とはどう違うか。祭司の権威の源泉が伝統でありその組織であるのに対して、預言者の場合は当人個人のカリスマを権威の源泉とするという点で異なる。預言者と呪術師とは、個人のカリスマに依拠する点では共通だが、呪術師にはたんなる呪術しかないのに対して預言者には教説がある点で区別される。イエスに見られるように、預言者が呪術によってカリスマを示す場合もあるものの、預言者にはその思想を広める上で報酬をとらないという特徴もある。

　預言者もしくは祭司につき従う世俗の信奉者の集団が組織化されると、信奉者たちの「継続的なゲゼルシャフト結成」としての「教団 (Gemeinde)」が形成される。教団の維持を担うのは概して祭司である。祭司は、預言された啓示や聖なる伝承を整理・編纂して「正典文書」(教典)を作成し、教義を確立し、それを信徒に教育する。また、祭司は信徒の悩みの相談に応じる (これをウェーバーは「魂への配慮 (Seelsorge)」[6]と呼ぶ)。預言者も祭司も独特の「体系化」の姿勢をもっている。両者の体系化の質の違いをウェーバーは次のように指摘する。「預言者は、世界に対する人間の関係を究極的・統一的な価値態度から統一化するという意味での体系家である」が、これに対して、「祭司は、預言や聖なる伝承を、カズイスティッシュに［場合ごとに応じて］合理的に編成し、自分たち祭司層や彼らによって支配される平信徒の思考や生活の習慣に順応させるという意味で体系づける」(WG 280, MWG I/22-2 207, 武藤ほか訳 95 頁)。

　あまり目立たない概念だが、「密儀師 (Mystagoge)」という概念にも言及されている (WG 272-273, MWG I/22-2 188-189, 武藤ほか訳 75-76 頁)。「教団」を形成して呪術的行為を行なう「密儀師」は、教団形成の点で呪術師と異なり、倫理的な教説をもたず呪術によって生計を立てている点で預言者とも祭司とも異なる。以上の話を踏まえると、次の表のように整理できるだろう。

	教団形成なし	教団形成あり
倫理的教説あり	預言者	祭司
倫理的教説なし	呪術師	密儀師

　呪術を行なうかどうか、という点で言うと、預言者・祭司・呪術師・密儀師、四者ともに呪術を行なう。四者の区分は呪術をするかどうかという違いではない。

三　「脱呪術化」の諸相

　ウェーバーの「呪術」論の輪郭を押さえたところで、ここからは「脱呪術化（Entzauberung）」という概念について考察することにしよう。

(1)『プロ倫』における「脱呪術化」

　この「脱呪術化」という概念がウェーバーの宗教社会学の著作の論旨の決め手として使われているのは『プロテスタンティズムの倫理と資本主義の精神』である。四箇所に用例がある。とはいえ、この論文が1904年から1905年にかけて雑誌に発表された[7]ときには「脱呪術化」概念は一切登場しない。この論文にウェーバーが加筆・修正を施して、1920年刊行の『宗教社会学論集』第1巻（RS I）に収録されたとき、加筆部分のうちの四箇所に「脱呪術化」という言葉が登場した。いずれも『プロ倫』の第2章「禁欲的プロテスタンティズムのベルーフ倫理」の第1節「世俗内的禁欲の宗教的基盤」の中である。それは『プロ倫』の中で最も紙幅が割かれている節であり、内容的にもこの論文の中核の部分である。

　「宗教的信仰と、宗教的生活の実践とによって産み出されて、生活態度に方向を指し示し、個々人をそこにひきとめておくような心理的起

動力 (*Antriebe*)」(RS I 86, 大塚訳 141 頁)

を明らかにしたいと試みるウェーバーが、「他の歴史的経過に対する影響ゆえに因果的に意義あるもの」は何かという「歴史的な因果帰属の判断」という観点から見て、「文化史上の影響」にとって重要だと考えるのが、カルヴィニズムの「恩寵の選別 (*Gnadenwahl*) の教説」である (RS I 88-89, 大塚訳 144-145 頁)。この教説によれば、神は人間を「永遠の生命」に至る人間と「永遠の滅亡」に至る人間とに二分した形で創造した。それは人間の生まれる前から神によって「予定」されている決断であって、人間が善行を積んだから「永遠の生命」へ、悪行を犯したから「永遠の滅亡」へとふりわけられるわけではない。すべては決定済みで神の予定の通りに世界は運行していく。人間がそれを変更することはできない。たとえば、『ウェストミンスター信仰告白』(1647 年) 第 3 章第 5 項に次のように書かれているのをウェーバーは引用している (RS I 90, 大塚訳 146 頁)。

「人類の中で［永遠の］生命に予定されている人々は、神が、世界の基礎が置かれる前に、永遠にして不変の目的と、神の意志のひそかな計画と喜びとに従って、キリストにおいて永遠の栄光に選んだのであって、それは、自由な恩寵と愛とだけからであり、被造物の中にある信仰、善きわざ、そのどちらかの忍耐、またはその他の何事をも、その条件やそれを促す原因として予見してではない。すべてその栄光ある恩寵の賛美に至らせるためである。」[8]

人間にとっての神のイメージはずいぶん変わった。

「一枚の銀貨を再び見つけた女のように罪人の帰還を喜ぶ、人間的に

理解可能な、新約聖書の『天の父』は、ここ［カルヴィニズム］では、全く究めがたい決断によって永遠の昔から各人にその運命をわりふり、宇宙の最も小さいものに至るまで指令を与えた、人間の理解を絶する超越的存在になっている。神の決断は変更不可能として確定しているがゆえに、その恩寵はこれを神から与えられた者には喪失不可能であるとともに、これを拒絶された者にもまた獲得不可能なのだ。」(RS I 93, 大塚訳 153-154 頁)

すべては神に予定されている通りなのだから、もはや誰も助けてくれない。そういう状況に当面する人々の心理をウェーバーは描き出す。

「悲壮（pathetisch）な非人間性（Unmenschlichkeit）をもってこの教説が、その壮大な帰結に甘んじた世代の気分に与えずにはおかなかった結果は、とりわけ、ひとりひとりの個人の前代未聞の内面的孤独化（Vereinsamung）の感情だった。宗教改革時代の人々にとって人生の決定的な要件だった永遠の至福という問題について、人間は永遠の昔から定められている運命に向かって孤独に自分の道を歩むことを指示されている。誰も彼を助けることはできなかった。説教者［牧師］にもできなかった、——選ばれた者のみが神の言葉を霊によって理解しうるからだ。サクラメント[9]にもできなかった、——サクラメントは神の栄光を増すために神によって定められたもので、したがって厳守すべきだが、神の恩寵を獲得するための手段ではなく、主観的にただ信仰の『外的な補助』となるにすぎないからだ。教会にもできなかった、——真の教会に属さない者は神から選ばれた者ではないという意味では『教会の外に救いなし』の命題は妥当するが、しかし（外形上の）教会には神にしりぞけられた者もまた属しており、彼らも、至福を獲得するためにではなくて——それは不可能だ——神の栄光のため

にその戒律を守ることを強制されなければならないという理由で、教会に属してその訓育手段に服従するべきだからだ。最後に、神にもできなかった、——キリストが死んだのはただ選ばれた者だけのためであり、彼らのために神は永遠の昔からキリストの犠牲の死を定めていたのだからだ。」（RS I 93-94, 大塚訳 156‐157 頁）

ここまでは初版の論文でも書かれていた[10]。そのあとにウェーバーは次の文章を加える。

「このこと、すなわち教会的・サクラメント的救いが絶対的に廃棄されたということ（ルター派ではこれはまだ首尾一貫化されていない）こそが、カトリックと比較して絶対的に決定的な点だった。古代ユダヤの預言とともに始まり、ギリシアの学的思考と協同して、救いの追求のあらゆる魔術的（magisch）手段を迷信・冒瀆として棄却した、世界の脱呪術化（Entzauberung der Welt）という宗教史上のかの重大な過程は、ここ［カルヴィニズム］に終結を見出した。真のピューリタンは埋葬に際しても一切の宗教的儀式のなごりをも排し、歌も音楽もなしに近親者を葬ったが、これは心にいかなる『迷信』をも、つまり魔術的・サクラメント的な仕方での救いの効力への信頼を、生じさせないためだった。神が拒否しようと定めたものに神の恩寵を与えうるような魔術的な手段など存在しないばかりでなく、およそどんな手段も存在しなかった。」（RS I 94-95, 大塚訳 157 頁）

この文章中に付けられた註では次のように書かれている。

「この過程については、『世界宗教の経済倫理』に関する諸論文を見よ。そこで示したように、古代イスラエルの倫理が、内容的には類似

していたエジプトやバビロンの倫理に対立して占めていた特殊な立場も、さらに、預言者の時代以後のその展開も、すべてがすでに徹頭徹尾この、救いへの道としてのサクラメントという魔術を拒否する、という根本的な事態に基づいていた。」(RS I 94, 大塚訳 161 頁)

さて、「脱呪術化」についてウェーバーが定義を与えているわけではないので、これらの『プロ倫』の文章の文脈の中で「脱呪術化」という言葉の意味を見極めなければならない。カルヴィニズムにおいて、神の「予定」ですでに拒絶されている人間を救い助ける者は何もなかった。「説教者」も「サクラメント」も「教会」も「神」も彼らを助けられない。教会のサクラメントによって人を救いへともたらすことが無効とされた。このことが「脱呪術化」と呼ばれているのである。それはカルヴィニズムにおいて、神の超越性と人間の卑小性との落差が限りなく大きいことが前提された結果だった。

カルヴィニズム論の中で再び「脱呪術化」という言葉を含む文章が加筆されている。次のような文章である。

「世界の『脱呪術化』、すなわち救いの手段としての魔術 (*Magie*) を排除することは、カトリックの敬虔の場合には、ピューリタニズムの (それ以前では唯一ユダヤの) 宗教型 (Religiosität) の場合のようには首尾一貫 (Konsequenz) 化されなかった。カトリック信徒にとっては教会のサクラメント恩寵が、自分の不十分さを埋め合わせる手段となった。司祭は、[ミサの際にパンをキリストの体に、ぶどう酒をキリストの血に変化させる] 聖変化の奇蹟を成し遂げ、[天国の] 鍵の権能をその手中に握っている魔術師だった。信徒が後悔と悔悛において司祭に助けを求めると、司祭は贖罪、恩寵の希望、赦しの確信を与え、これによって恐るべき緊張 (*Spannung*) ——カルヴィニスト

にとっては、この恐るべき緊張のうちに生きることは、逃れられない、また、何をもってしても緩和されえない運命だった——からの解放を与えた。カルヴィニストにとってはあの好意的で人間的な慰めはなかったし、カトリック信徒やまたルター派信徒のように、弱さと軽率さの中で過ごした時間を他の時間の高められた善き意志によって埋め合わせることも望めなかった。」(RS I 114, 大塚訳196頁)

カトリック教会のミサでパンをキリストの体に、ぶどう酒をキリストの血に変化させる「聖変化の奇蹟」を司祭がとりおこなう[11]。また、司祭は天国の鍵の権能をもち[12]、信徒の救いを左右する力をもっている。「聖変化」と「天の国の鍵」とを担う司祭のことをウェーバーは「魔術師 (Magier)」と呼んでいる。もちろんカトリックの司祭は自分のことを「魔術師」と言われて不愉快だろうが、それはともかく、ウェーバーのいう「魔術師」なり「呪術」がそういう場面にも適用されうる概念だったということは注意しておくべきだろう。

ついでに指摘しておくなら、罪を犯した人が教会に行って悔い改めて司祭に罪をゆるしてもらうという形で、自分が救われるのか救われないのかについての張り詰めた「緊張」を緩和してくれるカトリックのほうがよほど「人間的」で、緊張から解放されないカルヴィニストの生き方には「非人間性」があるとウェーバーは感じている。カトリックの司祭を「魔術師」と呼んでいるからといって、ウェーバーがカトリック教会に対して軽蔑の念や敵意をもっているわけではない。カルヴィニズムについての「非人間的」な描写を読むと、むしろカトリックに親近感を抱かせるようなトーンがある。

さて、カトリックとカルヴィニズムとの対照性に注目してきたが、ここでルター派の位置づけについても確認しておこう。先述の引用の中でもル

ター派ではサクラメント的救いの廃棄が首尾一貫化されていないという叙述があった。一つの加筆された註でも、カトリックのサクラメントに関して、

> 「そしてこれは、ある程度、ルター派信徒についても言いうる。ルターは、サクラメントの魔術の最後の残滓を根絶しようとはしなかった。」（RS I 114, 大塚訳 198 頁）

と書かれている。サクラメントを信徒に救いをもたらす手段と考える立場が、カトリックほどではないにせよ、ルター派の場合にも残っていたとウェーバーは見做している。ルター派は、この魔術の残存ということや、行為よりも心情・体験を重視することにより、「禁欲的」ではないプロテスタンティズムとしてウェーバーは位置づけている。

　サクラメントが救いをもたらすという発想を拒否したのは実はカルヴィニズムだけではない。カルヴィニズムとともにウェーバーが「禁欲的プロテスタンティズム」に含める再洗礼派系の運動においてもそれは徹底され、「脱呪術化」が達成されたことが次のように指摘されている（この二つも加筆部分である）。

> 「厳格なカルヴィニストをはじめとする予定説信奉者たちと並んで、再洗礼派系の諸教派は、救いのための手段としてのすべてのサクラメントの最も徹底的な無価値化を実行し、それによって世界の宗教的『脱呪術化』を最終的な首尾一貫化にまで遂行した。」（RS I 155-156, 大塚訳 267 頁）

> 「［再洗礼派系のゼクテ運動における］徹底的な脱呪術化は、内面的に、世俗内的禁欲以外の道を許容しなかった。」（RS I 158, 大塚訳

279 頁)

　また、「世界宗教の経済倫理」の『序論』には次のように「脱呪術化」という言葉が使われている。

> 「世界の脱呪術化と、救いへの道を瞑想的な『世俗逃避』から能動的に禁欲的な『世俗改造』へと移行させること、この二つが十分に達成されたのは――全世界に見出される若干の小規模な合理主義的なゼクテを度外視するなら――ただ西洋の禁欲的プロテスタンティズムにおける教会およびゼクテの大規模な形成の場合だけだった。」(RS I 263, MWG I/19 114, 大塚ほか訳 76 頁)

『儒教と道教』の結論部でも次のように「脱呪術化」が指摘される。

> 「世界の全面的な脱呪術化は、ここ［ピューリタニズム］においてのみ、首尾一貫した形で実現された。このことはなにも、今日我々が通常『迷信』と評価するものがなかったというわけではない。魔女裁判はニュー・イングランドにおいてもまた盛んであった。しかし、儒教が救いにとっての魔術の肯定的な意義にはそっと触れずにおいた一方で、ここ［ピューリタニズム］ではすべての魔術的なものは悪魔的とされ、それに対して、ただ合理的に倫理的なものだけ、すなわち、神の命令に従った行為、それもただ神によって神聖なものとされた心意からの行為だけが、宗教的に価値のあるものだった。」(RS I 513, MWG I/19 450, 木全訳 378 頁)

　以上見てきた用例を踏まえると、「救いの追求のあらゆる魔術的手段を迷信・冒瀆として棄却する」のが『プロ倫』の「脱呪術化」である。それ

は、第二節で見た「呪術／宗教」の分類のもとでの"呪術から宗教への移行"というよりもむしろ、いったん「呪術」から「宗教」に移行したかに見えていたにもかかわらず、その「宗教」の中に残存していた「呪術」を追放することだったと言える。

　ただ、カルヴィニズムの場合、救いの追求のための「魔術」という手段がその効力を否定されたというだけではなく、救いの追求のための手段はいっさいない、と考えられた。人間の運命はすべて神が決定しているのであり、人間の行為や心によって神の決定が変更されることはないからである。"人為に神が反応しない"というこの点については、実はその反対の"人為に神が反応する"というのが古代イスラエル思想の中心的な立場だったのであり、この点においてカルヴィニズムと古代イスラエル思想とは真っ向から対立している。とはいえ、「脱呪術化の過程」は「古代ユダヤの預言とともに始まった」とウェーバーは書いている。この問題については（3）で考えてみることにしよう。

　ところで、カルヴィニズムや再洗礼派系の思想で「脱呪術化」が達成されたあと、どうなったのだろうか。

　自分の救いを必死に追い求めた宗教改革の時代、自分に救いをもたらしてくれる手段は何もないということになったのだが、人々はその状況に耐えられなかった。救いをもたらす手段はない。しかし、救われていることを確かめる「徴候」はあるはずで、それは倫理的善行──しかも自分の人生を一貫する体系的な生き方──以外にはない、と考えられるようになる。つまり善行は、救いの条件ではなく徴候だと見做された。その結果、人々はそのような生き方に邁進することになった。善行は救いのための「現実根拠」ではなく「認識根拠」である。"善行したら救われる"ということは否定されているが、自分が救われる側の人間だと自覚できるためには善行に励まざるをえない。これは限りなく"善行したら救われる"という発想に近づいている。

そして、やがてはそのような宗教改革期の情熱的な信仰自体が消え去っていき、今日に至る。近代社会一般についてウェーバーが「脱呪術化」と呼ぶケースがある。それは、救いをもたらす手段がないという意味では、カルヴィニズムと異ならない。しかし、カルヴィニズムの「脱呪術化」が当時の人々の神の超越性への熱烈な信仰のもとで達成されたものであったのに対して、近代社会の「脱呪術化」というときにはそういう神への熱烈な信仰などなしに語られている。そこには同じ概念を使いながらも大きな懸隔があると言ってよい。この、もうひとつの「脱呪術化」については(4)で改めて見ていくことにしよう。

その前に、"「呪術」から「脱呪術化」に至ると「目的合理的」ではなくなる"というウェーバーの見解を見ておこう。

(2) 呪術の「固定化」と「目的合理」性、脱呪術化の「目的非合理」化

ウェーバーは呪術が人々の生活に与える影響として、その「固定化」作用にしばしば言及している。

現実の背後に神々がいるというような「象徴的意味（Symbolik）」の世界がうまれてくると、神々や死者に対する、特有の意味を帯びた関わり方が成立する。そして、この関わり方の型は「固定化（Stereotypierung）」され、決められた型の通りに行為しないと、効力がないばかりか、神の怒りをかうとも考えられた。

「実証済みの形からのほんのわずかな逸脱すらも、象徴的な有意義性を無効なものとしかねない。」（WG 248, MWG I/22-2 129, 武藤ほか訳12頁）

音階の場合にも、造形芸術の場合にも、病気の治療方法においても、宗教

的意味づけに呪縛されて「様式（Stil）」が固定化され、そこからの逸脱が許されないという状況が現れた[13]。

　様々な行動パターンを固定化し呪縛し閉塞させるものという局面が呪術にはある一方で、ウェーバーは『宗教社会学』草稿の初めのところで、呪術的行為が或る意味では「合理的な行為」なのだと指摘している。それはどういう意味だろうか。

　「宗教的ないし魔術的に動機づけられた行為」は、その「原生的（urwüchsig）な状態」では、「此岸的（diesseitig）」に遂行されるもの、つまり、この現世での生活の上での幸せを求めて遂行されるものであった。雨が降ってほしいから雨乞いをする。この種の行為は「少なくとも相対的には合理的（rational）な行為」だとウェーバーは言う。なぜなら、それは一種の「経験則」にのっとっているからである。おそらく、雨乞いをしたら雨が降ったということを少なからず経験したのだろう。「雨乞い→雨が降る」という一つの経験的に得られた規則に基づいて、雨が降ってほしいときには雨乞いをした。火打ち棒で木に火花をおこすのも、過去にそれでなんども火をおこせたという経験則に従って遂行するのであって、雨乞いも火打ちもその点では変わりがない。「A→B」という経験則にのっとって、Bの達成のためにAという行為を遂行するという、行為をしている当事者の思いの流れにおいて共通しているのである。ウェーバーは

　　「宗教的ないし『魔術的な』行為や思考は、決して日常的な目的行為の領域から除去されるべきものではない。」（WG 245, MWG I/22-2 122, 武藤ほか訳4頁）

と言う。とはいえ、我々から見て雨乞いと火おこしとが異なるのは、我々の時代の自然観に基づいて、我々観察者の側がそれらを区別しているからである。

「我々の今日の自然観の立場に立つ我々だけが、客観的に『正しい』因果帰属と『正しくない』それとを区別し、後者を非合理的なものとして、それに相応する行為を『呪術』と見做しうるであろう。」(WG 245, MWG I/22-2 122, 武藤ほか訳 4 頁)

火おこしには科学的論拠があり、雨乞いには科学的論拠がないということは、原始・古代の時代の当事者にはわからないことだった。

『理解社会学のいくつかのカテゴリーについて』（1913 年）第 2 章「『心理学』との関係」でウェーバーは、「主観的な目的合理性 (subjective Zweckrationalität)」と「客観的な整合合理性 (objective Richtigkeitsrationalität)」との関わりについて論じている。行為者がその「主観」において目的とそれに適合的な手段とに準拠して行為するか否かに着目する「目的合理性」と、研究者・観察者の立場から見て、観察対象としての行為者の行為は「客観的に正しい」妥当なものなのか否かに着目する「整合合理性」とはどういう関係にあるのか。行為者の主観において「目的合理的」だからといってそれが客観的に「整合合理的」だとは言えない、という話の具体例として呪術のケースが挙げられている。

「［行為者の］主観において目的合理的に方向づけられた行為と客観的に妥当なものに『正しく』方向づけられた（『整合合理的』）行為とは、それ自体としては、全く異なったものである。研究者が説明の対象とする行為が、この上なく目的合理的に方向づけられていながら、その際行為者が前提としていることが、研究者から見ると全く妥当とはいえない場合もある。たとえば、魔術的な観念に準拠した行為は、主観的には、何らかの非魔術的で『宗教的』な行動よりも、往々にしてはるかに目的合理的な性格をもっている。というのは、宗教型は、

まさに世界の脱呪術化[14]が進行するにしたがって、次第に（主観において）より目的非合理的（zweckirrationaler）な意味連関（たとえば、『心意主義的な（gesinnungshaft）』あるいは神秘的な意味連関）を受け入れることを強いられるからである。」（WL 433, 海老原ほか訳22-23頁）

　自分の救いという目的のための適合的な手段と考えられていたサクラメントは「脱呪術化」によってその効果を否定された。「脱呪術化」されていなければ、自分の救いのためにサクラメントに参加するというのは「目的合理的」な行為と言えたであろう。「脱呪術化」されたカルヴィニズムのもとで、人々は神から与えられた戒律──善行なり職業労働なり──に熱烈に邁進する。そうすれば救われるというわけではない──つまり「目的非合理的」──としても、神の命令だからという理由で戒律を遵守する。ウェーバーはここで >gesinnungshaft< という言葉を使っているが、これは後年の言葉でいえば、「心意倫理的（gesinnungsethisch）」にあたるだろう。「結果」への顧慮なく、それが正しいからという理由からそう行為する。『社会学の基礎概念』の言葉で言えば「価値合理的（wertrational）」な行為である（WG12, 濱島訳115頁）。

(3)『古代ユダヤ教』と「脱呪術化」

　『プロ倫』の註で、「脱呪術化」の過程については「世界宗教の経済倫理」の諸論文を参照せよ、とウェーバーは書いていた。「世界宗教の経済倫理」の諸論文としては、『儒教と道教』や『ヒンドゥー教と仏教』や『古代ユダヤ教』、そして『序論』と『中間考察』が残されている。『儒教と道教』には道教（たとえば「風水」思想）の呪術への言及があり（RS I 481-488, 512-513, MWG I/19 403-413, 450-451, 木全訳324-334, 377-378頁）、『ヒンドゥー教と仏教』では大乗仏教や復興したヒンドゥー

教の呪術への言及があり（RS II 277-279, 370-371, MWG I/20 406-407, 533-535, 深沢訳 354-355, 468-470 頁）、中国についてもインドについても「呪術の園（Zaubergarten）」という著名な言葉が使われている。とはいえ、「世界宗教の経済倫理」の諸論文の中で「脱呪術化」という主題と圧倒的に密接な関わりがあるのは『古代ユダヤ教』であることは間違いない。『プロ倫』の中の「脱呪術化」についての言明に示されているように、「脱呪術化」の原点は古代イスラエルの思想にあるとウェーバーは見ていた。では『古代ユダヤ教』という著作には、「脱呪術化」の原点としての説明が見出されるだろうか。本項では『古代ユダヤ教』の叙述と「脱呪術化」との関係を探ってみたい。

① 「魔術」の排除と「倫理」

『古代ユダヤ教』の問題提起の中でウェーバーは、ユダヤ人に求められた生活態度には、儀礼的なものと並んで、「一つの高度に合理的（*rational*）な——すなわち、魔術（Magie）にもあらゆる形態の非合理的救いの追求にもとらわれない——、世俗内的行為の宗教倫理」（RS III 6, MWG I/21-1 242, 内田訳 21 頁）があった、と書いている。キリスト教・イスラム教にも継承されていくこの宗教倫理の世界史的意義をウェーバーは認める。

また、『古代ユダヤ教』冒頭に付けられた註の中でウェーバーは、なんらかの宗教倫理が別の宗教倫理と比べて「より高い」かどうかというような価値評価は特定の宗教的前提を伴うゆえに排除しなければならないが、価値判断抜きに諸倫理を比較することは可能だとして、次のような比較の基準を示している。

「次のように問題を提出することはさしつかえない。すなわち、特定のイスラエルの諸思想は、これと対応する周辺の世界の諸思想と比較

する場合、諸宗教の展開の中に見出される段階的推移で測ってみるとき、①より多くあるいはより少なく古代的（「原始的」）かどうか、②より多くあるいはより少なく知性主義化され（魔術的観念から脱却しているという意味で）合理化されているかどうか、③より多くあるいはより少なく統一的に体系化されているかどうか、④より多くあるいはより少なく心意倫理的方向に向かっている（昇華されている）かどうか、というような問題である。」(RS III 2, MWG I/21-1 235, 内田訳 4-5 頁)

　四つの比較基準[15]のうちの二番目に挙げられている「より多くあるいはより少なく知性主義化され（魔術的観念から脱却しているという意味で）合理化されているかどうか」という基準は、「脱呪術化」の程度に相当する（『古代ユダヤ教』では「脱呪術化」という言葉は使われていないが）と言えるだろう。
　古代エジプトでは、罪を隠す「魔術」として「スカラベ」（コガネムシの形の古代エジプトの護符）などがあった。

「エジプトの祭司の教えは、倫理的もしくはカリテート［慈愛］の命令を、その内容のいかんはともあれ、立てようとした。――だが、死者の裁判官の前に立つ決定的な瞬間に自分の罪を隠蔽する能力を死者たちに与えるような、全く簡単な魔術的手段が存在したときに、いったい祭司の教えは、そういう命令にどんなアクセントを加えることができただろうか。」(RS III 279, MWG I/21-1 605, 内田訳 638 頁)

そのような「魔術」がイスラエルに欠如したことが「倫理」の拘束力を高めることになった。
　「魔術（Magie）」は、他の文化ではもっていた権威をイスラエルではも

たなかった。

「イスラエルにはあらゆる種類の魔術師が存在した。だが権威あるヤハウェ主義的グループ、とりわけレビびとは決して魔術師ではなかったのであり、むしろ知（Wissen）の担い手であった。」(RS III 233, MWG I/21-1 547, 内田訳 536 頁)

「魔術師」ではない「レビびと」が担う「知」とは、「純儀礼的な知でも秘教的（esoterisch）な知でもなく、合理的倫理についての知」であった(RS III 234, MWG I/21-1 548, 内田訳 537 頁)。神の名を正しく知ってこれを呼ぶなら、神はそれに従うという信仰は、エジプトに支配的であったし、旧約思想の中にも認められるのだが、神の名をみだりに語るべからずという「十戒」中の禁令が成立する。

アジア、とくにインドの宗教思想で「呪術（Zauber）」が占める位置を、イスラエルの思想では「奇蹟（Wunder）」、すなわち、「神の意味深く、理解可能（verständlich）な意図と反応から生じる奇蹟」が占めた、とウェーバーは言う[16] (RS III 237, MWG I/21-1 551-552, 内田訳 544-545 頁)。神は世界を人間に「理解可能」な仕方で導いている。

このように「魔術」を排除するイスラエルの倫理を構築していったのは、「レビびと」と「預言者」という担い手の活動を通してである。いわば『古代ユダヤ教』第一章の主人公「レビびと祭司」と第二章の主人公「預言者」との役割の違いと協働作用についてウェーバーは何度か言及している。

十戒などの倫理内容を形づくったのはレビびとによる「魂への配慮（Seelsorge）」の活動、つまり、問いかけに来た人々個人個人にその罪を指摘して贖罪の犠牲を促し、また青少年を教育するレビびとの活動であった (RS III 255, MWG I/21-1 574, 内田訳 586-587 頁)。レビびとのトー

ラー（律法）が「倫理的命令の内容を刻印し」、預言はそれを所与として「民族や個々人すべての全生活をヤハウェの実定的命令の遵守に関係づけることによって体系的統一性を確立する」。こうして「この両者が協働して、［イスラエルの］倫理に、平民的にしてしかも同時に合理的に体系的でもある性格を与えた」(RS III 271, MWG I/21-1 594-595, 内田訳 621-622 頁) のである。

②人為に反応する神

『プロ倫』の「脱呪術化」は、サクラメントが救いのための手段となることを拒否することだった。サクラメントないし祭司の権能を拒否していく方向性は、儀礼よりも倫理的行為、そして信仰心を尊重する方向性として、たしかに古代イスラエル思想の中に脈打っている。とりわけ「申命記」や預言者にその方向性は顕著である。しかし、一点だけ、古代イスラエルの思想には、カルヴィニズムとは正反対の方向を向いているところがある。

旧約聖書はいくつかの成立年代の異なる叙述が接合されて成り立っている。今日では、紀元前 10〜9 世紀頃の筆者は「ヤハウィスト」、紀元前 9〜8 世紀頃の筆者は「エロヒスト」と呼ばれている。両者は神のイメージを異にしている。「全体としていえば、エロヒストの編集はむしろ北方的に、ヤハウィストのそれはむしろ南方的に影響されている」(RS III 224, MWG I/21-1 535, 内田訳 514-515 頁)。ヤハウィストは神のふるまいを擬人的に描く──たとえば神はアダムを捜して呼びかけ、バベルの塔を見に降ってくる。彼らにとって神は「まったくもって人間的動機にしたがって行為する、肉体を具えて顕現する神」(RS III 225, MWG I/21-1 537, 内田訳 519 頁) である。一方、エロヒストはこの種の「擬人的に肉体を具えていること」(RS III 225, MWG I/21-1 537, 内田訳 519 頁) を超越した尊厳ある神観念へと神学的に純化させる。族長の神は「あらゆる

運命の定めを通して間接にしか認めることのできないような、神秘に隠されたる特徴をもった神」(RS III 226, MWG I/21-1 538, 内田訳 521 頁) として描かれる。

　禍いを神の怒りの帰結と捉えてその怒りの理由としての罪を探り助言するレビびと祭司の「魂への配慮」の営み——それは「神義論」[17] 形成の場でもある——にとって都合がよかったのは、実はエロヒストの超越的尊厳よりもヤハウィストの擬人的神観念のほうだった。

　　「エロヒスト派の昇華された (sublimiert) 解釈よりは、ヤハウィストの編集の、ある時は人間と向き合って (persönlich) 交渉したりする、肉体を具えて現れる手応えのある (massiv) 神のほうが、ずっとこの平民的欲求の意にそうものだった。」(RS III 227, MWG I/21-1 539, 内田訳 523 頁)

物語の「どこでも神の純人間的に理解しうる (verständlich) 動機が問われ、しかもそれにしたがって叙述が形成されている」(RS III 228, MWG I/21-1 540, 内田訳 524 頁)。ヤハウェが自らの決断や行動を「後悔する」というような叙述は神の尊厳性の立場からはふさわしくない。しかしレビびとはこの尊厳性純化を貫徹させない。それは、「ひとたびなされた神の決断が最後決定的に確定したものであったなら、その場合にはむろん祈りも、良心的反省も、贖罪も役に立たなかった」(RS III 228, MWG I/21-1 541, 内田訳 525 頁) からである。

　そもそも、民族の祖先に与えられた救済の約束は「なにがあってもイスラエルに及ぼす神の好意の、なんらの功績にも結び付けられない、無条件の約束」だった (RS III 223, MWG I/21-1 534, 内田訳 513 頁)。しかし、この無条件の約束は条件付き約束へと変型された。つまり、「ヤハウェは、その古い約束を、民がヤハウェの儀礼的・倫理的諸義務に従うという条件

と結び付けた」(RS III 229, MWG I/21-1 542, 内田訳 527-528 頁)。この
ことも「合理的神義論に対する実際的欲求」に由来するものだといわれて
いる (RS III 230, MWG I/21-1 542, 内田訳 528 頁)。
　「神観の昇華への知性主義的努力が、実際的な魂への配慮の関心といか
に闘争したか」(RS III 228, MWG I/21-1 541, 内田訳 525 頁)。旧約聖書
の成立史上のこの思想的対立は、論理的には、教会での「魂への配慮」、
すなわち「罪のゆるし」を重んじるカトリックの立場と、それを拒否して
神の絶対性を強調するカルヴィニズムの立場との関係とパラレルである。
ウェーバーはカルヴィニズムの「脱呪術化」の原点が古代イスラエルの思
想にあったと主張しているが、しかし、神が人の行為に反応するか否かと
いう点においては、旧約思想にはむしろカルヴィニズムとは反対の論調も
あった——たんにあったというだけではなく、それが主流であった——と
いうこと、しかもそれをウェーバー自身が論じているということは注意し
ておきたい。

　「ヤハウェはとりなしか、後悔や悔い改めによって、自分の決定を変
　更する。……この擬人的で、それゆえに理解可能な神は、まさに当
　時、今日においてと同じく、大衆の魂への配慮の実際的必要に歩み
　寄った。」(RS III 229, MWG I/21-1 541, 内田訳 525-526 頁)

「今日においてと同じく」というウェーバーの言葉は、今日の教会でお
こなわれている「罪のゆるし」を念頭に置いているものと思われる。
　「申命記」は次のように語る。

　「見よ、わたしは今日、あなたたちの前に祝福と呪いを置く。あなた
　たちは、今日、わたしが命じるあなたたちの神、主の戒めに聞き従
　うならば祝福を、もし、あなたたちの神、主の戒めに聞き従わず、

今日、わたしが命じる道をそれて、あなたたちとは無縁であった他の神々に従うならば、呪いを受ける。」(「申命記」第 11 章第 26‐28 節)

神の掟に従うなら祝福され、神の掟に背くなら呪詛される。人間のふるまいに対応して神の態度は変わってくる。これはカルヴィニズムとは全く反対の思想だと言ってよい。「魂への配慮」ゆえの神の決定の可変性はむしろ旧約思想の中で主流だった。それはカトリックにもルター派にも継承された。むしろカルヴィニズムだけが例外的に神の決定の不変性にこだわったのではなかろうか。

　(4)『ベルーフとしての学問』における「脱呪術化」
1910 年代の前半に書かれていたといわれる『宗教社会学』草稿の中に「脱呪術化される (entzaubert)」という言葉が見出せる。

「知性主義が魔術への信仰を撃退し、こうして世界の出来事が『脱呪術化』されて魔術的意味内容を失い、それらがただなお『存在し』『生起する』だけでそれ以上なにも『意味し』なくなるにつれ、世界と『生活態度』が全体として有意義にかつ『意味深く』秩序づけられるべきであるという要求が、いっそう切実さを増して大きくなる。」
(WG 308, MWG I/22-2 273, 武藤ほか訳 160 頁)

「脱呪術化」されて「魔術的意味内容」が失われる、まではよいのだが、さらに、世界の出来事が存在し生起するだけでそれ以上何も意味しなくなる、と書かれている。これはカルヴィニズムの世界観ではない。カルヴィニズムはむしろ世界全体を神の創造した秩序として深く意味づけていたからである。

また、『中間考察』の中に次のような文章がある。

「しかし、合理的に経験的な認識が、世界の脱呪術化と、因果的メカニズムへの世界の変容とを首尾一貫してなしとげてしまうと、世界は神が秩序を与えた、したがって、なんらか倫理的に意味深く方向づけられた秩序界だ、という倫理的要請から発する諸要求との緊張は決定的に際立ってくる。なぜなら、経験的で、まして数学によって方向づけられている世界の見方は、原理的に、およそ現世内の出来事の『意味』を問うというような物の見方をすべて拒否させるからである。」
(RS I 564, MWG I/19 512, 大塚ほか訳 147‐148 頁)

ここでの「脱呪術化」もまた、世界の意味を喪失させるものとして語られている[18]。

上記二つの例のように、実はウェーバーには"世界の意味喪失"という意味での「脱呪術化」概念がある。本項で見ていく『ベルーフとしての学問（Wissenschaft als Beruf）』[19]の「脱呪術化」概念は、いずれもこちらの意味であって、『プロ倫』で描かれているような"救いのための手段としてのサクラメントを無効として拒否する"という意味では使われていない。

1917 年の講演原稿に 1919 年に加筆された『ベルーフとしての学問』の中には、「世界の脱呪術化（Entzauberung der Welt）」という言葉が 3 回——WL 594, MWG I/17 87, 尾高訳 33 頁に 2 回、WL 612, MWG I/17 109, 尾高訳 72 頁に 1 回——、「脱呪術化された（entzaubert）」という言葉が 2 回——WL 604, MWG I/17 100, 尾高訳 55 頁に 2 回——、登場する。ここでは、『ベルーフとしての学問』の中で「脱呪術化」概念がどのような形で使われているかを追跡するとともに、そこに表現されているウェーバーの思想を導き出してみたい。

①現代人の生活の脆さ

　まず、次のような文章がある。「脱呪術化」した世界における人間の生き方について我々現代日本人にも考えさせるところのある文章だと思われるので、長文だが煩をいとわず引用してみる。

　「学問の進歩（Fortschritt）は、かの知性主義化の過程（Intellektualisierungsprozess）——我々は数千年の間そのもとにあるのだが、今日ではそれに対して通常きわめてネガティヴな態度がとられている——の一部分、しかも、その最も重要な一部分である。我々はまず、そもそも学問および学問に準拠する技術によるこの知性主義的合理化が、実際にはどのようなことを意味するかを明らかにしよう。たとえば、今日の我々、つまりこの会場に臨席の皆さんは、そのだれもが、自分がそのもとで暮らしている生活条件について、アメリカ・インディアンやホッテントットよりもよく知っていると言えるだろうか。そうとも言えないだろう。路面電車に乗る我々は、——専門の物理学者でなければ——それが動く仕組みを知らない。それを知る必要もない。路面電車の動きを『計算する［予測する］（rechnen）[20]』ことができて、それに自分の行動を対応させることで十分である。市街電車はどのように製造すれば動くのかについては何も知らない。ところが、未開人は、彼らの道具について、これとは比較にならないほどよく知っている。また、我々が今日、貨幣を支払っているとき、ある時は多くの貨幣、ある時は少ない貨幣で人が或る物を買うことができるということを、貨幣はどのようにしてもたらすのか。たとえこの会場に国民経済学の専門家がいらっしゃるとしても、その問いに対する答えはそれぞれ違うだろう。そのことを私は賭けてもいい。ところが、毎日の食糧を得るにはどうすればいいか、またその場合にど

ういう情報が役に立つのか、未開人なら知っている。それゆえ、知性主義化（Intellektualisierung）と合理化（Rationalisierung）とが進んでいるということは、それだけたくさん自分の生活条件に関する一般的知識をもっているということでは・ない・。それは、ほかのことを意味する。つまり、それを欲・し・さ・え・す・れ・ば・、つねに学び知ることが・で・き・る・ということ、したがって原理的にそこになにか秘密の、予測しえない力が関与していることはないということ、むしろすべての物事を——原則上——予測すること（Berechnen）によって制御する（beherrschen）ことができるということ、これらのことを知っている、あるいは信じていることを意味している。これは、世界の脱呪術化（Entzauberung der Welt）にほかならない。人はもはや、未開人——彼らにとっては、そのような［予測しえない］力が存在した——のように、精霊（Geister）を制御したりそれに懇願したりするために魔術的な手段に向かう必要はない。技術的手段と予測とがその代わりに機能する。とりわけこのことが、知性主義化の意味にほかならない。」（WL 593-594, MWG I/17 86-87, 尾高訳 32‐33 頁）

　得体の知れない神秘的な力があって、「呪術」を通じてそれに働きかけてその力を封じ込めたり動かしたりすることはもはやない、世界の運行は「計算［予測］」できる、このことが「脱呪術化」と呼ばれている。ここでは「知性主義化」・「知性主義的合理化」といった言葉も同様の事態を指すものと言われている。

　電車が動く仕組みを我々は知らない。我々に求められるのは、その仕組みを理解することではなく、どうすれば電車に乗り降りできるのかというノウハウである。それは乗客だけではない。電車を操縦している運転手に求められるのも、仕組みを知ることではなく、どうすれば発車し、速度が上がり、ブレーキがかかり、停車できるかというノウハウである。

知ろうとすれば知ることができると信じている、とウェーバーは言う。しかし、たいていの人間はそもそも知ろうとも思わない。それは、周りの世界でアタリマエと思われているものには我々は疑問を抱かず、「驚く」ことがないからである。

　「世界の動向について驚く（*Erstaunen*）という能力こそは、この動向の意味を問うことを可能にする前提条件である。」(RS III 221, MWG I/21-1 529, 内田訳 509 頁)

最近の例で言えば、原発事故で我々は「驚いた」。そもそも原発の仕組みはどうなっているのかと関心をもった。関心をもつのが遅すぎたと多くの人が考えているが、我々は驚かないことには関心をもたないという性をもっている。原発以外にも我々の意識にのぼらない危険なことはあるにちがいない。これが一つの落とし穴である。

ところで、人は機械の仕組みを知ろうと思えば知ることができる、とウェーバーが言っているわけではない。ウェーバーが言っているのは、"知ろうと思えば知ることができる、と人は信じている"ということである。ここにもう一つの落とし穴がある。知ろうとすれば知ることができると信じている。では、いざ知ろうとすれば、本当に知ることができるのか。実際のところは、すべてのことが知られるわけではない。科学で解明されえないこともたくさんあるし、解明されていることであっても、それを理解するためには何年間も専門的な勉強をしなければならないのかもしれない。あるいは、凡人には見込めない高度な能力を要するのかもしれない。それにもかかわらず、知ろうとすれば何でも知ることができると思い込んでいるところには、やはり陥穽があると言わざるをえない。

このように、「世界の脱呪術化」において成立している"知ろうとすれば知ることができると信じている"という思いの中には少なくとも二つの

落とし穴がひそんでいる。「世界の脱呪術化」が科学技術への無批判的・無条件的な信頼・依存としての"科学信仰"となるとき、それは"非科学的"な脆さを伴っている[21]。

　未開人と現代人とを比べて、たしかに現代人のほうが「進歩」しているにちがいないのだが、現代人は未開人ほど「自分の生活条件」について知らない、とウェーバーは言う。たとえば、ジャングルの中に一人とりのこされたとき、食糧を自前で調達して自力で生きていけるような「知識」は現代人にはないだろう。つまり、衣食住の原始的な生活能力において現代人は未開人に劣っている。現代人は、自力ではなく、自分以外の科学技術や社会制度に依存しきっていて、それらへの適応を強制されている。それによって、個人個人の原始的な生活能力の低さをカバーしているのだが、いざ、それらが破綻したときにはもはや対応できない。これらの「殻（Gehäuse）」の中で生きることは快適だが、そこから脱却できないという弱みを伴う。そこに現代人のひ弱さがある。

　ところで、先の引用のあとウェーバーは、

>「西洋文化の中で何千年来続いてきたこの脱呪術化の過程、そしてそもそも『進歩（Fortschritt）』というもの ―― 学問はその構成要素・原動力としてこの進歩の中に属している ―― は、ただの実際上・技術上の意味を超えるような意味をなにかもっているのだろうか。」（WL 594, MWG I/17 87, 尾高訳 33 頁）

と問いかけ、この問いに対してトルストイが否定的であったことを語る。すなわち、かつて人は完結した人生を送り「生きることに満ち足りて」死んでいったが、現代人は、なにかを追求しても結局はその途上で完結感のないままに命が尽きることになるのであり、「生きることにくたびれる」ことはあっても「生きることに満ち足りる」ことはない。人生をそういう

ものにしてしまった文化上の「進歩」は無意味である、とトルストイは考えた。ウェーバーは必ずしもトルストイに同調するわけではなく、学問が人生にどのように貢献しうるのかを論じていく。

②偉大な価値の退潮と「神々の争い」
さらに、次のような形で「世界の脱呪術化」という言葉が現れる。

> 「まさに究極的かつ最も崇高な諸価値が、あるいは神秘的生活の背後世界的領域の中へ、あるいは個々人相互の直接の交わりにおける同胞愛の中へと、公共の場から後退しているということは、我々の時代、特有の合理化と知性主義化、とりわけ世界の脱呪術化を伴う我々の時代の運命である。」(WL 612, MWG I/17 109-110, 尾高訳71‐72頁)

芸術にせよ宗教にせよ、かつては偉大といえるような本物で公共的なものがあったが、そういうものはもはやない。現代の知識人が自分の魂に宗教的なものを備え付けたいと思って神秘的体験を求めたりするのは「詐欺か自己欺瞞」だとウェーバーは言う。今日、宗教的なものの残滓が活きているのは、たとえば、自分達の交わりを宗教的と自認している青年共同体という場ぐらいのものだとウェーバーは見ている。このように公共的な価値が生活の表舞台から退いていったことは「合理化」・「知性主義化」・「世界の脱呪術化」を伴う我々の時代の「運命」だと語られている[22]。
　ところで、いわゆる「神々の争い（Kampf der Götter)」の話、すなわち、「真」や「善」や「美」や「聖」という価値は、いずれかがあれば他が追随するというような関係ではなく、いずれかの価値の存在は他の価値の不在とセットになっている、という著名な話が語られたあとに、次のような文章がある。

「［お互いの立場が折り合わない「神々の争い」という点において］今日でも、むかしまだ神々やデーモンから脱呪術化されていなかった世界と同様である。つまり、ギリシア人がある時はアフロディテに、次にはアポロンに、とりわけ彼らの都市の神々のいずれかに供犠を捧げたのと同様である。——とはいえ別の意味においてではあるが、つまり、その態度に見出せる神秘的だが内面的には本物の表現は脱呪術化され衣を脱がされているにしても。」(WL 604, MWG I/17 100, 尾高訳 55 頁)

かつてギリシア人が、時に美と愛の女神アフロディテに、時に光と技芸の神アポロンに供犠を捧げて真剣に願いを叶えてもらおうとしたのと同様に、今日の人々はなんらかの価値観、すなわち、真・善・美・聖いずれかの価値、あるいはそのいずれかの価値の中のいずれかの立場を自らの信条として信奉している。美の女神アフロディテを崇拝することがなくなっても、美という立場を自分の生き方の軸とすることはある。そのような転換のことをここでは「脱呪術化」と呼んでいるようである。美は「脱呪術化」された神の一つということになる。

自分にとっての究極の立場を「神」とか「デーモン」と表現するのはウェーバーの一つのパターンであった。たとえば、『ベルーフとしての学問』は次の言葉で終わっている。

「自分の仕事につき、『当今の要求（Forderung des Tages）』を——人間としても職業においても——全うしよう。このことは、もし各人がそれぞれの人生を導く糸をつかんでいるデーモン（Dämon）を見出してそれに従うならば、単純で簡単なことである。」[23] (WL 613, MWG I/17 111, 尾高訳 74 頁)

ここでは、ゲーテが「当今の要求」という言葉に込めた思想[24]やプラトンの「エルの神話」[25] が前提として踏まえられている。各人にとって「それぞれの人生を導く糸をつかんでいるデーモン」とは、当人にとっての究極の立場・人生観・世界観である。もちろん自分の生き方における究極の立場とは何なのかは自分で自覚されていないことが普通である。しかし、これを自分で探り当てて対自化し、そこに責任をもつべきであり、学問が自分の価値観を決定することはできないにせよ、自分の価値観を探るプロセスにおいて貢献するのが学問だ、その意味で、――トルストイは学問は人がいかに生きるべきかという問いに答えられないから無意味だと考えたが――学問には人生にとって貢献しうる役割がある、とウェーバーは考えた。

四　結

見田宗介は、「エントツァウベルンク」は「ツァウベル」（魔的なもの）――それは魔術・呪術という意味とともに、魅力・魅惑という意味をもっている――を斥けていくことだと説明している（『社会学入門』[26]、63頁）。「エントツァウベルンク」はシラーの表現に由来すると言われたことがある[27]。見田は、シラーの詩『歓喜に』[28]の中の次の一節を紹介している（65-66頁）。

「おまえの［「歓喜」の］魔力（ツァウベル）は、時の流れがきびしく分断したものを、もう一度結び合わせる。おまえのやわらかな翼が停まるところでは、すべての人間は兄弟となる。」[Deine Zauber binden wieder, was die Mode streng geteilt; alle Menschen werden Brüder, wo dein sanfter Flügel weilt.]

シラーの「ツァウベル」が「人間と人間とを結び合わせる、ふしぎな力」だったとすれば、それを喪失するのが「エントツァウベルンク」だということになる。「魔のない世界」になっていく「近代」のアンビバレンス（両価性）をウェーバーは見すえていた、と見田は指摘する。

　本稿でウェーバーの >Zauber<（>Zauberei<）や >Entzauberung< が何を意味するのかをテキストに即して考察してきたことを踏まえれば、シラーの >Zauber< 理解をウェーバーに適用するわけにはいかないだろう。ただ、シラーの言うように、人と人とを「結び合わせる」絆が >Zauber< なのだと考えるとすれば、ウェーバーが「同胞愛 (Brüderlichkeit)」とか「愛のアコスミスムス」といった言葉で表現し、近代批判の拠点の一つと意識していたのはこの >Zauber< だったと言えるかもしれない。

　カルヴィニズムにおいては、見田の言うように、人々は友情・信頼・愛情を喪失した。それだけではない。世界や人生の意味を問う試みも抑圧され、人間の一面性より全面性を尊重する立場も拒絶された。ウェーバーは、カルヴィニズムから近代資本主義へという近代化の線を解明するとともに、様々な異文化理解をもとに近代西洋のエートスを相対化し批判的に吟味するという姿勢をもっていた[29]。かつての大塚久雄のような近代主義的なウェーバー解釈は一面的なものでしかない。

　本章では、ウェーバーの「エントツァウベルンク」とは何かをめぐって考察してきた。まず、教会のサクラメントが信徒に救いをもたらすという働きを無効だとするカルヴィニズムの「脱呪術化」概念を見た。それは神の絶対性への信仰のもとで初めて成立する事態だったのだが、一方で、神の秩序という世界の意味づけをそもそも無効とする『ベルーフとしての学問』の「脱呪術化」概念があった。この二つの「脱呪術化」概念は容易には連結できない[30]。

　『プロ倫』の「脱呪術化」は「世俗化 (Säkularisation)」ではなかった。"呪術（宗教）／世俗"という二項関係ではなく、"呪術／宗教／世俗"と

いう三項関係が想定され、"呪術→宗教"という転換を意味していた。しかし、『ベルーフとしての学問』における「脱呪術化」は、「世俗化」あるいは"脱・宗教化"と言ってもよいものであって、『プロ倫』の中での「脱呪術化」とはかなりニュアンスが異なっていた。ここで想定されているのは"呪術(宗教)／世俗"という二項関係なのである[31]。

いずれにせよ、「エントツァウベルンク」が本稿冒頭で挙げた大塚久雄のいう「魔術からの解放」とはだいぶ違うものだということは了解していただけると思う。ウェーバーは、"これからみんなで「エントツァウベルンク」しましょう"というような啓蒙のメッセージを発したことはない。ウェーバーの「脱呪術化」とは、むしろ、特定の事情のもとで歴史上成立し、人間の行為パターンに影響力をもつに至った出来事、あるいは、現代人がその運命に甘んじなければならない、問題性をはらんだ所与の事態として考えられていた。

最後に、ウェーバーの「呪術」論・「脱呪術化」論を踏まえて、現代日本の情況について考えてみたい。

そもそも日本の宗教はかつて「脱呪術化」——世俗化の意味の「脱呪術化」ではなく宗教化の意味の「脱呪術化」——したことがあったのだろうか。また、現代日本人は主観的に「脱呪術化」(世俗化)していると自認しているほどには客観的に見て「脱呪術化」(世俗化)していると言えないのではなかろうか[32]。宗教化の意味であれ世俗化の意味であれ、そもそも「脱呪術化」することが望ましいとも日本人は思っていないのではなかろうか。科学技術の恩恵に浴し、その意味では世俗化としての「脱呪術化」に邁進しているかに見える近年の日本社会において、「密教」や「風水」というまさにウェーバーが「呪術の園」だと見做したもの——宗教的というより呪術的なもの——が復権し、魅力的なものだと見做されて流行したことは興味深い事実である。最高神よりも生活に密着した神々のほうに人々は惹き付けられるとか、「脱呪術化」した宗教には目的合理性が

ないが呪術には目的合理性があるといったウェーバーの見解は、この日本の呪術意識の現状を説明してくれるだろうか。ウェーバーが、脱呪術化されたカルヴィニズムでは生涯「緊張」から解放されないと指摘し、脱呪術化されていないカトリックに人間らしさを感じていたように、現代人はストレスからの解放（癒やし）のすべをなんらかの呪術に求めているのかもしれない。その欲求自体は批判される筋合いのものではない。しかし、「宗教」が換骨奪胎されて「呪術」だけがクローズアップされるとき、同時に「倫理」もまた蔑ろにされていく傾向はないだろうか。ウェーバーによれば、祭司や預言者が倫理的教説を主張するのに対して、呪術師は倫理的教説をもたない。呪術としての >Zauber< が人と人との絆としての >Zauber< を破壊するようになってはならない。

註

ウェーバーの著作については次のような略号を用いることにする。略号の後に付した数字は頁を示している。原文の隔字体（ゲシュペルト）および斜字体の部分には訳文では傍点を施し、それらの原語を記す場合には斜字体で表記した。邦訳のあるものについては参照させていただいたが、訳文は必ずしもそれらに従っていない（ウェーバー以外の著作の場合も同様である）。［　］内は引用者の挿入である。著作は論文も含めて『　』で表記している。

RS: *Gesammelte Aufsätze zur Religionssoziologie,* 3 Bde., 1920-21, Tübingen: J.C.B. Mohr (Paul Siebeck)
WG: *Wirtschaft und Gesellschaft,* 5.Aufl., 1976, Tübingen: J.C.B.Mohr (Paul Siebeck)
WL: *Gesammelte Aufsätze zur Wissenschaftslehre,* 3.Aufl., 1968, Tübingen: J.C.B.Mohr (Paul Siebeck)
MWG: *Max Weber Gesamtausgabe,* 1986-, Tübingen: J.C.B.Mohr (Paul Siebeck)
　たとえば、「MWG I/19 101」は、「Max Weber Gesamtausgabe, Abteilung I, Band 19, S.101.」を意味する。本稿で言及したのは以下の七冊。I/9 (2014)、I/17 (1992)、I/19 (1989)、I/20 (1996)、I/21-1 (2005)、I/22-2 (2001)、I/22-3 (2010)。この『マックス・ウェーバー全集』は現在刊行途上にある。『宗教社会学論集』に収められた『プロテスタンティズムの倫理と資本主義の精神』（本稿では適宜『プロ倫』と略記する）を収録する巻などは未刊行である。本稿でウェーバーの著作に言及する際、全集版がすでに刊行されている場合には、その巻と頁を併記した。

大塚訳：大塚久雄（訳）『プロテスタンティズムの倫理と資本主義の精神』（1989 年、岩波文庫）
木全訳：木全徳雄（訳）『儒教と道教』（1971 年、創文社）
深沢訳：深沢宏（訳）『ヒンドゥー教と仏教』（2002 年、東洋経済新報社）
内田訳：内田芳明（訳）『古代ユダヤ教（上・中・下）』（1996 年、岩波文庫）
大塚ほか訳：大塚久雄・生松敬三（訳）『宗教社会学論選』（1972 年、みすず書房）
武藤ほか訳：武藤一雄・薗田宗人・薗田坦（訳）『宗教社会学』（1976 年、創文社）
法：世良晃志郎（訳）『法社会学』（1974 年、創文社）
海老原ほか訳：海老原明夫・中野敏男（訳）『理解社会学のカテゴリー』（1990 年、未來社）
価値自由：中村貞二（訳）「社会学・経済学における『価値自由』の意味」（『〈完訳・世

界の大思想1）ウェーバー　社会科学論集』、1982年、河出書房新社、所収）
濱島訳：濱島朗（訳）「社会学の基礎概念」（『（現代社会学体系5）ウェーバー　社会学論集——方法・宗教・政治』、1971年、青木書店、所収）
尾高訳：尾高邦雄（訳）『職業としての学問』（1936年、1980年改訳、岩波文庫）

1)　大塚久雄『近代化の人間的基礎』（1968年、筑摩書房）、81-99頁、『大塚久雄著作集』第8巻（1969年、岩波書店）、222-235頁。
2)　英訳書において >Entzauberung< は、>disenchantment< (*From Max Weber: Essays in Sociology*, translated and edited by H. H. Gerth and C. Wright Mills, 2004, London: Routledge, p.139, 155, 290, 350; *The Religion of China: Confucianism and Taoism*, translated and edited by Hans H. Gerth, 1951, Glencoe: The Free Press, p.226.), >loss of magic< (*Max Weber Collected Methodological Writings*, edited by Hans Henrik Bruun and Sam Whimster, translated by Hans Henrik Bruun, 2012, London: Routledge, p.277, 342.), >elimination of magic< (*The Protestant Ethic and the Spirit of Capitalism*, translated by Stephen Kalberg, 2002, Los Angeles: Roxbury Publishing Company, p.60, 70, 95, 224.) などと訳されている。
3)　「脱呪術化」概念を主題的にとりあげたウェーバー論として次のような論考がある。Johannes Winckelmann, „Die Herkunft von Max Webers >Entzauberungs<-Konzeption: Zugleich ein Beitrag zu der Frage, wie gut wir das Werk *Max Webers* kennen können", in: *Kölner Zeitschrift für Soziologie und Sozialpsychologie,* Jg. 32, 1980, S.12-53; Johannes Weiß, „Max Weber: Die Entzauberung der Welt", in: *Grundprobleme der großen Philosophen,* hrsg. von Josef Speck, 1981, 2. Aufl., 1991, S.9-47, Göttingen: Vandenhoeck & Ruprecht; Wolfgang Schluchter, „>Die Entzauberung der Welt<: Max Webers Sicht auf die Moderne", in: idem, *Die Entzauberung der Welt: Sechs Studien zu Max Weber,* 2009, Tübingen: Mohr Siebeck, S.1-17.
4)　いわゆる『経済と社会』の再編纂・再構成の方法をめぐる問題についての最新の論考として、折原浩『日独ヴェーバー論争——『経済と社会』（旧稿）全篇の読解による比較歴史社会学の再構築に向けて』（2013年、未來社）がある。
5)　『経済と社会』所収の『宗教社会学』草稿と、「世界宗教の経済倫理」の『序論』・『中間考察』との対応関係などについては、拙著『ウェーバーの倫理思想——比較宗教社会学に込められた倫理観』（2011年、未來社）、45-54頁を参照していただきたい。
6)　カトリックとプロテスタントとで邦訳の仕方が異なる言葉については、極力、いずれの訳し方とも違う訳語を選ぶように努めている。たとえば、カトリックで「司

牧」・プロテスタントで「牧会」と邦訳される >Seelsorge< は「魂への配慮」と訳した。>Sakrament< については註9を参照。

7) *Archiv für Sozialwissenschaft und Sozialpolitik*, 20. Band (1905, Tübungen: J.C.B.Mohr (Paul Siebeck)), S.1-54; *Ebenda*, 21. Band (1905), S.1-110. MWG I/9 123-215, 242-425. 私が閲覧した『アルヒーフ』第20巻は分冊が合本されて1905年の刊行となっているが、『プロ倫』第1章が収められた第20巻第1分冊は1904年の刊行である。

8) Free Presbyterian Publications, *The Confession of Faith* (1985, Glasgow: Bell and Bain Ltd.), p.29, 日本基督改革派教会大会出版委員会（編）『ウェストミンスター信仰基準』(1994年、新教出版社)、17頁。

9) キリスト教の「サクラメント（Sakrament）」は教会で執り行なわれる特別の儀礼であり、カトリックでは「秘跡」と訳され、プロテスタントでは「聖礼典」と訳される。本稿では統一して「サクラメント」と訳している（註6を参照）。ローマ・カトリック教会では、「洗礼」・「堅信」・「聖餐」・「ゆるし」・「婚姻」・「叙階」・「病者の塗油」という七つの秘跡を尊重してきた。プロテスタント教会では一般に、「洗礼」と「聖餐」の二つだけを聖礼典と考えてきた。水を注がれたり体を水に浸したりして教会への加入を示す「洗礼」と、パンとぶどう酒を「キリストの体と血」としてうけとる「聖餐」とである。

　カルヴィニズム（ピューリタニズム）もまた洗礼と聖餐とを聖礼典として認める。しかし、人間が神の力に働きかけて神の力に変更をもたらすことができるという発想を拒否している。『ウェストミンスター信仰告白』第27章第3項には次のように書かれている。

　「（正しく用いられるサクラメントの中で、またはそれによって、表示される）恩寵は、サクラメントのうちにある力によって与えられるのではない。またサクラメントの効果は、それを執行する者の敬虔あるいは意図によるものでもない。それはただ、聖霊（the Spirit）の働きと、（サクラメントの使用を権威づける教訓と、ふさわしい受け取り手への恩恵の約束とを含むサクラメント制定の）言葉とによる。」（*The Confession of Faith*, p.113,『ウェストミンスター信仰基準』、94-95頁）

つまり、カルヴィニズムは、サクラメントを認めないわけではないが、サクラメントが信徒に救いをもたらす人為的手段だと考える発想を拒否しているのである。

10) *Archiv für Sozialwissenschaft und Sozialpolitik*, 21. Band, S.11. MWG I/9 260.

11) いわゆる「最後の晩餐」でイエスはパンを弟子たちに与えて「取りなさい。これはわたしの体である。」と語り、また杯を渡して「これは、多くの人のために流されるわたしの血、契約の血である。」と語った（「マルコによる福音書」第14章

22-26節)。
12) 新約聖書によれば、イエスはペトロにこう語った。「わたしはあなたに天の国の鍵を授ける。あなたが地上でつなぐことは、天上でもつながれる。あなたが地上で解くことは、天上でも解かれる。」(「マタイによる福音書」第16章19節)カトリック教会はペトロの後継者として「天の国の鍵」、つまり信徒の罪をゆるしたりする権限を担っていると自認する。ウェーバーはカトリックの「天の国の鍵」の立場に「神への強制」を見出している。すなわち、彼は「カトリックの司祭でさえ、ミサ秘跡の執行や鍵の権能において、なおいくらかこの呪術的な力を行使している。」(WG 258, MWG I/22-2 154, 武藤ほか訳 36 頁) と書いている。
13) 呪術的固定化の問題は、法社会学の中でも言及されている。ウェーバーは古代ローマや初期中世の法の例を挙げながら、そこでの紛争の解決には「魔術(Magie)」が介在しており、「形式的に正しく提起されている問いに対してのみ呪術的手段(Zaubermittel)は正しい回答を与える。」(WG 446, MWG I/22-3 447, 世良訳 287 頁)という。形式を少しでも間違えれば無効になる。証拠法の場合にとくにこのような「法形式主義(Rechtsformalismus)」が顕著だったと指摘されている。
14) ウェーバーがその著作の中で「脱呪術化」という言葉を初めて使ったのがこの叙述だといわれている。
15) この四つの比較基準のうち②と③とは『儒教と道教』の結論部でも言及されている(RS I 512, MWG I/19 450, 木全訳 377 頁)。
16) 「呪術」と「奇蹟」との違いについては『ヒンドゥー教と仏教』にも説明がある (RS II 370, MWG I/20 533-534, 深沢訳 468-469 頁)。西洋には「奇蹟(Wunder)」があったが、アジアには「奇蹟」はなく「呪術(Zauber)」があった、とウェーバーは言い、その違いを次のように説明する。

「『奇蹟』は、その意味から見ると、常に、何らかの合理的な世界指導 (Weltlenkung) の行為、神的な恩寵授与の行為と見做されるであろうし、そしてそれゆえに『呪術』よりもいっそう内面的に動機づけられているのが常である。これに対して、その意味から見て呪術が成立する事情は、非合理的な効果のある魔術的な力 (Potenz) によって全世界は満たされており、そしてかかる力が、人間であれ超人であれ、カリスマ的資質をもちつつも随意に行為する存在者の中に、禁欲または瞑想の実行を通して蓄積される、という事情である。」(RS II 370, MWG I/20 534, 深沢訳 469 頁)

つまり、人間の理解を超えた不思議な事柄が、筋道の通った神の意志の現れとして説明されるのが西洋の「奇蹟」であり、そういう筋道のない魔術的力を誰かが操作した結果だと考えられるのがアジアの「呪術」だという対比である。
17) 「神義論 (Theodizee)」については、前掲拙著『ウェーバーの倫理思想』第四章を

参照していただきたい。

18) 『中間考察』の中でウェーバーは、現世内の諸価値（政治・経済・学問・芸術・恋愛）が自立化し自律化していくことと対応して、苦難や罪や不公正に満ちたこの現世が宗教倫理の「意味」世界とは乖離し、その意味での「現世の価値喪失」が生じ、宗教が「非現世的」なものに転化していくと述べ、
   「この軌道に導いたのは、世界を脱呪術化する理論的思考だけではなく、まさしく世界を実践的・倫理的に合理化しようとする宗教倫理の試みにほかならなかった。」(RS I 571, MWG I/19 520, 大塚ほか訳 159-160 頁)。
と書いている。ここでの「脱呪術化」は、これが「世界を実践的・倫理的に合理化しようとする宗教倫理」と並行している点を考えれば"宗教化"としての「脱呪術化」のようにも思われるが、現代社会における宗教と世俗との関係を論じているこの文脈から考えると、やはり世俗化（脱宗教化）の意味だと考えるべきだろう。

19) 『ベルーフとしての学問』というタイトルの >Beruf< を「職業」と訳してしまうと"使命"という含みが消えてしまうので敢えて「ベルーフ」と記している。この講演は、前半で「職業」を論じ、後半でその「使命」を論じている。詳細に言えば、前半（WL 582-588, MWG I/17 71-80, 尾高訳 9-21 頁）で現在の大学の教師の置かれている具体的状況について語り、後半（WL 588-613, MWG I/17 80-111, 尾高訳 21-74 頁）で学者の望ましい態度や学問一般の役割について語っている。

20) ウェーバーは近代化に伴って、「計算する」こと、あるいは「計算可能性」を高めることが至上命題となっていくことを指摘している。「計算する」ということのいくつかの問題性について、拙稿「現状を批判的に捉え直し改善していくために」（勢力尚雅編『科学技術の倫理学 II』、2015 年、梓出版社、所収）で考察した。

21) ウェーバーの「脱呪術化」という表現を使ってウルリッヒ・ベックは『リスク社会』の中で次のように述べている。
   「脱呪術化は、脱呪術化の担い手 (Entzauberer) に波及し、それによって脱呪術化の前提条件を変化させる。」(Ulrich Beck, *Risikogesellschaft: Auf dem Weg in eine andere Moderne,* 1986, Frankfurt am Main: Suhrkamp Verlag, S.256, 東廉・伊藤美登里（訳）『危険社会──新しい近代への道』、1998 年、法政大学出版局、320 頁）
かつて自明視・絶対化されていた宗教的世界観を科学的精神が葬り去り「脱呪術化」を達成した。しかし、今やこの科学それ自体が「進歩信仰」のもとに絶対化される恐れがある。それを警戒し、科学そのものを批判的に検討対象としなければならない。「脱呪術化」としての科学が「脱呪術化」されるということである。

22) (4) の①で挙げた文章と同様に、ここでも「合理化」・「知性主義化」・「世界の脱呪術化」という三つの概念がセットで登場している。この三概念がウェーバーの中

で、置換可能なほどに一体化していたことが推測される。
23) 尾高訳の「各人がそれぞれその人生をあやつっている守護霊(デーモン)をみいだしてそれに従う」(74頁)や、出口勇蔵訳(『(完訳・世界の大思想1)ウェーバー　社会科学論集』、1982年、河出書房新社、所収)の「凡てのひとが、めいめいの生活をあやつっている守護神(デーモン)を見つけて、その意思にしたがう」(406-407頁)の「守護霊」や「守護神」という訳語は、ウェーバーの思想を知らない普通の読者には、なにかオカルト的なものを連想させて妙な誤解をうむようである。そもそも「神々の争い」にしてもそうだが、ウェーバーには宗教的な言葉を世俗の世界に転用する癖がある。これが全くの言葉の転用なのか、それとも、宗教自体が転化するというニュアンスが込められているのかはなお検討の余地がある。
24) ゲーテの「当今の要求」については前掲拙著『ウェーバーの倫理思想』、109-112頁、参照。
25) 『ベルーフとしての学問』の最後の言葉と同じ趣旨のことが『社会学・経済学における「価値自由」の意味』(1917年)という論文では、

　「究極的決断(Entscheidung)によって、魂は、プラトンの作品におけるように、自分の運命(Schicksal)──つまり、自分の行動と存在との意味──を選択する。」(WL 508, 価値自由 320頁)

と書かれている。つまり、"魂が自分の運命を選び取る"という話は、プラトンの『国家』第10巻の中の「エルの神話」と呼ばれる神話を踏まえている。その神話によれば、魂たちが、女神ラケシスのもとに赴く。ラケシスは、「モイラ」(運命の女神)と呼ばれる三人の女神の一人である。神官が次のように語る。

　「運命を導く神霊(ダイモン)が、汝らを籤引き当てるのではない。汝ら自身が、みずからの神霊(ダイモン)を選ぶべきである。……責めは、選ぶ者にある。神には、いかなる責めもないのだ。」

魂は地上に生まれる前に、多様な生き方の見本の中から自分自身の生き方を自分自身の手で選び取る。そして地上に誕生して、自らが選んだ生き方を送ることになる。田中美知太郎ほか訳『国家』(田中美知太郎責任編集『中公バックス　世界の名著7　プラトンⅡ』、1978年、中央公論社、所収)、390-402頁(614b-621d)。
26) 見田宗介『社会学入門』(2006年、岩波新書)、第2章「〈魔のない世界〉──『近代社会』の比較社会学」。
27) 大塚久雄が「世界の呪術からの解放」(die Entzauberung der Welt)に「これはシラーの造語だそうですが」と注記している(大塚久雄『社会科学における人間』、1977年、岩波新書、169頁、『大塚久雄著作集』第12巻、1986年、岩波書店、138頁)。しかし、シラーがどこでこの言葉を使ったのか、私はいまだに確認できていない。

28) 窮地を救ってくれた友人たちに感謝し、その友情をたたえたシラー (Johann Christoph Friedrich von Schiller, 1759〜1805年) の詩『歓喜に (An die Freude)』は1785年に書かれ、翌年雑誌に発表され、のちに詩集収録の際に若干改められた (1803年)。その詩の一部にベートーベン (Ludwig van Beethoven, 1770〜1827年) が曲をつけて第九交響曲の第四楽章となる (1824年)。
29) ウェーバーの比較宗教社会学の全体をどう読むかについては、前掲拙著『ウェーバーの倫理思想』に私見を述べた。
30) プロテスタンティズムにおける神信仰の高揚が一方ではカルヴィニズムの「脱呪術化」をもたらし、他方では近代の自然科学を促した、その自然科学が結局、世界の意味づけを否定していって『ベルーフとしての学問』の「脱呪術化」につながった、という道筋を考えることもできる。前掲拙著『ウェーバーの倫理思想』、156-163頁、参照。
31) ウェーバーが「脱呪術化」という言葉を使った論考について、執筆時期の違いを考慮すると、次のような順序となる。それぞれの「脱呪術化」概念が、呪術から宗教への移行という意味 (a) なのか、呪術・宗教から世俗への移行という意味 (b) なのかも併記してみる。
　　①1911〜1915年　『カテゴリー』論文 (a)　『宗教社会学』草稿 (b)　『序論』(a)　『儒教と道教』(a)　『中間考察』(b)
　　②1917〜1919年　『ベルーフとしての学問』(b)
　　③1920年　　　　『プロ倫』改訂 (a)
aとbのうち、ウェーバーが先にどちらか一方の意味で使っていて、のちに他方の意味で使うようになった、というわけではなく、最初から両方の意味で使われていたことがわかる。
32) 現代日本における呪術 (まじない) 意識をアンケート調査をもとに分析した試みとして、竹内郁郎・宇都宮京子 (編)『呪術意識と現代社会──東京都二十三区調査の社会学的分析』(2010年、青弓社) がある。

初期の日本宗教学における呪術概念の検討

高橋　原

はじめに

　本稿のテーマは、日本の宗教学の歴史の中で「呪術」の概念がどのように受容され、展開してきたかということについて何事かを述べることであった。さしあたりの見通しとして、今日の我々がおおかたの合意のもと理解している「呪術」の概念（たとえば「超自然的存在や神秘的な力に働きかけて種々の目的を達成しようとする意図的な行為」『広辞苑』第4版）は、ジェイムズ・G・フレイザーが『金枝篇』（原著1890年、初訳1932年[1]）において展開した主張（類感呪術、感染呪術等の類型論、呪術の宗教起源説など）が日本の学界に広く知られるようになった結果を反映するものであり、その過程でmagicの訳語としての「呪術」という語が定着したのではないかと考えておく。

1．magicの学術上の訳語として「呪術」が定着したのはいつ頃であったのか。

　最初に、明治期の日本宗教学を代表する人物達による宗教学の概論的著作のいくつかに目を通してみると、すぐに、「呪術」の語が用いられていないことに気づく。もちろん、それに相当する内容について言及がないわ

けではなく、例えば、姉崎正治『宗教学概論』（1900）には「呪法」の語が見え、岸本能武太『比較宗教一斑』（1902）には「魔術宗教」の語が見える。加藤玄智『宗教学』（1912）には、「魔術 magic or witchcraft」と原語併記で記されている箇所がある（各著作については後述する）。

　もっとも、当時の文章語の語彙の中に「呪術」の語がなかったわけではない。一例として、1892（明治25）年出版の『日本大辞書』には呪術の項目があり、「志ゆ・じゆつ　名（呪術）　漢語。魔法。＝マジナヒ。」と説明されている[2]。

　当事の相場取引の手引書『ぶーるす取引の秘伝』（伊東洋二郎著、其中堂、1894）という本には「相場と禁厭呪術（まじなひ）」という章が設けられている。

　　禁厭呪術なるものは全く無稽妄誕のものの如く思はるれども、其実決
　　して然らざるものあり、元来禁厭呪術なるものは諸神諸仏を起請して
　　感応同感の利益あると同じく正直誠実を以て之を為せば必ず其効験あ
　　るものなり。仍て相場事に関する禁厭呪術の二三を左に記して読者に
　　示す事とすべし。（『ぶーるす取引の秘伝』38頁）

　この箇所で例示される「禁厭呪術」とは、「買に廻りて儲けを得る呪（まじな）ひ　雄鶏の毛の黒々しきものを抜き来りて火にかけ黒焼にして酒にて飲むべし」（同38頁）、「売に廻りて儲けを得る呪（まじな）ひ　東へ行く馬の蹄の下の土を取り来りて之を清き紙に包み我臍へあて市場に行きなば売方となりて必ず利を得るなり」（同38頁）の如きのもので、内容的にはまさに今日的にも通用する意味での「呪術」である[3]。

　哲学館（現東洋大学）の創設者であり、「妖怪博士」の異名で知られた井上円了も呪術の語を用いている。

古来魔法呪術と名くるものあり。人皆奇怪となせしが、今日之を視るに一種の催眠術なれば敢て怪むに足らず。資治通鑑綱目中に貞観中僧あり西域より来る、呪術を善くして能く人をして立ろに死せしむ。後に之を呪して復蘇せしむ。〔中略〕之を要するに古代の呪術は今日の催眠術なりと知るべし（井上円了『妖怪百談　通俗絵入』四聖堂、1898年、134-135頁）

或る浄土宗の寺院にて狐落しの呪術を伝ふる所あり。其法狐憑者を仏前に坐せしめ、住職自ら立ちて阿弥陀経中の所謂六法の段を一読す。〔中略〕之を一読するに當り、故意に六方中の一方を落として読まざるを例とす。斯くするときは狐立ろに躰を離れ去ると信せり。蓋し其意双方共に落とす法なればなり。是れ一種の滑稽にあらずや。されど世俗のマジナヒは大抵皆此の如し。（井上円了『円了茶話』哲学館、1902年、60-61頁）

　井上円了は啓蒙主義的な立場から迷信打破を唱え、「護国愛理」のスローガンとともに哲学的宗教である仏教の正しいあり方を説いた人物であった[4]。この文脈から理解すれば、このような呪術に関する記述も、真理を表わす宗教の領域を確保するために、催眠術に過ぎない、滑稽なものとして呪術を区別して切り分けてみせたものであると読むことができる[5]。「狐落しの呪術」のエピソードにおいては、狐憑きという現象だけでなく、それを「マジナヒ」で治療する仏教僧侶の対応も「滑稽」なものとして批判されている。
　このように、日本の宗教学の草創期と目される明治時代後期には、すでに、和語「まじなひ」に相当するものとして「呪術」という漢語をあてる用例は文章語の中で一般的に行われていた。そしてそれが意味する内容に

ついても、今日のmagicの訳語としての呪術概念と大差はないものと見てよいだろう。であれば、magicの学術上の訳語として「呪術」を採用することには何ら障害はなく、学問的に宗教を論ずる体系の中に「呪術」をどのように組み込むのかだけが検討課題であったと考えられる。

上述の『日本大辞書』の「呪術」の説明に用いられ、井上円了も使用していた「魔法」についてはどうかというと、福沢諭吉が1872（明治5）年に『童蒙教草初編』の中でmagicの訳語として用いている他、1884（明治17）年に『西洋魔法鏡』（ホフマン著、穎才新誌社、原題は*Modern Magic*）という手品の種明かしをした本も出ている。日本初の哲学辞書とも評され、欧米語の学術的翻訳のガイドラインとなった『哲学字彙』（東京大学三学部、1881）では、Magicの訳語として「妖術」「魔法」を記している。なお、「魔法瓶」という言葉が用いられるのは1907年頃である[6]。その他の類語として、「魔術」がある。スペンサーの『社会学之原理』（経済雑誌社、1885）の第18章は原題 "Inspiration, Divination, Exorcism, and Sorcery" を「神通、占卜、祈祷、魔術」と訳しているが、本文中に現われるmagicにも「魔術」の訳語が当てられている。また、「呪法」の語も1896（明治29）年の新聞記事[7]に用いられている他、井上円了『妖怪学講義』（哲学館、1896）、佐藤渓峰『催眠術自在』（弘運館、1910）、宮永雄太郎『まじなひの研究』（宮永正卜館、1911）といった著作に用例が見られる。

さて、大正期以降の出版物に目を転じると、例えば、佐野勝也『宗教学概論』（大村書店、1922）では、magicを「魔術」と訳しており、フレイザーに依拠して「魔術」と宗教との区別が論じられている（153頁以下）。宇野圓空『宗教民族学』（岡書院、1929）になると、「宗教と呪術との関係」という一章が設けられるなど、フレイザー説をはじめ、ヴント、マレット等々の諸説を参照しながら、この時点までの欧米の呪術論を網羅的に紹介するものとなっている（90-111頁）。ここに見られる用語法や議論

の水準は、今日のそれとの断絶が感じられないものである。宇野は1926（大正15）年から東京帝国大学で教鞭を執り、英独仏の最新の文献を演習に用いて、古野清人、杉浦健一といった宗教人類学系統の後進を指導した人物であるが[8]、どうやらこの時期、すなわち1920年代半ば頃に、欧米と日本の宗教学がいわば地続きになり、現在に至っていると考えてよさそうである。この時期はまた、東京（1905年）、京都（1907年）に続いて、東北（1924）、九州（1926）、の各帝国大学に宗教学講座が設置され、姉崎正治門下の宗教学者達が担当教授として着任していった時期である。そして1930年には日本宗教学会が発足する。Magicの訳語が「呪術」に落ち着いていった時期は、語彙と問題関心を共有する宗教学という学問分野が日本における制度的に確立した時期とほぼ一致していると言える。

2．「迷信」と「民間信仰」
（中奥の民間信仰、比較宗教迷信の日本）

「呪術」にまつわる諸現象を語る際にしばしば用いられるのが「迷信」の語である。この言葉は合理主義的な立場から、あるいは正しい信仰（正信）の立場から、迷妄なる信仰を批判するという価値判断を明確に含み、また日常語としても幅広く用いられるために学術用語としては用いられない。

加藤玄智が仏教清徒同志会の同人として機関誌『新佛教』に寄せた「宗教と迷信」という文章を見てみる。

> 抑々今日世間の学者が宗教と迷信とを同一視するや、彼等宗教の果して何たるかを解せず、未だ宗教の眞意味を領せずして……〔中略〕……蓋し真正なる宗教の天職とする所は、人文の発達開展に伴ひ、科学哲学の進歩と轡を並べて駢進し、迷信的分子は残る限なく、之を

勧絶し、以て清健なる信念に止住して、此に精神の大安慰を証悟すべき所のものなり、是ぞ眞に眞正なる宗教の本領なる。(『新佛教』1-2、1900 年、77 頁)

ここに表現されていることは、宗教と迷信は混在しているために誤って同一視されているが両者は別のものであるということ、そして、科学や哲学の進歩によって迷信を根絶することが可能で、それによって健全な信仰、真正の宗教が明らかになるということである。加藤がこの文章で主として念頭に置いているのは、「彼の偶像の呪物崇拝的礼拝や、無意義なる祈祷虚式」と形容される既成の仏教のあり方であり、ここでの「迷信」は「正信」に対するものとして考えられていると言える。

しかし、「迷信」とは、民間に行われている呪術的慣行一般を指す言葉して用いられていた。そのような例として、八濱督郎という人物による編著『比較宗教　迷信の日本』(警醒社書店、1899) を取り上げる。この本の緒言によれば、日本の現状は「封建武士の気風、既に廃れて時俗淫靡に流れ、儒仏仙僧の高談、漸く衰へて迷信惑俗、滔々として人心を蕩揺せんとする」という状況であるが、人々はあまりにもそれに慣れすぎてしまったために、迷信、惑俗の何たるかを知らない。そのため、著者は「一は以て国家の風教に少輔あらむことを期し、一は以て比較宗教の緒を啓かむ」ために本書を著したという (4 頁)。この記述の中で、「儒仏仙僧の高談」と「迷信惑俗」が対極に置かれつつ、ともに「国家の風教」に影響を与えるものであるとされているのは、やはり「迷信」を「正信」との関係で認識している言説の一つであると理解できる。また、「比較宗教」の言葉から、「迷信」が「宗教」のカテゴリーの中にあるという理解が見てとれる。この本は、諸方面の著作からの転載と、著者の書き下ろしからなり、全体としては著者が迷信と考えている信仰や習俗の実例集となっているが、第一章「総論」として収録されているのが岸本能武太の『宗教研究』(警醒

社、1899）所収の「宗教の分類」であることからもそれがうかがえる[9]。

　この本の「総論」以下各章はそれぞれ「迷信」「禁厭」「占卜」「俗伝」と題されている。このうち、第二章「迷信」のうち八濱自身の筆になる「洛陽の迷信」は、京都に溢れている「淫祠邪神の巡礼」を試みた一種のフィールドノートで、京都の15箇所の宗教施設を回り、そこに貼られた誓願のお札に書かれた文章を書き写し、少々の分析を加えたものである。誓願の内容は縁結びや病気治癒祈願、断ち物の宣言などであるが、「下等社会の情態」を示すものとして批判的に紹介されている。

　第三章「禁厭」は、古来日本に伝わるまじないを種類別に列挙したものである。例えば、「生理的禁厭」として、「小児の咽喉に餅の詰ったのを、鶏の頭冠の血を飲まして吐き出さする呪あれば、猫の小便を耳に入れて、歯の痛みを治する禁厭もある」（156頁）、「難産を生する呪法は様々で、紙に『伊勢』と書いて産婦に嚥ます」（161頁）といった具合である。八濱はまじないの起源についての分類も次のように試みている。「自然の経験に因れる禁厭」「気象の感応に因れる禁厭」「他物の肖似に因れる禁厭」「形状の類似に因れる禁厭」「語音の類似に因れる禁厭」「衛生の意味に因れる禁厭」「医薬の意味に因れる禁厭」「英雄の崇拝に因れる禁厭」「歴史の事件に因れる禁厭」（214-218頁）。

　興味深いのは、この章で、「禁厭」「呪詛」「呪」「呪法」、いずれにも「まじない」とルビが振られていることである。当時の書籍においては著者の校閲を経ずにルビが選定される場合も多く、また、単にこの当時の用字法が一定していなかったためであるとも解釈できるが、著者が雑多な概念を「まじない」として統一的に把握しようとしたことを示していると考えられる。八濱の分類は学問的基礎に立つ組織的な分析に基づいたものとはなっておらず、また彼が欧米の人類学の知見にどの程度接し得ていたのかは知る由もないが、この著作は呪術を統一的・分析的に把握しようとする試みの一つの現われであると言ってよい。

ところで、この本の第二章には姉崎正治の「中奥の民間信仰」(『哲学雑誌』12-130、1897)が収録されているが、八濱はこの論文を独断で「中奥の迷信」と改題している。これは何を意味しているのだろうか。実は、姉崎はこの論文で、「迷信」の語を殊更に避け、「民間信仰」の語を造語して初めて世に出したのであった。

姉崎の「中奥の民間信仰」は、明治30年5月「大学の命を受けて宗教上の事項を調査し、併せて宗教陳列場の端緒として宗教に関する物品を採集せんために」、東北(旧仙台藩・南部藩)に赴いた経験を哲学会で報告した講演がもとになっている。

> 凡そ何れの国にありても、一派の組織をなしたる正統宗教が上に立ちて全般の民心を総括感化する裏面にあると共に民間には又多少正統の組織宗教と特立したる信仰習慣を有するを常とす、人或は単にこれを「民間の迷信」と称し去れども、若し正統の組織宗教より之を見れば或は迷信と貶し去るべきも、彼等の中には太古純朴の神話的信仰の留存せるあり、又中には合理的の習慣存するあり、学術的に社会学及宗教史の上より見れば漠然たる迷信の語を以て之を概称するは頗る常識的見解たるを免れず、又或は之を称するに弘き意義にてFetischismと称すべきも、此名称は社会学及宗教史上にては無生物特に可触有限の物体に霊有りとして崇拝する一類の信仰に限るを可とするが故に、吾人は他の名を用ひざるべからず、故に今「民間信仰」なる名目を立てゝ、中に民間の信仰即「民間崇拝」と「説話」(Folklore)を分つ事となしぬ(『哲学雑誌』12-130、996頁)

姉崎は、一般的な「迷信」という用語は学術用語としては不適当であり、フェティシズムとするのは限定的に過ぎるので、「民間信仰」の語を造語したというのである[10]。姉崎の述べるところを追っていくと、万物を

人格的に把握しようとする、ヴントの所謂「人格的統覚」と、そこから生じるアニミズムが、「天然崇拝の遺物」「組織的宗教の内容〔その変化、曲解、混淆されたもの〕」を材料にして民間信仰を構成する (997-999頁)。そしてこのような民間信仰の崇拝の動機は、「疾病平癒」「災厄保護」「福利祈祷」に大別され、「民間にて神の威力を信じ、之に依りて自己の願望を達せんとし、之に祈り之を祭る所以は、一に人民自家の需要に応じて神の之に対する神力を想像し、自己の欲する所喜ぶ所を神に行て其好意を得んとするは民間崇拝の最大の根底たればなり」(1001頁) と説明される。

さて、姉崎は、東北地方で収集した民間信仰の実例を列挙していくが、注意しなければならないのは、上述の通り、ここで扱われるのが、民間の「崇拝」であることである。(崇拝対象は「印度的諸神」「氏神及守護神」「動植物」「山河」「庶物」「生殖器」「天然現象」「霊鬼」に分類されている)。姉崎が民間信仰の材料として挙げているのが天然崇拝と組織宗教の内容であることからもわかるとおり、姉崎が宗教学の考察対象として念頭に置いているのは、神仏などを対象とした「崇拝」であり、呪術的行為ではない。上に引用した箇所にも示されるように、宗教学の対象として考えられているのは、まずは「正統の組織宗教」であり、次にその前段階の、天然崇拝や太古純朴の神話的信仰、フェティシズム等があり、それらが絡み合った現象に対して、姉崎が与えた名称が「民間信仰」であった。

ただし、呪術的行為がまったく視野の外にあったかといえばそうではない。姉崎は論文の末尾に次のように付言している。

> 民間信仰の全体を尽さんとするには、此外に、祈祷、卜筮、Divination 等に関する雑種の慣行、禁厭、守符、忌事等に関する信仰、及通俗的人心が天然を説明せんとする俗説 (Folklore) 即植物、地質、動物、天体に関する説明、及人生及死後の信仰を窺ふべき伝説を叙せざるべからざる。(1025頁)

姉崎はこれについては他日を期すとしているが、この時点では、ここに挙げられたさまざまな現象にどのような名称を与えて宗教学の体系に組み込むのか、具体的な試みはなされていない。そして八濱に代表される一般の論者とっては、こうした諸現象と民間崇拝は、等しく「迷信」と呼ぶべきものであったと考えられる。

3．「呪術」以前の日本宗教学

以上を踏まえて、以下では、宇野圓空以前の、姉崎正治、岸本能武太、加藤玄智といった日本の宗教学の第一世代による体系的著述に焦点を当てて、呪術の扱いを検討していく。

姉崎正治『宗教学概論』(1900)

東京帝国大学宗教学講座初代教授、姉崎正治は、助教授就任の年、留学に先立って、『宗教学概論』（東京専門学校出版部、1900）を公刊し、官学アカデミズムにおける宗教学の確立を宣言した。「宗教心理学」「宗教倫理学」「宗教社会学」、そして「宗教病理学」という四部構成からなるこの記念碑的著作における呪術の扱いについて検討する。上述の通り、この著作には「呪術」の語は用いられていないが、第三部「宗教倫理学」に含まれる第三章「主我的道徳の儀礼」に、呪術に相当する内容が記述されている。

姉崎はこの著作の中で、「宗教とは人類の精神が自己の有限なる生命能力以上に何か偉大なる勢力の顕動せるを渇望憧憬して、之と人格的交渉を結ぶ心的機能の社会人文的発表なり。」（1頁、下線部引用者）と宗教を定義している。その意味するところは、本来心的事実である宗教（宗教心理学の対象）が、社会文化現象として現われる（宗教社会学の対象）という

初期の日本宗教学における呪術概念の検討 | 153

ことである。そのプロセスにおいて、「神人融合の必至方法」（102頁）として行なわれる儀礼的表出が、宗教倫理学の対象として扱われるのである。

> 主我的道徳は、即自己の幸福快楽を動機として之が充足を神々に希求する者なれば、其宗教的道徳は神に対する祈願に集中して、此が為には神の歓心を求め、神意を動かし、又は神を強迫せんと欲し、此に有効なりと信ずる儀礼を営む。（118頁）

すなわち、利己的動機により幸福を追求するために神意を動かそうとするときに儀礼的行動が生まれる。さらに姉崎は、祈りが神意を左右するという信仰から進んで、言葉がその力を持つという信仰について次のように述べる。

> 此信仰は愈進みては祈祷は転じて呪詛（Zauber/Enchantment）又は呪祷の詞となる。日本の俗語にてはイノルといふ語は単に祈祷の意にあらずして既に呪詛の義となれり、イノリコロスといふが如き是なり。諸のマジナイの言葉（Zauberformel）は皆此意味にて、不思議力ありとして用ひられるゝ者なり。（第三節「祷詞」135頁）

この例として挙げられているのは、『リグ・ヴエーダ』におけるインドラ、アグニに対する呼びかけ、『年中行事秘抄』（13世紀）に現われる鎮魂歌「アチメ、オ、オ、オ、魂匣に、ゆう幣しでゝ、魂ちとらせよ、御魂がかり、魂あがりましゝ神は、いまぞきませる」（136頁）である。
　姉崎は「供物」「祷詞（Gebet/prayer）」「祭儀」に分けて儀礼について記述したうえで、「呪法」について述べる。

> 呪法の根底は先に祷詞の條下に述べし如く、祈祷讚誦の言語其物が神を支配するとの信仰に出でしなり。既に言語が神を左右するなれば、供物及び祭儀も同じく神を左右して自利に応用するの神力を有せざるべからず。呪詛の信仰進み来れば則此等の方法を合せて一体系をなせる呪詛を作り出だす。(第四節「祭儀及び呪法」、139-140 頁)

姉崎はここで「呪法」に対応する原語を補っていないが、この語、および「一体系をなせる呪詛」というのが今日の「呪術 (magic)」を表わしているると見てよいだろう[11]。姉崎は、近松門左衛門の『緋縮緬卯月の紅葉』(1706) から、「神子(巫)は合掌目を塞ぎ、珠數くりひく梓弓、神下して寄せにける」という神降ろしの場面を引き、「身体の態度用具祷詞の盡く呪詛力を有する」と述べている。

この「呪法」あるいは「呪詛」は、姉崎の宗教理解にとってどのように位置づけられるのだろうか。次のような記述を見ると、姉崎が宗教進化論的な枠組みの中で、呪術を宗教の発生の歴史的初期段階に位置づけているかに見える。

> 蓋し宗教発達の順序より云へば此種の道徳〔主我的幸福主義〕は最初の期に属し、今の宗教は多くは既に此種の道徳を大本とする者にあらず。然れども人身自利の衝動は甚有力の勢能として、高等なる道徳の裏面に生活して、常に自家を主張し又社会は全体として進歩せるも、一般人民の道徳は多くは甚低度に留るを以て、宗教は高度に発達せるも、主我主義は決して衰へず、今尚民間には勿論高等なる宗教の中にも存在するを以て、茲に幾分かを詳論せしなり。(142-143 頁)

しかし、上述の宗教の定義に見たように、のちにネオ・ロマン主義的な宗教言説へと展開していく姉崎の宗教論において[12]、宗教は「神人融合」

を希求する人間心理[13]の文化的表現であり、呪術はその表出の過程において必然的に現われる一形式であると考えられる。仏教やキリスト教といった発達をとげた宗教において、道徳としては背後に退いたにせよ、人間の宗教的衝動と切り離すことの出来ない「主我的道徳主義」に発するものとして、呪術が位置づけられている。

岸本能武太『比較宗教一斑』（1902）

　岸本能武太は同志社英学校神学部を卒業後、ハーヴァード大学で神学、宗教哲学を学び、早稲田大学の前身東京専門学校において「比較宗教学」を講義し、とりわけ、1896（明治29）年、姉崎正治らと比較宗教学会を組織したことなどから、姉崎と並んで日本の宗教学の創始者の一人に数えられる人物である[14]。ここでは、岸本の著作のうち、『比較宗教一斑』（警醒社書店、1902）に所収の講演録「魔術宗教と道徳宗教」を取り上げる[15]。

　岸本はまず、世界のあらゆる宗教は「魔術宗教」と「道徳宗教」に分類できるとして議論を始める。この分類はティーレに倣ったもので、「魔術宗教」は magical religion の訳語である。岸本によれば、魔術宗教には、「極めて野蛮的なる天然崇拝教、動植物崇拝教、又庶物崇拝教等もあれば、又余程進歩したる祖先崇拝教、魂魄崇拝教、又偶像崇拝教等」も含まれるが、大体の性質において類似している。その性質とは、「本尊」が多神的であることに加えて、崇拝者と本尊との関係が「物質的肉体的自然的」であり、「道徳的分子」が少ないことなどであると指摘される。魔術宗教においては崇拝者が善人であるか悪人であるか、祈ることが善事であるか悪事であるかは問題とならない。

　　供物が一種の魔力を有して人が神を強制する一手段となるのである。供物によりて人が神を使ふ事となる。是れ世に魔術とか魔法使ひとか

魔術宗教とか云ふ名称の存する所以である。(108頁)

　このように岸本は、「魔法」や「魔術」の日常語としての用法を踏まえて「魔術宗教」という訳語が選ばれている。そして、魔術宗教の最大の特徴は「徹頭徹尾利益である欲得である」(111頁) ことに求められる。

　たとへば五厘か一銭か多くて五銭十銭で夫兄の安全を得、難病の平癒を望み、愛児の凱旋を買ひ、投機の成功を祈らんとするのである。此等か魔術宗教の魔術たる所以で、若し馬琴をして云はしめたならば、是れ即ち「蚯蚓で鯛を釣るの計」に外ならずと云ふであらう。(113-114頁)

　一方、「道徳宗教」の特徴としては、精神的道徳的の神を「本尊」とする一神教的傾向が強く、神と人との直接的な道徳的調和を目指すので祭司の介在を必要しないことが指摘されている。これらから明らかな通り、一般向け講演であることを差し引いても、岸本ははっきりと魔術宗教に批判的な価値判断を下している。これは岸本がユニテリアンの信仰を持っていたことと結びつけて理解することが可能である。また、どの宗教も実際の信仰においてはどちらの要素もともに有していることを指摘しながらも、劣った魔術宗教が優れた道徳宗教へと進化していくという観点も明確に打ち出されており、この講演は次のように結ばれている。「吾人は宇宙の進化を信じ社会の進化を信ず。安んぞ宗教の進化を且つ信じ望まざるを得んや。」(127頁)

加藤玄智『宗教学』(1912)

　加藤玄智は姉崎正治と同世代に属する宗教学者であり、東京帝国大学の神道講座で助教授を務めた人物である[16]。加藤の宗教学はティーレの『宗

教学要論』（C. P. Tiele, *Elements of Science of Religion*, 1897-99）に依拠し、自然崇拝に基づく「劣等自然教」「高等自然教」が「倫理的宗教」へと発達し、究極的には仏教とキリスト教という二大宗教が生まれた過程を描く、進化論的宗教学というべきものであった。

　加藤の初期の宗教学研究の集大成ともいうべき『宗教学』（博文館、1912）を見ると、加藤は呪術それ自体を大きく取り上げてはいないが、崇拝対象に着眼点を置いて進化の過程を描く中で、「劣等自然教」の「呪物崇拝 fetishism」を論じている（65頁以下）。加藤は祈願者による祈願の強請の例として、地蔵を縛って盗品発見の祈願をし、願がかなうと縛を解くという業平橋の縛られ地蔵や、同様の仕方で病気平癒を祈願する河内の瘧地蔵を紹介する。また同種の例として、白眼の達摩を供養した結果養蚕の成績が良好だと目を入れて川に流し、不良だと遺棄するという、高崎市付近の目無達摩供養を取り上げている。これらにおいては、神仏が祈願者より上の位置を占めるのではなく、任意に存廃し得る存在となっている。ゆえに加藤はここに魔術の性質を認め、「斯る呪物崇拝は果して宗教なる乎、そは魔術 magic or witchcraft に非ずや」（73頁）と二者択一的に問いを立てている。

　呪物崇拝は「宗教」か「魔術」か。加藤は次のように論ずる。

　　その崇拝の対象たる呪物が一時的偶然的の性質を帯び、信者の意志に因りて左右せらるゝ如き性質あるや事実なりと雖も、而も亦人が或る一事を該呪物に祈願するは、その一事に関しては、人力の如何ともす可からざる所以を表白せるもの、随ひて祈願せらるゝ該呪物は、その祈願を成遂し得可き能力を具有しをるものなることを信ぜらるゝが故に、その点に於ては、依然祈願者以上の位置にあるものと謂はざる可からず。是れ祈願者が一時なりとも、その呪物を崇拝する所以にして、是れ呪物崇拝が不完全ながらも宗教たるの特性を具備する所以な

り。然れども、亦そが信者に由りて取捨選択勝手次第なるが如き性質あるは、呪物崇拝が魔術と、その畛域を等しくする所以にして、所詮は呪物崇拝と魔術とは、厳密に黒白の差を画すること能はざる所以なり。〔中略〕魔術と宗教（勿論その劣等なる形式）との差は程度の問題にして、種類の問題に非ざること明かなり（74頁）

加藤は、呪物崇拝は物体そのものの崇拝ではなく、物体の裏に潜み、祈願を成就させる霊力の崇拝であることも、呪物崇拝の持つ宗教としての特性として指摘している（66-67頁）。しかし上述の通り、呪物崇拝の持つ強請性、恣意性などを理由に、加藤はそれを宗教よりも「魔術」に近いと考えている。

加藤は「宗教の客観的定義」を掲げて、「宗教とは神的なるものと人との実際的究竟関係なり」（826頁）と述べており、また、生涯一貫して、キリスト教に代表される「神人懸隔教」よりも、「神人同格教」である仏教、そして神道を高く評価する立場をとり続ける[17]。すなわち、神人関係を軸に宗教を理解した加藤にとって、「崇拝」という基準が重要であり、この観点から、呪術（加藤のいう「魔術」）と宗教とは一応は区別されている。しかし、宗教と呪術とは、呪物崇拝という双方と重なり合うカテゴリーによってグラデーションをなす関係であるというのが加藤の理解であったと言える。

むすび

以上、日本において宗教学が定着を始めた明治時代後期における呪術概念の問題について不十分ながら素描を試みてきた。最後に、いくつかの論点を振り返りながら結びとしたい。

第一に、明治時代の日本の宗教学において magic の訳語としての「呪

術」の語は用いられていなかった。ただし、和語「まじなひ」に対応するものとして「呪術」という語彙は一般書の中にも散見され、他にも「禁厭」「呪詛」「呪」「呪法」といった語が用いられていた。より広い概念として、呪術的な信仰や慣習をも意味する「迷信」の語も広く用いられていたが、学術用語としては定着しなかった。これは「迷信」が輪郭の曖昧なまま日常語に入り込んでいたということと、「正信」を意識した価値判断を含む語であったためと考えられる。magic の訳語としては、「魔法」「魔術」「妖術」「呪法」などが用いられていたが、日本の宗教学の制度的確立期と重なる大正時代（1920年代）頃に、フレイザーをはじめとする欧米の呪術論を吸収した宇野圓空の業績などを通じて、「呪術」に落ち着いていったと見られる。

　第二に、当時の宗教学においては、「崇拝」という契機に着目して宗教の進化を論じる傾向が強く、呪術にまつわる諸現象への言及があるとしても、それが主要な論点として主題化されることはなかった。岸本能武太や加藤玄智に顕著なことであるが、ティーレの宗教進化論的枠組みの影響が色濃く、宗教は内面性と倫理性において洗練されていき、仏教とキリスト教という二大宗教へと進化を遂げたという観点が支配的だった。呪術は、その進化の階梯の初期に位置づけられる「天然崇拝」や「呪物崇拝」との関連で言及された。とりわけ「呪物崇拝（フェティシズム）」は宗教の進化を論じる際の主要概念であり、呪術と宗教を結びつけるものとして理解されていた。姉崎正治の「中奥の民間信仰」においても、「正統の組織宗教」がまず意識され、そこから「特立」した「迷信」や「呪物崇拝」に替わる語として「民間信仰」という造語が選ばれたものの、そこで主に論じられたのはやはり、「崇拝」の対象であった。ただし、姉崎の『宗教学概論』においては、宗教の本質が、自己を超える大いなるものとの人格的交渉を求める人間に固有の心的衝動であるとされ、呪術はそれが儀礼的に表出されるときに必然的に生まれるものであるという理解が見られる。

第三に、当時の日本の宗教学の水準は欧米の学問体系の直輸入に近いものであったが、姉崎や加藤が呪術的現象を記述する際に、頻繁に日本の民間に行なわれていた土着的習俗に言及していたことは重要である。彼らが「宗教」という欧米起源の新しい視点[18]から仏基二大宗教論の圏内に立っていたとしても、日本への眼差しは欠けていなかった。井上円了の著作に見られるように、日本の呪術的慣行は彼らにとって馴染み深いものであったので、欧米の著者達によってfetishism、animism、そしてmagicといった新しい語彙でそれらが論じられたとしても、殊更に目新しいものとしては目に映らなかったと考えられる。和語「まじなひ」は、「呪術」（＝magic）へとスムーズに移し替えられた。彼らにとって論ずるに値する新しいことであったのは、倫理的なものへの進化（加藤、岸本）、「神人融合」を求める心的衝動（姉崎）といった、新しい宗教の見方であった。

　最後に、本稿で言及した日本人の宗教学者によるいくつかの著作について、それぞれが明示的に、あるいは暗黙のうちに依拠している欧米の理論家達の著作との対照を行い、その異同について検討するという作業は本稿の問題関心にとっても有意義なことと思われるが、それを行うだけの余裕がないので、それについては他日の課題とする。

註

1) フレーザー『呪術と宗教』永橋卓介・内田元夫訳、新撰書院、1932 年。
2) 「呪術」という言葉自体は『続日本紀』にみられ、13 世紀の「語源辞典」ともいえる『名語記』には「あしき事を鎮ずる呪術の芸也」とある（『日本国語大辞典』小学館、2006 年）。
3) なお、「禁厭」の語はすでに日本書紀（巻第一神代上）に現われており、鳥獣や昆虫の災異をはらうこととされている。
4) 船山信一『日本の観念論者』英宝社、1956 年、91-96 頁、末木文美士『明治思想家論』トランスビュー、2004 年、53-54 頁、など。
5) なお、すでに次の著書が出版されていた。近藤嘉三『魔術と催眠術』穎才新誌社、1891 年。
6) 「魔法瓶 理学博士 飯島魁氏談 狩猟家の重宝」『朝日新聞』1907 年 10 月 22 日、「（広告）日本銃砲店　保熱保冷　魔法瓶」『朝日新聞』1908 年 4 月 7 日。
7) 「剣難除け呪法のたたり？　夫に殺された妻」『読売新聞』1894 年 7 月 22 日。
8) 高橋原「東京大学宗教学科の歴史―戦前を中心に」『季刊日本思想史』72、2008 年。
9) なお、本書の「例言」（2 頁）によれば、岸本は本書を『日本の俗信』と題するべきだという注意を与えたという。
10) 鈴木岩弓はこれを、当時の欧米の宗教状況においては、「民間信仰」に相当する視座が存在していなかったためであるとしている。姉崎の「民間信仰」概念については次を参照。鈴木岩弓「柳田国男と『民間信仰』」『東北民俗学研究』第 5 号、東北学院大学民俗学 OB 会、1997 年、鈴木岩弓「堀宗教民俗学と「民間信仰」」『論集』30、50 頁、2003 年。
11) 姉崎門下の植木謙英（1911 年卒業）は *Magic and Fetishism* (by Alfred C. Haddon, London: A. Constable & Co. ltd., 1906) を『呪法と呪物崇拝』（岡書院、1927）と訳している。
12) 深澤英隆『啓蒙と霊性』岩波書店、2006 年、88 頁以下、104 頁以下。
13) 姉崎は後に、人間精神の満足の根底は「自己の中に自己安立の知を獲得し、此に依りて神即宇宙精神と交通するにある」と述べている。姉崎『復活の曙光』有朋館、1904 年、9 頁。
14) 比較宗教学会については、鈴木範久『明治宗教思潮の研究』東京大学出版会、1979 年。
15) 岸本の体系的著作としては『宗教研究』（警醒社書店、1899）があるが、ここでは「魔術宗教」へのまとまった記述があることから『比較宗教一斑』を取り上げる。

16) 島薗進・前川理子・高橋原「加藤玄智集　解説」『シリーズ日本の宗教学（3）　加藤玄智』第9巻所収、クレス出版、2004年。
17) 加藤によれば、「神人懸隔教」「神人同格教」は、ティーレの "Theocratic Religion" と "Theanthropic Religion" を「意訳」したものであるという。加藤「宗教分類私見補考」『宗教学精要』（錦正社、1955）。なお、当時のティーレの訳書では、「神政教」「神人教」の訳語が採用されている。『チ氏宗教学原論』（鈴木宗忠・早船慧雲訳、内田老鶴圃、1916）。
18) 日本の宗教学における「宗教」概念については、磯前順一『近代日本の宗教言説とその系譜—宗教・国家・神道』（岩波書店、2003）。

呪術研究における普遍主義と相対主義、そして合理性
――分析哲学と認知宗教学から――

谷 内　　悠

はじめに

　19世紀後半から20世紀の初頭にかけて、呪術概念は〈宗教・呪術・科学〉の三分法によって把握されており、それ以降もこれは比較研究にとって一般的な分析カテゴリーとして受け入れられてきた。そしてそれぞれの概念が明確でないにもかかわらず、「呪術は宗教的なのか科学的なのか」という議論が盛んとなった。その際、宗教／科学の概念は、融即的／因果的、聖なる／世俗的、非合理的／合理的といった二項対立によって、あるいは少なくともどちら寄りに位置づけられるかという観点で語られることが多かったと言える。なかでも合理性概念を軸とした二項対立はもっとも中核的な役割を果たしており、それは19世紀末の新興諸科学の中で生まれた姿勢であったと言える[1]。

　しかし合理性の概念にはさまざまな使用があり、その意味内容には大きな揺らぎがあった。例えば、因果的であることは合理的であることとされるが、それに対応する融即的な事象は、非合理的とされることもあれば、「ある種の合理性」をもつとされることもある。これらがときとして区別されずに、あるいは学問間で異なった意味・問題系として扱われてきたことは、〈宗教・呪術・科学〉について語る際の潜在的な問題となっていると言えるだろう[2]。これは後述するように、普遍主義と相対主義の対立の

問題とも密接に結びついている。そして、これらのような主題は分析哲学でも長らく議論されてきたものだ。

そのため、例えば人類学者スタンレー・J・タンバイアは、『呪術・科学・宗教――人類学における「普遍」と「相対」――』[3]において、分析哲学や科学哲学の知見を取り入れて「呪術」「科学」「宗教」「合理性」といった概念について詳察している。そこでは哲学的な立場から、人類学の文化比較や文化の共存等についての理解における普遍主義と相対主義について議論しており、それによりこれらの概念を整理する意図があったと言えるだろう。しかし、その際も合理性概念の揺らぎに対する認識は不十分であったと思われる[4]。

そこで本稿では、この点について改めて論じたい。まず、これまでの普遍主義と相対主義及び合理性概念の扱われ方をタンバイアに依拠して概観した上で（第一節）、タンバイアが文化比較や文化の共存等について分析哲学から論じる際の立場と、その認識の仕方の問題点を示す（第二節）。そしてその問題を乗り越えるために、ウィトゲンシュタイン、クワイン、グッドマンらの分析哲学系の議論から、普遍主義と相対主義の立場を統合しうる見方を提起し、それにより改めて合理性概念を整理することを目指す（第三節、第四節）。第五節では、その結果タンバイアとはどのように異なる認識の仕方が可能となるかを示す。その上で、研究史上でも分析哲学とかかわりが深く、近年興隆してきた認知宗教学の立場から語られる「生物的合理性」という概念が新たに現れているのではないかということを最後に指摘する（第六節）。

一　問題の背景：普遍主義と相対主義及び合理性

異文化理解を中心的課題とする人類学においては、「人間の精神性や思考様式ははたして世界のいたるところで同じものであるのかあるいは異

なっているのか……もし同じならば、それらの共通の特徴とはいかなるものなのであろうか」[5] ということが問題となってきた。つまり、現象、概念、カテゴリーは比較可能なのか共約不可能なのか、文化の理解・比較研究は可能なのかといった問題である。それについて、これまで大きく分けて普遍主義的な立場と相対主義的な立場からの二種類の解答があったと言える[6]。そして、それらを巡って近代においてもっとも注目されたのが、「理性の様式としての、そして知の構築過程としての〈合理性〉」[7] の概念であった。

　まず、合理性概念について概観する。呪術などの概念を記述する際の合理性には、「論理的合理性」「実践的（目的）合理性」「実体的非合理性」の三種類があり、タンバイアの議論も含め、それらが明確に区別されずに使用されてきたと藤原聖子は指摘している[8]。論理的合理性とは、「呪術行為の基づく（広義の）知識を解明しようという問題関心に導かれている。平たく言えば、『なぜその人（々）はXが起こると／Xを行うと・Yになると信じているのか』という問い」[9] にかかわるものである。これは、タイラーやフレイザーをはじめとする人類学系の研究で中心的に扱われた、科学哲学的・知識論的問題と言える。一方、実践的（目的）合理性（以下、目的合理性）とは、「『なぜその人（々）は、その行為をとるのか』という問いから発している……。これは、行為主体がなにを『目的』としてその行為をとっているかという問題」[10] であり、ウェーバーをはじめとする社会学系の、行為論的・歴史学的関心であるという。つまり、例えばある古代の雨乞いの儀礼は、現代においては論理的合理性をもたないが、目的合理性はもつ、などと言うことができるだろう。三つ目の実体的非合理性とは、「単に論理的・意味的に不可解なことではなく、畏怖の感情を引き起こす神秘性……当事者によって体験される不思議さのこと」で、藤原が新たに提起するものだ[11]。

　本稿で主に注目するのは、一つ目の論理的合理性である。呪術――ここ

では仮に、なんらかの目的のために超自然的な存在や力にはたらきかけて、特定の現象を引き起こすために行われるもの[12]——を科学の仲間と捉えるか、宗教の一部と捉えるかという問題は、この論理的合理性にかかわるからだ。そして同時に、前者は普遍主義、後者は相対主義に概ね対応すると言える。タンバイアによれば、タイラーやフレイザーは呪術を技術と捉え、よって呪術は劣った（あるいは誤った）科学であると考えた[13]。つまり、論理的合理性とそれを代表する科学を普遍的に適用することで、呪術を扱う人々は科学のような技を目指しつつも合理性の度合いが低いために劣ったやり方を用いていたと考えたのである。一方で、マリノフスキーやレヴィ＝ブリュルらは、その時期の科学主義の反省もあって、呪術を象徴と捉え、レトリカルでパフォーマティブな面に注目した。そして、呪術行為は論理的な誤りなのではなく、まったく異なった思考のルールによるものなのだと考えた[14]。つまり、論理的合理性を相対的なものとして捉え、その意味では合理性の度合いが高いとしたのだ[15]。その後さらに反相対主義も現れるが、このように論理的合理性については、「まさに文化によって合理性・非合理性の基準や内容が異なるか否かということ、いわゆる文化相対主義・普遍主義の問題が焦点に」[16]なってきたと言える。

この呪術概念についての技術対象徴の対立は、一見、目的合理性——すなわち、結果の達成と行為そのもののどちらを目指すか——にかかわるようである。しかしこの問題は「実質的には知識論に属するものである」[17]と藤原は指摘する。これらの根本的な相違は、呪術がどの「行為」類型に属するのかより、「彼らはその呪術の効き目を本気で信じているか？」[18]というところにあるためだ。つまり、呪術と宗教／科学の問題はパラダイム論に帰着する事柄なのである[19]。

このような普遍主義・相対主義、そしてパラダイム論にかかわる問題について、それらを長く論じてきた分析哲学の知見を採り上げて検討するのは妥当であると筆者は考える。そこでまず、分析哲学の手法を用いたタン

バイアが、どのように普遍主義と相対主義、そして合理性を記述していたかを整理してみたい[20]。

タンバイアによれば、一般的に普遍主義とは次のような立場である。（普1）普遍的な妥当性をもった（主に論理規則に基づく）唯一の合理性というものが存在しうる。それはしばしば科学的合理性と同一視されてきた。（普2）そのような合理性の度合いによって、通文化的、比較論的判断ができる。（普3）諸文化の間に普遍的な基盤を仮定できるため、文化の翻訳は可能である。普遍主義者には、マッキンタイア、ゲルナー、デイヴィドソン、ルークスらが挙げられている。人類学の歴史においては、先述のタイラーとフレイザーがこの立場であると言え、この観点から呪術は劣った科学、劣った合理性しかもたないものとされた。この立場は科学主義に偏ることもあったが、とりわけ後の反相対主義などにおいては、普遍的な判断基準は科学に限らないことに注意が必要である[21]。例えばデイヴィドソンが主張する普遍的な基盤は、科学的なものではない。

一方、主に科学主義的見方の反省から脚光を浴びることとなった相対主義は、以下のような考えである。（相1）「多元的合理性」が存在しうる。これらのうちいくつかは共約不可能である。（相2）合理性の高低を通文化的に判断することは困難で、不当な比較をしたり、詩的・美的・情緒的なものに合理性の基準を当てはめてしまったりする危険がある。（ただし、後半では（相1）ではなく（普1）を想定した合理性という用語の使用となっていることに注意が必要。）（相3）文化間の翻訳・理解は困難である。ウィンチを含むウィトゲンシュタイニアン・フィデイズム[22]、ギアーツ、バーンズ、ハッキングなどがこれに当たるという。人類学においては、例えばレヴィ＝ブリュルが、未開の心性を未発達の姿や病的な姿などと考えるのではなく、「近代の論理的、合理的、科学的な思考の法則とはまったく異なった思考の過程や手続き」[23]と捉え、「融即律」という「独自の内的連関や『論理』や一貫性をもった思考の原理というものが存在し

うる」[24]としたことなどが、この立場と言える。ここでは呪術は、ある種の多元的合理性をもつとされる。

しかし、個々の文化や宗教を大切にするあまり行き過ぎた相対性を主張し、相互理解を諦めさえする文化（概念）相対主義が進むと、そのような立場は批判されるようになった。例えばデイヴィドソンは、相対主義は自己論駁的であると主張する。なんらか基礎となる一致があってはじめて、相対的であるということ自体を理解できるようになるというのだ[25]。デイヴィドソンのこの指摘は、ウィトゲンシュタイニアン・フィデイズムをはじめとするラディカルな文化（概念）相対主義については、論理的にもっともな批判である。しかし、より穏やかな相対主義にかんしてはその限りではないと言えるだろう。

以上のように、極端な科学主義と文化（概念）相対主義は否定されたものの、現在、普遍主義と相対主義の対立には決着がついていないように思われる。また、普遍主義と相対主義の議論において、論理的合理性の中に（普1）と（相1）の二種類の合理性が想定されていることや、（相2）の「合理性」の中にぶれがあるといった問題もある。このような概念の揺らぎは、先述のとおり、異なる立場や学問領域の論者が〈宗教・呪術・科学〉について論じる際の潜在的な弊害となっていると言えるだろう。

この点を整理するためには、普遍的立場に立つか、相対主義を擁するかの二者択一ではなく、それらの立場を統合する見方が必要であると筆者は考える。そこでまず、そのような試みのひとつとして、中立的立場を目指すタンバイアの見解について検討する。

二　タンバイアの試みとその問題

タンバイアは、ウィリアム・ジェームズやアルフレッド・シュッツの多元的な現実認識の議論を参照した上で[26]、分析哲学の系統であるウィトゲ

ンシュタインやグッドマンを採り上げる。そしてタンバイアが辿り着いたのは、相対主義と普遍主義の「両極端の間にもっと複雑な立場を取り」[27]、さまざまな状況に対しどちらの立場を適用すべきか詳細に分析した上で「使い分ける」こと、そしてその適用を常に改良していくことだった。タンバイアが指摘する状況を整理すると、(a) 普遍主義的、(b) 比較可能性を認める相対主義的、(c) 共約不可能なほどの相対主義的、という三つに分類できるだろう。そして現象ごとに具体的に検討した上で、その都度これらのどれかの立場を決めようというのである。

　以下、タンバイアの見解に解釈を加えながら見ていく[28]。二つの現象ないし体系をＳ１とＳ２とする。(a) の状況は、ある信条体系や行動様式の合理性について比較し、真偽や優劣を判断できるときであるという。つまり、同一の主題や疑問について互いに排除し合っていても、その共通の主題が基礎となる一致となり比較が可能となる場合である。Ｓ１とＳ２の有効性や真実性を決めることができるような決定的な手続きがあるならば、どちらが優位で合理的か断定することができる。

　次に (b) は、二つの体系の意味ある比較が可能で、それらが相対的であると言えるときだという。どちらも同一の問題に対する代替物であり、どちらの形式や意味や結果も、それぞれの文脈の中では支持できない・あり得ない・有効ではないといったことを示すことができず、どちらも劣ったものとして放棄する必要がない。

　(c) は、両者を共約不可能なものとして扱うのが最善であり、現時点では「置いておく」べきであるときで、Ｓ１とＳ２の前提が異なっており、比較をするべきではないという。見せかけだけの比較が行われたり、片方が片方へ理論を押しつけることになってしまう。この場合は知の状態が進むまで、態度を保留せざるを得ない。

　タンバイアはいくつかの事例を参照しながらこれらを検討する。例えば、スリランカやインドにおける天然痘対策について。伝統的な思考や行

為と、西洋医学のそれらは両立しない。前者は、天然痘の原因を女神の怒りと見て、毎年祭りを催すことによって防ごうとするというものであり、後者は原因を病原菌であるとし、種痘によって予防しようとする。そのような相違はあれど、天然痘という病気の概念および治療をし予防をしようという意図は共有されている。この場合、有効性という点ではあきらかな優劣がついてる。これが(a)の状態である。よって女神崇拝は衰退した。

　一方で、一部の精神疾患に対して、西洋の精神医学とインドのアーユルヴェーダの治療体系があるというのが、(b)の状態に当たるとタンバイアは指摘する。行動や身体的状況による指標は合意できるかもしれないが、精神なるものの概念——自己とはなにか、原子論的個人主義と人間と宇宙との結びつきとのどちらを重視するかといったさまざまな思想を含む——を全体論的には共有できないからだ。さらにどちらかが劇的に成功を収めているわけでもない。

　筆者はタンバイアの手法にはいくつかの問題があると考える。ひとつには、天然痘や精神疾患のような事例の分類による慎重な分析は有効だが、それらを分類する際の判断の基準、すなわち、それぞれの事例に対し、どのような合意があるならば共通の基盤があると言え、どの場合にはそうでないかをなぜ判断できるのか、という点が曖昧であることだ。そしてその判断にかかわるはずの、(a)の合理性の内実も明確でない。普遍主義的な「合理性」を意図しているようであるが、有効性についても言及するなど、科学的な合理性に偏っているように見える。(c)の「知の状態が進むまで」という観点も、科学の進歩に依存しているようであるし、Ｓ１とＳ２がそれぞれ呪術的なものと科学的なもので喩えられていることにも注意が必要であろう。また、(b)で比較を行う際、なにを基準として「劣ったものとして放棄する必要がない」と言うのかも明確でない。

　もうひとつは、(a)(b)(c)の分類とそれに対応する事例が妥当か、という点である。まず、タンバイアは(a)の例を天然痘とし、(b)の例を一部の

精神疾患とする。そして、どちらにおいても症状というものがＳ１とＳ２によって共有され得るが、その背景となる世界観は一部の精神疾患ではＳ１とＳ２によって共有され得ないと主張する。しかしこれは、症状やなにをもって治ったとするかが世界観にかかわる度合いが異なる——天然痘では小さく、一部の精神疾患では大きい——だけではなかろうか。そして、目的達成度（病の治癒）についても、世界観に依存する度合いが小さい天然痘の例ではより明らかな優劣がつきやすく、世界観に依存する度合いが大きい一部の精神疾患の例ではより曖昧である。そこに見られるのは程度の差に過ぎないし、近代医療がどこまで進んでいるかにも依存する。つまり、これらの事例は普遍主義的な(a)と穏やかな相対主義である(b)にそれぞれ対応するとは言えないのではないだろうか。

また、たとえかなり普遍的な優劣がつくように見えても、Ｓ１とＳ２の対立が続くという状況もありうる。後述する厳格なタイプの創造論と進化論がその好例だ。タンバイアの分類ではこれを(c)とすると思われるが、知の状態が進んでも変化がないことが問題となっている。

以上のことから、普遍主義と相対主義をただ「使い分ける」ことには限界があり、より根本的に普遍主義と相対主義を統合することによる理解が必要であると言えるだろう。また、分類と分析を行うにしても、改めて「合理性」概念を精査しなければならないだろう。そこで、筆者はまず、普遍主義と相対主義を二重構造として捉えることを提起する。

三　ウィトゲンシュタイン、クワイン、グッドマンにおける普遍主義／相対主義

筆者が提起する二重構造の考えは、認識の相対性を認めた上で、「共通の基盤であるかのようなもの」を想定するところからはじまる。論理的には共約不可能な面があるにせよ、実際のところ、翻訳も理解も、従って比

較も可能であるかのようだ、という事実を受け止めるのだ。このような基盤は、階層を想定すれば相対主義的立場と矛盾しない。すなわち、「相対主義的な世界観の多様性の背後に、共有されているかのような基盤がある」という二重構造になっていると考えられるのである。これにより普遍主義と相対主義の立場を統合することができると筆者は考える。

この普遍主義／相対主義の二重構造は、分析哲学の潮流においても潜在的に議論されてきたと言える。相対主義的と捉えられている論者たちも、ウィトゲンシュタインは「世界像」／「言語ゲーム」、クワインは「善意の原理」／「概念図式」、グッドマンは「習慣の『守り』」／「ヴァージョン」といったように、一般に注目されがちな相対主義的概念だけでなく、普遍主義的な側面にも言及しており、ある種の二重構造を想定していたと考えられるのだ。本節ではこれらの概念を概観する。

まず、ウィトゲンシュタインは、タンバイアも詳察している「フレーザー『金枝篇』について」[29]において、そもそも①科学的合理性を普遍主義的に適用し、真偽を押しつける説明の仕方を批判している。「呪術が科学的に説明されるときはじめて錯誤が成立つ」[30]のだ。その上で、②人間一般に共通の心理や精神性、理性や想像力を認める、普遍主義的立場に言及する。例えば、「そのような慣習（筆者注：原始的慣習）を秩序づけている原理はフレーザーの説明するよりもはるかに普遍的であり、しかもわれわれ自身の心の中に存在する」[31]というように。

このような普遍主義的考えは後期ウィトゲンシュタインにおいて「世界像」という概念に結実すると言えるだろう。世界像とは、「私は知っている」としか言いようのないもの、「大地が存在する」といった「私の信念の出発点になっている全体的な像」[32]のことである。「私の世界像は、私がその正しさを納得したから私のものになったわけではない。私が現にその正しさを確信しているという理由で、それが私の世界像であるわけでもない。これは伝統として受けついだ背景であり、私が真と偽を区別するの

もこれに拠ってのことなのだ」[33]。そして、「私はひとつの世界像をもっている。それは真であるのか偽であるのか。とにかくその世界像が、私のあらゆる探究、すべての主張を支える基体なのである」[34]というように、世界像は、個々人の信念でありながら、共有されていると考えられているものであり、ある種の「共通の基盤」であると言えよう。

それに対し、③言語や文化、時代、環境による多様性を真偽といったものさしなしに認めるという相対主義的立場も考えていると言える。例えば、「アーリア語族のすべて」がオークの木を崇拝するということについて、フレイザーはオークの木のもつ意味を探ったが、それに対しウィトゲンシュタインは、オークの木であることは選択されたのではなく単に環境によるものであり、生活共同体の中で結びつけられていたからだと言う。「蚤である儀式が展開したとすれば、それは犬と関係するようになるであろう」[35]というように、オークの木が身近だったためにそのような宗教文化が育まれたと指摘し、環境による文化の多様性に言及しているのだ。

このような相対主義的考えは、後期ウィトゲンシュタインで中心的な概念である「言語ゲーム」に顕著である。ウィトゲンシュタインは、原初的な言語や、子どもが自分の母国語を学びとるゲームを「『言語ゲーム』と呼び、……わたくしはまた、言語と言語の織り込まれた諸活動との総体をも言語ゲームと呼ぶだろう」[36]と定義している。そして、「言語ゲームが変化するとき概念が変化し、概念が変れば言葉の意味が変る」[37]というように、言語ゲームは、後述するクワインの概念図式と同様、言語、ひいては存在やリアリティの相対性にかかわるものである。

筆者は、先述のとおり、②の普遍主義的立場と③の相対主義的立場を二重構造として捉えられると考える。②は背景的なもの、かつ、基盤となるものであり、③の相対性をメタ的に支えているという構図である。ウィトゲンシュタインも「河床を流れる水の動きと、河床そのものの移動」[38]という比喩で二重性を示唆していると言えるだろう。

このような二重構造は、分析哲学の時代を画した大家クワインにも受け継がれている[39]。クワインの概念図式は、言語ゲームと非常によく類似した概念である。無秩序ななまの経験を解釈し整頓する図式であり、さまざまな命題が網の目のように張り巡らされた「いわゆる知識や信念の総体」である概念図式は、「周縁に沿ってのみ経験と接する人工の構築物」[40] をなしている。われわれはこのような概念図式を通して世界を捉えているのだ。すべての言明の真理値、ひいては対象への「指示」は概念図式全体を鑑みないことには決定されず（デュエム＝クワイン・テーゼ）[41]、概念図式は「なにが存在するか」すなわちリアリティを規定するものであるとも言える。ウィトゲンシュタインも同様に、「われわれは多くの判断が形づくるひとつの全体を受け入れることになる。……われわれが何事かを信じるようになるとき、信じるのは個々の命題ではなくて、命題の全体系である」[42] と言及している。

このような相対主義的立場から、クワインは翻訳の困難さ等を詳細に論じながらも、最終的に「善意の原理」を見い出している[43]。善意の原理とはネイル・ウィルソンの用語で、われわれは他者の個人言語を自らの個人言語の別の語に置き換えることによって、相手の言葉をより不合理でないように解釈することができる、という考えを指す。これはそもそも言語学習において本質的なものである[44]。クワインは、コミュニケーションを支える外部的な諸事情によって二つの文の類縁性を理解するということを、「感情移入」と呼んでおり、これも類似のはたらきを指す。「我々はみな、他人の知覚の生理学的機構や光学的機構に関しては何も知らなくとも、他人の知覚状況に感情移入する絶妙なこつをわきまえている」[45] のだ。例えば親は、子どもがどちらを向いていてそこからは光景がどのように見えるか注意深く観察することによって、子どもが発する観察文の正しさを評価する。これは、後述するように、人間がもっている機能についての、「生物としての暗黙の了解」とも言えるだろう。このような、コミュニケー

ションの基礎となるメタ・コミュニケーションは、「共通の基盤であるかのようなもの」となりうる[46]。

　一方、クワインと同世代の分析哲学者で、ラディカルな相対主義者を自任するグッドマンは、「世界制作」及び「ヴァージョン」という相対主義的な概念を提起した。グッドマンによれば、「多元的な参照枠組」が存在し、世界はそれにしたがって規定される。「(筆者注：われわれによって)制作されつつある、多数の、正しい、衝突さえするヴァージョンないし世界」[47]（絵画などはヴィジョンと呼ばれることもある）があるのだ。

　グッドマンの特徴は、言語と論理を重視する分析哲学の流れのなかにありながら、芸術や美に注目しているという点である。言説を中心に議論するのではなく、音楽や絵画とそれらが形づくる世界の在り方について詳察しており、「言葉、数字、絵、音、あるいはその他、あらゆる媒体におけるあらゆる記号を使ったヴァージョンの制作によって、さまざまな世界が制作される」[48]というのだ。

　その際、「人間が制作するものは人間の思いのままになる、という誤謬」[49]があるが、実際の世界制作には「厳しい制約が課せられて」[50]おり、「厳格な制限」[51]のもとで行われるという。ヴァージョンならばなんでも構わないわけではないのだ。なぜなら、「世界にかんする実在性（リアリティ）は絵画における写実主義（リアリズム）と同様、大部分慣習の問題」[52]であるからであり、「ある仮説を裏づける一群の証拠は、別の仮説の裏づけともなり得るから（グッドマンのパラドックス）、証拠の有無では仮説の正否を決定できない。仮説にれっきとした差をつけるのは、むしろ習慣の守りである」[53]のだ。すなわち、われわれはすでに「ノイラートの船」で漕ぎ出しており、「探求と発明は、習慣に守られた一般的な『背景をなす』原理やそのメタ原理、さらにメタ・メタ原理などによってある程度制約される」[54]のである。

　背景であり、メタ的であり、基盤であるようなにものかを、ウィトゲ

ンシュタインは人間普遍の精神性とし、クワインは善意の原理や感情移入として、グッドマンは積み重ねられてきた習慣として位置づけた。クワインがとりわけ人間の生物としての側面に注目していることは、後述するように重要である。すなわち、この三者においては、「なんでもあり」に向かいがちな相対主義を実際的なところに押し留めるものがなんらか想定されているのである。そして、以上の議論を反映させうる構図は、タンバイアの言うような「使い分け」ではないということが言えるだろう。

四　二重の概念図式理論と合理性概念の整理

　以上のことから、筆者はクワインの概念図式概念を元に、「メタ概念図式」／「概念図式」という二重構造による理解を提案する。言語ゲーム、概念図式、ヴァージョンは類似した概念であり、慎重な分析は必要であるとしても、これらをほぼ同等のものとして扱うことが可能であろう。一方、世界像、善意の原理、習慣の守りは、どれも少しずつ視点が異なり、これらの要素を筆者が新たに指定する「メタ概念図式」という概念に統合していくことを目指す。

　まず、概念図式はすでに見たように、われわれの世界認識の枠組みであり、存在ひいてはリアリティを規定する全体論的かつ相対主義的体系である。クワインは科学の概念図式を最上のものと考えており、あたかも唯一無二であるかのように語っている部分もあるが、「少なくとも合理的な考慮に従っている限り、我々は、なまの経験の無秩序な断片をはめこみ配置できるもっとも単純な概念図式を採用する」[55]とも述べており、「合理的な考慮」——ここでは多分に科学的な合理性が意図されている——に従わないときの概念図式については触れていないと言える。グッドマンもまた、「ふつう字義的な、外延指示的な、言葉を媒介にしたヴァージョンに注意が集中される。このやり方は、ある種の——すべてとはとても言えな

いと私は思う——科学的な世界制作および準科学的な世界制作にあてはまるが、知覚や絵のヴァージョン、文彩（あや）や例示による表現手段のすべて、言葉によらないあらゆる媒体を取り残してしまう」[56]と指摘している。

　そこで筆者は、グッドマンや野家啓一などに従い、その概念を拡張することを提案する[57]。例えば、完全に虚構として書かれ読まれるフィクション作品もまた、概念図式の一種と捉えるのである。虚構の作品に触れることも日常の「経験」であり、たとえどんなに荒唐無稽な内容であったとしても、没頭している間はそれはリアルであると言うことができるからだ。また、ちょっとした迷信を信じ、おまじないを行うといった場合にも、科学ではない概念図式がはたらいていると考えられるだろう。

　このように、概念図式が複数あり、その中から状況に応じて選択可能であるとすると、概念図式を選択する、概念図式の外側のなにものかを想定しなければならない。筆者は、このような概念図式の背景にある「概念図式のようなもの」を「メタ概念図式」と呼ぶ。これは、生まれ育ったコミュニティの人たちと共有されている「共通の基盤であるかのようなもの」であり、それを元に善意の原理や暗黙の了解、習慣や常識といったものが発動する。われわれはそのようなメタ概念図式に従って、そのときどきの状況に応じた適切な概念図式を選択していると考えられるのだ。例えば「『ハリー・ポッター』は小説の概念図式に従って読む、科学の概念図式を適用して批判するのはおかしい」といったように。メタ概念図式が状況に応じて選択した概念図式に従って思考や行為をすることで、われわれは他者との合意を得られるような世界についての認識、すなわち公共的世界観・公共的リアリティを保持することができ、コミュニケーションが円滑に行われる。

　ただし、メタ概念図式は、究極的な「根拠」や「基礎づけ」、「客観的な標準」などではない。ウィトゲンシュタインによれば「基礎づけられた信

念の基礎になっているのは、何ものによっても基礎づけられない信念である」[58]のだ。われわれは他者の言動を観察することによって、共有していると判断しているだけなのである。つまり、そのような「共有しているという幻想」こそが根拠の到るところであると考えられるのだ。

では、このような二重の概念図式から、合理性概念についてなにが導かれるだろうか。ここでは、この理論においてもっとも妥当と考えられる合理性概念理解を、(普1)(普2)(普3)(相1)(相2)(相3)に倣って以下のようにまとめた。

(1) 論理的合理性は、メタ概念図式レベルで、論理性、整合性、一貫性、無矛盾性などの要素を基礎として合意され、ある程度普遍的で唯一のものとして規定されていると考える。もちろん、メタ概念図式が本当に共有されているかを知ることはできないため、必ずしも完全な普遍でも唯一のものでもないし、これがすべての状況において最上の基準となるわけでもない。科学の合理性とも異なる[59]。ただ、例えば世界中の数学者が数式の論理的展開を同じように扱うことができるということは、なんらか論理性等についての共有がなされていると考えざるを得ないだろう。これが普遍的な論理的合理性である。

一方、相対主義的立場において多元的合理性と呼ばれていたのは、概念図式レベルのものである。つまり、それぞれの概念図式において「なにが重視されるか」「なにをものさし（基準）として比較するか」という観点に相当すると考えられる。この合理性には美的価値観や宗教的信仰などが含まれ、また、「説得力があること」といったものさしもある。例えば、科学的に正しいことよりも、科学風であるが根拠はないようなものの方が受け入れられやすいこともある、といったように。

以上のように、これまでの合理性概念の混乱の一端は、分類の問題だけでなく、階層理解の問題でもあったと言えるだろう。さらに、(2) 文化間の比較は基本的に概念図式レベルのものであり、相対的性質をもつ。そ

のため、論理的合理性の度合いがすべての状況における基準となるわけではない。（3）文化の翻訳は二重構造があるために可能となる[60]。また、目的合理性――行為主体がなにを目的としてその行為をとっているか――は、メタ概念図式レベルの共有を前提とし、観察することによって理解可能であると考えられ、文化による相対性は大きな問題とはならない[61]。

五　タンバイアとの比較

　本節では、以上の議論を用いて、上記タンバイアの (a)(b)(c) に対応する (a)'(b)'(c)' に状況を分類し、具体的な分析を行うことで、タンバイアの限界を乗り越えることを目指す。まず、「ある信条体系や行動様式の合理性について比較し、真偽や優劣を判断できる」とする (a) は、(a)'「ある状況に対して二人（あるいは二つの文化）のメタ概念図式が選択した概念図式が同一であり、そのひとつの概念図式の中で比較をしている」場合だと考えられる。例えば、同じ西洋近代的な芸術の概念図式の内部で、ゴッホの絵と子どもの落書きを比較すれば、美的ものさしによる優劣は明らかである。このとき、タンバイアの理解とは異なり、論理的合理性（あるいは科学的合理性）だけが基準となるわけではないことに注意が必要である。ここでの合理性は、多元的合理性なのだ。そのため例えば、同じ呪術体系においてどちらの呪術師が優秀か、といった比較も (a)' に含まれるだろう。

　一方、「二つの体系の意味ある比較が（部分的には）可能で、それらが相対的であると言える（優劣がつけられない）」(b) は、(b)'「同じものごとに対して異なった概念図式を適用している」状況であると考えられる。それぞれに異なる基準（ものさし）があるため、単純な判断はできない。ここにはタンバイアが (a) で挙げた天然痘と、(b) で挙げた精神疾患の例が、程度の差はあれ含まれるだろう。

そこで考えなければならないのはメタ概念図式レベルのずれである。(b)'は、言い換えれば、共有されているはずのメタ概念図式が、実は共有できていなかったことに気づかされる状況であると言える。メタ概念図式は、時代的地理的に近い場合はほぼ共有されているが、遠い場合などでは相違が生じうる。同じ概念図式のセットをもっていても適用の仕方が異なることや、異なる概念図式のセットを備えることすらあるだろう。天然痘を例とすれば、互いのメタ概念図式にずれが生じているため、天然痘というひとつの問題に対し、異なった概念図式──伝統的な儀式の概念図式と近代医学の概念図式──を適用しているのである。まさに「異文化」の問題である。

　しかし、二つの点で共有の可能性がある。ひとつには、同じ概念図式のセットをもっているという可能性である。天然痘や精神疾患で伝統的な概念図式を採用したメタ概念図式も、近代医学の概念図式を多かれ少なかれもっているだろう。逆も然りであり、例えば、現代の西洋社会に生まれ育った医者であっても、礼拝や迷信的儀式などを行ったことがあったり、少なくともそれらを知識としてもっていたりする。そのため、メタ概念図式という「共通の基盤であるかのようなもの」を前提すれば、一方の概念図式をもう一方の概念図式から理解・判断することはある程度可能となると考えられる。もちろん、近代医学の概念図式と伝統的な儀式の概念図式のそれぞれにおいて、「天然痘」という語（概念）は異なった意味をもつ。それぞれの全体論的網目の、異なった位置にあるからだ。そのため完全に正確な理解が可能であるとは言えないにしても、まったくの共約不可能ではなくなるだろう。

　そしてもうひとつ、治る・治らないを重視するメタ概念図式が共有されているということだ。どちらも「治す」ことを目的として伝統的な概念図式あるいは近代医学の概念図式を適用している。精神疾患の場合、その症状の捉え方やなにをもって「治った」とするかが、世界観に依存する割合

が大きいため、天然痘に比べ共有されていないように見えがちだが、これらは程度の差に過ぎない。このとき、片方の概念図式のものさしをかざすことで、「治す」ことについての効果やプロセスについての優劣を問うことができる。ただし、それはあくまで一方のものさしによる治癒に過ぎない。それらがほぼ一致する場合は問題ないが、場合によっては一方の概念図式の押しつけに陥る。ある種の科学主義はこれに該当する。

　ここで重要なのは、これらのような(b)'の事例の場合、適用された二つの概念図式が互いに排他的ではないということである。つまり、近代医学を用いつつ、伝統的な医療を行うことも可能なのだ[62]。しかし、ときには伝統的な概念図式を採用して、現代医学による治療を頑なに拒絶するといったこともあり得るだろう。このような「ひとつのものごとに対して適用された二つの概念図式同士が排他的である」状況が(c)'だと考えられる。ただし、(b)'との差は本質的ではない。

　(c)'の事例としては、厳格なタイプの創造論（以下、創造論）[63]と進化論の対立が挙げられるだろう。地球の成り立ちや人間の誕生について、創造論の概念図式と進化論の概念図式はまったく異なる解答を与えるし、それぞれの概念図式において、「洪水」や「恐竜」といった言葉がまったく異なる意味づけ・位置づけをもつ。しかし、(b)'と同じく、互いの概念図式がまるで理解できない、完全に共約不可能ということはないだろう。メタ概念図式の適用の仕方が異なっても、同じ概念図式のセットをもっている可能性はあるためだ。さらに、「真実の探求」を重視するというメタ概念図式が共有されているとも考えられる。ただし、なにをもって「真実」とするかは両者の概念図式によって異なる。

　問題は、一方でも「共存」を認めなければ、二つの概念図式が衝突し、争いが起こるということだ。これは概念図式レベルでの、信念内容の問題である。その際、知の状態が進むまで保留するという(c)に対するタンバイアの姿勢は、暫定的に争いを回避するという意味ではある程度有効だろ

う。しかし、これはタンバイアの言う「知」——おそらく科学的な知——が進めば簡単に解決するというものではない。創造論運動がはじまった1920年代の進化論に比べ、現代の進化論は遥かに洗練され、証拠の量などが増えているにもかかわらず、創造論の力は衰えていないというのが好例である。

以上の事例と分析から、(a)'と、(b)'及びその亜種としての(c)'という分類ができること、すなわち、二重の概念図式理論によって、タンバイアとは異なる文化比較の認識の仕方が可能であるということを示すことができただろう。このような認識の仕方は、「普遍主義的に見ることができ、合理性の優劣がつけられるか、相対主義的に見ることができ、合理性の優劣をつけられないか」という観点からの分類——これは「呪術を科学と捉えるか、宗教と捉えるか」というかつての問いに対応する——ではない。

呪術の概念図式が適用されているとき、呪術がはたらきかける対象である超自然的な存在や力は確かに存在し、呪術行為はリアルなものである。そこでは、呪術は相対的な多元的合理性と目的合理性をもつ。しかし、それ以外にも多様な概念図式があり、メタ概念図式がそれらを状況に応じて選択しているため、メタ概念図式レベルでずれが生じることで(b)'や(c)'のような、文化比較や文化の共存にかかわる事態が起こると言えるだろう。このように、「概念図式の適用の仕方の問題」として捉えることができるのである。

六　生物的合理性

最後に、以上のような分析哲学の議論の延長線上に、主に認知宗教学という学問領域の誕生によって顕在化しつつある合理性概念があるのではないか、ということを提起したい。

まず、筆者は普遍的であるかのようなメタ概念図式の一面を、人間が生

物として共通してもつものとして位置づけることが可能ではないかと考える。例えばわれわれは、「相手が人間であることがわかっている、では同じように見たり聞いたり思考したりしているだろう」といったように、生物としての普遍性を前提して生きているだろう。これはクワインが注目した点である。

そもそもクワインは感情移入の概念を打ち出す以前に、「刺激過程の間主観的同一性」を考えていた[64]。これは生物としての機能の一致に普遍的基盤を求めていたということである。しかし、クワインは先述のとおり、刺激過程についてなにも知らなくても感情移入が可能だとして一歩先へと進んだ[65]。つまり、それらを証明することなく感情移入ができる、すなわち、人間であるという生物として普遍的な基盤——ほぼ同じ身体・脳をもつことによって生まれる、共通する行動や認識のあり様——を想定すること、「生物としての暗黙の了解」が可能だということだ。これらは同時にグッドマンの言う「制約」でもある。そこには形状としての身体的な制約も、進化によってでき上がった脳の仕組みから生まれる思考の制約も含まれるだろう。例えば、想像上の動物を描くときですら、どうしても動物の身体構造についての暗黙の原則（左右の対称性など）に従ってしまうといったように[66]。

現時点で、このような生物としての基盤は、長く語られてきた——例えばウィトゲンシュタインが言及するような——「精神性」や「心」などよりは高い確度で科学的に分析できるものだ。この点について、とりわけ呪術や宗教にかんしては、現在、宗教現象などが生物としての普遍性をもつということに着目し、認知科学や進化心理学などを用いることでそれらを解明しようとする、認知宗教学という分野での研究が進められている。そこでは、多様な文化（宗教、儀礼、説話、芸術、そして呪術など）は、そのような生物としての基盤から生まれると考えられている。そして、生物としての基盤が普遍的であるのに対し、概念図式レベルの具体的な個々の

事例は非常に多様であり、環境や社会において生まれては淘汰されるというのだ[67]。

　重要なのは、生物としての基盤に基づいたメタ概念図式において、論理的合理性が力をもつのはごく一部の状況に過ぎないということである。それは進化の過程で育まれた生きるためのひとつの手段ではあるが、唯一のものではない。むしろ人間の性向からすると獲得しづらいものであるということがさまざまに指摘されている。「科学の営みは、私たちの認知的傾向からすれば、きわめて『不自然』」[68]なのだ。例えば、確率的評価を誤り、占いの予言が当たったように思えてしまう「利用可能性バイアスや先程のグッドマンの習慣の守りに通ずる信念の保守性を裏づける「検証バイアス」をはじめとして、「認知的不協和の低減」、「多数意見効果」、「オペラント条件づけ」など、われわれはさまざまな、論理的合理性と相反する心理的傾向をもっていることがわかっている[69]。

　それらは論理的合理性をもたないからといって否定できない。例えば、われわれが甘いものや脂肪分の多いものを好きなのは、栄養価の高いそれらを好んだ者たちが生き延びてきたからである。たとえ今、それが肥満を招くという意味で論理的合理性をもたないように感じられようとも、人間が進化してきた長い時間の大半においてはそれが生き延びるための重要な要素だったのだ[70]。これは生物として合理的な性質であると言える。

　認知宗教学が扱うそのような事例のひとつとしてプラシーボ効果が挙げられる。これは、偽薬を薬だと信じ込むことによって本物の薬を飲んだかのような効果が発揮されることで、治療に対する信頼やそれによる治るという期待によって自己治癒能力が高まることがあるために起こる。代替医療や信仰による治療に効果があるのはこのためだと考えられている。「（筆者注：世界各国で観察した）何百もの霊的治療の事例のうち、催眠とプラシーボ過程で説明できない治療はなかった」[71]という研究もあるほどだ。

　プラシーボ効果が発揮される際、信じる対象は、近代医学的な薬のメカ

ニズムでも、自分の経験でも、聖書でも構わない。われわれは特に「信頼を寄せる権威ある人物からの示唆」を必要とし、「シャーマン、セラピスト、教祖（グル）、あるいはその他のカリスマ的治癒師」[72]などを信じるという。

　かつて確かな医療行為がなかった頃、人間は儀礼行為などによって引き起こされるプラシーボ効果に頼って生き延びるしかなかった。そのため、信仰心をもち、儀礼などを信じ、よってプラシーボ効果が高かった祖先たちは、そうでない者たちよりも生き残りやすく、よって現代でもその機能が残っていると考えられている。

　こういった信仰的医療ひいては呪術は、先程の甘いものと同様、論理的合理性の度合いは低くても、生存のための合理性、進化的な合理性を有していると言えるだろう。このような、認知宗教学等の研究によって顕在化しつつある合理性は、「生物的合理性」とでも呼べるものである。これは、論理的合理性と目的合理性だけでは掬いきれない部分に言及するものであり、その意味で、藤原が指摘する実体的非合理性とある程度の重なりをもつだろう。しかし、非合理ではなく合理と捉える点が特徴的だ。このことは、認知宗教学が科学の視点によって、宗教現象などを生物レベルで当然のものとして説明しようとした、そのあり様に起因すると言える。

　生物的合理性と実体的非合理性との重なりの内実については慎重な議論が必要であるし、これまで論じてきたように、科学は数ある概念図式のひとつに過ぎないため、この概念は慎重に扱わなければならない。ただ、上述の通り、科学はわれわれの認知のあり方の中では特殊なものであり、生物的合理性の度合いが低いこと、それに対し、超自然的なものの存在を中核とした呪術の概念図式は、おそらく生物学的合理性の度合いが高いということは言えるだろう。世界中のほとんどあらゆる時代・文化において、人間は超自然的な信念をもっており、それは自然的で普遍的な人間の性向であるということが、現在、心理学などで研究されており、経験的な証拠

が集められつつあるのだ[73]。

　呪術はそれぞれの文化に独特であり、一律に論じられるものではないが、以上の議論から、呪術を、「多元的合理性と目的合理性はもつが、その目的を達成するための手段は論理的合理性という観点からは劣ったもの」としてではなく、「生物的合理性を代表するもの」として表現することが可能かもしれない。これにより合理性概念の複雑さが増してしまうという問題はあるが、認知宗教学が見出そうとしているものを「生物的合理性」と呼ぶことで、そのような研究のあり様に光を当てられればと思う。

　以上のとおり、呪術概念について論じる際にしばしば用いられてきた合理性の概念と、その背景にある普遍主義と相対主義の問題について見てきた。本稿では、直接呪術概念について論じるには至っていないが、ここでの概念の整理と生物的合理性という視座が、今後の研究の一助となれば幸いである。

注

1) 藤原聖子「『呪術』と『合理性』再考―前世紀転換期における〈宗教・呪術・科学〉三分法の成立―」『思想』No. 934、岩波書店、2002年、120-141頁、121頁など参照。
2) 同書、121頁参照。
3) Stanley Jeyaraja Tambiah, *Magic, science, religion, and the scope of rationality* (Cambridge, New York: Cambridge University Press, 1990). 多和田裕司訳『呪術・科学・宗教―人類学における「普遍」と「相対」―』思文閣出版、1996年。
4) 藤原 2002、126頁参照。
5) Tambiah 1990, p. 2 (12頁). 以下、括弧内は邦訳の該当ページ。
6) タンバイア 1996、295頁(「訳者解説」)。
7) Tambiah 1990, p. 111 (187頁). pp. 111-112 (187-188頁) 参照。
8) 以下、藤原 2002 を参照してまとめた。
9) 同書、123頁。
10) 同書、123頁。
11) 同書、130頁。
12) ここでの「呪術」については、「何らかの目的のために超自然的・神秘的な存在(神、聖霊その他)あるいは霊力の助けを借りて、種々の現象を起こさせようとする行為およびそれに関連する信仰・観念の体系」(石川栄吉ほか編『文化人類学事典』弘文堂、1987年、354頁)や、「通常の作用や能力によらず超越的力に働きかけて、特定の現象を目的的に引き起こすための行為またはその知識」(日本文化人類学会編『文化人類学事典』丸善、2009年、444頁) などを参照した。
13) Tambiah 1990、第3章、第4章、藤原 2002、123-126頁など参照。
14) Tambiah 1990、第4章、第5章など参照。
15) タンバイアの著書の訳者である多和田裕司は、後者が「『呪術/宗教』によって『科学』を『相対化』してきた」のだとすれば、前者は「『科学』によって『呪術/宗教』を『断罪』してきた」(タンバイア 1996、p. 297 (「訳者解説」))と言えると述べている。
16) 藤原 2002、124頁。
17) 同書、124頁。
18) 同書、125頁。
19) 同書、125頁。
20) 以下、大筋はタンバイアによる「同一論者 unifiers」と「相対論者 relativizers」についてのまとめ (Tambiah 1990, pp. 115-116 (195-196頁)) に従い、若干の修正

を加えた。

21) また、(普1) のような論理規則を基礎とした合理性を、科学の合理性と完全に一致したものと見ることはできない。あるものが科学であるかどうかを判断するためのチェックリストとして伊勢田哲治が挙げる23項目（伊勢田哲治『疑似科学と科学の哲学』名古屋大学出版会、2002年、85-86頁、257-261頁など参照）には、科学コミュニティ内の「制度的な基準（学会組織や査読システムなど）」といった社会的要件も含まれる。科学コミュニティ外からの圧力もある（例えば原子力発電にかかわる研究）。さらに、科学者という人間がかかわる以上、人間関係や、研究費の分配にかかわる感情といった問題も多々起こる。個人としての科学者が、インスピレーションや宗教的動機などに突き動かされて研究を行う場合もあるし、数式の「美しさ」のような感覚も無視できない。このように、科学の体系は狭義には（普1）の意味での合理性を強く有しているが、広義には（普1）の意味で非合理的な面も有するのである。

22) タンバイアはウィトゲンシュタインを相対主義者として挙げているが、後述するように実際は普遍主義的視点ももっていたと筆者は考える。一方、ウィトゲンシュタイニアン・フィデイズムは、ラディカルな概念（文化）相対主義であると言える。ウィトゲンシュタイニアン・フィデイストたちは、（相1）の共約不可能性を強調し、宗教はそれ自体独自の体系であり、不可侵な正しさを有しており、よって別のものさしで判断されるべきではないとする。

23) Tambiah 1990, p. 85 (141頁).

24) Ibid., p. 87 (145頁).

25) ドナルド・デイヴィドソン（野本和幸他訳）『真理と解釈』勁草書房、1991年、210-212頁など参照。

26) Tambiah 1990, pp. 101-103 (170-174頁) 参照。

27) Ibid., p. 129 (220頁).

28) 以下、Ibid., pp. 130-135 (222-230頁) 参照。

29) ウィトゲンシュタイン（杖下隆英訳）「フレーザー『金枝篇』について」『ウィトゲンシュタイン全集6』大修館書店、1976年、391-423頁（以下、「金枝篇について」とする）。

30) 同書、398頁。

31) 同書、399頁。

32) ウィトゲンシュタイン（黒田亘訳）「確実性の問題」、『ウィトゲンシュタイン全集9』大修館書店、1975年、7-169頁、§209（以下、「確実性」とする）。

33) 同書、§94。

34) 同書、§162。

35) 金枝篇について、409 頁。
36) ウィトゲンシュタイン（藤本隆志訳）「哲学探究」、『ウィトゲンシュタイン全集 8』大修館書店、1976 年、§7（以下、「探究」とする）。
37) 確実性、§65。
38) 同書、§97。河床そのものが移動することについては、それ自体大きなテーマなので別稿にて論じたい。本稿では、後述するように、「共通の基盤であるかのようなもの」が完全に共有された基礎づけではないという点が重要である。
39) W. V. O. Quine, "Ontological relativity," in *Ontological Relativity and Other Essays* (New York : Columbia University Press, 1969), pp. 26-68. このうち pp. 54-55, p.65, p.67 など参照。
40) W. V. O. Quine, *From a Logical Point of View: 9 Logico-Philosophical Essays* (Cambridge, Mass.: Harvard University Press, 1980 [1953]), p. 42.
41) Ibid., pp. 42-43 参照。
42) 確実性、§140-141。
43) Quine 1969, p. 46 参照。
44) Ibid. 参照。
45) W. V. O. Quine, *Pursuit of Truth* (Cambridge Mass.: Harvard University Press, 1992 [1990]) (伊藤春樹、清塚邦彦訳『真理を追って』産業図書、1999 年), p. 42.
46) クワインはまた、母語と母理論、背景言語と背景理論という表現も用いており、不可避な母理論はまさに「共通の基盤であるかのようなもの」であると言える。Quine 1969 など参照。
47) Nelson Goodman, *Ways of Worldmaking* (Indianapolis, Ind.: Hackett Pub. Co., 1978) (菅野盾樹訳『世界制作の方法』ちくま学芸文庫、2008 年), p. x.
48) Ibid., 1978, p. 94.
49) グッドマン 2008、288 頁（「訳者解説―ヴァージョンの狩人のために―」）。
50) Goodman 1978, p. 94.
51) Ibid., p. x.
52) Ibid., p. 20.
53) グッドマン 2008、261-262 頁（「用語解説」）。
54) Goodman 1978, p. 128。習慣に支配された「われわれの堅固な基礎は実に鈍重」（p. 97）という表現もしている。これは先述のウィトゲンシュタインの「河床の移動」とかかわる。
55) Quine 1980 [1953], p. 16.
56) Goodman 1978, p. 102。本稿では詳細に触れていないが、ヴァージョンだけでなく、言語ゲームや概念図式も、言語だけでなく行為も重視する概念である。例えば

ウィトゲンシュタインは、「言語ゲームの根底になっているのはある種の視覚ではなく、われわれの営む行為こそそれなのである」（確実性、§204）と述べている。

57) 野家啓一『物語の哲学』岩波現代文庫、2005［1996］年、第五章など参照。

言語ゲームや概念図式をどのような範囲で切り取るか（宗教なのかキリスト教なのか、科学なのか物理学なのか）という問題がある。筆者はこの点を明確には定めない。その境界は常に流動的だからだ。ウィトゲンシュタインも「新しいタイプの言語、新しい言語ゲームが、いわば発生し、他のものが廃れ、忘れられていく」（探究、§23）と述べており、クワインの概念図式もまた、経験に縁どられ、新たな経験による改訂を免れ得ない。

このような言語ゲームや概念図式は、個人レベルのものなのか、共同体レベルのものなのか、という重要な問題もある。筆者は、ある程度共同体に共有されているかのようであり、それについての暗黙の了解が得られているが、本質的にはそれを確認する術はなく、個人的なものしかもち得ないと考えている。ただし、これは非常に広がりのある議論となるため、稿を改めなくてはならない。ウィトゲンシュタインに依拠して実践論的な言語主義的理論を展開した、藤原聖子「宗教体験論における『像を見る』アナロジー——新しいウィトゲンシュタイン的視座より」（『思想』No. 856、岩波書店、1995年）も参照。

58) 確実性、§253。

59) 注21参照。

60) 筆者はこの二重構造にはメタ概念図式と概念図式の間の相互作用があると考えているが、この点については稿を改める必要がある。これは、ウィトゲンシュタインの「河床の移動」と関連する。

61) 藤原2002、124頁参照。

62) 筆者は、タンバイアと異なり、天然痘の事例で女神への崇拝がなくなった直接の原因は、天然痘が実際に撲滅されたために目的そのものが失われたからではないかと考える。仮に再び天然痘のような病気が流行することがあれば、人々が西洋医学の治療と「並行して」女神に祈り、祭りを行う可能性も十分にあるのではないだろうか。そのためこの事例は(b)'として扱うが、仮に、伝染病の脅威が継続しているにもかかわらず、西洋医学の治療を拒絶し、女神信仰を求めるといった事態が起きた場合は、後述の(c)'に相当する。

63) 創造論の内実は多様であるが、ここでは、あくまで聖書の字義通りの理解に基づくヤング・アース派など、厳格なタイプの創造論を指すこととする。創造科学やインテリジェント・デザイン論のような、自らを宗教ではなく科学であると主張するものについては、議論がより複雑になるため、別稿に譲る。

64) Quine 1992 [1990], p. 40など参照。

65) Ibid., p. 42.
66) Pascal Boyer, *Religion Explained: The Human Instincts that Fashion Gods, Spirits and Ancestors* (London: Vintage, 2002), pp. 70-71. 鈴木光太郎、中村潔訳『神はなぜいるのか？』NTT 出版、2008、83 頁参照。他にも、Jesse M. Bering, "The Cognitive Psychology of Belief in the Supernatural," in *Where God and science meet: how brain and evolutionary studies alter our understanding of religion,* ed. by Patrick McNamara (Westport, London: Praeger, 2006), pp. 123-133 など、認知宗教学の分野において生物としての普遍性に関する論考は多数ある。
67) Boyer 2002, pp. 36-38（44 頁）など参照。
68) Ibid., p. 370 (417 頁).
69) 伊勢田 2002、71-72、198-210 頁、Boyer 2002, pp. 345-347（390-392 頁）など参照。
70) Bering 2006, p. 125 など参照。
71) J. McClenon, *Wondrous Healing: Shamanism, Human Evolution, and the Origin of Religion* (DeKalb: Northern Illinois University Press, 2002), p. 67.
72) ニコラス・ハンフリー（垂水雄二訳）『喪失と獲得―進化心理学から見た心と体』紀伊國屋書店、2004 年、250 頁。
73) Bering 2006, Boyer 2002 など参照。

第二部

事例研究：アジア

スリランカの呪術とその解釈
―― シーニガマのデウォルを中心に ――

鈴木正崇

はじめに

　2004年12月26日、インドネシアのスマトラ島北部西方沖で発生した大規模な地震は巨大津波を引き起こし、インド洋沿岸諸国で約30万人の死者・行方不明者を出した。スリランカの東海岸でも津波による被害は甚大で、津波は更に島の南端部を回り込んで西海岸にも被害を及ぼした。オランダ統治時代の面影を色濃く残すゴール Galle（Gālla）の北、20キロに位置するシーニガマ Sīnigama という小さい村でも被害は大きかったが、海岸の近くにあるデウォル Devol と呼ばれる神 deviyo を祀る神殿、デーワーレ devale は無傷で残った。奇蹟とも言われるような出来事に人々は驚く。しかし、多くの人はその事実を納得して受け取った。なぜなら、デウォルこそスリランカの神々のうちで最も呪術に長けた恐るべき神であり、自然の猛威に打ち勝っても当然とされていたからである。

　本論文ではデウォルを主体として、スリランカの呪術について検討したい。ただし、西欧社会が作り出してきた呪術 magic に相当する概念はシンハラ語にはない。暫定的に、神に対して不特定の相手に懲罰を加えたり殺害することを願うアワラーダ avalāda（調伏）[1]や、特定の人物に対して攻撃を加えるコディウィナ koḍivina（呪い）、呪文のマントラ mantra を使っての願い bāra の成就などを総称して呪術と呼ぶことにする。

アワラーダはデウォルが手下の悪霊を使役して敵に攻撃をかけて懲罰を加える儀礼で[2]、祭司のカプラーラ kapurāḷa (kapuva) が執行する。コディウィナは悪霊祓い師のカッタンディヤー kaṭṭandiyā が行い、特定の呪物や呪文を使って観念的に暴力を行使する［Feddema 1997: 215–216］。しかし、民衆の思考の中では実質的には両者は重なり合っている。デウォルはアワラーダ、コディウィナ、マントラの全てに卓越した力を発揮し、スリランカでは最も効験があり威大な力を持つ神として恐れられている。

デウォルの呪術への信頼は 1960 年代から急速に高まり、社会変動や経済発展に伴う葛藤や軋轢の増大と共に問題解決を図る神として有名になった。2004 年の津波においては、被害を最小限に止めたので霊験が高まり、信者は更に増大したという。本稿はデウォルを中心として呪術の実態をどう解釈するかを考えてみたい。

1. デウォルの位置付け

コロンボから西海岸沿いにゴールへの道を南下すること 94 キロで仮面作りで名高いアンバランゴダ Ambalangoḍa につく。この付近は現在でも悪霊祓いのトゥイル tovil が頻繁に行われており、仮面作りが盛んでかつては仮面劇のコーラム kōlam が演じられていた［鈴木 2000：236–246］。悪霊祓い師のカッタンディヤーも沢山居住している。更に南に 10 キロほどでシーニガマに到着する。コロンボからゴールに至る幹線道路沿いの普通の村で、浜辺近くにデウォルの神殿がある。幹線を通る運転手はバスを必ず止めてお賽銭をあげるので、財政的基盤は安定している。浜辺の神殿は信者や参拝者の現世利益を願う信仰が強く霊験あらたかであるが、神霊を分祀した島の祠は秘密の調伏を行う場所として賑わっている。祭司のカプラーラは漁民カーストのカラーワ karāva 出身で[3]、シナモン取りのサラーガマ salāgama と協力関係にある[4]。双方とも移民の末裔であるが、

シンハラ社会の中に組み込まれている。

　村の住民はシンハラ人で、上座部（Theravāda テーラワーダ）仏教を信仰して、仏陀に帰依し、戒律に従って修行する僧侶に布施を施して功徳を積む。満月や新月の斎日（ポーヤ pōya）には仏教寺院での礼拝を欠かさず、法要や儀礼に参加する生活を送っている。ただし、現世での願い事や祈願は仏陀ではなく、神々に依頼し、調伏や呪いも特定の神に願う。シンハラ人の生活は仏教的な世界観に基づきつつも現世利益には柔軟に対応し信仰対象を読みかえる流動性がある。

　歴史を遡ると、近くのトタガムワ Toṭagamuva には古い仏教寺院があり、高僧のスリー・ラーフラ長老 Srī Rahula Thero が14–15世紀頃に活躍し、この地方の仏教の中心地であった。神々の信仰も盛んでナータ Nātha 神の本拠地で主神殿もある。ナータは中央部に成立したウダ・ラタ王国（1474–1815。王都キャンディ）では王の支配を正当化する王権の守護神であると同時に、未来仏の弥勒 Maitreya や観音 Avalokiteśvara と同一視され［Paranavitana 1953:44］、大乗仏教の様相も留めていた[5]。更にこの地は古くから南インドのケーララ（特にマラバール）やタミル・ナードゥと頻繁な交渉があり、8世紀や12世紀の南インドの変動の時代には、大量の移民がきたと推定され、トタガムワでは15世紀に仏教寺院でタミル語が教授されていた記録が残り［Obeyesekere 1984: 518］、ヒンドゥー文化の影響も強かった。ただし、8世紀のケーララは仏教も盛んでヒンドゥー一辺倒ではなく、内容も地域や時代で異なる。スリランカの沿岸部にはアラブ地域からのイスラームの影響が古くから浸透し、16世紀以降は西欧勢力が進出して、16世紀はポルトガル、17世紀はオランダ、18世紀はイギリスの支配を受ける。シーニガマは仏教や神信仰にヒンドゥー文化が混淆し、イスラーム教やキリスト教の影響も受け、悪霊祓いも盛んに行われるなど複雑な文化状況を呈していた。呪術に長けたデウォル神の性格の生成には、スリランカの外部と内部の交流を巡る異種混淆の状況が

大きな要因として作用していると見られる。

2. 伝説で語られる呪術

シーニガマのデウォルの伝説は呪術の発生を語る。その中の幾つかを紹介する。

伝説①―北インドからの渡来譚

カクサンダ仏 Kakusandha Buddha[6] の時代、インドのカーリンガプラ Kālingapura 市に、ボランダ Bolanda という名前の商人の王子がいて、妻のヤサワティー Yasavatī との間に、パドミニー Padminī という名の一人の娘と七人の息子をもうけた。息子は、デウォル・サーミ、イルラス・サーミ（太陽光の主）、サンダラス・サーミ（月光の主）、ギニラス・サーミ（火の光の主）、テダラス・サーミ（栄光の光の主）、ブドゥラス・サーミ（仏陀の光の主）、マハー・サーミ（大主）である。パドミニーは、カクサンダ仏に甘いマンゴーを布施した功徳によって、後の転生ではパッティニ女神 Pattini として再生し貞節の力を維持するための修行に入った[7]。パッティニはスリランカに渡り、シーニガマで神殿に祀られた。サックラ神 Sakra[8] が彼女を保護した。一方、七人の兄弟は、僧衣を仏陀に布施して功徳を積み、デウォル神になることを希望し、次の転生ではインドのクッドゥプラに再生した。彼らは船に織物を初め様々な品物を積んで一杯にし、沢山の人々を従者としてスリランカへの渡航を決行した。しかし、船は途中で難破し、サックラ神が海の神マニメーハラー Maṇimekhalā に石の筏船（カタマラン）を作るように頼んで、彼らはそれにしがみついて助かった[9]。各地で上陸を試みたが、神々はそれを許さなかった。懸命になって彼らはパッティニが居るシーニガマに来て上陸しようとした。この時には島の全ての神々が集まり、パッ

ティニに彼らの上陸を許可しないようにと嘆願した。パッティニは、デウォル・サーミと彼の従者の上陸を妨げるために七つの壁の火を作った。しかし、彼らは火の中に飛び込んで鎮めた。火 gini を鎮めたので彼らはギニ・クルンバーラ Gini kurumbāra として知られる。デウォル・サーミは、火の熱さを克服することが出来たが、それはパッティニが前世では自分の妹であり、その縁で火を冷やしたからである。これがスリランカでの火渡り、ギニ・ペギーマ gini pägīma の始まりであった。

　パッティニはデウォル・サーミにその座を明け渡して、ナワガムワ Navagamuva に去った[10]。デウォル・サーミは、あらゆる呪術を行って、土地の人々を驚かし、奇蹟の力を賦与された非常に力の強い男として知られた。特に浜の砂を砂糖に変える呪術に優れ、村の名称もシーニガマ、「砂糖の村」と呼ばれた。土地の娘と結婚して近くのウェーラゴダ Vēragoḍa に住んだ。二人の間に生まれた息子は成長してから、彼の父が毎日、夕食用に米を持ってくるのを見て不思議に思った。なぜなら、父親は田畑で働いたことがなかったからである。ある日、息子は父の後をつけて、父が海の砂を腰巻き（サロン）の端のひだの中に入れるのをみた。父が帰ってきたその日は、砂は米に変わらなかった。デウォル・サーミは、息子が彼の秘密を発見したとわかり、息子の首を捻って殺した。デウォル・サーミの死後、人々は供物を捧げて彼をデーヴァター devatā[11] として崇拝し始めた。後にダープルセン王 Dāpulu-sen (Dappula I, 659) の時代に神殿が建てられ、同時にデウンダラ Devundara (Dondra) にヴィシュヌ神殿を建立した［Obeyesekere 1984: 150］[12]。

考察：仏陀の前生譚の形式をとり、デウォルを北インドのカーリンガ kālinga（現在のオリッサ）の商人の王子とし、強大な力を持つ呪術師で、残虐さも秘めることが語られる。パッティニが土地神として先住し、火を

焚いて上陸阻止を試みるが、火を鎮めて上陸する。スリランカでの最初の火渡りとされ、現在も年1回の村祭り、ガン・マドゥワ gammaḍuva ではこの状景を再現する［Obeyesekere 1984: 73–321］。火渡りは、「熱い」ものを「冷たい」もので統御する技法で、パッティニは前世では妹であったよしみで冷たくすることで火渡りを可能にさせた。「熱さ」を統御する方法で、アーユルヴェーダでの食べ物や薬の処方が「冷たい」「熱い」の均衡に配慮することと繋がっている。パッティニは「熱く」なると天然痘など伝染病を流行らすので、暑い気候の時期には「冷たい」供物をあげて病気 leḍa の蔓延を防ぐ儀礼を行う［鈴木 2011］。儀礼は病気直しの性格も帯びる。一方、デウォルは異人 stranger として呪術を駆使し、時には残虐性を帯びるが、神として祀れば強力な守護神となる。スリランカ南端の聖地、デウンダラと共に古いという歴史的な権威付けが語られている。伝説①は祭司の伝える由来譚で広く知られている。

伝説②―外来者の定着と祭りの発生

　　デウォルは、商業用の船の船長で7人の従者を連れていた。王宮 Vāhala に関連が深かったので、従者はワーハラ・デウォル Vāhala Devol とも呼ばれている。インドにいて、暦の吉兆の時、7人の従者は、日曜日に船をつくり、月曜日に王宮の入口に勢ぞろいして、デウォルの足輪を受け取った。船はカルナータカの岸辺から出航し、海をミルク海 kiri muhuda[13] と見立てていた。足輪 halaṁbu で水面を打つと、海がないだ。ギニ・クルンバーラという部族民も、灯火を持って加わる。スリランカへの航海でモンスーンの嵐に会って難破し、苦労してたどりついたシーニガマでようやく上陸できたが、それまではあざけりと侮辱を各地でうけた[14]。デウォルの従者には、7人のギニ・クルンバーラ、その従者にプーナー・ヤクシャ Pūnā yakṣa、その従者にカダワラ Kadavarayo がいて、シーニガマでは村を守護す

る精霊として崇拝され、神殿と祠を建て、そこにある樹木も祀ることになった。樹木が彼らの住居だったのである。村人は願を掛けて願い事の成就のために供物を捧げて祈った。希望や願い事は叶えられ、神々に感謝して喜ばせるための祭りをした。儀礼は、村祭り、ガン・マドゥワと呼ばれ、様々な唱句が神々を讃えて唱えられる。特に、デウォルやクルンバーラを祀るデウォル・マドゥワでは、火渡りが中心で火を扱うのでギニ・マドゥワ、あかりを灯すのでパーン・マドゥワとも言う［筆者聞書。1982］。

　考察：デウォルは商人で王宮との関連を説くことは伝説①と同様である。南インドのカルナータカから部族民や精霊を引き連れて来て、妨害に遭いながらも上陸し、村の守護神となる。従者は樹木に祀られる。祭具として足輪の奇蹟が語られ、パッティニ女神の物語と共通性がある[15]。祭りでは火の使用が特徴で、燈火を振り回すワーハラの踊りが行われ、火渡りへと続く。様々な祭りの起源が語られる。なお、一緒に来たプーナー・ヤクシャは壺を使った呪術に関わる霊である（後述）。仏陀との関連性は語られず、外来からきて定着して守護神として祀られた経緯を語る。

　伝説③－外来者の定着と呪術の駆使

　　デウォルは、マレアレー Maleale、つまり南インドのマラバール海岸から船出して、海上でひどい嵐に遭遇した。スリランカにたどり着いて上陸を試みたが、南方のギントタで失敗し、デウンダラが初めての上陸地点となったが、近くにいたパッティニ女神が上陸を阻止した。更にシーニーミドゥラまで旅をして上陸したが、恒久的な住地ではないと判断して船に戻り、西方へ旅を続ける。海上で別の嵐にあって船が難破し、わずかの人々が脱出して泳いで岸にたどり着いた。そこがシーニガマであったが、パッティニが七層の火をたいて阻止したので、特別の呪文マントラを唱えて、火を踏みつけて消した。船員の

うちギニ・クルンバーラ、デウォル・クルンバーラ、ワーハラ・クルンバーラの3人がそこに留まった。パッティニは、彼らがその地に止まることを好まず、自分が阻止できずに失敗したことに怒りを覚えていた。3人は呪文の使用にたけており、陶器の破片を金に変えて食物を購入した。ギニ・クルンバーラはパングルに移ってサンニ・ヤカー Sanniyakā となり、ワーハラ・クルンバーラはデウンダラ近くでバンダーラ神 Bandāra deviyo として神殿で祀られている。一方、デウォル・クルンバーラは、シーニガマに止って、土地の少女シーニガマナ Sīnigamana と結婚した。デウォルは、陶器の破片から金を作り続け、砂を砂糖に変えて人々に売り始めた。ココナッツを盗んで売り払って大儲けをしたが、ある日捕まってウェーラゴダへ追放され、そこで別の妻をめとった。妻は2人の子供をもうけた。デウォルは砂から砂糖を作り続けており、ある日それを子供に見られたので、子供を殺害してしまった。一方、人々はデウォルが呪文と邪術にたけていると知ったので、彼に復讐を頼んだりした。後にデウォル神として崇められ、彼の住んでいた土地に神殿を建て神として祀られた［Wirz 1954: 140–141］。

　考察：南インドのケララ（マラバール）からの漂着民が各地で上陸を試みたが阻止され、シーニガマでは強力な呪文で火渡りの試練を乗り越えて上陸する。呪術の才ゆえに神に祀り上げられ、土地の娘との結婚によって土着化するが、時には残忍さを発揮する。デウォルは3人一組で、他の一人は病気をもたらす悪霊 yakā のサンニ・ヤカー、他の一人はワーハラ・クルンバーラで土地神のバンダーラとなるなど、神と悪霊の間を揺れ動く。なお、ケララはインドでもスリランカでも呪術を駆使する者が多いことで知られている。

　　伝説④－ヒンドゥー化と病気治療

悪鬼アスラ Asura のバスマ Basma が、瞑想中のイーシュワラ Īśvara（シヴァ神 Śiva）の所へ行き、権能ワラン varan を得た。それはものに触って唱えれば、何であれそこから火が生じるという秘密の呪文 gina sara dahana であった。バスマはイーシュワラ神の妻、ウマーヤンガナ Umāyangana（パールヴァティ Pārvati）に恋心を持っていたので、呪文でイーシュワラをやっつけようと考え、見事に功を奏した。そこに三界の主で男神のヴィシュヌが現れ女性の姿のモーヒニー Mohinī となって誘惑しようとしてバスマの到着を待った。バスマは一目見てたいへん美しい女性だと思い、欲情を起こして呪文の力を忘れてしまう。彼女に結婚を申し込むと、彼女は喜んで自分の手を頭の上に置いて誓えという。その通りにするとたちまち火が起こって、バスマは燃えつき、灰の中からデウォルが現われた。取り巻く熱からはマル・クルンバーラ、炭からはカル・クルンバーラ、墓地からはマハソーナ、炎からはギニ・クルンバーラが生まれた。彼らは一緒に語らって商売をする為にシンハラ人の国へ行くこととし、7隻の船に乗り込んだ。金曜日の夕方に出発したが、海の真中で嵐にあって船は沈没し、7日間泳ぎ続けた。海の女神マニメーハラーが石の筏を作って助けて、岸辺までやってきた。パッティニは悪霊たちの上陸を阻止しようとして、7つの山の火を作ったが、デウォルは火を鎮めて乗り越えた。これ以後、デウォルは儀礼の中の踊りで和められ、供物を受ける。ギントタ、ウナワトゥナ、ウェーラゴダ、パーラヴィヤ、シーニガマ、ウドゥガンピティヤ、ルヌモデラの7つの村と、パーナドゥラの寺では供物をデウォルに上げる。祭壇のパハン・マドゥを作り、黄色の飾りをつけ、明かりを灯し、歌と詩を奉納して悪事の消滅を祈る。患者アートゥラヤ āturaya から98種の病い rōga と99種の痛み vyadhi が消え、203の危険が無くなるようにと願いを籠める [Obeyesekere 1984: 141–144]。

考察：デウォル出生をヒンドゥーの神に関連付けるインド風の祭文になっている。シヴァ神の従者のアスラが商人のデウォルに再生して、悪霊の様相を帯びてスリランカに上陸し、後に神として祀られる。超自然的な出生譚が最後は病気治療へと転換する。参加者はアートゥラヤ（患者）と呼び掛けられていて、病気直しの悪霊祓いトウィルと同様の様相がある。神と悪霊との間を流動的に動くデウォルは、悪霊の主の性格があり、悪霊を統御できる。デウォルと共に生まれたマハソーナは悪霊の主役である。この伝説はラバリーヤ Rabalīya でのガン・マドゥウで唱えられる祭文である。ヴィルツによれば、シーニガマの祭文では、マハソーナやギニ・クルンバーラへの言及がなく、デウォルとギニ・クルンバーラとの組合せで、マハソーナは悪霊が上昇した地主神で地位が高い［Wirz 1954: 28-30］。北インドに伝わったスカンダ・プラーナ Skanda Purāṇa の枠組みが利用されている。スカンダ神はシヴァ神の子供で、スリランカではカタラガマ神 Kataragama として受容された。史譚を変形してヒンドゥー神の系譜に入れ、権威性を持たせたのかもしれない。

伝説⑤—神の両義性と仏教の積徳

　海で船が難破しかかったとき、デウォルは船の帆をあやつって、宝石で光を灯し、サックラ Sakra 神（一説ではインドラ Indra）に、彼とその従者を災難から救ってくれるようにと祈願した。サックラの座っていた椅子が暖められ、この災難を知った。彼はデウォルが前世で、布施をカクサンダ仏や、カーシャパ（迦葉）などに捧げて徳を積んでいたことを考え合わせて、神聖な意志を働かすことにした。サックラは海の女神のマニメーハラーに石のカタマラン（筏船）を作るように命じ、生命が助かった。デウォル達は、各地で上陸を拒否された。シーニガマに来た時には、デーウァ・ラッジュル Deva Rajjuru とパッティニが上陸を阻止しようとして火を七層につくり、1ヨドゥ

ナ yoduna（25 m）に達する大きさとなったが、これを見事に乗り越えた［筆者聞書。1982］。

考察：男神のサックラ神は外来者を受け入れ、女神のパッティニは妨害する。受容側の相反する状況が語られる。サックラは仏教化した神で、デウォルは前世では仏教に帰依して徳を積んでいたと知って助けを差し伸べる。デウォルは、在地に土着化した女神のパッティニと対抗して試練を克服する。呪術への言及はない。

伝説⑥－外来者の定着と悪霊の発生

デウォルは、元来はマラバールの商人であった。船出してスリランカへ向かったが、途中で船が難破し、サックラ神が作ってくれた7つの石のいかだに乗って助かった。西海岸に上陸して、初めはサマンタ・クータ山 Samantakūṭa（スリー・パーダ Srī pāda, アダムズ・ピーク Adam's Peak）へ行ったが、サマン神が阻止し、次に南端のデウンダラでヴィシュヌ神、次にカタラガマでカタラガマ神、更にアハンガマ（ウェリガマ近く）でイーシュワラ（シヴァ）神、コッガラでマハ神、ウナワトゥナでガナ神、ギントタでウァータメタ神、ウドゥガルピティヤでマカラ Makala（鯱）とナーガラージャ Nāgarāja（蛇の王）に阻止された後に、シーニガマへやってきた。パッティニ神がそこにいて、3,300の神々も集まり、デウォルと討論する。デウォルは、あらゆるたぐいの呪文と呪術にたけていると言い、砂を米に変えることを知っているなどと述べる。パッティニ神が興味を覚えた。実際にやってみせると、たいへんに満足した。次にパッティニが火を起こして、試練を課すと、デウォルは火渡りに成功する。パッティニの前へ出ると、多くの神々が集まっていて、その中から十二神 Dolaha deviyo が前へ出て、「才能のある男が讃えられるべきだ。彼に我々の中へ入ることを許し、儀礼の中で席を与えるようにせよ。」と言った。

そしてガン・マドゥワの儀礼が始まった。別称をパーン・マドゥワ、デウォル・マドゥワなどという。彼は7人の悪霊を従者として持ち、命令の実行者の権能 varan を与えられ、違反となる罪を犯した人々を罰する役割を果たした。それは、アンドゥン・クルンバーラ、サンドゥン・クルンバーラ、プスパ・クルンバーラ、バタ・クルンバーラ、カル・クルンバーラ、トタ・クルンバーラ、ギニ・クルンバーラの7人の悪霊である［筆者聞書。1982］。

考察：マラバールの商人がサマン神を初め在地の先住の神々から全て阻止された後、シーニガマでパッティニと出会って呪術の能力を発揮し、火渡りの試練を乗り越え、土地神の十二神（ドラハデイユー）から許可を得て受容され神として祀られる。定着後は従者に悪霊たちを配して、人々の罪を監視する役割を果たす。なお、十二神は集合霊で高地 uḍa rata でのコホンバー・カンカーリヤ儀礼 kohombā kaṅkāriya[16] でも重視され、土地神を鎮め和める儀礼が基本にある。外来や在地の神霊は、仏教の世界観に取り込まれると下位に護法神として位置付けられたり、時には悪霊とされて負のイメージが加わる。

3. 呪術の語りと儀礼実践

デウォルの伝説は以下のような特徴を持つ。
① 過去の数多くの外来からの移民・移住・漂着の記憶と関連している。
② 王子や王族という外来の高貴の出自の者が、在地の女性と結婚して受容される。
③ 呪術の行使にたけているが、時には行き過ぎて近親者を罰するなど残虐性を帯びる。
④ 呪術は外来者・商人・船乗りなど移動する人々に関連付けられる。
⑤ 商人や船長との商取引での騙しや脅しの記憶の混入が推定される。

⑥ 霊力の誇示は火渡りで示され、在地の人々の抵抗を跳ね返して現地化する。
⑦ 火と強い連関があり、火渡りだけでなく、従者も火や光として形象化される。
⑧ 男神と女神の対抗が語られ、最後はパッティニ女神が折れて地歩を固める。
⑨ 先住者と外来者の対抗と葛藤が語られ、最終的には受容される。
⑩ 仏教化やヒンドゥー化の様相が見られるが、民間信仰に支えられている。
⑪ 基本は海の彼方から訪れる異人の表象であり、両義性を帯びる。
⑫ 従者として土地の守護神や悪霊などを引き連れてくる。
⑬ 病気治療の様相があり、悪霊祓いとも重なる。
⑭ 脅威を与える神だが、最後は守護神として祀られる。
⑮ 負性や悪意を秘めていて、暴力の行使という残虐性への展開もある。
⑯ 現在でも原初の記憶を祭りで再現することで想起させる。

　呪術の発生は、外来者、外部性、移動、商業、王権などと関連付けられ、異人が境界に出現して呪術を駆使し、最後は土地の娘との結婚でその力が統御されるという語りである。海の彼方から訪れる者、異人に対して強い霊性や力を認める思考が働く。いわゆる「外来王」stranger king の神話で、デウォルは歴史の記憶を止め、「外部性」を強く体現した異人の表象の典型であり、包摂と排除の間を揺れ動く。定住民にとっては呪術は日常を反転させる効果を持ち、呪術者の人間類型はデウォルに一元化して表象される。呪術は「場違い」out of place の境界的な状況への意味付与の過程で生じる力を駆使して、自己の願いの実現を能動的に図る実践である。

　シーニガマの人々に雑談風にデウォルとは何者かと問いかけると、南イ

ンドからのタミル人やケーララのマラバールの人々で、この地の智慧のない人々を奇蹟や驚異で引き寄せて、色々な呪術を行った。彼らは悪霊祓い、催眠術、狡猾な騙し、呪いにたけ、その首領がデウォルと呼ばれていたと説明する。米を砂から、油を海水から造って海の女神マニメーハラーへの捧げ物とした。村人はその異常さゆえに、死後にデウォルを村の守り神として神殿のデーワーレ[17]に祀り、コーラーレ korale（旧王国の地域区分）の守護神となった。デウォルの名前を唱えれば、悪霊のヤカー yakā や幽霊のプレータ preta は震え上がるという。過去の栄光と偉大な力ゆえに、崇拝するものには幸運と健康と富を齎す。ウェーラゴダには、デウォルと結婚した娘の子孫の家（ādiyavasama と称する）が残っている。また、デウォルが自分の杖、ムグラ mugura を大地に突き立て、後に大樹に成長したという木が神殿の境内にある。過去の出来事が現在も目に見える形で伝えられ、デウォルへの畏怖は維持されてきた。

　神への儀礼の日は特別に定められ、ケンムラ kemmura と称し、水曜日と土曜日をあてる。この日には、神が大きな力を発揮して、信者の願い事を聞き届けるという。誰かに会いたい、仕事が巧くいくように、失せ物を発見できるようにと願うことが多い。

　年に1回の大きな儀礼は、村祭りのガン・マドゥワで、南西部沿岸地域では一般には女神パッティニを主神として祀る。デウォルと関連の深いシーニガマでも、祭司はパッティニ・ラーラ Pattinirāla と称する。シーニガマとウェーラゴダでは、デウォルと対抗する儀礼が、毎年、エサラ月（7〜8月）に執行される[18]。ギニ・マドゥワ、パーン・マドゥワといい、火 gini やあかり pahan を灯して神への儀礼を行う。主神の名前に因んでデウォル・マドゥワともいう。シーニガマは元々はパッティニ女神の聖地で、後にデウォルが加わったのである。パッティニはデウォルに土地を明け渡して内陸のナワガムワに移り、主神殿の聖地となった。しかし、デウォルの陸側の神殿には現在でもパッティニは併祀されている。

ガン・マドゥワは三日間にわたる。儀礼の最後には、デウォルがパッティニと対決して火渡りをするという神話の再現が演ぜられ、デウォルの力が強調される。初日は祭場や祭具の浄めペー pē を行い、二日目の午後に祭司が盛装して白衣を着て森へ行き、ミッラの木を選んで浄め、供物を捧げて、呪文と祈願 yādinna を唱えて切る milla käpilla。樹木崇拝で森神を迎える雰囲気がある。供物は、7つのキンマの葉を捧げ、お賽銭 panduru を7つ、灯りを7つなど、7の数字にこだわる。これはデウォルが七人で1つであることを示すのだという。祭司か助手 koṭṭoruvā がミッラの木を肩に担ぎ、白布の下を静かに歩んで、祭場へと持ち来たる。夕方にマル・ヤハン・ナティーマ mal yahan natīma の踊りでナータ、ヴィシュヌ、カタラガマ、パッティニを招く。この場合の主神はナータで護法神の様相がある[19]。真夜中にテルメー thelme というオイルランプを点してドラハ・デイユー（十二神）に奉納する踊りを行う[20]。サマヤマ samayama という悪霊の活躍する時間帯には供物を用意して悪霊を和める。最後の日の朝方に、ミッラの木が祭壇の前に積まれて火をつけられる。デウォルの側近の従者のワーハラ Vāhala、別称デーヴァター・バンダーラが出現し、火をつけたトーチを激しく旋回させて火渡りの祭場をま

写真1　火渡りの場所を前にしてワーハラが火を焚く

わり（写真1）、アレカナッツの花をはげしく打ちつけて憑依状態になる（写真2）。祭場を清めて悪霊を一掃し、主神を迎え入れる役割を果たす。土地神のマンガラ神 Maṅgara を和めるともいう[21]。主神デウォルは赤と白の組み合せによる服を着て登場する（写真3）。その理由は、「熱い」ものと「冷たい」ものの均衡を保つ意味で、火渡りは、「熱い」ものの統御を意図する。スリランカや南インドのタミル人のヒンドゥー寺院では側壁を赤と白の縞模様

写真2　ワーハラの憑依

にして、儀礼が二つの対立要素の均衡を保つことを象徴するが、ここでも同様である。デウォルには秩序の再構築、均衡の回復、悪霊統御の意図が託される。

　うこんの水 kahadiyara と、白檀 chandana とミルクの混合水 handun kiri pän で祭場を浄め、祭壇に線香を灯し、樟脳 kapuru を燃えあがらせ

写真3　デウォルの踊り

て神を礼拝する。デウォルに対抗してパッティニが登場する（写真4）。デウォルの前を白布で遮ったり、ロープを張るなど妨害して、相互に対話をかわす。これは市の門 kadavata を示し、パッティニ側には2人の護衛 murakārayo がつく。デウォルは、タミル語なまりのシンハラ語を話して、時々間違えては皆を笑わせる。デウォルの誕生、前世での布施のこと、インドからスリランカへやってきた次第を物語り、神々から権能、ワラン varan を受けてこ

写真4　パッティニ神の登場

の地の支配にあたることになったと述べる。パッティニは、仲々応ぜず、押問答となるが、結局は神々から権能を得たことを納得させ、前世で兄弟姉妹であった縁から、パッティニに火を冷たくする呪文 gini sisila mantra を唱えることを頼む。この後で、火渡りに入り、燠となった火の上を勢いよく渡る。最後は村人も加わって火を渡る。渡り終ると浄めの水がふりかけられ、祭司は火を鎮めた後に、パッティニの祭壇に向かって拝んで終了する。その時には、昔、パッティニが夫の死をいたんで足輪を振り回し半狂乱になり、南インドの王都マドゥライ Madurai を火で滅亡させたが、その後冷やして安定させたことを語り、「花の雨を降らす」と表現する唱句を最後に唱えて終了する。かくしてドーサ dosa、障りが鎮まり、人々の健康が約束されて、豊かな稔りと、村の安全が保たれると信じられている。祭司の説明では、最後の唱え言は、タミルの古代叙事詩『シラッパディハーラム』Cilappadikaram（金の足輪）［Shilappadikaram 1965］の女主人公のカンナギ Kaṇṇaki が、自分の夫のコーヴァラン Kovalan が足輪を盗んだとされ、無実の罪で処刑されたことへの復讐として行った故事

に因むと説明される。ドーサとは日本語では「障り」や「祟り」とでも訳される概念で、心身ともに深刻な状況を意味し儀礼の中核にある。

4. ドーサの克服

シンハラ語のドーサは「障り」と訳したが、罪・穢れ・害・悪など広義の意味を持ち、民俗社会で広く使用される。元々はサンスクリット語のドーシャ dośa に由来し、障害、悪化、汚す、不純物などの意味であった。ドーサには二種あり、第一は物理的な有機体に生じるドーサ svābhavika dosa、第二は非人間的存在による外的な影響が引き起こすドーサ amanuṣaya dosa である［Obeyesekere 1984: 40］。前者は「内的ドーサ」でアーユルヴェーダの医師の治療によって治療され、後者は「外的ドーサ」で儀礼の専門家によって癒される。

第一のドーサはアーユルヴェーダに基づいている。人体にはトリダートゥ tri-dhatu、一般的にはトリドーサ tri-dosa と呼ばれる三種の「体液」、ヴァータ（体風 vāta）、ピッタ（胆汁 pitta）、カパ（粘液 kapha, śleṣman）があると考える。体液の均衡、サンニパータ sannipāta が攪乱されると様々な病気の症状が起こる。治療方法は、過剰なドーサに対して反対の効果を及ぼす食物や薬を投与する。例えば、ピッタは火の要素なので過剰になると、粘液、つまり水に関わる薬や冷たい食物を摂取して均衡を回復する。カパは水の要素なので、過剰になると、温かいとされる食物を摂取する。シンハラ人は、食物を冷たい、熱い、中性（どちらでもない）の三種に分類し、程よく調節して摂取して健康を保つことを心掛けていて食事療法は健康維持の核心である。三大体液は宇宙全体の構成要素であるパンチャブータ panca bhuta（五大）、つまり空 ākāśa、風 vāyu、水 āp、地 pṛthvī、火 tejas と関連し[22]、特に三つの要素、風・火・水が人体の体液であるヴァータ、ピッタ、カパと連関する。火の過剰は外界では、旱魃、

日照り、飢饉、水不足、不作をもたらし、身体では胆汁の過剰で天然痘、水疱瘡、麻疹などの伝染病を引き起こす。水の過剰は外界ではモンスーンの大雨や洪水、寒冷気候を齎し、作物や食物に被害を及ぼすと共に、身体内の粘液と連動して風邪、咳、熱などを引き起こす。風の過剰は外界では嵐や大風になり、身体を冷却して異常や障害をもたらす［Obeyesekere 1984: 41］。人間の身体を構成する三つの「体液」は、外界のパンチャブータと相互浸透している。宇宙と人間の動きの連動が顕著なのである。

　第二のドーサは外界からの影響によるドーサで、神霊、悪霊、星神などの不可視の世界や前世の業 karman によって引き起こされる。禁忌を破って神霊の怒りを引き起こすデーウァドーサや、個人の星回りが悪い状態になった時（アパレー apale）の星神のグラハドーサによって、身体の不調や、不幸や災いが起こると考えられている。特に悪霊（ヤカー yakā）は、森の中から人間界を常に凝視、つまりディスティ disti の状態にあり、人間の身体が脆弱な状況になると憑依して体液を攪乱して病気を引き起こす。これをヤックドーサといい、精神的疾患に陥ることも多く、悪霊祓いで治療する。神霊ではパッティニは天然痘などの疫病をもたらすとされ、暑い季節の3・4月には病気がはやるので冷たい供物で冷やすことで疫病よけを願う。デウォルも火の過剰の鎮静化と結び付き、参加者はアートゥラヤ āturaya、患者と呼びかけられて、病気治療と同様の文脈で考えられている。キャンディのエサラ月のペラヘラ祭の最後に行われる、水切り、ディヤ・カパナワー diya kapanavā[23] は水の要素を統御して水の恵みと順調な天候による豊作を願う。他方、火渡り gini pägīma は火を統御して、日照りを防ぐ効果を持つとされる。日常に摂取する食物や人体を治療する薬は、神霊や悪霊の儀礼との連関を保ち、身体と病気に関する民俗知識や経験知がアーユルヴェーダの外被をまとって宇宙観に結合している。シンハラ人の多くには常に「崩れ」の感覚があり、ドーサの統御を通して人間の理想型を、均衡と調和を求める「宇宙人間」と考える。

ドーサは一般的な意味での不均衡を表す言葉として定着し、自然と人間の均衡の崩壊（日照り、洪水）に留まらず、調伏を行ったり、呪いをかけたりする人間関係の崩壊も不均衡な状況と考える。呪いと訳したコディウィナは人類学でいう邪術 sorcery にあたり、意図的に相手に危害が及ぶことを目的とする呪術である[24]。神と人間との過剰な接近や禁忌違反、人間の体内での体液の攪乱、自然と人間の調和の崩壊、社会関係の亀裂など様々なレベルでの不均衡や混乱によって生じた状態を概念化した言葉がドーサなのである。

シンハラ人が儀礼でドーサの除去や防止に意を使うのは、病気直し、疫病除けだけでなく、人間関係を常に均衡と調和として維持したいという願望のためである。均衡の維持への志向性は、双系制 bilateral を根底に置くシンハラ人の社会構造が、諸関係の累積としてしか形成されず、強固な集団形成を妨げる為に、絶えず相互の人間関係の調整を要請しないと社会の安定を維持できないという特性と結び付いているのかもしれない。

5. アワラーダの実践

シーニガマのデウォル神殿では、村祭りとは別に様々な儀礼が行われるが、祭司からの聞書では、基本はヤーティカー・キリーマ yātika kirīma と、アワラーダ・キリーマ avalāda kirīma である[25]。前者のヤーティカーとは祈る、祈祷する、呪文で呼び出す、呪文を唱えて平安や安全を願うことで、宗教（祈願）と呪術（呪文）が混然一体となっている。後者のアワラーダとは非難する、咎める、誹謗するなどの意味で、神に願いをかけて、相手に罰を下してもらうことである。呪術の様相が明確なのは後者で、主な儀礼は、①ガンミリス・アンバリーマ gammiris ambarīma、②リディ・ミキーマ ridi mikīma、③プーナー・ゲシーマ pūnā gasīma の三種で、罪を犯した敵に重い罰を与えたいと願うアワラーダが主体で、日本

語では調伏にあたり、通常は秘密に行われる。しかし、時にはあえて公開して相手の自首や恭順をうながすこともある。目的は多岐にわたる。宝石泥棒に入られたが犯人がわからない、殺人事件で犯人が見つからない、浮気した旦那の見知らぬ相手の女性に罰を加えたい、誰かがココナッツの農園を破壊したので犯人を罰したい、新築した家の扉と窓枠を持ち去った泥棒を捕まえたい、息子に呪いをかけた相手を懲らしめたい、隣人がいつも酔っ払って怒鳴るのを何とかしたい、綺麗な家に石を投げられて壊されたので犯人を処罰したい、土地を不法に占拠されたので相手を懲らしめたいなどの要求に応える。儀礼の後は不思議にも犯人が逮捕されたり、自主的に名乗り出たり、態度を改めたり、元の夫婦関係に戻ったということが多い。嫉妬と怨念が渦巻く最悪の人間関係の真只中でデウォルは事態を見通して解決策を提示する。依頼者はコロンボの都市民から近隣の農民に至るまで幅広い。

儀礼の内容は以下の通りである。

① ガンミリス・アンバリーマ（香辛料を擦り潰す）

岸から船に乗って島に赴き、神殿の脇にある石を擦り台にして、香辛料（ガンミリス）を擦り潰すことで、調伏する相手の名前を唱えて、デウォルがその男を罰するようにと願う。香辛料は、胡椒、生の生姜、にんにく、乾いた唐辛子、普通の辛子の5種が等量分必要で、いずれも「熱い」という範疇の食物に属する。この場合は5種だが、7種の場合もある。いずれも、宇宙の構成要素の五大、人間の構成要素の七種と関連づけられ、これらを擦

写真5　ガンミリス・アンバリーマの場所

り潰すことで、身体と宇宙との均衡を崩し、敵の体の中の「熱さ」を過剰にして病気にできると信じられている。当然のことだが、この知識は祭司の独占で、信者はその行為を指示のまま行うにすぎない。島の小さな祠の裏側の一角に神像が祀られ、その脇に窪みのある平らな大石があり、母石 mangala と呼ばれている（写真5）。大石を擦り台にしてその上に香辛料を置き、神に祈願した後に子石 darugala を前方へ動かして注意深く擦り潰していく。一度擦り潰すと子石を両手で持ち上げ、再び神に祈って前方へ擦り潰していく。この行為を7回繰返す。ガンミリスの儀礼はかなりの効果を持つと信じられ、神の力が発揮されるケンムラの日には、遠くからわざわざこの島を訪れて、密かに行う人が多い[26]。

　②　リディ・ミキーマ（銀を溶かす）

　銀を溶かす儀礼で稀にしか行わない。満月の後のケンムラの日を選んで、陸上の神殿で執行する。願をかけた人は1日半かけて儀礼の準備をした上で神殿にやって来るべきだとされる。金細工師を頼んで囲炉裏を神殿の床の中央に設え、坩堝をその上に置く。祭司が銀貨をとって、デウォル神に対して、特定の人間に対する不平不満を訴えて相手を懲罰することを懇願し、銀貨を坩堝の中に入れ、金細工師が溶かす。溶けると坩堝の中を掻き回し、敵の犯した行為を神に告げて罰することを願う。結果はたちどころに成就するとされて、絶大な信仰がある。しかし、執行する当事者が理性的で、過ちがない場合に限定されていて、そうでない時には、はね返り（呪い返し）が自分の方にやってくるという。

　③　プーナー・ゲシーマ（壺を壊す）

　プーナーワ pūnāva と呼ばれる粘土製の壺を壊す儀礼である。7つのコブラの頭冠がつけられ、12の突起にトーチと線香を挿す（写真6）。トーチは土地神の十二神に捧げる意味を持つ。豹の顔が側面に造形され雄牛の上に乗る形をとる。儀礼は二種類で、第一はセット・プーナーワ set pūnāva で病気直しなど健康の維持や平安を祈り、悪や障り、ウァスと

ドス（ドーサの複数形）[27] を追い祓う、第二はアワラーダ・プーナーワ avalāda pūnāva で、敵を調伏する儀礼で意図的に悪意をもって滅ぼす。安全祈願のプーナーワは陸地の神殿内に、調伏に使うプーナーワは、強大な力を持つので海上の島の神殿内に保管している。

　第一のセット・プーナーワでは、壺の中に、真珠と米、5種の薬草、銀・金・銅・錫・青銅など5種の金属、ニンニク、ジャスミンの花、マルゴッサの葉[28]、香料水、水牛の油、ココナッツの糖蜜、丸花蜂の蜜、小さな生姜、香辛料などを入れる。入れ方もこの順序に従う。ココナッツ入り御飯 kiriva とキンマの葉 blut を供物として捧げて、祭司は神殿の前で儀礼を執行して、人間に悪さをするウァスとドス（ドーサの複数形）をプーナーワに封じ込める。儀礼の全体はプーナー・マドゥワ pūnāmaḍuva であるが、基本構成は村祭りのガン・マドゥワと同じで家族単位で執行する。祭司はパッティニ・ハーミィ Pattinihamy で、女神への奉仕を主とする。儀礼では悪霊のクルンバーラの供物台 pidēṇi へ供物をあげるサマヤ

写真6　プーナー・ゲシーマに使用されるプーナーワ

マ samayama の時間にプーナーワが運び込まれる[29]。突起の 12 ヵ所の部分にトーチを入れて火をともし、紐を結び付けて片方を患者が持つ。患者には三色の布が掛けられ、祭司は頭を白布で覆う。ここでプーナーワの起源についての章句が唱えられる（後出）。唱え終わると、沐浴させて浄めた雄牛の背中にプーナーワを乗せて、特定の場所まで運んで行って地面に叩きつけて破壊し、破片を海に投げ入れる。悪いものは除去され祓い清められる。病気直しと神の祝福と加護を願って儀礼は終了する。プーナーワを運んだ雄牛はだんだんやせ細って、何の仕事も出来なくなって死んでしまうと信じられている［Gunasekera 1953: 63–75］。

朝方にガラー・ヤカー gāra yakā が登場して[30]、ウァスとドスを取り除き、家の中を祓い清めるゲワルニヴィーマ geval nīvima を行う。神々への供物をさげて共食する布施、デウィヤンゲ・ダーナ deviyange dāne の後、行列が仕立てられ、太鼓叩きがプーナーワを持った祭司を先導していく。川、湖、小川、池などの水辺に祭壇が設えられていて、祭司は衣服を脱いで、プーナーワを頭の上に置いて水中に入って祭壇へ向かう。プーナーワにはウァスとドスが詰まっていると観念される。助手は赤布を手にもって背後に続く。祭司が儀礼の起源に関する唱句の一節を唱える。ディウィ・ヤカー divi yakā とディウィ・ヤッキニ divi yakkini、雄の豹の悪霊と豹の雌の悪霊に献じる旨を述べて、プーナーワを水に 2 回浸す。助手が雄牛を祭壇のそばに連れていき、祭司は水中に浸かり、すぐに浮び上がって、プーナーワを雄牛の頭部、正確には 2 つの角の間にぶつけて破壊する。祭司は直ちに水に浸かり、助手は雄牛を自由にする。祭司は赤布をかぶり堤防へと先導される。堤防に到着すると、ガラー・ヤカー garā yakā が待ち構えていて、祭司はキンマの葉と貨幣をガラー・ヤカーに捧げる。ガラー・ヤカーは太鼓に合わせて足踏みを行い浄めの踊りをして、穢れを除去する。儀礼によって生じた危険、ウァスを取り除くお祓いでもある。祭司は被っていた赤布をとって儀礼が終了する。最終的には平安・

安全の保障が祈願の目的である。

　第二のアワラーダ・プーナーワ avalāda pūnāva は儀礼の手続きは同じだが、神に懲罰を願う相手の名前を告げて、理由と内容を語り、罰が相手に下るようにと祈願する。バラピティヤ Balapitiya やドダンドゥワ Dodanduva（南西州、コロンボから南へ 80km）では、最初に小さい小屋を作り、中に祭壇を安置してデス・キリーマ・プーナーワ des kirīma pūnāva を上に乗せ、様々の神々を呼んで、敵への懲罰を祈願する儀礼を 2 日間執行し、3 日目には悪霊を 1 日 3 回呼んで祈願を続けて、朝方に終了する。祭司は口に布をあててマスク状にして、プーナーワをシーニガマに運び、呪いをかけて近くの石 gala の上で破壊する。この儀礼は強力な復讐を行う時に行う。呪文にはダディムンダ Dädimuṇḍa[31] への祈願があり、自分の敵を表わす人間の像を作って、急所に棘を打ちこみ、相手にウァスやドーサを引起こすことを願う[32]。賽銭のパンドゥルを火渡りの薪やプーナーワの中に入れる。これはアワラーダによる混乱や不幸を防ぐ為だとされ、強い力の作用が及ぶので護符とするのである。この儀礼は常に危険と隣り合わせであるといえる。

6. 呪いの起源の語り

　プーナーワの由来について土地の人は建国神話に関連付けて語る。伝承では、スリランカを最初に治めたシンハラ人の王、ウィジャヤ Vijaya が北インドのカーリンガから従者を連れてスリランカにやってきた。その時、島は悪霊に満ち満ちており、これを退治するために、悪霊の王女であるクウェーニー Kuvēṇī と仲良くなって協力を得てやっつけた。クウェーニーは雌馬に変身し、ウィジャヤがその上に乗って悪霊を剣で退治した。しかし、ウィジャヤは悪霊を退治した後に、雌馬を洞窟に押し込めて入口を閉じたので、クウェーニーは出られなくなり、裂け目を通してクリスタ

ルの舌を伸ばす以外は何も出来なくなった。ウィジャヤは、それを見て舌を引き抜いて剣で切り落とした。舌は箱の中に収められ鍵をかけて閉じこめられた。ウィジャヤの後を継いだ、孫のパンドゥウァースデーウァ Paṇḍuvāsdeva 王がこの箱を見つけて中に何が入って入るかを知りたくなり、それを開けてみた。すると、雌の豹が王の顔めがけて飛びかかってきて、ディウィ・ドーサ divi dosa、つまり豹の怒りによる「障り」で失神した。マラ・ラージャ Mala Rāja 王が、プーナーワを作ってドーサを除去する儀礼を行ったので元気を回復したという。これがプーナー・マドゥワの始まりで、プーナーワに描かれた豹はこの故事に由来し、プーナーワを壊す時に、豹の悪霊の夫婦、ディウィ・ヤカーとディウィ・ヤッキニに祈願するもこの故事に基づくという。この伝説はシンハラ語の史書『ラージャーワリヤ』(17世紀) に記されている [Rājāvaliya 1996]。

　プーナー・ゲシーマの由来譚については別の報告もある [Wirz 1954: 158–159]。それによるとクウェーニーは恐るべきヤッキニ yakkini で古くからスリランカに住んでいた。ウィジャヤ王子が来たとき、ヴィシュヌ神が彼に糸を与えてお守りとし、それを腕の周囲に巻いて恐るべきヤカー (夜叉、悪霊) やヤッキニ (女夜叉、悪霊) から守るようにした。700人の従者がいて幾人かに水を求めさせて大きな湖に到達したが、クウェーニーの領域なので手下にやっつけられてしまった。従者が戻って来ないのでウィジャヤが行ってみると、大きなイチジクの木の下に美しい女が坐っていた。彼女がクウェーニーだと判った彼は、その髪の毛をつかんで、従者を返さないと殺すと言って脅す。降参した彼女は自分と結婚するという条件で彼の願いを満たす約束をする。結局、二人は一緒になることで合意し、クウェーニーは三つもっていた乳房の一つを切って結婚した。彼らは、木の近くに住み、2人の男女 (兄妹) の子供に恵まれた。これがウェッダー族 Vedda の先祖だとされ、一説では男の名はカル・ヤカー kalu yakā、本名はゴガ・バフー Goga Bahū という。しばらくして彼のも

とに故郷の父が死の床にいるという報せが届き、合わせてパンディ Pāṇḍi 国のスリー・ラッジュルウォ Srī Rajjuruvo の娘との結婚を整えたとの通知を受けとり、秘密のうちにインドへ戻って結婚した。クウェーニーはこれを聞いて復讐を誓い、自分の息子のヤカーを野生の雄豚の姿にして送りこんだ。このヤカーは王の庭を破壊し、全土を荒廃させた。病い rōga をまき散らしたので、人々はヤカーに会うと病気になって死んだ。全てを破壊し尽くすと野豚はランカーへ戻り再び海へ飛び込んで、島の最南端カダワータ kaḍavāta（ゴールの東、約5km）に上陸する。ここで同じくインドからきたガラー・ヤカー、別名ダラ・クマーラ dala kumāra に会った。豚をみるとガラーはその背に乗った。豚は豹 divi に変わり、それ以来、彼ら2人は全土を歩いて、病いを人間にもたらすようになったとされる[33]。

　いずれの由来譚も、スリランカの建国神話、王権神話に関連づけられ、外来者と土着者の出会い、支配と被支配、妨げられたものによる復讐としての病いや障りの発生を語っている。悪霊の障りが引き起こす病いの除去というテーマが、由来譚と密接に関わる儀礼の目的で、原初の形を全ての始まりに遡って意味付けている。根底にあるのは土地の神霊への祭祀であり、プーナーワが持ち出される時には、悪霊とされるクルンバーラやマハ・ソホンに供物が捧げられ、ダディムンダやカタラガマへの祈願もなされる。十二神にもトーチの明かりで敬意が示される。しかし、外来者が齎した観念や実践、特に仏教やヒンドゥー教の影響が組み込まれ、巧みに換骨奪胎して土着化させている。

　グナセーケラはプーナーワの儀礼について若干の考察を行い、①ウェッダー族の祭祀との関連、②仏教儀礼、特にピリットで使用される壺と糸との類似、③南インドの村神の儀礼との関わり、特に豹や豚、蛇の紋様、雄牛など動物崇拝の要素を指摘している［Gunasekera 1953: 72–73］。南インドとの関連を強調し、村から離れた場所で壺を破壊してお祓いをするなど、悪をなすものへの強い恐れがスリランカとインドの双方に共通してい

るとする。スリランカの南西部で村神として祀られるパッティニ女神は、タミルの村の女神と共通点を持ち、天然痘をもたらす神としてのマーリ・アンマン Māriamman と類似する。パッティニがタミルの叙事詩『シラッパディハーラム』の主人公のカンナギの後継者とされることも共通点で、相互に貞節を重んじる。そして、デウォルの従者の悪霊はクルンバーラで、南インドには部族民のクルンバイ kurumbai が居住し、スリランカに来住した可能性もある。スリランカの先住民のウェッダーとも関連性を持つ[34]。儀礼の原型が南インド起源とは断定できないが、影響関係はある。スリランカの特徴をあえて指摘すれば、壺の独特の形状とその破壊方法に見られる。また、建国神話に起源を求め、王権と呪術の関連を強調していることも独自性として考慮すべきであろう。王権そのものが、呪術のかたまりで構成されているとも言える。

7. 呪術の興隆と神霊の動態化

プーナー・マドゥワの儀礼は呪術として絶大な効果を発揮すると信じられている。その特徴として、第一には呪術の駆使にあたって根本にある概念が当初から負性を帯びていることがあげられる。ウァスやドスといった、悪やケガレ、「障り」に近い概念が根源にあり、その統御が儀礼の目的である。水辺で流し去る、破壊して攘却する、祓い清めるなど、暴力的なスケープ・ゴート scape goat の手法が使われる。病気は外界、特に森の中から人間界を凝視 disṭi している悪霊が、人間の精神と肉体の脆弱性が高まった時に、身体に憑依してドーサを引き起こす。悪霊が身体に入ると三大体液の均衡を破壊して病気になる。病気治療には悪霊を身体から追い出すことが先決で、大規模で費用もかかる悪霊祓いのトウィルが有効だが、プーナー・マドゥワは比較的廉価な儀礼である。悪霊に供物を施して和めた後に、プーナーワが持ち込まれて邪悪なものを押し籠める。朝方

に、水辺へプーナーワを運んで破壊し、祓い浄める。早朝は悪霊が立ち去る時間である。悪・ケガレ・障りとどう付き合うかが問われる。プーナーワの儀礼は悪霊の騒ぐ時 samayama と終了時に行われ、常に悪霊の統御が意図されている。最終的には、非日常的な状態となった状況の場を元に戻す、回復する力、レジリアンス resilience の効果に関わっている。身体と自然の感応と浸透が基本にある。

　第二は呪術の行使を危険と認識していることである。セット・プーナーワの儀礼の重要な場面での赤布の使用は危険を意味している。ウァスとドスの詰まった壺は赤布を巻いて使用する。アワラーダ・プーナーワの儀礼では危険な状態であることを認識していて、敢えて転用して敵に罰を下す行為に振り向けるので、危険は倍増する。同様の事例として、内陸のバランゴダ近郊で見たアワラーダ・キリマドゥワ avalāda kiri maḍuva では、通常の手続きを全て反対に行って神を怒らせて罰を下す儀礼で、白布を使う場面に赤布を使用していた［鈴木 1996: 159］。神の怒りは危険に満ちたデーウァ・ドーサを引き起こす。また、文脈は異なるが、仏像の開眼供養 nāetra pinkama では、悪霊祓い師で絵画師でもあるベラワー beravā カーストが担当し、眼を入れる際に生ずる危険な力を統御する時に赤布を使用する。一般に、白が平安・浄・仏陀・神と関連し、黒は闇・不浄・悪霊と結び付き、赤は危険な力が満ちている状態を表す。一方、赤と白が対比的に使用される場合には身体の中の「熱い」「冷たい」状況と対応し、均衡を儀礼によって回復して健康を取り戻すことが意図される。デウォルは常に、赤、火、火渡りと関わりを持ち、危険の統御と反転が可能だと認識されている。そのためには地域性を踏まえて生み出された神霊や悪霊をより普遍化する論理が必要で、デウォルはそれに成功したと言えよう。

　第三は神霊や悪霊の根底に宿る自然の力との連関である。プーナーワには 12 のトーチが灯され、十二神、ドラハ・デイユーを祀る。木・石・岩・山・土・川・海・泉など自然の中に宿るものの集合霊で、特定の神名

は与えられていないのであろう。プーナーワの頂上部にはナーガ、つまりコブラが造形され、側面にはガラー・ヤカーが豹に乗った姿が描かれている。コブラと豹は共に森に住む「野生」のものの代表と考えられていて、自然界の「野生」の力を形象化したものがプーナーワであると言える。儀礼では人間界を再活性化するために、野生の力を形象化させて周期的に呼び起こし、再び自然界へ攘却する行為を行う。コブラは豊穣多産のイメージがあって女性の出産能力との関連が深く、大地の主と考えられている[35]。豹は起源譚で語られるクウェーニーの話に基づいていて、女の悪霊のヤッキニ yakkini が変貌した姿である。ウィジャヤがクウェーニーを統御したように、デウォルはパッティニを懐柔する。男性原理が自然と結び付きの深い女性原理を統御し操作し流用していくところに呪術が介在する。儀礼の最後に登場して、全ての危険なもの悪しきものを祓い清める悪霊、ガラー・ヤカーの出自も森での発生を説き、人間界と自然界の間で野生の力を統御する役割を与えられた媒介者である［鈴木 1986: 73–80］。神霊と悪霊の間にあって、自由自在に性格を変えられるので、人間界に持ち込まれた混乱を収束し回復させる役目を担うことが可能になる。基本的にはドーサという混乱や乱れを均衡状態の元に戻すことで、身体と自然が調和を回復する。呪術は境界領域における力の作用の統御と行使に関わるといえよう。

　第四は方向性が異なるが、秘められた供犠の意味付けである。気になるのは雄牛で、プーナーワは雄牛の角で壊される。あるいは雄牛の背中に乗せられて水辺に運ばれ、雄牛はその悪しき力で死んでしまうという伝承も残る。動物供犠に関わるヒンドゥー儀礼の諸要素が断片化し文脈を変えて意味付け直されたとみられるが、シンハラ人の儀礼での雄牛の使用は極めて少ない。プーナーワの儀礼では、雄牛は植物では冬瓜、南瓜、ココナッツ、祭具では豹の頭蓋骨や杵などと同様に、ドーサを転送するもの、障りなす要素を異界へ運び去る媒介物で、供犠に近い役割をする。文脈が異な

るが、仏教寺院で仏像の開眼供養に際しては、鎮座する土地神バイラヴァ Bhairava の祟りやドーサを避けるため、雄牛が土地神を和める目的で奉納され、ゴー・ダーナ go dāne（雄牛の布施）という。内陸に居住していたブラーマンに牛を布施し供犠によってあの世への移行をすみやかならしめる効果を期待したとも考えられる［鈴木 1996: 323］。ヒンドゥー儀礼が姿を変えたのかもしれない。葬式でも僧侶への布施をゴー・ダーナと呼ぶ地方がある。シーニガマのように南インドとの文化接触が積み重なってきた地域では、様々な要素が文脈の変換で呪術へと変貌する。

　第五は社会変動との連関である。シーニガマのデウォルの信仰は 1960 年代から高まりを見せ、1978 年の経済自由化を期に一層盛んになった。その理由は経済活動の活性化に伴う投機や裏切り、詐欺やだましなどが人々の不信感をかきたてたからである[36]。デウォルの場合は強い力を持ち、もし相手から呪い返しを受けても十分に対抗できるとされ信頼度は高かった。カタラガマの上昇も選挙の神や泥棒の守護神として不確実な要因を克服するとして盛んになったが［Obeyesekere 1981］、カダワラ Kadavara、スーニヤム Sūniyam[37]、ゲタバル Getabaru[38] など下位の神や悪霊の地位も上昇して現世利益の祈願を頼まれるようになった。宗教の枠組みを超える動きも盛んで、コロンボの地方、西海岸近くのチラウ近郊にあるムンネーシュワラム寺院 Munneśvaram の女神カーリー Kali[39] は、仏教、ヒンドゥー教、イスラーム教、キリスト教の区別なく信仰を集め、アワラーダなど呪術の依頼もある。神霊の動態化は個人の憑依が始まる契機であることが多く、不安や恐怖、大量殺戮、不幸の増大などの内戦下の不穏な情勢が背景にあると見られる[40]。

　1983 年に起ったシンハラ・タミルの民族対立は紆余曲折の結果 2009 年まで続いたが、内戦の間も、信仰は持続した。南部では JVP（Janatha Vimukhti Peramuna スリランカ人民解放戦線）が 1987 年から 1989 年にかけて反政府運動を繰り広げて、武装闘争とテロを行い残虐な殺人事件も

多く発生した。治安の悪化に伴う泥棒や殺人などの増加は、人々の精神を荒廃させ、デウォルの強い力にすがって、犯人への調伏であるアワラーダを頻繁に行う形を取らざるを得なかった。儀礼は一般公開の形で行われ情報を聞いて犯人が自首したり、盗品が戻ってくることもあった。一方、コディウィナは秘密に行われていた。

8. 呪術論

　シーニガマのデウォルに関しては、呪術の生成は異人観の形成と密接に連関していることがわかる。呪術は「境界性に満ちた場」に発生する呪力に求められ、祭司の力量は力の統御の技法に密接に関わり、神霊の観念は祈願の目的や意図によって変容する。呪術形成の根底にあるのは様々な関係性のあり方で、以下のように整理できよう。

① 文化系統の異なるもの相互の交流と接触
② 南インドのタミルやマラバールの人々とスリランカのシンハラ人の出会い
③ 外来と土着の宗教と民間信仰に絡む反発と融合
④ 祭場が海と陸に分かれ、善と悪の側面が分岐して島に負性が凝結
⑤ 生業形態の差違、海の商業民と陸の農業民、中間形態としての漁民の相互関係
⑥ 土地の権利を持たない商業民と定住志向の強い陸上の農耕民
⑦ 商業に関わる経済的な取引や交易に伴う相互間の投機と欺瞞
⑧ 共同体の内と外、共同体内部における差別化ないしはしるし付け
⑨ 移民の末裔の漁民カーストのカラーワやシナモンとりのサラーガマと在地民
⑩ コンタクト・ゾーンとしての外と内の非対称性に基づく想像力の発生

本稿は呪術とは何かを問うよりも、呪術は如何に語られるか、発生の場の条件は何かを歴史的な背景や社会変化の動態とからめて考察してきた。シーニガマのデウォルの神殿は 2004 年の大津波にも拘らず被害が最小限であったので、霊験は一層高まって呪術は隆盛を極めている[41]。地域的な信仰に支えられてきたデウォルを祀るシーニガマは、スリランカでは最も有名な呪術のスポットになっている。貨幣経済が浸透して現代化が進んでも呪術は一向に衰えを見せない。異種混淆の場こそ呪術の温床で、従来の慣行に囚われることなく、新たな生き方を模索する「智慧と実践」を生成する場になっている。

　近年の呪術論はグローバル化に伴う新自由主義の到来で、市場経済が過熱化し、富の偏在、貧富の差の拡大、格差の増大を生み出した状況を温床にして、想像力を活性化して呪術が再構築されてきたと指摘している［阿部他編 2007。白川他編 2012］。デウォルもその事例の一つであるが、スリランカの長期に亘る内戦での暴力の蔓延と人心の荒廃が影を落としている。そして、2009 年の内戦終結後に、開発独裁の政治体制への大転換、急激な経済成長、高度情報化という人間の通常の処理能力を大きく超える状態が引き起こされた。グローバル化による加速度的な変動は人々の妬みや恨みなど悪の意識を顕在化させ、社会矛盾の増大や人間関係の亀裂への新たな対応が迫られて、呪術も重要な選択肢の一つになった。現実の世界を均衡と調整の働きによって乗り切る試みは、不可視の神霊の世界を一旦経由することで、強制力を生み出す。呪術は急速に変化する現代の諸問題を照射し批判を加える。呪術は時代遅れの迷信ではなく、近代や脱近代の進行と共に増大した不確実性の時代を、自省的に生きる実践として評価し直す必要があろう。

注

1) 調伏と訳したが、シンハラ語ではサーパカラナワー sāpa karanavā（呪う、罵倒する、罵る）、やパリガンナワー pali gannavā（復讐する、報復する）ともいう。
2) デウォルは仏陀に帰依する神であるが、仏教の論理ではアヒンサー ahiṃsā、非殺生戒を守るべきであり、この行為は非仏教的と言える。デウォルは仏教的世界観を逸脱する。
3) ライオネル・ド・シルヴァ Lionel de Silva といい 1968 年から開始した。
4) 通常は農民カーストのゴイガマ goyigama 出身者が担うことが多い。
5) 南部地方では観音に比定される仏像が各地で発見されている。
6) 仏陀の前世として現れた過去二十四仏の一人である。
7) パッティニの名は、貞節、パティブラターワ (pativratāva) に由来し、処女神である。
8) サックラ神はインドラ神の仏教化した名称でスリランカの国土と仏教を守護するという。パーリ語はサッカ sakka である。『マハーワンサ』第 7 章 2 節～5 節（6 世紀初期）に記されている［Mahavamsa 1998］。
9) タミルの仏教叙事詩『マニメーハライ』Maṇimēkalai の主人公と類似した名称である。
10) 現在では、パッティニ信仰の本拠地になっている。
11) ヒンドゥーの神であるデーヴァ Deva の下位に位置付けられる眷属神をいう。
12) 790 年創建とされる。ヴィシュヌの本拠地とされ、神殿では従者にダディムンダとスーニヤムを祀る。後にアルットヌワラ、更にキャンディのマハー・デーワーレにも祀られた。
13) 天上界にある湖の名称で、仏教的世界観に基づいている。
14) デウォルの上陸を阻止したのは神や王で、現在では七か所で神殿に祀られているという。
15) タミルの叙事詩『シラッパディハーラム』の女主人公カンナギの話で重要な役割を演じ、後に祭具となった。
16) マラ王が豹のドーサを祓うためにコホンバー神を招いて行った［Seneviratne 1978］。
17) シーニガマではコーヴィラ kovila とタミル語風にもよばれる。
18) 1992 年からカプラーラがいなくなり、シーニガマの祭司が兼ねることになった。
19) 南部のマータラはスーニヤムを祀り、呪術的傾向が強まる。
20) 別称をバルメ・ネータヤ Balme netaya という。

21) マンガラ神は水牛に乗る狩猟神で最も古い土地神とされる［鈴木 1996: 155–157］。
22) 幾つかのテクストでは識 (cetavā, vijñnānāna) をも加える。
23) キャンディでは、マハーウェーリ・ガンガのゲタンベ・トタで早朝に行う。ナワガムワのパッティニ神殿の水切りでは祭司を雄牛にのせて川へ運んで実行する。
24) アワラーダとコディウナを共に邪術とする見解もある［Obeyesekere 1975］。
25) デス・キリーマ des kirīma ともいう。悪事を行うという意味である。
26) 島は伝承では 1930 年代までは陸地と近接していて歩いて行けたと言い、浸蝕の為に島となったという。調伏をかける専用の場所となったのは最近かもしれない。
27) 儀礼ではウァス・ドスと二字熟語が多用され、ドーサは複数形のドスが使われる。
28) インド栴檀のことで、英語名はニームである。
29) プーナーワの儀礼は複数回行われ、二回目は悪霊マハソーナ Mahasona に供物をあげた後で、カタラガマとデウォルに供物を捧げるムルタン・バナワー murutan banavā を執行する。サマヤマと呼ばれる悪霊の活動する時間帯が夜間に 3 回あり、ここに充当する。
30) ガラー・ヤカーは常に儀礼の最後に登場して清め祓いに絶大な効果を発揮する［鈴木 1986: 73–80］。
31) 十二神の一つで悪霊を統御するとされ、内陸のアルットヌワラ Alutnuvara が本拠である。
32) 呪いを返す時も同様のやり方で、プフルと呼ばれる冬瓜に相手の姿を描き、急所の五か所に棘を打ち込む。呪いを切る儀礼のコディウィナ・ケピーマ koḍivina kāpīma では悪霊祓い師のカッタンディヤーが墓場に赴き、墓石の上に横たわって、自分の腹の上に冬瓜を置き、呪いをかけられた当事者が包丁で切ると、敵に呪いが返るという。悪霊に捧げる人身供犠の様相もある。
33) 高地シンハラのコホンバー・カンカーリヤ儀礼の由来譚と類似する。十二神も祀る。
34) ウェッダーについては、［鈴木 2008］参照。
35) 仮面劇のコーラムに登場するナーガ・カンニャー Nāga Kaññyā（コブラの処女神）も起源神話では大地からの生成を説く。
36) アワラーダの依頼者の数は 1 か月あたり 1970 年 60 人、1975 年 150 人、1980 年 300 人、1985 年 400 人、1990 年 500 人、1994 年 600 人であった［Feddema 1997: 207］
37) フーニヤム Huniyam ともいい、内陸ではダディムンダの従者とされる。沿岸部のウナワトゥナとパーナドゥラではデウォルを守る神で、1980 年代に憑依 aveśa で人気が高まった。
38) カダワラは広く一般の信仰の対象でデウォルの従者、スーニヤムは土地神だがコ

ディウナに強く関わる。ゲタバルはカタラガマ（スカンダ、ムルガン）の暗い面を持つ神である。
39) カーリーはヒンドゥーの女神だが、威力あるものとして広く信仰されていて、現世利益を願うと共に、敵に危害を加える願い事も受け付ける［Obeyesekere 1975］。
40) 社会変動と神霊観の変容や憑依の興隆については、［Kapferer 1997、Brow 1996］が詳しい。
41) 津波に関しての奇跡譚はカーリー女神、仏陀、マリヤなどに関して各地で伝えられ、神像や仏像の建立も盛んに行われた［高桑 2012］。

参考文献

阿部年晴・小田亮・近藤英俊編　2007『呪術化するモダニティ―現代アフリカの宗教的実践から―』風響社。

白川千尋・川田牧人編　2012『呪術の人類学』人文書院。

鈴木正崇　1986「スリランカの悪霊ガラー Garā についての考察」『民族学研究』日本民族学会、第 51 巻 1 号、73–80 頁（鈴木 1996 に再録）。

―――　1996『スリランカの宗教と社会―文化人類学的考察―』春秋社。

―――　2000「仮面と境界―スリランカの場合―」『アジアの仮面―神々と人間のあいだ』（廣田律子編）大修館書店、215–254 頁

―――　2008「ウェッダー―スリランカの先住民の実態と伝承―」『南アジア』［講座世界の先住民族　ファースト・ピープルズの現在　第 3 巻］（金基淑編）明石書店、192–212 頁。

―――　2011「スリランカの女神信仰―パッティニを中心として―」『アジア女神大全』（吉田敦彦・松村一男編）青土社、327–344 頁。

高桑史子　2012「浜の仏陀像とカーリー女神―インド洋津波後のスリランカ南岸村の変化―」『人文学報』453 号、首都大学東京、1–18 頁。

Brow, James. 1996. *Demons and Development. The Struggle for Community in a Sri Lankan Village*, Tucson: The University of Arizona Press.

Feddema, J. P. 1997: "The Cursing Practice in Sri Lanka as a Religious Channel for Keeping Physical Violence in Control: the Case of Seenigama", *Journal of Asian and African Studies*, Vol.32, No.3-4, pp.202-222, Leiden: E. J. Brill.

Gunasekera, U. Alex. 1953: Puna Maduva or Scapegoat Idea in Ceylon, *Spolia Zeyl-*

anica, 1, pp.63-74, Colombo: National Museum of Ceylon (Sri Lanka).

Kapferer, Bruce. 1997: *The Feast of the Sorcerer: Practices of Consciousness and Power*, Chicago: University of Chicago Press.

Mahāvaṃsa: Great Chronicle of Ceylon, Wilhelm Geiger (Translator), Delhi: Asian Educational Service, 1998, 1912 (Facsimile).

Obeyesekere, Gananath. 1975: "Sorcery, Premeditated Murder, and the Canalization in Sri Lanka", *Ethnology*, Vol. XIV, No.1, pp.1-23.

―― 1981: *Medusa's Hair: An Essay on Personal Symbols and Religious Experience*, Chicago: University of Chicago Press（『メドゥーサの髪―エクスタシーと文化の創造―』（渋谷利雄訳）東京、言叢社、1988）.

―― 1984: *The Cult of the Goddess Pattini*, Chicago: University of Chicago Press.

Paranavitana, Senarat. 1953: *The Shrine of Upulvan at Devundara*, Memoirs of the Archaeological Survey of Celon, Vol.6, Colombo: Ceylon Government Archaeological Department.

Rājāvaliya: Historical Narrative of Sinhalese Kings, B. Gunasekara (Translator), Delhi: Asian Educational Service, 1996, 1900 (Facsimile).

Senevitarne, Anuradha. 1978: "*A. Kohoṃbā Kaṅkāriya: A Traditional Folk Ritual in the Hill Country of Sri Lanka*", in Prematilleke, L., Indrapala, K., and Van Lohuizen de Leeuw, J. E., (eds.) Senarat Paranavitana Commemoration Volume 1, pp.204-214, Leiden: E. J. Brill.

Shilappadikaram (The Ankle Bracelet): Prince Ilangô Adigal (Author), Alain Daniélou (Translator), New York: New Directions Publishing, 1965（『シラッパディハーラム―アンクレット物語―』（彦坂周訳）きこ書房、2003）.

Wirz, Paul. 1954: *Exorcism and the Art of Healing in Ceylon*, Leiden: E. J. Brill.

プロテスタント宣教師の見た「呪術」と現地社会
―― ヨハネス・ワルネック著『福音の生命力』をめぐって ――

木 村 敏 明

1. はじめに

　本稿では、オランダ統治時代のスマトラで19世紀から20世紀にかけて活動したプロテスタントの宣教師の著作をとりあげ、そこにみられる「呪術」概念の意味について彼らの活動との連関でとらえることを試みる。
　このころはちょうどマックス・ミュラー、エドワード・タイラー、ジェイムズ・フレイザーらの手によって世界各地の宗教現象に関する比較研究が行われる中、さまざまな宗教学の基本的諸概念が形成されていった時代でもある。そのような先学たちが研究を進める上で、キリスト教宣教師たちによる現地社会の報告が有力な情報源となっていたことはよく知られている。
　一方、そのようにして形成された宗教学的諸概念は、宣教師たちにとってどのような意味をもったのであろうか。宣教師たちはキリスト教を広めるため異文化、異宗教の中に立って日々働いていた。宣教の現場はそのまま異文化接触の現場でもある。そのような場において、宣教師たちが対象地域の宗教を理解し、そこに働きかけるためのツールとして宗教学的概念はどのような役割を果たしたのか。本稿ではインドネシアにおけるプロテスタント宣教が最も成功をおさめた地域のひとつ、スマトラのトバ・バタック地域で活躍した一人の宣教師の著作を用いながら考察していくこと

にしたい。

2．19世紀のスマトラとバタック宣教

　トバ・バタックへの宣教はどのような背景のもと、どのような人々によっておこなわれたのであろうか。本稿のはじめに、まずこの点を概観しておきたい。

　19世紀のはじめ、スマトラ島中央高原周辺では大きな政治的社会的変動がおこりつつあった。まず、その利権をめぐるイギリスとオランダの長い駆け引きの帰趨が決したのがこの時期である。1602年に設立されたオランダ東インド会社はスマトラ島でもパダンやパレンバンを拠点としつつ貿易の拡大を目指していた。一方イギリス東インド会社も1685年にスマトラ西岸のベンクーレンに基地を設置し、やはりスマトラへの進出をめざした。スマトラにおける両国のつばぜり合いは18世紀に入ると複雑な西欧情勢を背景として一進一退の様相を呈する。そのような中で、1818年にはトーマス・スタンフォード・ラッフルズが総督としてベンクーレンに赴任し、スマトラを含めたインドネシア全域におけるイギリスの利権拡大を画策した。しかし、彼の試みは1824年、本国政府がオランダとの間で条約を結んだことによって頓挫してしまう。この条約をもってアチェ王国を除くスマトラの全域がオランダの勢力下におかれることとなった。

　列強の勢力争いが続く中、スマトラ北部も大きな変動のうねりの中にあった。1821年にワッハーブ派の思想に影響されたムスリムによって西岸のミナンカバウ地方で宗教改革運動がおこり、慣習法を重視するグループとの間でパドリ戦争が勃発した。オランダ植民地政府が慣習法派の求めに応じてこの戦争に介入するにいたって戦火はさらに拡大し、各地の有力者や周辺の民族集団をも巻き込んで複雑化していった。その余波はミナンカバウ地方の北部に位置するバタック地方にも及ぶ。当時この地を旅行し

たアンダーソンの記録には、バタック地方各地の首長がそれぞれの側について争いを繰り返していたことが記されている［Anderson 1971 (1826): 16, 26］。戦闘は、1837年に改革派（パドリ派）の指導者イマム・ボンジョルがオランダ軍によって捕えられることで一応の終結をみたが、その影響は大きかった。

　このような不安定な情勢の中、スマトラの植民地化に野心を抱いたイギリスやオランダの後援をえて、スマトラ中高地のバタック地方における本格的なキリスト教宣教は開始された。しかしそれらの活動はすぐには成功を収めることはできなかった。1820年代に宣教を試みたイギリスバプティスト宣教協会 Baptist Mission Society of England はパドリ戦争による情勢の悪化で撤退を余儀なくされた［Pedersen 1970: 49］。初の和訳聖書とされる『約翰福音之伝』（1837年）を後に刊行することになるギュツラフ Karl August Gützlaff がオランダ宣教協会 Nederlands Zendelinggenootschap の宣教師としてスマトラを目指したのもほぼ同時期の1827年であったが、同様にパドリ戦争の混乱のため活動を断念してバタビアにとどまった［Pedersen ibid., 海老沢 1964: 93］。1834年には、アメリカ海外宣教協会 American Board of Commissioner for Foreign Mission のライマン Henry Lyman とマンソン Samuel Manson がニアス島からスマトラ島西岸に上陸し、内陸のトバ湖をめざしたがその途上で殺害されている[1]。

　また、このころからイスラム勢力を刺激することを恐れたオランダ植民地政府はキリスト教の宣教活動に対して消極的な姿勢をとるようになり［Kipp 1990: 32f］、1855年の東インド政庁法令123条ではキリスト教の宣教活動に対して総督の許可をその要件とするよう定められた［Vandenbosch 1933: 234］。このような情勢下、バタックに対する直接の宣教活動はしばらくの間下火となった。一方オランダ聖書協会 Nederlandsche Bijbelgenootschap によってスマトラ西岸のバルスへ派遣されたファン・

デル・トゥーク Herman Neubronner van der Tuuk はバタック語の研究をすすめ、1853 年にはバタック文字を用いたバタック語訳「創世記」［van der Tuuk 1853］がオランダで出版されている。

バタック地方への宣教活動に再び本格的に取り組んだのは、ボルネオにおけるダヤックへの宣教が、ダヤックの反乱をきっかけとしたオランダ政府の活動制限によって頓挫し、新天地を求めていたドイツのライン宣教協会 Rheinische Mission Gesellschaft であった［Warneck 1901: 286, Pedersen 1970: 55］[2]。1861 年に開始されたその活動には、翌年ノメンセン Ludwig I. Nommensen が加わり、彼のリーダーシップのもと内陸トバ地方における直接宣教が目指された。ノメンセンは一方で、バタックの慣習法のうち反キリスト教的ではないと判断した部分を温存し最大限利用するとともに[3]、他方抵抗運動に対しては当時スマトラの軍事的支配を強化していたオランダ政庁の武力を借り、比較的短い期間のうちにバタックへのキリスト教宣教を軌道に乗せた。

抵抗勢力の中でノメンセンらが最も手を焼いたのは、シシガマガラジャ 12 世に由来しその顧問であった呪術師グル・ソマラインによって広められたパルマリム運動であった。この運動は本稿での議論と関わりがあるためここで多少説明を加えておきたい。シシガマガラジャはその強力な呪力によりバタック地方に広い影響力をもった「祭司王」である。バタック地方での宣教活動をしばしば妨害したため、1887 年、ライン宣教協会は植民地政府に軍事的支援を要請、いわゆるシシガマガラジャ戦争が勃発した。しかし近代的装備のオランダ軍の前にシシガマガラジャ軍はなすすべなく破れ、彼自身も 1907 年に逃亡先のダイリ地方で射殺され、戦争は一応の幕引きを迎えたのである。だが、その戦火のさなかにあった 1890 年、彼の顧問であった呪術師グル・ソマラインによって一つの宗教運動が興される。パルマリムと呼ばれるその運動でシシガマガラジャは「エホバの神」、イエス、バタックの神々と共に崇拝対象とされた。ソマラインの

運動は植民地政府によって危険視され、彼は 1895 年に逮捕されてジャワ島へ追放されたが、パルマリム運動はその後もバタック地方でひっそりと生き延び、今日にまで至っている。

その後、1911 年までに 103,528 名のバタックがクリスチャンとなったとされ [Warneck 1911: 282]、1931 年にはライン宣教協会の影響下にあったバタック地方の諸教会が「バタック・プロテスタント・キリスト教会（Huria Kristen Batak Protestant = HKBP）」という名称で統一会派として植民地政府の承認をうけた。この HKBP 教会はその後幾度かの分裂を経験しつつも、今日なお 400 万を超える会員を擁するインドネシア有数の教会である[4]。

3．ライン宣教協会とワルネック父子

ライン宣教協会の思想と活動に大きな影響を与えた人物として、グスタフ・ワルネック（1834-1910）の名前を無視することはできない。グスタフ・ワルネックは、ドイツの神学者であり、プロテスタントにおける宣教学の定礎者ともされている人物である。彼は 1871 から数年の間ライン宣教協会の神学校で教鞭をとった経験をもち、著作中でもたびたび宣教協会の活動を宣教のモデルケースとしてとりあげている。

このグスタフ・ワルネックの宣教思想の根幹には、キリスト教を「生命 Leben」の宗教とする見方がある。すなわち、宣教とはキリスト教を知らない人々に対し、真の生命であるキリスト教の福音を伝えることに他ならない。しかしそれは何もない大地に植樹をするような作業ではない。受け手側の社会の中にもその真の生命を受け止める「種子」が息づいている。そのため、様々な民族はその有機的なまとまりを破壊することなく、保ったままキリスト教化されねばならない。その社会組織や慣習の中にこそ、真の生命に接続することができる生命の種が生きているからである[5]

[Warneck, G. 1897: 278-304, Aritonang 1994: 82]。このようにして、それぞれの民族がそれぞれの有機的まとまりを保ちながら形成した自律的な教会のことを彼は「民族教会 Volkskirche」と呼ぶ。彼にとって、世界中の各民族がこの民族教会を形成することこそが宣教活動の究極的な目標に他ならない。1898年に初版が発表されたプロテスタント宣教史の巻末近くにおいて、これまでのプロテスタントの宣教を総括した後、彼は次のように問いかけている。

> もし宣教の目的がばらばらな多数の個人の回心ではなく、自律した民族教会の設立であるとしたら、つまり自給自足し、自らを統治し、自らを広め、外部からの援助を必要としない教会の設立であるとしたら、今日の宣教者たちはその目的を既に達成したと言えるだろうか？
> [Warneck, G., 1901: 348]

まるでこの声に呼応するように、10年後の1908年に発表された著作で、民族全体を対象とした宣教活動が世界各地で成功しつつあることを高らかに宣言したのが、グスタフ・ワルネックの息子、ヨハネス・ワルネックである。

> 宣教活動は（大勢の個人による回心、筆者註）ということを超えた成果をあげた。コル、カレン、バタック、ニアス、ミナハサのアルフル、ワガンダ、バストス、多くの南海諸島の部族は、福音が民族の全体を完全に変えて、偶像崇拝から救い出す力を持つことを証明した。
> [Warneck, J. 1908: 1]

さらにその流れは、とりわけ東インド諸島において、グスタフが理想とした「民族教会」の設立へと結実しつつあるとヨハネスは考えた。

宣教活動は、スマトラ、ニアス、セレベス、アンボン、ハルマヘラなどインド諸島全体で行われ、部分的には異邦人クリスチャンの民族教会 heidenchristliche Volkskirche の形成に至っている。[Warneck, J. 1908: 8]

ヨハネス・ワルネックは、1867 年にグスタフ・ワルネックの子としてザクセン地方のドンミッチュで生まれた。ハレの神学校を卒業した後、1892 年、父も関わっていたライン宣教協会の宣教師となったが、理論家の父とは異なって宣教現場での活動を志し、スマトラのバタック地方に派遣された。バタック地方では、上述のノメンセンをサポートしつつ、宣教活動を軌道に乗せるために大きな貢献をした。その後 1906 年にハレ大学神学部教授に迎えられて一旦帰国し、しばらくは研究と後進の指導に専念していたが、1918 年にノメンセンが死去するとその 2 年後再びバタック地方に戻り、二代目の監督官 Ephorus として宣教活動の指揮をとった。バタック・クリスチャン・プロテスタント教会が公式に設立されたのはこの時期にあたる。その後 1932 年まで監督官を務めたのちに再び帰国し、ライン宣教協会の会長を数年勤めるなどし、1944 年 9 月に死去した [Warneck, J. 1938]。

　一度目の帰国中に、ヨハネス・ワルネックはスマトラでの宣教活動をもとに二つの重要な著作を発表している。1908 年の『福音の生命力―アニミズム的異教徒の中での宣教経験 *Die Lebenskräfte des Evangeliums – Missionserfahrungen innerhalb des animistischen Heidentums*』と、翌年の『バタックの宗教―インド諸島におけるアニミズムの一範例 *Die Religion der Batak –Ein Paradigma für die animistischen Religionen des Indischen Archipels*』がそれである。後者の『バタックの宗教』は、バタック地方の人々の宗教生活を扱った民族誌的研究として名高い。この著

作でヨハネスは当時の西欧における宗教学・人類学の研究をふまえてバタックの宗教とりわけその霊魂観を「アニミズム」という枠組みで見事に記述して見せた。そのことが当時の西洋の多くの宗教学者、人類学者たちの関心を大いに引き、彼の著作は当時の学者たちに広く読まれ、引用されている。

　一方の『福音の生命力－アニミズム的異教徒の中での宣教経験』は、同様に「アニミズム」を鍵概念としながら、むしろ宣教師としての視線から異教徒のなかにおける宣教活動のノウハウを論じたものである。同書を書いた動機として、ヨハネスは自らの自伝の中で次のように述べている。

　　次のような疑問がうかんだ。宣教師たちが福音を伝えるためにどのように異教的宗教の知識を利用すればよいのか？　宗教や慣習や民族気質に由来するどのような障害があるのか？　どのような道を通って神は頑なな異教徒へと近づかれるのか？　改宗した異教徒は何を受け取ったのか？　彼らはまだ何をもたず、それをもつことができるのか？　それは何故？　私の知る限りそのような問題は体系的に追及されていなかった（中略）最初は問題と資料の大きさに圧倒されてしまったが、次第に一本の線が現れてきた。そうして私の著作『福音の生命力』ができあがった。［Warneck, J. 1938: 163］

自らの経験をもとに宣教をめぐるさまざまな疑問に答えようとしたヨハネスを導いていった一本の線が、表題にも含まれるキーワード「生命力」である。先述のようにヨハネスの父グスタフ・ワルネックはキリスト教を「生命」の宗教であると説いた。「生命力 Lebenskraft」という概念は、何より彼が父グスタフの宣教論の影響を受けていたことを示している。ヨハネスによれば、宣教師が宣教の現場で直面する様々な問題は、福音の「生命力」がいかにその場所で働いているかを理解することで解決される。ヨ

ハネスは『福音の生命力』の冒頭で次のように述べる。「福音を説くことによって生命力が異教徒の世界に持ち込まれ、働き始める。これらの生命を呼び覚ます福音の力 diese lebenweckenden Kräfte des Evangeliums とは何か？」[Warneck, J. 1908: 3] この点でヨハネスは父グスタフの神学を継承しているといえる。

しかし彼には父にはない宣教の現場での経験があった。福音がもたらす「生命力」は現場において、しか「宗教学的関心をもった宣教者」によるアニミズム的異教の「観察」を通して明らかにされるべきものであった[ibid: 8]。このように自らの試みを、学術的研究と接続していこうとする志向は、父グスタフにはみられないものであった。ヨハネスは自らのプロジェクトを自然科学、中でも物理学に比べてさえいる。

> 力そのものは、自然科学者の研究においても謎であるが、彼らはそれに正確な観察によってアプローチする。ちょうど自然の王国において一定の現象を一定の力にまでたどることによって、その現象に関するより完全で正確な記述をすることができるように、神の王国においても、実際の力の作用を観察することは、それらの背後にある力のより厳密な探究の役に立つことであろう。[ibid: 3]

『福音の生命力』は、宣教の現場を宗教学的な概念を用いて記述しながらその中で「生命力」がいかなる仕方で働き、それをいかに利用していくことが宣教活動を成功に導いて行くかを論じたたいへんユニークな著作であるといえる。

4．抑圧する「アニミズム」

ヨハネス・ワルネックは東インド諸島の宗教を「アニミズム」という概

念で理解しようと試みた。このことは上で述べた初期の二部作のもう一方、『バタックの宗教―インド諸島におけるアニミズムの一範例』でも共通している。「アニミズム」概念はすでにウィルケンらによってインドネシア宗教についての議論で盛んに用いられていた。しかし、ヨハネスが依拠していたのは当時のインドネシア宗教研究の最先端であったクロイトのアニミズム論である。クロイトはヨハネスの著作に 2 年先立つ 1906 年に『インド諸島のアニミズム Het Animisme in den Indischen Archipel』を発表し、インドネシアのアニミズムに対する従来の見解を大きく転換させる概念を提示していた。クロイトによれば、

> インドネシアの宗教的観念に関する研究によって、我々は二本の線をみいだすことができる。ひとつは、本来的なアニミズムの観念、全自然を満たす霊質 zielestof の観念である。その観念は、それが人格化された際にも、なお非人格的な性質をそのうちにとどめ、死後再び他の物体に生命を与える（輪廻）。今ひとつは、霊魂崇拝 Spiritisme の観念、来世において自立的に生き続ける霊魂の観念である。それは恐れられ、そしてそれゆえに崇拝される。[Kruijt 1906: 4]

クロイトはインドネシアに広く見られる霊魂観の特質を、その生命の源泉たる非人格的な力という性質に見て、シャントピー・ド・ラ・ソーセイの助言のもと [ibid: 2] それを「霊質」と名づけた。ヨハネスはこのクロイトの著作にいち早く注目し、「宣教師クロイトがインド諸島のアニミズムに関する徹底した学問的説明をおこなった。この研究はその問題に関心がある者にいくら薦めてもたりないほどだ」[Warneck, J. 26-27] と述べている。ここには彼が宗教学、とりわけアニミズム理論の最新の動向に目配りをしていたことがうかがえる。

　もちろん、ヨハネスにとって「アニミズム」は単に特定地域における宗

教現象を切り取って記述するための記述的概念ではなかった。それは宣教活動という目標をもって対象社会を分析するための枠組みだったのであり、そのために対象への価値的な判断を含んだものであった。ところが、ヨハネスによるアニミズムに対する評価は、この著作の中で一貫しているとは言いがたい。ある箇所でそれを称揚するかと思えば、別の箇所では激しく非難している。しかしヨハネスの議論をよく読んでみると、この触れ幅が単なる彼の気まぐれではないことがわかってくるのである。この点は後に取り上げる「呪術」概念とも関わってくるため、やや詳しく論じてみたい。

では、彼が理解している「アニミズム」とはどのようなものであるのか。ヨハネスはそれを定義して次のように述べている。

> 我々はアニミズムという言葉を、現代の宗教学によって用いられる最も広い意味においてとらえる。……アニミズムは未開人の哲学とでもいうべきものであり、それによって未開人は自分にとって関心がある範囲の世界像を作り上げることができる。そこでは生きた人間の霊魂だけではなく、すべての生き物、有機体が霊魂に満ちている。生命のない対象にもそれは霊魂を、正確には霊質 Seelenstof を帰属させる。この霊質は崇拝の対象となる。霊質は全宇宙の霊すなわち尽きることない霊質の貯蔵庫から人間、動物、植物、金属、道具、家などに流れ出てくる。この霊質を分かち持つものは価値があり有益である。アニミストにとっての重要な問題は、いかにして彼自身の魂を、彼を取り巻く魂そしてその力—それは一部危険であり一部有用である—と、彼にとっての危険性を最小に利益を最大にするよう関係させるかである。私の魂を守り、豊かにするにはどうすればよいだろうか。それがアニミストのカテキズムの要となる問いである。[ibid: 26]

この引用部分は大きく二つに分けることができよう。「それによって未開人は」から「家などに流れ出てくる」までの部分（以下「前半」と記述）と、それ以降（「後半」）の部分とである。

　まず「前半」では、アニミズムを「未開人の哲学とでもいうべきもの」であり、それによって彼らは身の回りの世界の「世界像」を作り上げることができるのだと述べられている。そしてそれは、霊質の貯蔵庫たる全宇宙の霊から流出した霊魂あるいは霊質が、人間だけでなくあらゆる生物・無生物に宿るとする見方だとされている。ここではヨハネスのアニミズム定義のもつこのような側面を「世界観としてのアニミズム」としてまとめておくことにする。

　一方「後半」では、その霊質をもつ対象が人々によって価値あるもの有益なものとみなされており、彼らの最大の関心はその霊質の力を最大限に活用して自分の魂を守り、豊かにするかという点にあるとしている。この部分ではアニミズムが人々のいかなる行動を導くのかという価値的な側面に光が当てられており、ここでは差し当たり「エートスとしてのアニミズム」と呼んでおきたい[5]。

　このような「世界観としてのアニミズム」と「エートスとしてのアニミズム」の区別を念頭に置きながらヨハネスの議論を読んでいくと、ヨハネスのアニミズムに対する評価が、その二つの側面に関し全く異なっていることが分かる。ヨハネスは「世界観としてのアニミズム」を次のような言葉で賞賛している。

　　アニミズム的異教について学べば学ぶほど、それが非文明人、食人族や首狩りをする人々のもとに見られるとは夢にも思わなかったすばらしいシステムであることに驚かされる。（中略）奇妙な観念の世界は、コンパクトな自然の哲学として我々の眼前に現れる。文明化されていない人間が知識への生得的な愛を持ち、世界の謎と力に合理的にアプ

ローチすること、そして超自然的なものを理解することへの欲求を感じることに素直に驚かされる。[ibid: 77]

「コンパクトな自然の哲学」としてのアニミズム、そしてとりわけその背後にある人々の真摯な知識への欲求、これらはいずれもヨハネスにとって賞賛に値するべきものとみなされていた。一方、アニミズムの別の側面を論じるとき、ヨハネスは同じ人物の手になるとは思えないほどの激しさでそれを非難している。

> この恥知らずさと愛のなさはその根拠をアニミズム的宗教に持っている。(中略) アニミズムは一つのシステムにまで高められた自己中心性 Selbstsucht である。アニミストにとっての第一の戒律は天上地上の誰しもと競い、努力して自分自身の霊質を保ち、増やすことである。他人の霊質を奪い取って自分自身のものを豊かにすることは、得をすることなのでよいことである。[ibid: 128]

世界像としてのアニミズムに高い評価を与えたヨハネスであるが、そのアニミズムが人々に喚起する生き方という面、すなわちそのエートスとしての側面には厳しい評価を下している。自らの霊質を豊かにすることを第一の目標とするアニミズム的生き方は、システムにまで高められた「自己中心性」だ、とヨハネスは述べる。また、別の部分では次のようにも述べている。

> アニミズムの最大の過ちは、それが地上の生活を最高善として評価する点にある。バタックは「人は米を食らうために生まれたのだ」と言う。彼らの欲求は栄養と幸福を超えることはない。[ibid: 135]

この箇所では、「人は米を食らうために生まれた」というバタックの野卑を気取った通言を槍玉に挙げ、アニミズムのエートスが徹底的に現世的なものであることを批判している。このように「世界観としてのアニミズム」とは対照的に、「エートスとしてのアニミズム」は現世的で自己中心的な性格を持ち、人々や社会に対して害悪をなすと考えていた。

　ヨハネスによれば、このようなアニミズムは人々に様々な悪しき慣習を植え付け、行わせる。

> アニミズム的観念の世界は、人身供犠、カニバリズム、魔女狩り、（中略）を生む。これらはすべて自分の魂を豊かにするためおこなわれるのだ。異教徒は誰でもこれらをすることで過ちを犯しているとは認めないだろう。（中略）死者への供犠、アフリカの専制君主の死に際しての大量の殉死、アニミズム的異教で行われる他の恐ろしい出来事は、粗暴な気まぐれによっておこなわれた単独の行動ではない。それらはシステムにあらかじめ組み入れられている。それらは誤った宗教性の自然で必然的な表現なのである。［ibid: 132］

もちろん、上で述べたように、「世界観としてのアニミズム」に表現された知的欲求をヨハネスは高く評価する。しかしそれが含み持つエートスの害悪はその利点を考慮しても余りあるものだという。彼の言葉を借りれば、「過去何世代にもわたってなされた苦闘が化石化してしまい、後の世代に対する呪いとなってしまっている」［ibid:78］のである。

5．「呪術」のもつ可能性

　以上で検討してきたように、ヨハネス・ワルネックはアニミズムに「世界観としてのアニミズム」と「エートスとしてのアニミズム」の二面性を

見出し、前者を純粋な知的好奇心に根ざしたコンパクトな自然哲学として評価しつつ、後者の含む自己中心的、現世的価値観を批判したのであった。しかもその有害な価値観は化石化して硬直すると、知的な好奇心さえも抑圧して、アニミズムは後の世代に対する呪いにまでなってしまうのだという。

次に本稿のテーマである「呪術」概念に目を移すと、ヨハネスはこのアニミズムを構成するひとつの要素として「呪術」を捉えていることが分かる。結論を先取りすれば、ヨハネスにとって「呪術」は、アニミズムシステムにおける最も醜悪な部分でありつつ、そこにこそキリスト教の信仰につながる光を見出すことができる要素であった。以下、具体的にヨハネスが「呪術」概念でいかなる対象をいかに意味づけていったかを考察していきたい。

ヨハネスが『福音の生命力』において「呪術 Zauber/Magie」概念をもちいるとき、最も多いのは「呪術師 Zauberer」という形での使用であった[6]。ヨハネスがこの語で示しているのは、トバ・バタック社会にみられる「ダトゥ Datu」という宗教職能者のことに他ならない（図1）。ダトゥは諸霊との交信の能力や神秘的知識を持つと信じられ、それらの能力や知識に基づいて病気治しなどのまじない、占い、儀礼における祭司などをつとめる人物である。伝統的な村落では首長に告ぐ地位をしめ、首長その人がダトゥであることも珍しくはない［Loeb 1935, Marbung & Hutapea 1987］。ダトゥの神秘的な知識はしばしば「呪術の書 pustaha laklak」という木の皮を用いた書物に書き留められた（図2）。その内容を分析した山本春樹によれば、これらのダトゥがおこなっていた主な呪術は、外敵に向けられた「攻撃呪術 pangulubalang」、月日で幸凶を占う「占い parhalaan」、敵や悪霊の攻撃をかわす「防御呪術 pagar」、形代を用いた porsili に代表される「治療呪術」として異性を魅惑する「恋愛呪術 dorma」などがあるという［山本 2007］。山本が指摘しているように、こ

図1 祈りをささげるダトゥ（1998年筆者撮影）

図2. バタックの「呪術の書」（筆者撮影）

れらの呪術師はキリスト教会の弾圧を受けて村落社会の公的な場面からはほとんど姿を消したが、今日でもなお活動を続け、個人的な悩みなどに応える呪術師も少なくない。また、スハルト政権崩壊後、地方文化の復興の

流れの中で呪術師の存在を再認識しようとする動きも見られる。

　さて、ヨハネスの記述に戻れば、彼はこの「呪術師 Zauberer」がアニミズム・システムにおける搾取者であると考えていた。

>　呪術師はバタック人を支配している。彼が要求するものは何でも支払わねばならないし、彼が計画したことは何でも実行されねばならない。なぜなら彼は、霊魂を捉えたり離すことによって生きている者の霊魂を傷つけたり強めるやり方を知っているからである。[ibid: 115]

呪術師は生きている人間の霊魂を傷つけたり強めたりする特殊な知識と技術をもつと考えられていた。いわば彼らは、自分自身の霊質を保ち、増やすことを至上命題とするアニミズムのエートスが浸透した社会にあって、最強のテクノクラートとして君臨する存在なのである。

　もちろん人々は何も唯々諾々とこの搾取者に従っているわけではない。しかしそれでも彼らが呪術師の影響から逃れられないのは、アニミズムに裏打ちされた彼らの神秘的な技術を恐れているからである。

>　彼らは呪術師が、利益のためには人をだます悪党だと知っているし認めている。しかし彼らはその神秘的な技術を恐れ、その影響から逃れることができるとも、逃れようとも思わない。[ibid: 89]

このようにヨハネスは呪術師のおこなう呪術こそ、自己中心的で現世的なエートスとしてのアニミズムに根ざしたアニミズムの暗黒面の具現と見なすのである。

　このような呪術師の中でも最悪のペテン師としてヨハネスが批判するのが、前述のキリスト教への抵抗運動を組織して逮捕されたグル・ソマラインである。

> 14年前、バタックの地にグル・ソマラインという驚くべき嘘つきが現れた。彼は異教、マホメット教、プロテスタント、カトリックの幻想的な混合物を身にまとっていた。彼は自分についてばかばかしい託宣を表し、自分が奇跡を起こす者であると宣言した。彼はもっとも卑俗なたぐいの嘘つきだった。クリスチャンのバタックは彼をばかにしたが、何千もの異教徒が彼のもとに走った。彼らはよろこんで彼にお金や家畜を差し出した。(中略) 今日、彼の予言はすべて間違っていたことが分かり、彼はオランダ植民地政府に罰されたが、なお多くの信者が彼に従っている。[ibid: 89-90]

ライン宣教協会と直接ことを構えたグル・ソマラインとパルマリム運動だけに、ヨハネスの言葉は激しい。呪術師に対するヨハネスの辛らつな評価の背後にはこのパルマリム運動に長年悩まされてきたヨハネスと宣教協会の経験があるのかもしれない。

　しかし、ヨハネスは非常に逆説的な仕方で、このような「呪術」の中にこそ人々をアニミズムから解放しキリスト教の受容に向かわせる鍵が潜んでいると主張する。すなわちそれが現世的で自己中心的な幸福の追求であればこそ、やり方によっては呪術師たちの力を上回る「福音の生命力」の優位性を気づかせるきっかけともなるというのである。

　ヨハネスはしばしば宣教師たちが呪術師と見なされるという事例をとりあげている。

> 宣教師シモン[7]は、バンドル(スマトラ東岸)で井戸を掘ったことに関連して、力ある呪術師であると思われた。ニアス人[8]たちは、宣教師たちが強力な呪術の手段をもっているが、隠しているのだと信じていた。[ibid: 144]

また、宣教師がおこなう治療行為が呪術として受けとめられる例も報告している。

> 宣教師のところに薬をもらいに来る異教徒は、必ず病人がどのような食べ物をとってはいけないか尋ねる。宣教師は呪術師と見なされているので、そのようなとき霊魂が嫌う食べ物の種類を知っていると考えられるのである。[ibid: 39]

ヨハネスはこのようなアニミズム信者たちによるキリスト教理解を、単なる笑い話や挿話として書いているわけではない。彼はここにアニミズムから人々を解放するための鍵があると指摘している。以下の引用文ではそのことが端的に述べられている。

> 悪魔崇拝者たちを解放するのは力でなくてはならない。というのも、彼らを縛り付けているのは力だからである。解放は、力に満ちた解放者によってしか成し遂げられない。それは活きた神である。[ibid: 255]

力によって縛られている人々を解放するには力しかないとヨハネスは考えていた。そして彼には、宣教の現場にあって神に由来するこのような「力」が働くという確信があった。そのような例をヨハネスは『福音の生命力』の中で数多くあげている。以下にあげる病気直しの奇跡はその典型的なものだといえよう。

> 病人は彼らのお守りが無力で、彼らの供犠が不要で、そして神こそが力強いという経験をする。（キリスト教の〔筆者補足〕）神を信じるニ

アスの女性がひどい病気になったが奇跡によって癒されたとき、異教徒たちは「彼女はほんとうに偉大で強い神をもっている」と述べた。バリゲでコレラが流行した時、ある異教の祭司はいつもの彼の呪術を用いた。しかし三日目の夜になり、彼は叫んだ。「私が村においたすべてのものを取り去れ。病気の霊を追い払う試みをこれ以上はやめよ。今回、それはおこなわれない。神はより強力である。」[ibid: 231]

ヨハネスのアニミズム論に照らせば、「呪術」は彼が低い評価しか与えていないエートスとしてのアニミズムに関わる実践のはずである。それは自己中心性と現世中心的な価値観に基づいているとされていた。しかし、それだからこそ、より強きものが追求されるこの「呪術」という闘技場が、キリスト教の神によるアニミズムの霊たちの駆逐の場ともなるとヨハネスは考えたのである。

6．おわりに

ヨハネスの宣教理論は、ライン宣教協会の一員としての彼個人による宣教の現場での経験に根ざしたものである。しかしその経験はそのままでは個別的な経験にとどまる。ノメンセンらと共にスマトラでの宣教を軌道に乗せた後、帰国して大学で教鞭をとることになったヨハネスにとって、自らの宣教の経験を一般的な概念で分析し、他の地域でも応用可能な仕方で語ることは急務であった。『福音の生命力』はまさにそのような目的で書かれた書物であったといえるだろう。

そのようなヨハネスが取り入れたのが当時、宗教学・人類学において話題となっていた諸概念であった。これらの概念は世界各地の宗教現象の比較研究を通して作られた通文化的な特徴を持ち、宣教の経験を語る一般的

概念を求めていたヨハネスにとって都合のよいものだったのである。宣教師としてのワルネックの前に立ちはだかったバタックの世界観は「アニミズム」として理解され、ダトゥは「呪術師」、彼らの技は「呪術」というカテゴリーに納められた。そしてこうすることでスマトラでの彼の経験は、他の地域へも適用可能な「理論」へと書き換えられる。興味深いことに、このようにして宗教学的概念を取り入れて記述されたヨハネスの著述は、宗教学者たちの側からも、彼らの理論を補強する資料として歓迎され、大いに引用されたのである。ここには、世界各地の事例を俯瞰して理論化する研究者と、その成果を利用しつつ現地での経験を理解、伝達する宣教師との間である種の循環的構造が成り立っていることを指摘できる。

　一方、「呪術」概念に目を向けるなら、ヨハネスの議論でその概念が持つ実践的な意義を無視することはできない。「呪術」はアニミズムの中でもとりわけ現世的で自己中心的な性格を持つ実践である。しかしだからこそ、ひとたび神の力が現れたあかつきには──そしてヨハネスは自他の経験をもとにそれが現れると確信している──、人々はその強力な力を発揮する神のもとに跪くであろう。

　このような見方の背後に彼の父、グスタフの影響を見出すことは容易である。彼は、受け手側社会の中に「真の生命」たる福音を受け止める「種子」が息づいていること、そのため、様々な民族はその有機的なまとまりを破壊することなく、保ったままキリスト教化されねばならないことを主張した。ヨハネスは自らの宣教経験を基にしながら、父が指摘した「種子」を、「呪術」という宗教学的概念を用いながら表現していったといえるのではないだろうか。

注

1) ライマンの経歴や事件の顛末については、彼の友人たちの手になる *The Martyr of Sumatra: A Memoir of Henry Lyman*［Lyman 1856］に詳しい。Gould [1961] もこの事件をスマトラにおけるアメリカ人による重要な貢献のひとつとしてとりあげている。
2) ライン宣教協会（Rheinische Missions Geselschaft）は、1828年ドイツのバルメンでプロテスタント・ルター派のいくつかの宣教団体が合併して結成された［Aritonang 1994: 69］。
3) たとえば村落の権力構造についてノメンセンは介入をさけ、有力者を長老など教会の役職に登用する方針をとった。
4) HKBP 教会ホームページ http://hkbp.or.id/tentang-hkbp/definisi/（2013年10月22日閲覧）。
5) 「世界観」と「エートス」という区分は、クリフォード・ギアツによる宗教的象徴論に依拠したものである［Geertz 1973: 126ff.］。
6) 木村の数えたところでは「呪術 Zauber, Zauberei, Magie」と単独で用いた箇所が54箇所であるのに対して「呪術師 Zauberer, Zauberpriest」は68箇所あった。
7) Simon Gotfried。ライン宣教協会の宣教師。帰国後はイスラームの専門家として活躍し数々の著作を発表している。
8) スマトラ西岸の沖合いにあるニアス島に暮らす人々。バタックと同じくライン宣教協会による宣教活動の結果住民の大半がキリスト教徒となっている。

参考文献

Anderson, J., 1971 (1826), *Mission to the West Coast of Sumatra*, Blackwood.
Aritonang, J. S., 1994, *Mission Schools in Batakland (Indonesia): 1861-1940*, Brill.
海老沢有道, 1964,『日本の聖書　聖書和訳の歴史』, 日本基督教団出版局.
Geertz, C., 1973, *The Interpretation of Cultures*, Basic Books.
Gould, J. W., 1961, *Americans in Sumatra*, M. Nijhoff.
Kruijt, A. C., 1906, *Het Animisme in den Indischen Archipel*, Martinus Nijhoff.
Kipp, S. R., 1990, *Early Years of a Dutch Colonial Mission*, Michigan U.P.
Loeb, E. M., 1935, *Sumatra –It's History and People*, Vienna.

Lyman, H., 1856, *The Martyr of Sumatra: A Memoir of Henry Lyman*, R. Carter & Brothers.

Marbung, M. A. & Hutapea, I. M. T., 1987, *Kamus Budaya Batak*, Balai Pustaka.

Pedersen, P. B., 1970, *Batak Blood and Protestant Soul*, Eerdmans.

Vandenbosch, A., 1933 (1942), *The Dutch East Indies*, University of California Press.

Van der Tuuk, H. N., 1853, *De scheppingsgeschiedenis, volgens Genesis I, overgebragt in de taal der Bataks*, Nederlandsche Bijbelgenootschap.

Warneck, G., 1897, *Evangelische Missionslehre*, Friedlich Andreas Perthes.

Warneck, G., 1901, *Outline of a History of Protestant Missions*, translated by Robson, G., Oliphant, Anderson & Ferrier.

Warneck, J., 1908, *Die Lebenskräfte des Evangeliums –Missionserfahrungen innerhalb des animistischen Heidentums*, Martin Warneck.

Warneck, J., 1909, *Die Religion der Batak –Ein Paradigma für die animistischen Religionen des Indischen Archipels,* Van den hoeck & Ruprecht.

Warneck, J., 1938, *Werfet eure Netze aus –Erinnerungen von D. Johannes Warneck*, Martin Warneck.

山本春樹, 2007,『バタックの宗教』風響社.

中国における呪術に関する若干の考察
—— 呪術(magic)という語の呪術的性格 ——

池澤　優

一　呪術の概念？

　本稿の筆者に求められているのは「中国における呪術的なるものについて」である。この課題は、極めて容易であるとも、困難であるとも言える。容易である理由は、中国おける呪術を主題にした研究は既に充分に存在するからである。根本的にマックス・ウェーバーの『儒教と道教』を引くまでもなく、[1] 中国宗教を論じる上で「呪術」はキータームであり、一番よく使われる分析概念であると言える。そしてその点が、この論題を扱うのが極めて困難である理由である。簡単に言うなら、何が「呪術」であるのか、コンセンサスは全くないのだ。

　この状況は、中国宗教の研究者だけに責任があるのではない。宗教研究において「呪術」の概念規定は、常に曖昧であったと言える。一例だけを挙げよう。「呪術」概念を重要な位置を与えた研究の代表例がフレイザーの『金枝篇』であることは異論のないところであろうが、フレイザーは二つのかなり違う意味で「呪術」の後を用いている。一つは、有名な「共感呪術」の原理を論じた部分であり、

　　呪術の基礎をなしている思考の原理……は次の二点に要約される……
　　第一、類似は類似を生む、あるいは結果はその原因に似る。第二、か

つて互いに接触していたものは、物理的な接触のやんだ後までも、なお空間を距てて相互的作用を継続する。……類似の法則の上に立つ呪を類感呪術あるいは模倣呪術という。そして接触の法則または感染の法則を基礎とする呪は、感染呪術と呼ばれる。（永橋卓介訳『金枝篇』（一）、岩波文庫、1951、57頁）

これに依るなら、呪術は類似か接触か、どちらかの条件を満足させた場合にのみ成立することになる。しかし、これも有名な呪術・宗教・科学の発展段階を論じた箇所では、フレイザーはこの条件にこだわっていない。

共感呪術……は、……自然界の一つの現象がどんな霊的もしくは人格的能作者の干渉を受けることもなく、必然的にそして不可避的に他の現象の結果として現れることを予想している。……呪術的世界観と科学的世界観……この二つのものにおいては、現象の因果継起は不変の法則によって決定され、その法則の効果が正確に予断され計算され得る。（126〜127頁）

これに対して宗教は、

自然の運行と人間の運命の動きを命令しそれを支配すると信ぜられる超人間的な諸々の力または慰撫にほかならない。……宗教は……超人間的な諸々の力に対する信仰と、それを宥和しよろこばせようとする企画から成り立っている。（129頁）

従って、呪術は「宇宙を支配する力」が「無意識的でありまた非人格的である」と考え、仮に人格的な神霊を想定しても、「それを宥和したり慰撫しないで、……強制したり脅迫したりする」（131頁）場合に成立するこ

とになる。

　類似もしくは接触で呪術を規定するのと、非人格的な力もしくは操作で規定するのとでは、その範囲は相当に異なる。マレット（Rebert R. Marett, *The Threshold of Religion*, 1909）が呪術‐宗教的（magico-religious）という概念で整理しなおした時の概念は後者であるので、おそらく宗教学上の分析概念としては、非人格的法則性もしくは操作的な現象として呪術という語を用いるのが一般的なのであろう。

　これ以外にも「呪術」もしくはそれに類似した語彙の規定は多いが、それは省略したい。むしろ、次に訳語の問題を取り上げたい。言うまでもなく「呪術」はmagicの訳語であるが、誰が、どうして「呪術」と訳したのか、筆者は寡聞にして知らない。が、この訳は相当にまずかったと言える。というのは、「呪術」はそれ程、人口に膾炙していたわけではないにせよ、仏教の文献には相当現れる（少なくとも「宗教」よりはよく使われる語であった）。[2] 仏教文献における「呪」はマントラ、ダーラニー、ヴィドヤーの訳語であり、「自他の災厄を除き、あるいは敵に災厄を与えるために誦するまじないの言葉」であり（多屋頼俊ほか編『仏教学事典』、法蔵館、1995、226頁）、言うまでもなく、それは「呪」の原義に由来する。但し「呪」字の用例はそれ程、古いものはなく、『史記』高祖功臣侯者年表に「呪詛」の語が一箇所、『後漢書』に五箇所の事例があるにとどまる（皇甫嵩伝「符水呪説」、劉虞伝「先坐而呪曰」、童恢伝「呪虎曰」、王忳伝「忳呪曰」、諒輔伝「慷慨呪曰」）。これは古くは「祝」が「呪」の義を兼ねていたためと思われる。後漢・許慎の『説文解字』で「祝、祭主賛詞者。从示、从儿、从口。一曰、从兌省。易曰、兌為口為巫。」（祝は祭主の詞を賛ける者なり。示に从い、儿に从い、口に从う。一に曰く、兌に从うの省。『易』に曰く、「兌は口たり、巫たり。」）と説明するように、祝は祭祀において神と人の仲立ちをしてその言葉を伝える者であり、ひいてはそれが伝える言葉、および神に言葉を奏上する行為（祈願）も「祝」と呼ば

れ、よって神に対する呪詛も「祝」であった。[3)]つまり「祝」には言葉というニュアンスが強く、「呪」も言葉を用いた祈願、呪詛という意味になる。それを使うことで、magic とは全く異なるものを現出させる可能性があるし、後述するように、現にそうなっている。

　中国語の翻訳を含めると、話はもっと厄介になる。magic に相当する中国語として一番使われているのは「巫術」であるが、訳語をしては相当にまずい（もっとも magic の語原はペルシャの祭司である magi であると言われているから、「巫」という語を使うことは、語原的には忠実であるとも言える）。どうまずいのかを示すために、中国の呪術に関する最も総合的な研究書である高国藩『中国巫術史』（上海三聯書店、1999）を取り上げてみよう。[4)] 該書第一章「呪術の基本概念」の冒頭で、呪術を「原始時代、人類の大自然に対する認識と改造能力は低く、……ある種の超自然的力が千変万化の大自然を支配していると信じた。また……ある種の神霊の力が大自然を操っていると信じ、この二つの力……に依拠して、種々の法術を作り、それに依存して願望を実現しようとした。この法術を呪術という」（1頁）。一見して明らかなように、この定義の前半はいわゆる magic に相当し、後半は宗教に相当する。よって、それに続く説明の中で、前者を「神霊の関係に干与しない」「超自然力の巫術」と名づけ、その本質をマナあるいは言葉の力（発音が同じ言葉を用いることで、厄を祓ったり、願望を実現したりする）とし、後者を「原始神霊巫術」と名づけて、何らかの対象を神格化し、「それに向かって崇拝、祈願、神霊を通して対象に影響したり制御したりしようとする」ものとする（2頁）。つまり、高国藩氏の言う「巫術」（呪術）は magic と religion を包摂した上位概念なのである。

　なぜ高氏がそのような立場をとるのかは、それに続く説明が「巫術」を用いる宗教者（「巫師」）に集中していることから明らかになる。つまり、「巫術」は「巫」が用いる術として理解されている訳である。「巫」は字書

的な定義としてはシャマンであるが（『説文』「巫、祝也。女能事無形、以舞降神者也。」（巫は祝なり。女の能く無形に事え、舞を以て神を降ろす者なり））、実際には神霊に対する祭祀・儀礼に従事する宗教職能者を包括して指す。従って、中国語の「巫術」（呪術）は、教団を構成しない宗教行為を包括的に指し得るのであり、高国藩氏の定義は、その語彙に関する限り、決して誤りではない。

　近代の宗教学における分析概念がどのように訳されるかは、その概念を用いる上でしばしば決定的な要素になる。「宗教」（religion）概念も例外ではない。日本語では、それがたまたま「宗教」という人口に膾炙していない言葉になったため、その面での混乱はあまりなかったと言えよう。しかし、タイではreligionが「サーサナー」（信条）と訳されたために、タイにおける宗教学が微妙なズレを生じたことを矢野秀武が指摘している（「タイを流れる欧米宗教学の微風」、『宗教学年報』XXX（特別号））。中国においても「宗教」概念は、そこに「教」という極めて重い意味を持つ字を含んでいるため、特定のイメージを喚起するものになっていると言える。「呪術」「巫術」の場合も同様に、「呪」「巫」は特定のイメージを喚起せざるを得ない。「呪術」（magic）という言葉は、本来的に、その言葉の力により影響されるのである。

二　「気」の思想（陰陽五行説、天人相関論）は呪術なのか？

　前節ではフレイザーによる「呪術」の定義に"非人格的な法則性に基づき、宇宙を操作する"という方向性が含まれており、それが宗教学における「呪術」理解なのではないかことを示唆しておいた。もし、そのような意味で「呪術」概念を用いるなら、中国の思想と哲学はそれ全体が呪術であることになり、現に研究者の間では、そのような意味で「呪術」が用いられることが多い。[5]

先ず、例を挙げたい。儒教の経典である『書』は古代の帝王の業績や言葉を編集したものであり、その冒頭の堯典はその中でも最も古い時代について述べたものとされていた。戦国時代の儒教が認識していた最古の王朝は夏であり、それが易姓革命で殷、周と交替したが、夏の前には堯、舜、禹という聖王がおり、革命ではなく禅譲（血縁のない有徳者に王位を譲ること）によって王位を伝えたとされていた。実は、これらの話はもともとは神話であり、堯、舜、禹いずれも神であったものを人間化することで、"歴史"に転化したと考えられているのだが、神話における神を統治者に転化することにより、統治者が統治行為を通して宇宙の経営を行うというイメージを生じさせることになった。例えば、堯典冒頭で堯は天文官である羲和に命じて、太陽の動きをコントロールして春夏秋冬の時間を作り出すことを命じる。

　　乃命羲和、欽若昊天、暦象日月星辰、敬授人時。分命羲仲、宅嵎夷、曰暘谷。寅賓出日、平秩東作。日中星鳥、以殷仲春。厥民析、鳥獸孳尾。申命羲叔、宅南交。平秩南訛、敬致、日永星火、以正仲夏。厥民因、鳥獸希革。分命和仲、宅西、曰昧谷。寅餞納日、平秩西成。宵中星虛、以殷仲秋。厥民夷、鳥獸毛毨。申命和叔、宅朔方、曰幽都。平在朔易、日短星昴、以正仲冬。厥民隩、鳥獸氄毛。帝曰、咨汝羲暨和、朞三百有六旬有六日、以閏月定四時成歳、允釐百工、庶績咸熙。
　　（[帝堯は]乃ち羲和に命じて、欽みて昊天に若い、日月星辰を暦象（天文の観測）して、敬みて人に時を授く。分けて羲仲に命じ、嵎夷（東方）に宅らしめ、暘谷と曰う。寅みて出日を賓き、東作（日の出）を平秩（順序づける）せしむ。日は中し（昼夜均分の様）星は鳥（鶉火、星座の名）、以て仲春を殷す。厥の民は析れ（分散耕作する）、鳥獸は孳尾（交尾）す。申ねて羲叔に命じ、南交に宅らしむ。南訛（太陽が南に動くこと）を平秩し、敬みて致せしむ。日は永く星は火（大

火、星座)、以て仲夏を正す。厥の民は因(衣を脱ぐこと)、鳥獣は希革す。分けて和仲に命じて、西に宅らせ、味谷と日う。寅みて日を餞り納れ、西成(太陽が西に行く正しい道)を平秩せしむ。宵は中し(昼夜均分の様)星は虚(星座)、以て仲秋を殷す。厥の民は夷(平)ぎ、鳥獣は毛毯す(毛が抜ける)。申めて和叔に命じ、朔方に宅らしめ、幽都と日う。朔易(太陽が北に移ること)を平在す(調べる)。日は短かく星は昴(星座)、以て仲冬を正す。厥の民は隩め(収穫を収蔵し)、鳥獣は氄毛(新しい毛が生える)。帝日く、「咨、汝、羲と和よ、朞(期)は三百有六旬有六日にして、閏月を以て四時を定め歳と成り、允て百工を釐め、庶績は咸な熙らしめよ。」)

　羲和は、羲仲、羲叔、和仲、和叔という兄弟であり、それがそれぞれ東西南北に居住し、「出日を賓き」「南訛を平秩し」「日を餞り納れ」「朔易を平在す」ることによって春夏秋冬の時間ができあがる。もとよりここに太陽神による時間の創出の痕跡を見ることは可能であるが、堯が天子として、羲和が天文官として語られることにより、人間が正しい統治行為を行うこと(具体的には暦を作ること)により、太陽も正しく運行し、規則正しく時間も流れることを示唆するものになっている。この同じ話に言及して司馬遷が「堯復遂重・黎之後、不忘舊者、使復典之、而立羲和之官、明時正度、則陰陽調、風雨節、茂氣至、民無夭疫。」(堯は復た重・黎(太古、顓頊という帝王が重と黎という官に天地を分掌せしめ、天地の交通を遮断したという話に基づく)の後を遂げ、旧を忘れず、復たこれを典じしめ、羲和の官を立つ。時を明かにし度を正して、則ち陰陽は調じ、風雨は節し、茂気は至り、民に夭疫なし。『史記』暦書)と言う通りである。

　つまり、この話が表している世界観は、人間世界から隔離したところに自然があり、自然は独自の法則により動いているというものではなく、人間が自然の法則を作り上げ、操作するのであって、宇宙の経営に責任を負

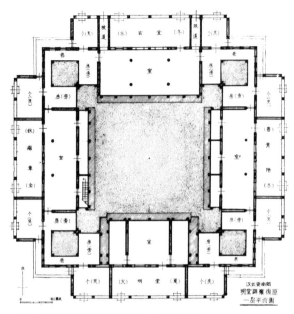

明堂：楊鴻勛『建築考古論文集』、文物出版社、1987、179 頁。

うというものである。周知のように、これが儒教の核心にある考え方であり、一般に天人相関説という名でよばれている。天人相関説の理論を成立させた概念が、いわゆる陰陽五行説であった。例えば、上記の時間の創出ということで言うなら、儒教経典の中には「明堂」という統治を行うための施設が論じられており、一層目が方形、二層目が円形で、一層目には一辺ごとに三室、計十二室があって、『礼記』月令に依るなら、天子は東側北よりの一室から始めて、毎月移動してその月にあった政令を発布することで、時間の流れを作り出すとされていた。[6) 五行説によるなら、木は春、東、青、火は夏、南、赤、土は中央、黄、金は秋、西、白、水は冬、北、黒にそれぞれ配当され、よって東南西北の方位はそのまま春夏秋冬の時間に対応するためである。このプランは前漢の末期に本当に実行され、現在の長安の南郊からはその遺跡が出土している（上図）。

　この考え方は、人間が"非人格的な法則性に基づき、宇宙を操作する"

という呪術の定義に完全に合致する。従って、天人相関説に基づく儒教は呪術であり、儒教が規範的な地位を占め続けた中国社会は、ウェーバーの言うように、「呪術の園」（木全徳雄訳『儒教と道教』、創文社、1971、329頁）であったことになる。

　重要なのは、古代における中国宗教史の方向性全般が、上記の意味における「呪術化」の方向をたどったということである。ジョン・ラガウェイは浩瀚な論文集『古代中国宗教』の「序言」において、戦国時代における宗教の変化を「理性化と内面化の過程」と要約しているが、理性化とは「「気」の概念に基づく「一元論的理論」の成立」であり、内面化とは「気」の思想に基づく「知識人個人の修養」の体系を指す。戦国時代の知識人は殷周時代以来の人格神の概念に懐疑的であり、それを担っていた宗教者（巫）の権威を否定する論調が諸子百家の文献には共通する。「官僚制的帝国は単純に祖先崇拝にのみ依拠するわけにはいかなかったし、……気に基づく新しい宇宙論と季節変化と関係する天文学に基づく抽象的、非人格的、普遍的なるものを必要とした。……人格神的な古い宗教は死んだのだ」（John Lagerwey and Marc Kalinowski ed., *Early Chinese Religion: Part One: Shang through Han* (1250 BC-220 AD), Brill Academic Publishers, 2009. 但し、それに続けて「いや、殆ど、と言うべきであろう（Well, almost）。国家のレベルでは死んだが、……地方レベルでは存続した」と付け加える）。

　人格神的宗教から機械論的宇宙法則へというラガウェイの理解は極めて正確であるが、一点だけ付け加えておこう。それは機械論的な操作の要素は、戦国時代に始めて現れたのではなく、極めて古い時代から存在していたということである。ディヴィッド・キートリーの「殷代後期の占卜―呪術宗教的遺産」は、殷代の甲骨占いにおける「呪術」的要素に関し、極めて興味深い指摘を行っている。[7] 甲骨占いは、基本的には亀甲もしくは獣骨に火を押し当て、できたひび割れによって占うものであるが、実は火を

押し当てる前に鑽と鑿いう窪みを穿つのであり、それによりほぼ自動的に望む通りのひび割れ（「卜」字の形）が生じる。これでは結果を人間が操作しているのであり、本来的に占いにはならない。ここからキートリーは甲骨占いは未知の未来の開示という意味での占いではなく、動物霊を使役することで、望ましい未来を実現するものであると言う。それを文字（甲骨文）という形で占具に刻み込むのは、望んだ未来を実現しようとするものにほかならない。[8] 甲骨文に見える宗教の形態は、神霊（至上神である「帝」、土地神、祖先など）の祟りを占いにより判断し、対応する儀礼を行うものが中心であるので、全体としては「人格神的な古い宗教」であるのだが、そこには機械論的な操作の考え方に基づく「呪術」が共存していたのである。戦国時代の陰陽五行説は後者のメンタリティに理論的な基盤を与えることで、漢代以降の中国宗教の全体構造を規定したが、人格神的な宗教は引き続きそれと共存していたというべきであろう。

　ここで問う必要があるのは、陰陽五行説を「呪術」と称して良いのか、より正確に言うなら、それを「呪術」と称することは、研究上、有効であると言えるのか、ということである。一定の宗教現象を「呪術」と称するかどうかは、専ら定義の問題であるから、「呪術」を"機械論的な法則に基づく操作"と定義するなら、陰陽五行説は疑いもなく、「呪術」になるだろう。しかし、既に論じたように、「呪術」概念には揺れがあり、そして以下に論じるように、実際上は多様な「呪術」概念が横行している。その中で陰陽五行説、あるいは中国的世界観を「呪術」と称することは、単に混乱をもたらし、正確な認識の妨げしかならないのではないかというのが、本稿で主張したいことである。

三　「呪術」の諸相

　陰陽五行説を呪術に含めるような形での「呪術」概念の有効性が疑わし

いのは、宗教研究者が呪術という語で連想するような素朴な現象と、一種の宇宙理論としての陰陽五行説に基づく規定や方術は、質的に異なるレベルに属すると思われるにもかかわらず、それを同じ範疇に属せしむることで、認識上の混乱をもたらすことが危惧されるというのが一つの理由になる。もちろん、宗教現象の大雑把な分類として、崇拝的な「宗教」と操作的な「呪術」を区分することは、一つの説明方法としては、一定の有効性を持つ。しかし、その場合でも、全く異なるレベルに属する現象を「呪術」の名の下に包摂することは、（特に宗教研究を専門としない者に対して）混乱を生むことは避けがたい。

就中厄介なのは、実際の宗教者の実践の中では、フレイザーのいう類感呪術的な行為と、神霊に対する信仰、五行説的な操作は、しばしばごっちゃになっており、宗教学的にそれらを分析するためには、何よりも異なる原理に基づく要素を分別した上で、その関係を理解する必要があるのであり、包括的な「呪術」概念はその障害になると言える。そのような事例として、戦国秦漢時代の『日書』、後漢時代の鎮墓文と六朝道教の上章儀礼、医書の三つを取り上げたい。

1　戦国秦漢時代の『日書』

前節で述べたように、陰陽五行の理論は、戦国時代の宗教者が神霊を崇め祭るのではなく、予測し操作することを可能にした。この時期の宗教慣行を生き生きと知ることができる材料として、『日書』という日取りの吉凶に関する占いのマニュアルがある。『日書』は戦国時代の楚の国の領域に始まり、前漢時代まで広く流行した。その占いの中心的な論理はやはり五行説であり、時間と空間を木火土金水に配当し、その相互の対立と相承（五行説には木→火→土→金→水の相承説と土→木→金→火→水の相克説がある）によって吉凶を判断することになる。それに神霊が登場しないわけではない。むしろ頻繁に登場し、災禍をもたらすのだが、その行為は五

行説の原則に基づいているので、予知することが可能なのである。一例として、湖北省雲夢県睡虎地十一号墓（秦代）から出土した『日書』甲の病篇を見てみたい。そこでは病気の原因を特定の日の特定の食物に由来するとした上で、それがいつ治るのかを判断するものである。例えば、

> 甲乙有疾、父母為祟、得之於肉、從東方來、裹以桼（漆）器。戊己病、庚有［間］、辛酢（賽）。若不［酢］（賽）、煩居東方、歲在東方、青色死。（甲・乙に疾あらば、父母、祟を為し、これを肉に得るに、東方より来たり、裹むに漆器を以てす。戊・己に病み、庚に間ゆるあり、辛に賽す。若し賽さざれば、煩は東方に居り、歲（歲星、一説に劇＝害）は東方に在り、青色は死す。）

甲・乙の日に病気なった時（占文は、十干のそれぞれについて言うが、他の例は省略する。詳細は下表を参照）は、父母の祟りであり、直接的には東方から来た肉の食中毒であり、病は戊・己の日に重くなり、庚日に癒えるので、その感謝祭を辛日に行うこと、さもなくば東方に問題が生じ、顔色の青い人は死に至るということである。ここでの「有疾」、「病」、「間」、「賽」日、ならびに方角は、五行配当により以下のように関連する。

有疾日		祟りの主体	原因		病		間		賽祭		煩	歲	死	
甲乙	木	父母	肉・東方・漆器	木	戊己	土	庚	辛	金	東方	東方	青色	木
丙丁	火	王父	赤肉・雄鶏・酒	火	庚辛	金	壬	癸	水	南方	南方	赤色	火
戊己	土	巫堪行、王母	黃色・索魚・童酒	土	壬癸	水	甲	乙	木	邦中	西方	黃色	土
庚辛	金	外鬼殤死	犬肉・鮮卵・白色	金	甲乙	木	丙	丁	火	西方	西方	白色	金
壬癸	水	母逢人、外鬼	酒・脯脩・節肉		丙丁	火	戊	己	土	北方	北方	黑色	水

「有疾」日、原因（色）、「煩」「歲」「死」の五行は一致する。それに対

する「病」日の関係は五行相克により（木は土に勝つ、火は金に勝つ…）、「病」日と「間」日の関係は五行相生による（土は金を生む、金は水を生む）。この占文が意味しているのは、甲乙の日なら東方から来た肉には気をつけること、それと病気になっても金に相当する日に賽祭を行うことを忘れないことである。それを忘れなければ、死ぬことはない。祟りの原因として父母、王父（祖父）などが挙げられているが、実質的な重要性はあまりない。『日書』の重要性は、特殊な宗教的能力に依ることなく、神霊を知り操作する技能を普通の人々にも獲得可能にした点にある。

但し、『日書』の占法原理は主に陰陽五行ではあるが、それが全てではない。『日書』は宗教学的に見て、興味深い呪術の事例をたくさん含んでいる。陰陽五行説に依拠していない儀礼の例として、ここでは祖道（行祠）を取り上げたい。この儀礼は工藤元男によって詳しく復原されている（「埋もれていた行神―主として秦簡「日書」による」、『東洋文化研究所紀要』百六冊、1988）。それに依れば、旅行の時に道ばたに土壇を築いて神を祭った上で、車でその土壇を轢き、旅が順調にいくことを祈念するものである（『説文』「軷」字条、『周禮』大馭・鄭注）。言うまでもなく、土壇を轢くことは山川を自由に通行することを象ったものであり、まさしく類感呪術と言えるものである。この儀礼の実際のやり方について、『日書』には次のように言う。

　　睡虎地『日書』甲111～112裏「行到邦門囷（闑）、禹歩三、勉壹歩、譁(呼)曰、皋、敢告曰、某行毋咎、先爲禹除道。即五畫地、掫其畫中央土、而懷之。」（行きて邦門の囷（闑、門の扉の所）に到れば、禹歩すること三たび、壹歩を勉めるごとに、譁(呼びて曰く、「皋、敢えて告げて曰う、某の行くに咎毋(無)からんことを。先んじて禹のために道を除かん」と。即ち五たび地に画き、其の画ける中央の土を掫(拾)いて、これを懷にす。)

睡虎地『日書』乙102〜107貳「[出]邦門、可…行…禹符、左行、置、右環（還）、曰□□、□□右環（還）、曰、行邦…令行。投符地、禹歩三、曰、皋、敢告…符、上車、毋顧、上…」（邦門を出れば、……禹符……、左行し、置き、右環（還）し、……と曰い、……右環（還）し、曰く、……符を地に投げ、禹歩すること三たび、曰く、「皋、敢えて……を告ぐ……」、上車して顧る毋れ……）

湖北省隨州市放馬灘『日書』（前漢前期）甲66〜67貳「禹須臾」「行、不得擇日、出邑門、禹歩三、郷北斗、質畫地、視之、曰、禹有直五横、今利行、行母咎、為禹前除、得……」（行くに日を択ぶを得ざれば、邑門を出で、禹歩すること三、北斗に郷（嚮い、質んで地に画し、これを視て、曰く、「禹に直五横あり、今、行くに利しく、行くに咎なからん、禹の為に前に除き、得……。）

内蒙古自治区額濟納（エチナ）漢簡（前漢末期）「欲急行、出邑、禹歩三、嘑睪（皋）、祝曰、土五光、今日利以行、行母死、已辟除道、莫敢義（我）當。獄史（吏）壮者、皆道〻（導道）旁。」（急行せんと欲すれば、邑を出で、禹歩すること三、嘑皋し（叫ぶこと）、祝して曰く、「土五光（直五横と同じものか）、今日は以て行くに利し、行くに死ぬことなく、已に道を辟除す、敢えて我に当たるなかれ。獄吏壮者(?)は、皆な道旁に導け。」）

これを見るならば、この儀礼は、①禹歩（悪霊を祓うための特殊なステップであり、先ず左足を半歩前に出し、右足を一歩分出し、左足をそれにそろえる。次に右足を半歩前に出し、左足を一歩分出し、右足をそれにそろえる、を繰り返すもの）、②禹に対する訴えかけ（「先んじて禹のために道を除かん」「禹の為に前に除き」）、③土に描いた「禹符」（「五たび地に画き」「直五横」「土五光」。放馬灘『日書』の「直五横」に関し、工藤氏は「直」は「縦」であり、縦横に九字を切る「四縦五横」であると解して

いる。『占いと中国古代の社会』、東方書店、2011、172頁）を主要な要素とする。禹とは、太古において中国に大地に秩序をもたらした帝王であり、大地の隅々まで歩き回って情報を集めたとされていた。禹歩と禹符はその事業を可能にした呪物であり、行祠の儀礼は旅の原型を再現するものであったと言える。

　秦漢時代の日者（『日書』の背後にいた宗教者）は、普遍的な陰陽五行説の理論で理論武装を行いつつ、符を始めとする呪物や技法など、古典的な意味での呪術をその中に包摂することで、用い続けた。確かに両者の間に操作的という共通点があったために素朴な呪術を使用し続けることが可能になったとは言えるが、陰陽五行という包括的な宇宙論により全体が意味づけられている点で、全く新しい次元に入っている点は看過されるべきではない。

2　後漢時代の鎮墓文と六朝道教の上章儀礼医書

　素朴な呪術と"高度な"理論が併存していた事例として、後漢時代の鎮墓文を挙げることは正当であろう。鎮墓文とは死者の平安と生者の幸福を祈る文書を墓に随葬したものであり、後漢時代においてはそれを小振りの瓶に書いて、墓門や墓室の四隅においた鎮墓瓶が流行した。鎮墓文の特徴的な文体は、宗教者が天帝（至高神）の使者であると僭称し、死者の平安を犯さないように冥界の諸神に命令する点にある。鎮墓文は、宗教者が神霊に命令し、あるいは悪霊を除祓する点、文自体がその目的を果たすための呪符になっている点（鎮墓瓶の中には死の穢れ（「注」）を解除するための符を記すものがある。右図）、死者の罪や厄を肩代わりさせる鉛の人形（次頁図）や

鎮墓瓶：郭寶鈞・馬得志・張云鵬・周永珍「一九五四年春洛陽西郊発掘報告」、『考古学報』1956-2、図版7-5。

鉛人：黄河水庫考古工作隊「河南陝県劉家渠漢墓」、『考古学報』1965-1、図版 26-15。

人参、死の穢れを祓うための「薬」を随葬する点において、呪術的であると言い得る。

　張勲燎・白彬は鎮墓文の背景に初期の道教教団（初期天師道）が存在し、それが六朝時代の上章という儀礼になっていったことを論じている。[9] 別稿で論じたように、後漢時代の鎮墓文と六朝時代の上章儀礼が全く同じなのではなく、張氏の説は正しいとは言えないが、[10] 両者の間に類似点があることは確かである。上章儀礼については多くの道教経典に記されているが、最もまとまっているのは『赤松子章暦』という経典になる。それに依れば、信徒に何らかの問題（災禍）があった時、自分が所属する「治」（教区）に趣き、道士に災禍を解除する儀礼を執行することを依頼する（この時に儀礼執行の実費と謝礼として「章信」を納入する）。道士は申請の内容から適当な上章文の範型（モデル）を選び（『赤松子章暦』は全部で 67 種の範型から成る）、文書を作成し、道士の体内神が天に昇り、最高神である太上大道に請願を奏上する（様を瞑想する）。最高神は天の官僚組織（「天曹」）に対して、降下して請願者を守り、厄を祓うように命令を降す。例えば、久病大厄金紫代形章（『赤松子章暦』巻六）の場合なら、申請者が、

　　某は爰に幼小より以て今に至るまで、徳なく功なく、叨（みだ）りに重祿を栄とし、歳月積久して、罪咎彌（いよ）よ深し。又た職は人を養うに在り、政は撫俗を専にするも、或るいは情に縁り喜怒し、公を傍らにして私を徇（もと）め、或るいは意に率って刑罰し、真聖を慢（あざむ）き犯し、失は毫末に在るも、釁（つみ）は山嶽より重く、常に冥責を懼るるも、唯だ覚悟するなし。

と道士に申請すると、道士は天神に次のように奏上する。

> 臣謹みて師法を按じ、天図を参詳するに、某（申請者の名）は生を九天に受け、五常を冠帯し、九宮は離落（まがき）し、八卦は交も纏（こもご）り、三光は朗照して、七元（耳目鼻口の気）は身を輔け、乾坤は覆載して、五気は形を翼け、陰陽は育養して、光明を開導して、天地に法象し、名は中元司命の勒籍・太一検年の玄符に参じ、記録は南昌上宮紫蘭の内の玉冊七宝の函に在り、天を承け地に順い、気を玄天に裏け、算を冥中に定めて、初めは夭傷なし。今の世の運は否なり、三元交（こもご）も喪い、真気は上昇して、六天鼓行し（進軍すること）、千精・万邪は生民を枉害して、理あるも揚らず、枉（無実の罪）を抱くも彰らかならざるを致す。三尸の枉魂は飛爽して天に彌（あまね）くし、怨鬼は号訴して、恨を三官に稱す。天は高く地は邈かにして、幽冥理まらず、生人に注連して、先亡祖考中外の傷精、構合して凶を為すあるを致す。

請願者は元来は神々の祝福を受け、災厄とは無縁であったはずなのだが、生命力のある「真気」が人間世界から離れ、代わりに破壊的な「六天」がはびこるという宇宙論的な変転の中で、悪神・悪鬼が無実の人間を殺害し、殺された者の怨みが冥界での号訴、更に生人への「注連」として現れるために、災禍に見舞われたことが説明される。そこで、天上界の膨大な神々に対して、申請者の厄を解除することを請願するのであるが、ここで用いられるのは、身代わりで厄を引き受ける人形であり、

> 伏して下条星度算君・貿名易形君・脱死上生君に請い、又た臣の身中の功曹使者・太陰考召君吏に請うらくは、某の代形金人・紫紋を賫（もたら）し、上は北斗太陰御女下の一重冥宮の太陰典死籍の庫壁櫃の中に詣（いた）り、某の身名を貿（か）え、某の身形を易（か）え、名を生籍玉暦の中に上げ、

延命無極ならんことを。

　今、厄が起こっているのは、太陰典死籍という天上界の文書に名が記されているからであり、そこで代形金人という金の人形（紫紋は布であろう。共に「章信」として納入したもの）を身代わりにして厄を引き受けさせ、代わりに生籍玉暦の中に名を記すことにより、長命が可能になるということである。

　厄を身代わりで引き受ける人形という、鎮墓文と上章儀礼に共通する要素は、素朴なものと認められる。それを組み込んだ鎮墓文は、操作的である点でやはり「呪術」と言えるとしても、既に相当程度整備されたパンテオンと宗教者の能力を前提にしているので、素朴な呪術というのとは異なるレベルにある。[11] 一方、上章儀礼は人間の罪の意識、神々に対する謝罪、そして官僚制的神世界に対する平身低頭しての請願に基づいているので、鎮墓文とも全く異なる世界観であり、その中に呪術的要素が組み込まれている訳である。このように、それぞれの儀礼体系における論理の違いを理解することが必要なのであり、それを行う上で「呪術」概念はそれ程有効ではない。

3　医書──『黄帝内経』と馬王堆『五十二病方』

　同様の現象は医学書にもある。中国医学（漢方、鍼灸）の最大の古典は『黄帝内経』とよばれるテキストであり、その編纂は未詳ながら、『漢書』芸文志には著録されているので、前漢時代には成立していたと考えられる。『黄帝内経』においては「気」の理論（陰陽五行説）と天人相関説に基づく病因論と治療法が既に確立していた。病因は、外在的要因と内在的要因の二つがあり、前者は環境の不調が停滞と腐敗をもたらすもの、後者は過剰な感情が気の偏りを生じさせるものである。従って、前者に対しては気を補充したり、除去したりすること、後者に対しては過剰な感情を

抑えることで、宇宙の五行循環のリズムに一致することが主要な処置になる。

しかし、同じ時代に呪術的な民間療法も併存していた。例えば、湖南省長沙馬王堆から出土した『五十二病方』には「嬰兒の瘛」（ひきつけ）を治す方法として次のようなものを挙げる。

[取]屋榮蔡、薪燔之而□匕焉。[為]湮汲三渾、盛以桮(杯)。因唾匕、祝之曰、噴者虜(劇)噴、上如彗、下如胮(胚)血、取若門左、斬若門右、為若不已、磔薄(膊)若市。因以匕周揗嬰兒瘛所、而洒之桮(杯)水中、候之、有血如蠅羽者、而棄之於垣。更取水、復唾匕桼(漿)以揗、如前。毋徵、數復之、徵盡而止。（屋の栄なる蔡を取りて、薪もてこれを燔きて匕に□す。湮ませ汲むこと三たびの渾を為し、盛るに杯を以てす。因りて匕に唾し、これに祝して曰く、「噴する者よ、劇噴せよ、上は彗の如く、下は胚血の如く、若の門の左に取り、若の門の右に斬り、為すこと若し已まざれば、若を市に磔し膊せん。」因ちて匕を以て周ねく嬰兒の瘛する所を揗でて、これを杯水の中に洒ぎ、これを候うに、血の蠅羽の如き者あらば、これを垣に棄つ。更に水を取り、復た匕漿に唾して以て揗でること、前の如し。徵なければ、數々これを復し、徵尽きれば止む。）

この術が如何なる論理に依拠しているのかは良くは分からない（呪文の内容から考えて、ひきつけが悪霊の仕業と考えられているのは確かだと思えるが、屋根の雑草を燃やした灰に悪霊を捕縛する力があると考えられているのかは不明である。但し、唾には悪霊を退ける力があると考えられたのであろう。これは他にも例がある）が、おそらくこの治療法の方が、陰陽五行説による治療法より一般的な呪術のイメージには合致すると思われる。

もし陰陽五行に基づく気の操作を「呪術」と呼ぶのであれば、中国医学も呪術的と呼べるのかもしれない。しかし、民間療法的な呪術とは明らかにレベルの違いがある（実際、それらはライバル関係にあった）。おそらく「呪術」という概念によりそれらを包摂することは、余り賢明な処置であるとは言えないであろう。

四　『詩』の解釈における「呪術」概念

　最後に、古代中国宗教の研究において研究者が実際に「呪術」という概念をどのように用いているか、そしてその用い方がmagicに近似しつつも、全く同じではないことを示す例として、『詩経』研究を取り上げたい。『詩経』は儒教の経典の中でも最も重要なものの一つであり、伝統的な経学においてはその編纂（取捨選択）を行ったのは孔子であり、そこには孔子の道徳的な解釈が潜在しているとされてきた。しかし、伝統的な経学の『詩経』解釈は殆どこじつけに近く、『詩経』を構成する「頌」（宗教儀礼歌）、「雅」（貴族階層の歌で、祭祀儀礼で歌われるものも含む）とならぶ「風」は、民謡に近いものであったことは、既に定見になっている。近代の『詩経』研究は儒教的な読みを否定し、その原像を復原することに最大の力を注いできた。それを行う上で最大の武器となったのが「呪術」という概念であったと言える。

　上で触れたように、伝統的な経学の『詩』の解釈は、そこから道徳的な示唆を読み取ることを志向していた。例えば、巻頭の周南・関雎の詩ならば「關關雎鳩、在河之洲、窈窕淑女、君子好逑」（関々たる雎鳩（ミサゴ）は、河の洲に在り。窈窕（しとやか）たる淑女は、君子の好逑）に対し、最も標準的なテキストである毛詩の伝は「[「關關雎鳩、在河之洲」は]興なり。関々は、和声なり。雎鳩は王雎なり。鳥の摯（猛禽）にして別あり。水中の居るべきものを洲と曰う。后妃、君子の徳に説（悦）楽

し、和諧せざるなく、又た其の色に淫せず、慎固幽深なること、関雎の別あるが若し。然る後に以て天下を風化すべし。夫婦に別あれば、則ち父子親む。父子親めば、則ち君臣敬す。君臣敬すれば、則ち朝廷正し。朝廷正ければ、則ち王化成る」と言う。後漢の鄭玄も「摯の言は至なり。王雎の鳥、雌雄の情意、至然として別あるを謂う」と言う。問題となるのは伝に「興」と説明されている「關關雎鳩、在河之洲」の部分である。「興」とは、後漢時代の注釈者、鄭衆が「興は、事を物に託するなり。則ち、興は起なり。譬を取り類を引き、己の心を詩文に起発するなり。詩の草木鳥獣を挙げ、以て意を見すものは、皆な興辞なり」というように、詩の主テーマ（この場合は「窈窕淑女、君子好逑」）を叙述するために、先ず別の事柄（主に草木鳥獣）を挙げて導入とするもののことである。関雎の伝によれば、雎鳩が「興」として用いられたのは「別あり」、即ち夫婦の仲においても礼儀の別があるからであり、そこから夫婦の秩序が基盤になって、親子、君臣、朝廷の秩序は順次成立し、天子による教化（「風」）が完成するからであるということになる。しかし、この解釈は、純粋に詩の読みとしてはおかしい。「窈窕淑女、君子好逑」は、夫婦もしくはカップルを"なんとお似合いな"と言祝ぐものとしか読みようがなく、そこから考えれば、「興」としての「雎鳩」も仲の良さそうなつがいの鳥と理解するのが、自然である。

　よって近代の『詩』の研究者が「興」の道徳的な解釈を否定し、"原義"を回復しようとしたことは当然だと言えるだろう。原義は『詩』が生まれた時代、即ち古代の信仰の世界に求められ、それが「呪術」「呪力」「呪物」などの概念で語られることになる。ただ、問題は各論者の概念の用い方は必ずしも一致せず、またそれは magic という意味の呪術とは完全に一致するわけではないということである。以下、この点を明らかにするために、何人か『詩経』研究者の「興」に関する議論を一瞥したいと思う。

① マルセル・グラネ[12]『中国古代の祭礼と歌謡』(*Fêtes et chansons anciennes de la Chine*, 1919, 内田智雄訳、弘文堂、1938)

　グラネは「風」の中の多くの恋愛詩に男女の唱和、物まね、饗宴、花摘み、川渡りなどの要素が共通していることを指摘し、それを他の儒教文献における春の祭礼（多く婚姻の機会であったとされる）と比較し、恋愛詩の背景として民間の祭礼があったとする。但し、単純に春の祈年祭が同時に恋愛の機会であったとするのではない。彼は儀礼を古代中国の農耕のリズムという広い文脈に位置づけ、各親族集団ごとに分散する農耕期と地域集団が集合する農閑期の二つの季節が中国の季節リズムを規定しており、季節の変化の時期（秋と春）には祝祭が行われたのだとした。祝祭は感謝、祈年、雨乞い、共同体の絆と年齢に基づく秩序の確認など、多面的な機能を有しただけではなく、異なる親族集団が集合することによる緊張と興奮により特徴づけられ、その中で男女の恋愛歌の競争が行われ、それを編纂したものが「風」の諸詩であるというわけである。諸詩が押韻した対句から構成されるのは、男女が一句ずつを詠みあったためであり、従って詩は個人の感情を歌ったものというより、慣習により定められた慣用句（formules）を用いた「集団の日常的感情」を表出したものである（これは『詩』には個人の個性を表出した叙情詩は存在しないという重要な結論を導くことになる）。慣用句は「自然現象を描写し……人間界の事実を、間接に且つ比喩的に表現して居る」「象喩（images）」であり（316頁）、これが「興」である。

　「興」は力（強制力）――即ち、描写の対照を表現した通りの状態になさしめる力――を持つ。グラネの説明によれば、この強制力は上述の季節的リズムに淵源がある。自然の循環と生活のリズムは一致しており、それは単に生活が自然に依存しているだけではなく、人間が季節のリズムに従うことにより、自然をも循環せしめると信じられた。農民たちは「時ならざる雨を降らしめない為に、魔術的な意図を持ち……冬期の蟄居をした

わけではなかった」が、「自然界の秩序正しさと……生活の秩序正しさは連帯的なものであると考え」られたので（259頁）、冬期の集住の生活を送ることで、万物をいこわせ再生させるとされたのである。人間の生活がそのような力を持ち得る根拠は、自然と人間の一体性、より正確には、部族が特定の地（聖地であり祖地（centres ancestraux））と一体であり、社会が自然界に貫通している聖なる力を具現するとされたからにほかならない。農閑期の集合的な祭礼はこの聖なる力を実現するものであり、その中での男女の競争も、陰と陽という対立しつつ相補的な宇宙の二つの力の働きを促進するものであった。詩において自然——例えば、その豊饒さ——を詠うことは、自然の豊饒の力を実現するだけでなく、人間界における豊饒さをも実現する行為だったのである。

　以上のグラネの説明が、多くデュルケームに依拠していることは贅言する必要はないだろう。[13] 本書の中で彼は「呪術」という言葉を意識的に使用している訳ではないが、[14] 人間が一定のリズムによる生活を送ることで、自然をもそうあらしめるという考え方は、本稿第二節で扱った「呪術」概念（即ち、機械論的宇宙観に基づき、人間が対象を操作するという考え方）と軌を一にするものである。但し、そうすることで、グラネの主張は二つの欠点を内包しているように思われる。一つは、自然と人間の「連帯」を説明する上で陰陽説を用いている（331-335頁）ことが示しているように、戦国時代以降に体系化される哲学的世界観を『詩』の説明の中に呼び込んでいるのではないかという点、第二は、そうすることで、彼が復原した『詩』の原像が、どの時代のものか不明確になっているという点である。

② 　聞一多[15]「説魚」（1945）[16]「匡齋尺牘」（1934。『聞一多学術文鈔　詩経研究』、巴蜀書社、2002所収）

　聞一多の『詩経』学については、牧角悦子氏（後述）に的確な紹介があ

る。「説魚」は『詩』における魚のモチーフを取り上げ、それが「性欲」（恋愛、婚姻、生殖を含めた広い意味）を表すものであることを論じる論文であるが、興味深いのは「象徴」という語（彼は他に「符号」「隠語」「興象」という語も用いている）を用いることによって、「興」の語句は表面には現れない別の意味を表し、かつそれを強調する効果を持つということを指摘している点である。魚の場合には、それは生殖、多産、種族の繁栄の象徴であることを民俗学的な情報を引きつつ、論じている。「匡齋尺牘」は、その方法論で周南・芣苢、豳風・狼跋を分析した論文であるが、芣苢は他の研究者も取り上げているので、引用しておくが、次のような単純な詩である。

采采芣苢、薄言采之。（芣苢を采る采る、薄か言にこれを采る。）
采采芣苢、薄言有之。（芣苢を采る采る、薄か言にこれを有る。）
采采芣苢、薄言掇之。（芣苢を采る采る、薄か言にこれを掇う。）
采采芣苢、薄言捋之。（芣苢を采る采る、薄か言にこれを捋る。）
采采芣苢、薄言袺之。（芣苢を采る采る、薄か言にこれを袺る（袂に入れる）。）
采采芣苢、薄言襭之。（芣苢を采る采る、薄か言にこれを襭る（袂を帯にはさむ）。）

芣苢は植物の名で、おおばこのことであり、芣苢は単におおばこを摘むことを言うだけの詩であるのだが、聞一多は芣苢は音通で胚胎を意味し、更に伝説の中で禹の母親が妊娠した時に呑んだ「薏苡」と同じもので、[17]それが妊娠を可能にするという俗信を背景にするのだとする。彼はそれを根拠に芣苢が妊娠を祈る詩として宗教的な意味を持っていたと単純に結論するのではなく、そのようなイメージの連関の中に詩の世界が存在していたとする。例えば、新婚の若い乙女にはその詩は希望を含んだ明るい歌とし

て響いたであろうが、なかなか子を持つことをできない主婦には焦りと切望を喚起させるものであったであろうことを、詩人の想像力によって復原するのである。

　おそらく聞一多の「興」の解釈は、象徴分析と言って良い方法論であろうと思われる。『詩』が言及する草木鳥獣は単なる物体ではなく、一定のイメージを喚起する力を持っており、そのイメージを理解しなければ、詩は理解できないいうことが、彼が最も言いたかったことであろう。その意味で、彼の使用する「象徴」が「呪術」に相当するかどうかは微妙である。聞一多自身、「呪術」という言葉を使ってはいるが、それ程、重点を置いているように思えない。[18] 但し、言葉の持つ力（叙述の対象をリアルに現出せしめる力）という点では、後述する研究者が使用する「呪術」概念と重なる点がでてくる。もう一点、重要なのは、聞一多はグラネとは違って、『詩』が詩人の個人的な思いを表す叙情詩であることを否定はしないと言うことである。苤苢に関する彼の解釈が示すように、言葉が喚起するイメージは詩の方向性を決定するが、それが如何なる感情になるのかは個々人の状況により変わり得るのであり、それを理解するためには詩人の想像力を必要とするのである。

③　赤塚忠[19]『詩経研究』（『赤塚忠著作集』第五巻、研文社、1986）

　おそらく『詩経』の呪術性を主張して最も影響力があったのが赤塚忠氏と、後述する白川静氏であろうと思われる。赤塚氏の「中国古代歌謡の発生と展開」（1964）は、単純な語句の繰り返しを特徴とする国風の詩を舞いを伴った多人数の唱和によるものと見なし、その背後に古代の共同体（部族）が存在したと考える。部族生活の中心は共同体の聖地「社」であり、神に対する祈りが歌の始まりであった。「古代における歌舞の詩の系譜」（1952）では、詩の「興」は神を降ろし、祭るための「呪物」を述べたものに他ならないことを論じる。「興」は「その物に懸けて神を呼ぶ直

接的な感情を表明したもの」(198頁)であり、詩は「呪詞」に他ならなかった。それが宗教のあり方が変化する（「宗教的な教権国家から政権国家へ」、208頁）なかで、神に対する思いが異性に対する思いに転用されることにより、比喩としての「興」が定着したのである。

　「『詩』国風篇の成立」(1950)の中で、赤塚氏は「興」の「呪術性」を具体的に論じているので、二、三の例を示そう。前に引用した「芣苢」の詩もそうであるが、「興」には植物を歌うものが多い。例えば小雅・白華の詩には「白華菅兮、白茅束兮。之子之遠、俾我獨兮。英英白雲、露彼菅茅。天步艱難、之子不猶。」(白華の菅、白茅を束ぬ。この子の遠ざかる、我をして獨りならしむ。英英（軽挙の様）たる白雲、彼の菅茅に露す。天步（時運）は艱難にして、この子は猶かず）とあって、失恋における相手への思慕を表す「興」として菅、白茅が言及されている。赤塚氏は『儀禮』士虞（埋葬後、死者の霊を招く儀礼）において死者の膳の下に敷く「苴（しきもの）」は「茅を刉ること、長さ五寸、これを束ね」とあり、死者のかたしろを務める尸が飲食の最初に食べ物の一部を床に落とす儀節（「墮祭」という）を行うことを神降ろしであると理解して、茅は「求神の呪物」であり、「詩にこれを詠ずることは祖先の霊を祈求しその加護を保証するもの」であって、その霊に対する思いがベースになって、凡そ他者に対する思慕の「興」になり得たのだと論じる（690-701頁）。棘や薪のような灌木の「興」も、灌木の生命力に対する信仰があり、故に「社」のご神体も木が用いられ、「精霊を媒介する呪物」であった。前引「芣苢」も「呪物」であり、芣苢を採る行為が安産を祈願し、一家の繁栄を祈る「呪術的」な動作であり、その動作を歌い、それを模倣する舞を舞うことは「その動作の得る結果を確保すると信ぜられておった。それが呪術観念である」(711頁)。その観念があったために、植物が「男子に対する思慕」を表すものになり得たのである。

　赤塚氏の『詩経』研究は、「興」は古代の信仰に根ざしており、その信

仰を理解しなければ『詩』は理解できないという主張として要約できよう。その信仰を赤塚氏は「呪術」「呪物」という言葉として表現したのである。但し、筆者が見た範囲内では、彼は「呪術」を特に定義していないようである。内容から判断するに、その「呪術」概念は概ね二つの核を持つようである。一つはそれが神霊にかかわるもの、依り代や祭祀にかかわるものであるという点、第二は「呪物」は象徴であって、思慕、歓待、霊力、生産性、生殖などを象徴するものであり、故にそれ自体に力があると感じられたものであったということである。この「呪術観念が最も素朴な生活観念であ」り、「草をし見れば男を得んと思い、女を見れば子孫の衆多を願った」「生活の苦楽をいう叫び」、「切実な希望であり、また苦痛の銷却」が呪術であったとされる（765頁）ように、古代人の感覚を象徴する物体が「呪物」であると理解されている。ここから言えることは、彼の「呪術」観念は宗教学における呪術（magic）とは全く異なるということである。おそらく「呪術」は宗教と区別されることなく、より正確にいうなら、宗教の原初形態とでもいうべき生活感覚のようなものが想定されており、それが「呪術」の名でよばれているということができる。

④　家井眞[20]『『詩経』の原義的研究』（研文出版、2004）
　家井氏の『詩経』研究は時間的には新しいが、赤塚忠のそれを更に体系的に発展せしめたものと見ることができるので、次に紹介しておきたい。家井氏は『詩』の「興」の背景には、「呪力を有する言靈に據って綴られた呪文を武器として、自然を彼等の意思に從屬せしめようとした」古代人の「言靈信仰」があったと考える。生活のリズムの中心は共同体の祭礼であり、「祭禮には呪術的模倣や演出行爲が伴い、そこでは非日常的な聖なる言語（呪言）、聖なる歌（呪謠）が使用され……それらは物理的な呪力を有するものと考えられていた。」社会が「祭祀共同体」から「氏族共同体」に変化するに従い、その意義は忘れられ、その力は薄まるが、「言靈

の呪力は忘れ去られた譯ではな」く、その「呪言」の性格が詩の内容を規定する（例えば、「興」で歌われる呪物が春の神を祭るものであれば、その詩全体が春を迎えるものになり、人の霊が憑依するものであれば、恋愛や結婚を歌うものになる）。『詩経』の詩はすべからく「宗教詩」の性格を有することになる（6、173‐174、234‐235、261頁）。

例えば、聞一多も取り上げた「魚」の「興」について、『禮記』月令、『国語』魯語下に魚を宗廟に備える豊作を祈る儀礼があることから、魚は豊饒さの「呪物」であり、それを供えることで類感呪術的に陽気を助け、穀物の生長を助成しようとしたのであるとされる。魚の生命力は「蘇」字（金文では「穌」字に作る）にも表れ、穀物の根本に魚を埋めて「蘇生」させる呪術があったと推測される。故に『詩』では魚が生殖を含めて、豊饒さを表す「興」になり得たのである。また、植物の「興」についても、赤塚氏と同様に、霊が憑依する依り代であると考え、例えば、周南の桃夭の詩、

  桃之夭夭、灼灼其華。（桃の夭夭（盛んな様）たる、灼灼（輝く様）たるその華。）
  之子于歸、宜其室家。（この子ここに帰ぐ、その室家に宜し。）
  桃之夭夭、有蕡其實。（桃の夭夭たる、蕡（大きいこと）たるありその実。）
  之子于歸、宜其家室。（この子ここに帰ぐ、その家室に宜し。）
  桃之夭夭、其葉蓁蓁。（桃の夭夭たる、その葉は蓁蓁（茂る様）たり。）
  之子于歸、宜其家人。（この子ここに帰ぐ、その家人に宜し。）

も単に若い乙女の美しさ、瑞々しさを桃に喩えることで表現しているのではなく、桃は妊娠の呪物であると同時に、祖霊の依り憑く依り代であり、

故にこの詩は「宗廟で祖霊に一族の乙女が嫁ぐのを報告し、言祝ぐ詩」であることになる（208-211頁）。更に渡河の「興」、例えば漢広の「南有喬木、不可休息。漢有游女、不可求思。漢之廣矣、不可泳思。江之永矣、不可方思」（南に喬木あり、休うべからず。漢に游女あり、求むべからず。漢の広き、泳ぐべからず。江の永き、方すべからず）も、「游女」とは漢水の女神のことであり、「喬木」はその依り代であって、この詩は直接には婚姻を歌っているが、その背景には水神を祭って雨を祈る祭礼があり、そこでは水神に扮した女性とそれを慕う若者の間で歌劇を含めた渡河の「呪術的模倣儀礼」が行われていたと推測している（242-244、252頁）。

「模倣」という言葉を使っていることが示すように、家井氏はmagicの概念を参照しており、特に季節変化に関する儀礼を論じたところで、春の神を送り、夏の神を迎える予祝儀礼が、春から夏への変化をもたらすとされていたとすることが示すように（222-229頁）、操作的な意味で「呪術」という語を用いている。しかし、それは完全にはmagicと同じものを指してはいないと言うべきであろう。それは氏の使っている「言霊信仰」という語に集約的に表れている。「呪術」は何よりも「呪」、言葉の力として語られているのである。

⑥　白川静[21]『興の研究』『稿本詩経研究』(1960)、『詩経』（中央公論社、1970。共に『白川静著作集』第九・十巻、平凡社、2000）

　白川静氏の『詩経』研究も基本的に赤塚忠氏のものと同じ方向性のものであるが、周知のように、白川氏の研究の中心は文字学であるので、その全体的な枠組みの中に『詩経』研究も組み込まれている。先ず氏は、氏族社会、祭政一致的統一王権、世俗的王朝という社会の発展と、それに伴う宗教の進化を想定し、その中での詩（歌）という文学ジャンルの展開を考える。原初の歌謡は祭祀や祝祷の祭に唱えられる呪詞・呪言であり、「アニミズムを背景とする呪術的宗教観念」に基づいて、神霊や精霊を呼び出

し、人間の願望する状態を実現するためのものであった。「歌」字の基本構成要素である「可」は神への祝文（載書）を枝を以て叱咤している様であり、悪霊を除祓し、神に祈祷の承認を迫ること、「謠」（䚻）は肉を神に献げ、呪詛等を行うものであり、また讖言（神の啓示）的な意味を持つものであった。存在するものが全てが神性を持ち、遍在する精霊との共感・伝染が信じられた時代、歌謡は人間が自然に働きかけるための手段であったのである。やがて、王権が成立すると、王が氏族神（祖霊）の祭祀を通じて至上神とコンタクトするような祭政一致の社会に移行する。白川氏はこれを殷王朝中後期にあてるが、歌謡は祖先祭祀の中で唱えられる祭祀歌・祭礼歌に移行した（祭祀は氏族の政治支配にかかわる儀礼、祭礼は氏族民が自由に参加する祭りであると白川氏は規定する）。周王朝の時代に、氏族はなお強固に存続はしたが、王朝支配の中で、被支配地域（東方）では氏族社会の解体が始まり、西周後期の礼楽制度の整備の中で、宗教の倫理化が進行する。現在の『詩経』の最古層は、この時代のものであると白川氏は考える。

　『詩』の「興」は、原初の歌謡の呪詞・呪言が定型化、類型化しつつも、その発想が強固に残存したものである。例えば、鳥・魚は祖霊の化身と信じられ、樹木は神の依り代であり、馬は神の乗物であり、薪や草を採って悪霊を祓う「招魂続魄」（魂振り）の民俗が存在した。そのイメージはそれぞれの事物に存続し、それが『詩』に歌われる場合は聖なるものの祝福をもたらし、あるいは禍々しいものを退けようとする「予祝」の意味を持つ、そのイメージが詩の全体的な方向性を決定することになる。

　白川氏のこの想定は、必然的に、『詩経』の中で最も古い（正確には古層の観念を残存させている）のは祭祀歌・祭礼歌であるという考えにつながる。祭祀歌の神を誉め称える描写から君主を誉め称える祝頌詩が生まれ、神への思慕は恋愛詩に転用される。しかし、恋愛のような個人の感情を歌う詩は、氏族社会のような、神々の呪縛の中に生きていた時代にはあ

り得ないのであって、西周時代最末期から春秋時代初期にかけて、氏族が解体して領土化し、氏族員が私民化すると、人々は集団のくびきから解き放たれ、個人感情が解放される。恋愛詩はその時代の産物に他ならず、そして伝統的社会構造の解体に伴う生活苦から政治詩・社会詩が詠まれるようになる。その時代になると、「興」のもともとの呪能が忘れられ、自然を直観的、印象的に捉えるようになり、「興」も人間の感情を自然物に投影したり、あるいは対比的に感情を浮かび上がらせるために用いられるようになる。

　白川氏の『詩経』研究の方法論上の特徴は、ある種の比較宗教的、比較民俗学的な手法にある。『詩経』を解釈する上でふんだんに『万葉集』が参照され、魂振り、魂鎮め、国偲び、庭燎、国つ神、斎女といった神道や日本民俗学の語彙で現象が説明される。この方法論は、『詩経』と『万葉集』の発生基盤（呪術的世界観）の同一性ということで正当化されるが、一方でグラネや松本雅明氏（後述）に対する批判の中では、異なる文化圏に属する現象を援用する方法論を否定している。白川氏のこの判断の背景には彼の「文化圏」に関する独特の理解がある。『中国の神話』（中央公論社、1975）の中で、それぞれの地域文化（「文化領域」）には「構造的な法則性」が存在し、幾つかの文化領域は「文化圏」を構成すると述べている。つまり、中国と日本は同じ東アジアという「文化圏」に属するので、その間での比較は有効であるが、それ以外での比較は無効であるという論理である。

　白川氏の「呪術」概念は概ね赤塚忠と同じであると言えるが、それは充分に宗教学における呪術（magic）概念を参照したものになっている。但し、magicと同じものではない。白川氏にとっての「呪術」は、先ずアニミズムをベースとした上での共感・接触呪術（神霊に対する脅迫と悪霊の除祓）であり、次いで言葉の力（精霊に対する脅迫と除祓を可能にする言霊の力）であると言えるだろう。その宗教論（宗教進化論）に対する評

価は本稿の範囲外になるが、簡単に述べておくと、先ず19世紀の宗教進化論に対するのと同じ批判を挙げることができる。即ち、原初の歌謡（あるいは宗教の原初形態）を復原しようとする営為は、際限のないゲス（推測）ゲームを招いてしまい、それ自体、証明することができない壮大な仮説へと至る。彼は松本雅明氏の『詩』の解釈が現代人の読み込みであると批判し、『詩』の原像に迫るためには、古代人の実像に基づかなくてはならないとするが、その古代人の実像なるものは、現代人が復元したものである。

第二に、白川氏の宗教進化論は極めて明瞭な構造を持ち、それ自体の中では破綻は生じないが、それを『詩』の解釈の中に持ち込む時、時代性がしばしば曖昧になることを指摘できる。先述したように、彼は「興」の原型は原初的な呪術における呪言であると考えた。仮説として、これは認めても良かろう。しかし、古代王朝の成立の中で原初的な呪術は氏族的（もっとも白川が「氏族」をどのような意味で使っているのか、不明朗なのではあるが）な祖先崇拝に移行したと、白川氏自身が述べているのであるから、それは原初的な「興」が『詩』の中に残っていることを保証しない。白川氏は『詩』の中に「興」の原型を見ることの正当性を「残存説」によって主張するが、その一方で『詩』末期（西周末）にはその意味が失われたことを述べている。とするなら、同様の変化が古代王朝（殷王朝）成立の時に起きており、現在の『詩』にはその痕跡を求めることは不可能であると結論することも可能であることになる。

⑦　牧角悦子[22]『中国古代の祭祀と文学』、創文社、2006。

牧角氏も、聞一多、赤塚氏、家井氏を参照することで、同様の視点から『詩』を読んでいる。古代歌謡を理解するためには、「現代とは全く違った価値観を持つ」「古代という時代への理解が必要」であり、それは「現代人の知性では切実に理解できない」「神と神への信仰」に基づいていた

（218-219頁）。『詩』の「興」は、古代人の自然との一体感の中から生まれた「強い願望と希求とを表す呪術的言語」であり、例えば前引の桃夭の詩において、桃が若い娘のみずみずしい美しさを象徴する抒情として理解することは間違いである。抒情は古代が終わり、個人が成立した後の産物であり、人の意識が自然と融合していた古代においては、桃は妊娠と辟邪の呪物だったのであり、従って桃夭の詩は、生命力にあふれた桃の木が嫁ぎゆく乙女を邪悪なるものから守り、繁栄をもたらすようにという祈りを言うものであった（106-111頁）。これも前に言及した関雎の「興」における雎鳩、樛木（キュウボク）の詩における木は、いずれも神（祖霊）の依り代であり、それを歌うことは祖霊の降下を願う呪術的行為であったのであり、その祖霊への思慕が異性に対する思慕に転用されることで恋愛詩が成立する。芣苢の詩の如き草詰みの「興」も元々は祖先祭祀において女性が供物としての草を集める習俗に起源があったのだが、例えば巻耳の詩、

采采卷耳、不盈頃筐。嗟我懷人、寘彼周行。（卷耳（ハコベの類）を采る采る、頃筐（かご）に盈（み）たず。嗟（ああ）、我れ人を懷い、彼の周行に寘（お）く。）

陟彼崔嵬、我馬虺隤。我姑酌彼金罍、維以不永懷。（彼の崔嵬（険しい山）に陟（のぼ）れば、我が馬は虺隤（疲労）たり。我、姑（しばら）く彼の金罍に酌み、維に以て永く懷わざらん。）

陟彼高岡、我馬玄黄。我姑酌彼兕觥、維以不永傷。（彼の高岡に陟れば、我が馬は玄黄（疲れる様）たり。我は姑く彼の兕觥に酌み、維に以て永く傷まざらん。）

陟彼砠矣、我馬瘏矣。我僕痡矣、云何吁矣。（彼の砠（岩山）に陟れば、我が馬は瘏（や）みぬ。我が僕は痡（や）みぬ、云に何ぞ吁（うれ）わしきかな。）

においては、第一章は旅にある恋人を思う女性の思いを、第二～四章は旅

にある男性の思いを歌ったものだが、巻耳を採り、それを道端に置くのは男を思い、道祖神に供えて無事を祈る「願掛け、あるいは魂振り」であり、男が高い丘に登り酒を飲むのは、「遠くはなれた者と心を通わす一連の呪術的行為」であった（123-127頁）。恋愛を歌うという点では個人の想いであるように見えるが、それは抒情的恋愛詩ではなく、「古代的な求愛は妊娠求子に直結し、また恋愛を歌うことが山川の神霊を祭る季節祭、あるいは祖霊祭祀に結びつかないものは、『詩経』においては一つも無い」（155頁）。

『詩経』が表している古代はやがて動揺、崩壊に向かい、人々の神に対する信仰は揺らぎ、それに対する懐疑が表明されるようになる。しかし、神霊への希求はなお強く残り、故に逆に神霊に対する強烈な思慕と苦悩を示している例として、牧角氏は『楚辞』離騒を挙げている。

牧角氏における「呪術」は、おそらく三つの核を持つと言えるであろう。第一は神霊や祖霊、あるいはそれらに対する祭祀にかかわるものという意味で、これは宗教と重なる。第二は家井氏の場合と同様に、言葉の力（言霊）の強調、第三は桃や芣苢の例が示すような、特定事物が有する力の観念である。これは事物の持つイメージ喚起力と言い換えても良いかもしれないが、それが「祈り」「懐抱(おもい)」と表現されるように、事物の持つ力に関するリアルなイメージ（もしくは信仰）と言えるであろう。もう一点、氏の議論の特徴として、古代のメンタリティを現在とは全く異なるものとして切り離しつつ（その意味ではレヴィ＝ブリュールの議論に近い）、古代的な感性を捉える能力が現代人にも潜在しており、それ故に古代の歌謡は現代人の心にも響くのだと論じる点が挙げられよう。我々の中に潜在する古代的な感性を通して、古代への探求が可能になるということであろうと思われる。

以上、「呪術」をいう概念を用いて『詩経』を読もうとする研究の主要

なものを紹介してきた。もちろん、『詩』の中に「呪術」を見る研究ばかりではない。例えば、松本雅明[23]（『詩経諸篇の成立に関する研究』、東洋文庫、1958）は、『詩』は基本的に宗教意識は希薄であり、「興」は主文に先だつ気分象徴であると見なしている。しかし、松本氏は「呪術」概念を用いること自体に反対しているのではない。宗族的・王朝的な制度的な宗教が成立する以前に、地域共同体の呪術的祭礼の時代があったと考えている点では、松本氏は白川氏と同じであり、ただ、『詩』の時代はそれよりも後であると考えているのである。松本氏は、『詩』国風を奄美大島の八月踊りと比較することによって、ある程度個人意識が現れた段階（牧角氏の言葉を用いれば抒情詩）を反映するものとして『詩』を捉えていると言える。その意味では何らか「呪術」という概念を用いることで、『詩』を理解しようとする傾向は、『詩経』研究に共通するものであると言える。

しかし、改めて指摘するまでもなく、そこで言われている「呪術」は、宗教研究で言う呪術概念と一部は重なるが、全く同じなのではない。確かに上述の諸氏は宗教学の呪術概念を参照し、操作的なものとして述べているのであるが、一方ではそれとは違うニュアンスを「呪術」の中に含ませている。この違うニュアンスは、四点にまとめられるであろう。

先ず、上述の諸氏は宗教とは異なるものという意味で「呪術」を用いていない。一致して、神霊への何らかの信仰という意味で用いている。第二に、但し、ある種の宗教進化論が想定されており、宗族的な、あるいは古代王朝の宗教以前の素朴な宗教を示すものとして「呪術」は用いられている。宗教の原初形態、起源、古代的なもの、現代人が失った、理性とは対極にあるものとして、「呪術」は考えられている。第三に、「呪術」は特定の事物（「呪物」）の持つ力、それがイメージを喚起し、何らかの祈りに結実するような力を表すものとして用いられている。最後に、それと関連して、言葉の力、言霊信仰とでも言うべきものが共通して想定されていることが指摘できるだろう。事物に潜在する力は、それを言葉にすることで、

引き出すことができるのである。

　本稿は上述の『詩経』研究が妥当であるか否かを論じることを目的とはしない。ただ、筆者は個人的には、上述の研究に賛同する点が多いことを告白しておきたい。例えば、桃夭の詩において、桃は単に嫁ぎゆく乙女の瑞々しさ、美しさを喩えているのではなく、桃の生命力を「興」とすることによって、結婚生活の幸福と多産を祈っているとする家井氏・牧角氏の説は、筆者には説得的である。但し、そのことと「呪術」という言葉が分析上、有効であるかどうかは、別の問題である。上述の諸氏の「呪術」概念の柱は、「呪物」とそれを表現する言葉の力、イメージ喚起力という点にあるが、それが「呪術」という使い古された言葉で表現される時、何か固定的な信仰というニュアンス——現代人が理路整然とした言葉で分析し、"古代中国人は○○と信じていた"と結論できるような——を持ち込むのではないだろうか。例えば、桃夭の詩を作り歌った人々は、桃が邪悪を祓い、多産をもたらす呪物であるとの確固たる信仰に基づき、自覚的に桃を「興」として歌ったのだろうか、それとも「桃」に関する様々なイメージ連関——その中には当然、桃を魔除けの呪符として用いる伝承も含まれる——を背景にして、心中の祈りを表す象徴として曖昧に使ったのだろうか。もちろん、どちらであるのかは知ることはできないが、[24]「呪術」という言葉には我々の思考を一定の方向に導いてしまう力があり、その危険性には自覚的であるべきように思われる。

五　結語

　宗教研究において概念の設定は生命線であるが、厄介なのはその概念は一つのディシプリンの中で独占はできないことである。概念を構成する語彙には歴史があり、歴史の中で蓄積されたイメージを無視することはできない。「呪術」という語に関して言えば、magic という概念に関する学問

的な議論がどれだけあっても、「呪」という文字の重さを否定することはできない。「呪」という文字を使っていることにより、「呪術」のイメージは必然的に一定の方向へ牽引されることになる。「呪術」概念の多義性は、多分に文字の力によると言えるであろう。「呪術」という言葉自体に呪術性があるのである。

　この場合、「呪術」は包括的な概念であるが故に、便利であるという面はあるかもしれないが、同時に異なる現象や思想を包摂することにより、その違いを見えなくしてしまう危険性がある。陰陽五行説、厄を肩代わりする人形、言霊信仰を全て「呪術」と呼ぶより、それぞれを分節化するような言語を作っていく方が生産的であろう。それが「呪術」の呪縛から逃れる道であるように思われる。

注

1) 木全徳雄訳『儒教と道教』、創文社、1971。
2) 呉の支謙『菩薩本縁経』巻上「汝將非以咒術之力而繋縛耶」、巻中「我有大力能伏諸仙、飲水食果行諸苦行、善能成辦諸咒術者」、西晉、竺法護『正法華経』巻二「往來経行、無有呪術」、西晉、安法欽『阿育王傳』卷七「有五百婆羅門作受學弟子、從其習學経論呪術」、姚秦・竺佛念『出曜経』卷第三「恚以毒藥去、呪術除非邪」、後秦・鳩摩羅什『小品般若波羅蜜経』巻二「般若波羅蜜是大呪術、無上呪術。善男子、善女人、學此呪術、不自念惡、不念他惡、不兩念惡。學是呪術、得阿耨多羅三藐三菩提、得薩婆若智、能觀一切眾生心」、巻六「不以呪術藥草引接女人」「呪術占相、悉能了知」、宋・畺良耶舍『観無料寿経』「沙門惡人、幻惑呪術」、梁・寶唱『経律異相』巻二「経書讖記論、醫方呪術。瞻相吉凶。災異禍福。靡所不達」、卷十五「旃陀羅呪術不行」、卷二十四「有諸臣中明呪術知於輪法」、巻四十六「即以呪術而問鬼」、隋・闍那崛多『佛本行集経』卷三「又闡陀論、字論、聲論、及可笑論、呪術之論、受記之論……時彼五百諸弟子等常從是師。讀誦祭祀呪術之法。……所有一切婆羅門家。種種呪術、工巧技能、皆悉洞解」、卷十一「造作諸技。因伎報答。呪術雜事」、円仁の『入唐求法巡礼記』卷三・会昌三年（843）十月十三日条「敕下、天下所有僧尼解燒練、呪術、禁氣、背軍、身上杖痕、鳥文」、梁・劉孝威「謝東宮賜浄饌啓」に「一角仙人恥其呪術」（『芸文類聚』巻七十二引）。
3) 『詩』蕩「侯作侯祝」、注「作祝詛也。……王與群臣乖爭、而相疑曰祝詛、求其凶咎、無極已。」
4) 1933年、南京市生まれ。民間文学の専門家で、南京大学中文系教授。民間文学の他、呪術や敦煌文献に関する研究が多い。
5) 研究史上の有名な事例としては、マックス・ウエーバーが天人相関説を「呪術の合理的体系化」と呼んでいる例がある。「聖なる五という数をともなう宇宙創生論的思弁……こうした中国的な『宇宙一体観的な』哲学、兼、宇宙創生論……は世界を一つの呪術の園に変じたのであった」（前掲、329頁）。
6) 『礼記』月令「孟春之月……天子居青陽左個。」「仲春之月……天子居青陽大廟。」「季春之月……天子居青陽右個。」「孟夏之月……天子居明堂左個。」「仲夏之月……天子居明堂太廟。」「季夏之月……天子居明堂右個。」「中央土……天子居大廟大室。」「孟秋之月……天子居總章左個。」「仲秋之月……天子居總章大廟。」「季秋之月……天子居總章右個。」「孟冬之月……天子居玄堂左個。」「仲冬之月……天子居玄堂大廟。」「季冬之月……天子居玄堂右個。」
7) Keightley, David, "Late Shang Divination: the Magico-Religious Legacy", Henry

Rosemont ed. *Explorations in Early Chinese Cosmology*, 1984.

8) 池澤「宗教学理論における新出土資料―聖俗論と仲介者概念を中心に」、『中國出土資料研究』第六号、2002 参照。
9) 張勲燎・白彬『中国道教考古』(全6冊)、線装書局、2006。
10) 池澤「後漢時代の鎮墓文と道教の上章文の文書構成―『中国道教考古』の検討を中心に」、渡邉義浩編『両漢儒教の新研究』、汲古書院、2008。
11) これは既に張勲燎(前掲、262頁)が指摘していることである。彼は「巫術」(magic)と「宗教」の違いに言及して、鎮墓文は原始的な呪術の類ではなく、従って教団を有する宗教であると論じる。彼の思考枠組みは、呪術－個人的－非体系的、宗教－集団的－体系的というものなので、その議論をそのまま認めることはできないが、鎮墓文が相当体系化された思想に基づいていることは認めて良いと思われる。
12) 1884〜1940。中国学者。フランス国立東洋言語文化研究所教授、パリ高等研究所宗教学教授。
13) 実際、本書はデュルケームとシャバンヌに献げられている。
14) 前引の259頁の部分と337頁の二箇所で「魔術的」という語が用いられている。
15) 1899〜1946。詩人、文筆家。清華大学を卒業後、アメリカに留学、美術を学ぶ。後に古典文学や民俗学の研究に転じ、武漢、清華大学などで教鞭を執る。国共内戦の中で国民党によって暗殺された。
16) 中島みどり訳『中国神話』、平凡社、1989 所収。
17) 『呉越春秋』越王無余外傳「禹父鯀者、帝顓頊之後。鯀娶於有莘氏之女、名曰女嬉。年壯未孳。嬉於砥山得薏苡而吞之、意若為人所感、因而妊孕、剖脅而産高密。」(禹の父、鯀は帝顓頊の後なり。鯀は有莘氏の女に娶り、名づけて女嬉と曰う。年壯にして未だ孳せず。嬉は砥山に於いて薏苡を得て、これを吞み、意に人の感じるところたるが若し。因りて妊孕し、脅を剖きて高密(禹)を産む。)
18) 「説魚」において、龍陽君という人物が魚にわが身をなぞらえて泣いてしまったという話(『戦国策』魏策四)について、「言語の魔術的暗示のために、彼は自分と魚を一体化させてしまっており」と述べており(前掲80頁)、この「魔術」は「呪術」であろうと思われるが、「呪術」概念とは少し違うようである。
19) 1913〜1983。東京大学文学部教授、専門は中国古代思想、甲骨・金文。
20) 二松学舎大学文学部教授。専門は中国古代文化史。
21) 1910〜2006。立命館大学教授。文字学をベースに古代中国文化を幅広く研究し、"白川学"と通称される体系を構築した。
22) 二松学舎大学文学部教授。専門は中国文学史。
23) 1912〜1993。熊本大学教授。専門は東洋史。

24) 本論で述べたこととは直接的には関係しないが、学説史において「呪術」が宗教の原初形態に同定されたことがあるため、それが近代的心性とは対立するもの、現代人には知り得ないものとして設定される傾向がある。この場合、近代的心性によっては不可知なものであるなら、原理的にそれは知り得ない（「呪術」というものを設定し、それを探求しようとする試み自体が近代の営為である）という問題を抱えることになる。

近代朝鮮における「宗教」ならざるもの
——啓蒙と統治との関係を中心に——

川　瀬　貴　也

　本稿は、19世紀末から20世紀にかけて、朝鮮半島における「宗教」「呪術」「民間信仰」「迷信」などの用語で表現された「宗教的なるもの（もしくは「宗教」ならざるもの）」がどのように語られ、どのようなイメージを持たれていたかを考察する。その際、1910年から45年までの日本による朝鮮支配という政治状況はもちろんのこと、近代（西欧）文明にどのように対峙したかということをこの地域の共通点と見なしつつ、日本と朝鮮の思想的往還を常に念頭に置きつつ論を進めていきたい。

1．近代初期日朝における「呪術」「迷信」の位相

1．1．近代日本における「呪術」の扱われ方
　明治政府はよく知られるように「文明開化」路線を邁進し、民俗的な行事や習慣、民間信仰を遅れたもの、唾棄すべきものと位置づけ、その排除に乗り出した。いわば、典型的な「啓蒙的専制主義」を執ったのである。その反作用として、明治初期の反政府一揆などがあるのは周知の通りである。
　しかし確認しておくべきは、民間信仰や習俗の取り締まりと裏腹に、南朝の忠臣らを祀る別格官幣社や、古代の天皇や朝廷を尊重したとされる人

物を祭った神社は次々と創建されていることであり、明治政府は一元的に「宗教的なるもの」を排除したわけではないことである。ある宗教性は称揚し、それ以外を弾圧するダブルスタンダードが、明治以降の日本政府が取った宗教政策には一貫して流れていると言ってよい。近代化、もしくはナショナリズムを軸に宗教は二分され、「正統」と「異端」が構築されていったと言ってもよいかも知れない。

民俗信仰や民俗行事、習俗への抑圧が一般化するのは、廃藩置県が済んだ明治五年以降のことであるが、明治初年から禁令が出された藩（後に県）も多い。ここには「外国から侮られない文明国になる」ことを国是とし、外国からの視線を内面化した政府の強迫神経症的なものが顕れている。明治以降の民俗的なものに対する数限りない規制と禁令は、その「症状」と言えよう。

これらの禁令には主に遊行的且つシャーマニックな活動への禁圧が目立つ。全国的な禁圧を列挙すれば、「六十六部」の禁止、虚無僧の「普化宗」の禁止、修験宗の禁止、僧侶の托鉢禁止、梓巫・市子・憑祈祷・狐下げなどの禁止、祈祷・禁厭をもって医薬を妨げる者の取り締まりなどが立て続けに出され、それぞれに地方で実施されていた[1]。もちろん政府のこのような姿勢は伝統的行事だけに向けられたものではなく、天理教など当時勢いを持ちつつあった新宗教教団にも向けられていたことは言うまでもない。これは、新宗教が特に「病気治し」を中心に信者を獲得しており、医学という政府の掲げる「文明」と真っ正面から衝突したからでもあろう[2]。

1872年に東京府で施行されたのを皮切りに全国に波及していった「違式詿違条例」、つまり今で言う軽犯罪法であるが、この法律でも宗教的習俗、特に祭りのオージー的な側面が取り締まられた。その後1880年に制定された刑法でも「禁厭祈祷」は処罰対象となる。このように日本においては順次「呪術」的なるものが排除されていったが、数々の新宗教や心霊

主義など、間欠泉のようにそれらは時々表舞台に現れては消えていった。

1.2. 朝鮮近代における「迷信」への視線

　さて、翻って朝鮮近代においては「宗教」や「呪術」「迷信」はどのような視線に晒されていたのだろうか。日本に少し遅れて西欧近代文明に直面した朝鮮においても事情は近似していた。欧米に学び、外国の文物を取り入れようと考える啓蒙的な思想を持つ者たちが、日本同様に自国の民間信仰、呪術などを「迷信」として退けようとしたのは当然だったであろう。では以下で、19世紀末から20世紀初頭に掛けての朝鮮における「宗教」「呪術」「迷信」をめぐる言説に少し耳を傾けてみよう。

　1890年代半ばの甲午改革[3]以降、大衆啓蒙の役割を自任する各種新聞などでは、ムーダン（巫堂）などシャーマニックな活動に関わるものが「惑世誣民」する存在として糾弾されている[4]。朝鮮王朝時代、僧侶も巫覡もいわゆる「賤民」として扱われてきた[5]、という事情もあろうが、近代化や啓蒙を志向する者にとっては、シャーマンの行う「呪術」は、経済的に有害且つ非科学的なものとして排斥すべきものであった。例えば

> ソウルの城内外の愚かな婦女を騙し金を奪うムーダンとパンス（パンスは占いを生業とする盲者――引用者注）が千余名存在し、一人当たり平均して月15ウォンの稼ぎとすると、毎月1万5000ウォンとなり、毎年18万ウォンとなる。ソウルの人口を20万と見積もると、一人当たり90銭ほどをムーダンとパンスに取られていることになる[6]。

というような論説に、当時の啓蒙主義者たちの心性が端的に現れている。彼らの「攻撃」は巫俗だけでなく、階層を越えて広く浸透していた風水にも向けられていた[7]。後述するが、葬送・墓地問題と絡んで、植民地権力

も風水の調査および取り締まりを行った。

　また1895年に、甲午改革によって設置された内務衙門から各道に出された訓示には「人民を諭し、病にかかればすぐに薬を服用させ、巫女や盲人に呪術を使わせないこと（第22条）」「巫女と乱雑な輩は一切禁止すること（第44条）[8]」という項目があり、官民挙げての「反巫俗」の機運が醸成されつつあったのが確認できる。このように朝鮮半島においても、近代文明を代表する医療行為と「呪術」が衝突しており、法的取り締まりも強化された[9]ことも、日本と共通するところであろう。これは急速な道具的近代化を推し進めた東アジアの共通点とも言えよう。

　ただしここで付け加えておかねばならないのは、朝鮮半島は日本と違って、決して西洋医学一辺倒になったわけではないということである。日本においては、西洋医学の導入とともに、それを修めたものだけが医師免許を取得できるというように、制度面からも西洋医学のヘゲモニーが完成したが、朝鮮半島においては漢方（もしくは韓方）医学の伝統が根強く残り、庶民は西洋医学より漢医学[10]、もしくはムーダンなどの民間信仰に通い続けたのである。制度的には、1900年に大韓帝国政府によって「医師規則」が制定されたが、ここには漢方医に対しても医師の資格を与えることを方針としていたことが読み取れる。本格的に日本の植民地となってからは制度が改められ、日本同様西洋医学を修めた者だけが「医師」免許を受けることとなったが、朝鮮総督府は漢医の存在を無視することもできず、1913年に「医生規則」を制定し（1919年に改定）、漢方医を「医師」とは違う「医生」として公認することとなったが、これは逆に言えば「医生」という存在が総督府、とりわけ警察によって監視されることをも意味した（植民地期の医療・衛生行政は一貫して警察の管轄とされた）[11]。

　ムーダンなどによる「医療類似行為」は、韓国併合後「警察犯処罰規則（1912年）」によって禁止されたが、これは「本土」の「警察犯処罰令（1908年）」を見本にして導入されたもので、植民地朝鮮において「迷信」

的なものへの取り扱いは、日本とほとんど変わらなかったと言ってもよい。しかし大きな違いとしては、「仏教・キリスト教、神道」だけを公認宗教とする旨を記した「布教規則（1915年）[12]」において「朝鮮総督ハ必要アル場合ニ於テハ宗教類似ノ団体ト認ムルモノニ本令ヲ準用スルコトアルヘシ（第15条）」との条文があり、これにより当時叢生しつつあった朝鮮の新宗教がいわゆる「類似宗教[13]」と扱われるようになったが、民間信仰やムーダンなどには適応されなかった。つまりこれらは「宗教」扱いされることもなく、治安取締法規の対象とされたと言えよう。

朝鮮の「近代化」を外部から見つめていたのは、日本人だけではない。特に朝鮮の「宗教」について様々な記録を残しているのは、朝鮮にやってきたキリスト教宣教師や外交官である。以下で、彼らの「朝鮮宗教観」についても少し触れておこう。

朝鮮の開国直後の1883年に来たアメリカの外交官ローウェル（Percival Lowell）は、その旅行記で「朝鮮では宗教が消滅しつつあるが、古くさい原始的な悪霊崇拝だけ残存している」と記している[14]。もう一人の外交官ロックヒル（William Woodville Rockhill）も、1891年のレポートで朝鮮仏教に関して「寺で悪霊を追い出す行為や建築様式および絵画などにおいて中国仏教よりは呪術的なチベット仏教と似ており、民衆に信仰されずにいる」と見なし、ムーダンや霊魂に関する信仰にもふれ、朝鮮人は宗教的感情（religious sentiment）に乏しいと述べている[15]。これら外交官や旅行者の表層的な観察は、要約すればシンクレティックな朝鮮半島の信仰を下等なものと見なし、「宗教」的なものが存在しないとする点で一致していたと言ってよかろう。

朝鮮半島の宗教に関して、より深く体系的な研究を重ねたのはキリスト教宣教師だったが、これはもちろん、彼らは宣教のために現地の文化を知る必要があったからであり、いわば朝鮮宗教研究は宣教活動の副産物と

して生み出された。例えば1884年に朝鮮に医療宣教師としてやって来たアメリカ北長老会のアレン（Horace Newton Allen）は、ムーダンや占い師に関して、医師としての立場から病気とお金にまつわる現況を批判的に記した。面白いのは、アレンは朝鮮半島でキリスト教宣教が成功した理由を朝鮮人たちが本来的に気質として宗教に心酔する面があるからで、また平等思想を鼓吹したからだとも述べている[16]。これは前述の外交官たちの「朝鮮に宗教はない」とは正反対の朝鮮人に対する「本質論」である。ともかく、朝鮮半島には「まともな」宗教がないか、もしくは衰退している状況というのが当時の西洋人の見立てであった（この見解は日本人も共有していた）。

だが次第に宣教師たちは、朝鮮の宗教の多層性（仏教、道教、儒教、民間信仰のシンクレティズム）をより深く観察するようになる。例えばジョーンズ（George Herber Jones）は1887年にアメリカ北メソジストから派遣された宣教師だが、彼は朝鮮宗教の多元性を強調し、朝鮮の「巫俗」と「シャーマニズム」を同一視し、シャーマニズムで朝鮮の民間信仰全体を包括できると理解し、朝鮮最古の宗教と考えた[17]。しかし宣教師が巫俗に好意的であったわけではなく、朝鮮における長老派の基礎を築いたアンダーウッド[18]（Horace Grant Underwood）は、朝鮮人の宗教生活においては、巫俗（シャーマニズム）が最も強力であり、キリスト教はこれに対決しなければならないと説いている[19]。

東アジア、特に日本における「宗教」概念がヨーロッパのキリスト教モデル、すなわちプラクティス（実践）を軽視し、ビリーフ（信仰）中心で形成されたことは昨今盛んに論じられているが[20]、朝鮮半島の事情もほぼ同様で、これまで見てきたように、朝鮮人の知識人たちとキリスト教宣教師がいわばタッグを組んで、「宗教ならざるもの」、すなわち迷信たる「巫俗」や「民間信仰」「風水」などの対照物として文明を背負う「宗教」概念を形成していったことが読み取れよう。

2．植民地下における「民俗（民族）学」的調査について

　1910年の韓国併合以降、朝鮮総督府は統治上の必要性もあり、朝鮮の慣習や風習を調査していくが、実はそれ以前からも調査はおこなわれていた。大韓帝国を保護国とした1906年の旧韓国政府における不動産調査会がその嚆矢であったが、その二年後の1908年には法典調査局が置かれ、併合にともないこれが廃止され、前者とともに参事官の管轄となり、1915年には中枢院の管轄に移り、「慣習」「制度」「風俗」の三つに区分された調査が継続された[21]。少し詳述すると、「風俗」調査は前者二つの参考事項とされていたが、1921年にこれら二事業から独立し、朝鮮民衆の日常生活をより詳しく行政上の資料とするべく「服装」「飲食」「宗教」「迷信」「医薬」「卜巫及術客」「年中行事」などの二五項目が具体的に挙げられている[22]。つまりこれは朝鮮総督府が「風俗調査」という用語を用いつつ、朝鮮人の日常生活に介入しようという意思を示したものとも言えるだろう。

　本章では、朝鮮総督府に勤務しつつ、民俗（民族）学的研究に名を残した今村鞆と村山智順を取り上げ、彼らの民間信仰や呪術に対する眼差しを再考する。

2．1．今村鞆の『朝鮮風俗集』

　まず、個人名で朝鮮の風習を調査した著作を出した代表的な人物として、今村鞆を取り上げる[23]。今村は警察官としてのキャリアを持つ人物で、1870年生まれで、1908年に朝鮮に赴任して以来、1925年の退職まで警察官として一貫して統監府および朝鮮総督府に勤務した人物である。退職後も、朝鮮の風習を調査する中枢院の嘱託として勤務して、例えば『朝鮮風俗資料集説　扇　左縄　打毬　匏』（朝鮮総督府、1937年）、『人

参史（全7巻）』（朝鮮総督府専売局、1934〜40年）等を発表している。

彼の代表作とされ、後続の者に多大な影響を与えた[24]のが『朝鮮風俗集』（1914年）であるが、本節ではこの本の内容を振り返ってみよう。まずこの書の「自序」には以下のように書かれている。

> 余は明治四十一年の夏渡鮮し、地方警察部長の職に補せられ、忠清江原二道に歴任したり此時代は庶事創業の際にして、未だ法令も完備せず、行政上唯手加減を以て処理する事務甚多かりしかば、如何にせば、職務の執行が民度と調和を得るかと云ふ点に付き、苦心したること一再ならざりしが、余は此時より、朝鮮の風俗習慣を知了するの必要事たることを適切に感じ、幾度か之れが調査に著手したれども、系統的に朝鮮風俗の総てを調査する派容易の業に非ず。到底微力菲才の企及すべきに非ざるを暁(さと)ると共に、方針を変じて自己の職務に関係深きもの、若くは自己が趣味を感じたる事項を、断片的に研究することゝし、爾来劇務の閑を割きて、之れが攻究調査に従ひ、其得たる幾分は新聞雑誌に掲載し、又は公会に講演して世に発表せり。[25]

この「自序」に明らかなように、今村の研究は、警察官という自己の業務に資することと彼の好奇心が綯い交ぜとなったものであり、まさに「警察民俗学」と呼ぶにふさわしいものであった。ただしこれは彼独特のものではなく、後に触れる村山智順も、警察の調査、統計を活用しており、植民地における調査としてはある意味ありふれた形態であったとも言える。

ではこの書における「迷信」の扱われ方はいかなるものだったのか。この書には「朝鮮人の迷信及宗教」という章が設けられており（執筆は1912年）、さまざまな具体例が列挙されているが、この章の冒頭近くで

> 偏見、誤謬及妄想は主として智識の欠乏特に科学的智識の欠乏、理解

力の薄弱判断力の不正確より来るものであるから、鮮人の中以下には非常に多いが、迷信のみは其割合に即ち文化の程度に比して感心に少ない、内地人に比較すれば寧ろ甚だ少ない都会にも地方にも淫祠の甚少ないのが其証左である此理由は後段に詳説するのであるが約して言へば儒教と道教の思想が人心の奥深く浸み込んだ影響であると言ひ得られる又一方より見れば迷信も古代の儘で進歩発達せずに在つた為である。[26]

と述べており、朝鮮人の迷信の少なさの原因さえ儒教や道教の停滞性にあるとし、続けて朝鮮人の「宗教心」を論じている部分では、当時の多神教から一神教に向かうとする「宗教進化論」を援用しつつ、朝鮮には「宗教らしき宗教は此国に発達渾成せずに了つたから、闇夜に星が光つて居る如く、今に夜を我物顔に多神教が光りを輝して居る状況」と言ったり、朝鮮では外からもたらされた宗教を国情に合わせて改編するような宗教家がいなかったために、宗教らしい宗教が生まれなかったと断じている[27]。このように、朝鮮が独自の宗教（特に仏教）を持たなかったとする見方は、他にも京城帝国大学の高橋亨なども共有しており[28]、当時の日本人の共通したバイアスだったと言えよう。

そのほかにも、例えば「鮮人は昔しより虚誕荒唐を喜ぶ性で[29]」とか「朝鮮に於ては宗教も迷信も共に発達せずして、今日に及びたるは其経済生活が昔しの儘の単調を今日に持続したると同様である。畢竟鮮人はネバリ気の無き民である[30]」など、当時としては珍しくもない本質主義的な差別的眼差しを彼の著述から指摘することは容易である。このような朝鮮人の宗教や「迷信」に関する分析は、それらを取り締まっていた警察官としての職務を考慮すれば、当然の結論であろう。しかし、ここで注意すべきは、彼は文明国日本による近代化及び善導を全面的に主張するのではなく、ある程度の旧慣、つまり日本の新たな支配に裨益するような都合の

良いものは残すべきだとの主張も所々に差し挟んでいる。例えば「新附の人民を治めるには或程度まで威厳の行はるを必要とするが、幸に官命のよく行はるゝ美風があるから旧慣を保存し之れを善導善用すべしだ[31]」と述べ、「朝鮮人の迷信及宗教」という章の結論として、

> 恬淡清虚を喜ぶ民である、宗教に執着すべき素質を欠如せる民である。現今民間に残れる迷信も其信仰心は執着力淡きもので、之れを宗教の信仰に転向せしめ得べきもので無い。現下新文明の空気瀰漫すると同時に、近来此等迷信は其力を甚しく失ひつゝあり現在既存の宗教を以て、鮮人の霊的生活を向上せしめんとするは甚しく至難の業である[32]。

と述べて、迷信から宗教へという「進化」にも、「宗教」による感化にも期待していなかったことがうかがわれる。同時期の楢木末實という人物の『朝鮮の迷信と俗伝』という書には緒言に「弊害を伴ふものは是非ともその頑迷を諭し、之を打破して、善道に導いてやらねばならぬ[33]」とあるのとは対照的である（ちなみにこの書は、今村鞆が序を書いている）。このような態度は、自らを文明の使徒と位置づけ、陋習や古い宗教との対決を厭わなかった宗教者・宣教師との大きな違いであろう。

今村は恐らく警察官として、いくつかの「巫俗」を取り締まったはずであるが、シャーマニズムについては「北方亜細亜及波斯地方の原始神に舞踏を好む神あり、之れに仕へたる女の司祭者が即巫女の起源にして北方支那を経て朝鮮に入り日本にも及びたるものにして、現時朝鮮に残存せる古風俗中巫女は最古の風俗に属し、学問上最価値あるものゝ一なりとす[34]」と述べており、シャーマニズムを学問的に重視することと、日本との共通項としてみていたことが窺える。これは当時の「日鮮同祖論」的思潮に棹さすものの一つであった。彼がこのような考えを保持したことは、彼の晩

年の発言でも確認できる。

> それからも一つ覚つた事は、日本の民俗学の研究者は、朝鮮の斯の方面に一応は目を通ふす必要が大にあることである。其理由は（1）古代日鮮は民族的・社会的・歴史的に同一であつて其の古きものが朝鮮に残つて居るから、机の上本の上でそれを比較研究すると云ふ丈でなく、朝鮮の実際を見てから初めて感じが出てくる。（中略）（2）には其民俗の某あるものそれが内鮮双方に何等のツナがりが無いものでも、朝鮮には古いものが其儘の姿で残つて居るものが甚多いから、古代へたどる上に於て容易く達し得る利便があると云ふ事である[35]。

このように今村は日本と朝鮮の一体性を「朝鮮停滞論」に基づく民俗学から説き、植民地（辺境）の「現在」を日本の「過去」として描いたのである[36]。辺境の停滞性の学問的「実証」が、同化政策の正当化に用いられるという同様の問題は、アイヌや琉球、南洋諸島でも繰り広げられたことには贅言を要すまい。

2.2. 朝鮮総督府の民俗調査の性格
――村山智順の「業績」をめぐって――

村山智順は実はその生涯については謎の多い（特に後半生には不詳な部分が多い）人物であるが[37]、1919 年東大社会学科卒業後そのまま朝鮮に渡り、朝鮮総督府嘱託として数多くの調査報告書を作成した人物として知られている。主に朝鮮の文化、習俗、民間信仰を担当し、膨大な報告書を作成した。『朝鮮人の思想と性格』（1927 年）、『朝鮮の鬼神』（1929 年）、『朝鮮の風水』（1931 年）、『朝鮮の巫覡』（1932 年）、『朝鮮の占卜と豫言』（1933 年）、『朝鮮の類似宗教』（1935 年）などがそれであるが、その特徴を言えば、報告書という性格からか、理論的な論述、個人的な解釈は禁欲

し、資料収集に徹した傾向があった[38]。そして、その調査は総督府の公的なものであったため、警察を介したものであり、この点が後世の批判の対象となっているが、今では調査不能な場所の資料もあり、毀誉褒貶相半ばする評価がほぼ定まっているといってもよかろう。

　彼の民間信仰に関しての調査は、『朝鮮の鬼神』(この書はまさに当時の朝鮮における「呪術のカタログ」と言えるものである)の序言にその「研究意義」が述べられている。

> 民間信仰は大衆思想の随一なものであり、その基本をなすものである点から云つても、一部の高級な思想信仰から顧みれば、誠に「迷信」として蔑視されてしまう程低級なものであるかも知れぬが、元来大衆思想なるものは一部高級なものから見れば一つとして低級ならざるものがないのが当然である。(中略)もしこの関係を一本の樹に喩へるならば、高級なるものはその葉や花であり、低級なるものはその幹であり、根である。(中略)この葉や花の性情を了解し、之を美しく繁り咲かせんが為めには、須らくその根幹をなる低級な思想、民間信仰の研究から着手しなければならぬのは瞭(あき)らかな事であらう[39]。

村山の調査は基本的にこのような姿勢に貫かれていたといってもよいであろう。これは当局の政策に抵触しない限りは旧慣を黙認する、という朝鮮総督府の態度とも平仄を合わせたものであった。

　そして村山は、朝鮮の民間信仰が朝鮮民衆の要求に応じたものである、という立場を貫いていた。つまり、人々の心理的欲求を満たす「機能」があると見なす機能主義的解釈であった。例えば巫俗について、

> 即ち朝鮮の巫は、よく神明精霊と交通し、舞楽を以て神霊を動かし得るの能力ある処から、一、祭祀祈祷の機関として、二、占卜予知の機

関として、三、疾病治療の機関として、四、共同娯楽の機関として、国家民庶の生活に欠くべからざるものとされて来たのである。蓋し之等の機関は、生活上の安心立命をなすが為には極めて必要なるものであり（後略）。[40]

との分析が代表的なものであろう。巫俗はどの時代でも蔑視され圧迫されたのにもかかわらず、その生命力を保ってきたのは、民衆の耐えざる生活の苦しみがあったればこそ、と見なしているわけだが、もちろん彼は、巫俗についての弊害を併記することも忘れない。『朝鮮の巫覡』の序にも「朝鮮の巫覡がその存在を確立して居る朝鮮民間の生活には無智・非衛生・生活苦および娯楽の欠乏などの諸相が生々しく描かれて居ることをも観察し得るのである[41]」と述べている。彼は巫俗の功罪を列挙しているが、「功」として「生活上への功（各種の機関として民間の需要に応じ、その生活を助けた功）」「文化上への功（昔ながらの朝鮮固有の思想文化を保持運載した功）」の二つをあげ、「罪」として「衛生上への禍（衛生観念の発達を妨げ、医療を蔑視するの弊）」「経済上への禍（禳災求福の為に多額の出費をなし貧窮に陥らしむる弊）」「思想上への禍（運命観念に拘束したところから退嬰的性情を馴致するの弊）」の三つを挙げている[42]。ここで村山が挙げた「禍」で、近代統治上重要なのは第一の「衛生上への禍」であろうが、村山は朝鮮総督府の医療政策（医師養成や病院設立）が不完全なものであるから、という事も指摘している[43]。三つの目の「禍」の指摘は、朝鮮人への本質主義的な視線であり、前述の今村鞆の朝鮮人観と選ぶところがない。

　さて、朝鮮の民間信仰と朝鮮総督府が進める「近代化路線」の衝突において、注目されたのは「墓地政策」である。朝鮮総督府は、1912年に「墓地火葬場埋葬及火葬取締規則」を発布し、里・面・洞など地方行政団

体の設置した共同墓地にのみ埋葬することと、死亡者名・埋葬年月日、管理者名などを記載した墓籍の提出を義務づけ、墓地を集約・管理しようと試みた。当時の総督府の認識は「諸種ノ迷信之ニ伴ヒ方位ヲ選ヒテ墓地ヲ定メ以テ死者ノ冥福ヲ安慰スルニ非サレハ子孫ノ繁栄ヲ得サルモノト做シ風水師ノ指示スル方位ニ従ヒテ墓地ヲ選定[44]」するという「迷信」が墓地問題の根幹というものであり、広大な土地を占有し家産を蕩尽することを「非経済的」「非生産的」と見なしたのである[45]。村山が行った『朝鮮の風水』も、墓地設置に関する風水の事例蒐集に大きくページを割いている報告書である。

1920年代に入ると、火葬普及政策が推進され、土葬との比較で火葬は近代的且つ衛生的と見なされ（つまり火葬の増加は進歩の証と見なされ）、それと並行して「火葬する日本人」と「土葬する朝鮮人」という対比も行われた[46]。そして『東亜日報』などにおいては、近代化を目指す朝鮮人自身により、火葬の増加を「朝鮮人の思想が進歩したこと」と表現するようになる[47]。だが、その一方で、葬送や墓地に対する「信仰」は衰えず、「共同墓地」に一旦埋葬した後に、祟りや病気の恐れから「暗葬（墓地として認められていない土地に密かに埋葬すること）」する事例も多く報告されている[48]。青野正明は、このような傾向を、総督府の墓地政策が民衆の反発を引き起こし、却って「墓地風水と巫俗信仰との習合をさらに深化させた」のではないかと指摘している[49]。村山も、総督府の墓地政策が朝鮮人の間に亀裂を入れ、却って「暗葬」が横行するようになったのでは、との見解を示している[50]。

以上述べたような村山の調査については、朝鮮人民俗学者の孫晋泰（ソンジンテ）が当時から鋭い批判を投げつけている。孫自身、それまで文献中心であった朝鮮民俗学にあって、現地調査を重視するようになった新しい世代の学者であった[51]が、孫は村山の調査を以下のように評した。

村山智順氏は朝鮮総督府の依嘱によつて朝鮮における民間信仰を調査し、その成果を発表せるもの既に四部に達してゐる。（中略）四部いづれも堂々たる大冊を成し、紙数実に併せて二千六百余頁、朝鮮民俗学界における一大収穫と謂はざるを得ない。のみならず、氏はその資料の蒐集において、若干の援助を警察方面に負うてゐるとはいふものゝ、殆んど大部分のそれは氏個人の努力によつて得たものであるらしい。あらゆる文献を渉猟し、民俗上の資料をも可なり豊富に蒐集せられてゐる。いかに永い間撓(たゆ)まず労心されたかを依つて知ることができると思ふ[52]。

まずは上記のように村山の『朝鮮の鬼神』『朝鮮の風水』『朝鮮の巫覡』『朝鮮の占卜と予言』の価値を認めながら、特に「迷信」に一番近いと当局から目されたシャーマニズムに関する報告書たる『朝鮮の巫覡』に対しては、

しかし、これは編者がその凡例においてことわつてあるやうに、その資料の大部分が各地の警察署の報告によつたものである。従つていづれも簡に過ぎ、正確さを欠き、且つ粗雑にして、学術上の資料としては遺憾ながら多くその価値を認めることはできない。この責は母論(むろん)報告者が負ふべきであらうけれども、編者の咎として見逃しがたいところも決して少なくない[53]。

このあと孫の批判は、朝鮮語を解さない調査者（即ち警察官）が、同じ言葉を適当な漢字で宛字をしてあたかも違うもののように解釈し、それを編者（村山）が見逃してそのまま収録していることなどを批判するのだが、この孫の批判は、川村湊が述べるように、単に調査における語学力のなさ

をとがめているのではなく、固有の民俗現象と外来の文化とを区別できない調査そのものを批判しているのである[54]。

村山の調査についての今日での評価は、先ほど述べたように、植民地の行政調査という限界性を認めた上で、それでもなお当時の貴重な記録であると認定することがいわば定型となっているが、ここでもう一度注意するべき事は、彼の調査が時代の流れとともに「内鮮一体」を目指す調査資料と解釈され（彼自身の筆致もそれに寄与している）、日本と朝鮮は同一系統の文化なのに片や進歩し、片や陋習に取り残されたままという「対照性」を強調する役目を担ってしまったことである[55]。しかしながら、彼の余りにも「凡庸」な描写のせいで、彼が残してくれた「呪術」に関する資料（写真[56]も含む）は、まだ充分に活用されているとは言えないであろう。そういう意味で、実は彼はまだ批判され尽くされてもおらず、利用され尽くされたとも言えない存在として、まだ我々の前に立ちはだかっている。

3．おわりに

これまで見てきたように、大韓帝国末期から植民地下の朝鮮においては、民間信仰、呪術に関わる巫俗や「宗教類似団体」は一貫して否定的な視線にさらされてきたが、その一方でそれを根絶やしにするのではなく、一部は保存し、民心の安定に活用しようという植民地権力の意図も一貫していたことが、今村や村山の調査報告書から伺見えてくる。これは植民地朝鮮のみの話ではなく、台湾においても事情はよく似ていた。台湾総督府も各種調査を行ったが、台湾人の習慣や民間信仰に対して基本的に容喙せず、温存および籠絡の態度を崩さなかった。そしてそのような台湾総督府の対応に、台湾の「新知識層」が、それを統治者の「迷信奨励」「愚民政策」として批判する、という構造もあった[57]。つまり当時の民間信仰（迷

信）は植民者のみならず、現地エリートにも白眼視され、挟撃される存在であった。植民地朝鮮においても、1920年代以降の青年団体の重要課題の一つが「迷信打破」であり（例えば天道教青年党も、自らを近代文明及び科学と適合的で真っ当な「宗教」と見なすことにより、「農村における迷信打破」を声高に主張した[58]、『東亜日報』などの新聞も同様の主張をしたが、それはそのような「迷信」を必要とするのは困窮した生活のせいだとし、間接的に朝鮮総督府の統治の批判をも伴っていた[59]。またキリスト教や社会主義者をはじめとする人々も、民間信仰に対する敵意を露わにした[60]。

　植民地権力は、自らの統治の正統性を確立するため、「文明化」と「近代化」を内外にアピールする必要性に迫られていた[61]が、その反面、ある程度植民地に「未開」であり続けて欲しい、啓蒙の対象で居続けて欲しい、という欲望も植民地権力は持つことになり、あれこれと絶えず「呪術」「迷信」「陋習」「古代」のようなものを常に発見し続け、取り締まることを自らに課した。村山智順は、報告書『部落祭』において、「古代そのまゝの姿が保持されて居る[62]」とその停滞性を強調しつつも、他方でそれを内鮮一致に繋がる「美しき伝統文化[63]」として位置づけたことなどは、植民地を啓蒙し尽くさないようにするという植民地権力のアンビヴァレントな態度を表しているだろう。

　もし、植民地の「迷信」ぶりが、『東亜日報』が主張したように植民地統治の生活苦から来るものであったならば、陋習に沈む民衆とそれを取り締まる権力はマッチポンプの関係であったとさえ言えるであろう。植民地朝鮮で取締対象の「迷信」がいっこうに減少しなかったのは、「本土」日本において、太平洋戦争中、イタコの口寄せが密かに流行したことを彷彿とさせる[64]。近代に反するような民衆の宗教的反応は、民衆の隠された欲望の表現の一つである、とするアノミー論まで遡るような古典的な宗教社会学的解釈枠組みは、植民地における「迷信」「呪術」「新宗教（類似宗

教)」研究において再考されるべきものであろう。朝鮮近代史の尹海東は、近代朝鮮の民衆の「近代性」に対する対応の類型化を試みているが、民衆側の「非近代性」と植民地権力側の「近代性」の雑種性こそが植民地における近代の正体であると指摘している[65]。しかも、植民地朝鮮における「宗教」概念、ひいては「類似宗教」「呪術（迷信）」概念は、「帝国」の往還の中で築かれていったものである[66]。日本の「宗教」「呪術」概念も、植民地の存在なくしてはその基礎は固まらなかったのは、西欧の帝国主義列強と同様である。

　否定的な視線を常に受けていた迷信（特に巫俗）が朝鮮民族のナショナリズムと結びつく端緒は、崔南善（チェナムソン）、李能化（イヌンファ）、孫晋泰ら朝鮮人民俗学者の戦前の研究に遡るが、彼らの活動はある意味例外的且つ画期的なものであり[67]、現在我々が目にする「巫俗こそが朝鮮民族の根本的な宗教であり、誇るべき文化である」との肯定的な視線は、解放後の韓国の学問の成果というより政治的な影響が大きかった[68]。そして巫俗を「迷信」であると同時に「伝統」と見なすというアンビヴァレントな姿勢が現代韓国社会にはあるが、これは1960年代以降のことである[69]。これは韓国内だけの問題ではない。外国人が韓国社会を研究する際に、巫俗をア・プリオリに「朝鮮民族の基底を示すもの」としていつの間にか考えてはいないだろうか[70]。

　以上述べたことは決して過去の物語ではない。「呪術」「迷信」「民間信仰」「宗教」を語り、「他民族」を語ってきたその「遺産」を受け継ぐ我々自身の「内部」を、帝国史の中で再考することが今の我々に求められているのである。

注

1) このような習俗の抑圧の概略について、例えば安丸良夫『神々の明治維新』岩波書店、1979年、第Ⅴ章などを参照。
2) 川村邦光『幻視する近代空間（新装版）』青弓社、1997年、37-40頁。
3) 甲午更張とも呼ぶ。1894年から96年に掛けて行われた一連の政治改革。日本の後押しで成立した穏健開化派の金弘集内閣が各種改革を推進し、近代化を目指したが、1896年2月、国王高宗がロシア大使館に避難し瓦解。
4) 宮内彩希「韓国併合前後における「迷信」概念の形成と統治権力の対応」、『日本植民地研究』24号、2012年、参照。
5) 朝鮮時代、被差別民（賤民）はおおむね七つに分類されていた。①白丁（賤民の代名詞であり、柳細工や屠殺業などに従事する）、②芸人、③巫覡、④喪輿軍（棺を担ぎ、墓穴を掘る集団）、⑤僧尼、⑥妓生、⑦奴婢である。甲午改革で賤民は身分解放されたが、偏見や差別は根強く残っていた。
6) 「論説」、『独立新聞』1897年1月7日。「韓国言論振興財団（http://www.kpf.or.kr）」の「古新聞ディレクトリサービス」から引用（http://www.mediagaon.or.kr/jsp/sch/mnews/gonews/SearchGoDirMain.jsp?code=DLD&year=1897&month=01&day=07、2013年9月閲覧）。『独立新聞』は1986-1999年まで発刊された啓蒙思想家たちによる新聞。政治結社「独立協会」の機関紙の役割も果たした。
7) アンドレ・シュミット（糟谷憲一ほか訳）『帝国のはざまで――朝鮮近代とナショナリズム』名古屋大学出版会、2007年、186頁。
8) 「高宗32（1895）年（乙未）3月10日（辛巳）」、『朝鮮王朝（高宗）実録』。韓国の国史編纂委員会のサイト（http://www.history.go.kr/、2013年9月閲覧）で公開されているものから引用し、翻訳した。
9) 警務庁では職務内容として1895年に「吉凶禍福の説話、又祈祷符呪その他占術等を業とする者に関する事項（警務庁訓令第1号　警務庁処務細則　第19項、1895年5月5日）」、1905年に「吉凶禍福を妄説し、祈祷符呪を用い、邪道の卜占等によって惑世誣民する者に関する事項（警務庁分科規定　第18項、1905年4月15日）」が規定されている。宮内彩希前掲論文、註（27）（28）より再引用。なお、この時期の警察の特徴については、愼蒼宇『植民地朝鮮の警察と民衆世界1894-1919』有志舎、2008年、第2章、第3章、参照。
10) 愼蒼健によれば、「造薬（民間療法の薬剤）」と「漢薬」は植民地期を通じて西洋医学の薬剤や病院よりも利用されており、朝鮮人の民衆はいわば相対的に自立した医療文化の中に生きていたという。愼蒼健「覇道に抗する王道としての医学――一九三

〇年代朝鮮における東西医学論争から一」、『思想』905 号、1999 年、67 頁。
11) 松本武祝「植民地朝鮮における衛生・医療制度の改編と朝鮮人社会の反応」、『歴史学研究』834 号、2007 年、6-7 頁。
12) 朝鮮総督府の発布した「寺刹令」「布教規則」という宗教法令の性格については、拙稿「植民地期朝鮮における宗教政策―各法令の性格をめぐって」、京都仏教会監修・洗建・田中滋編『宗教と国家（上）』法蔵館、2008 年、参照。
13) 「類似宗教（宗教類似）」という用語の概念については、青野正明「植民地期朝鮮における「類似宗教」概念」、『国際文化論集（桃山学院大学）』43 号、2010 年、参照。なお、この「類似宗教」概念が朝鮮総督府の宗教政策及び朝鮮半島の新宗教に与えた影響については、宋炯穆『植民地期朝鮮における朝鮮総督府の新宗教政策と「宗教地形」の変化――一九二〇年代前半における普天教の活動を中心に』立命館大学大学院修士論文、2011 年、第二章、参照。
14) 김종서『서양인의 한국 종교 연구』서울대학교출판문화원、서울（金鍾瑞『西洋人の韓国宗教研究』ソウル大学校出版文化院、ソウル）2006 年、9 頁。P. Lowell, *Korea; The Land of the Morning Calm* (Boston: Harvard University Press, 1885).
15) 金鍾瑞前掲書、10 頁。
16) 同上、20 頁。
17) 同上、23-25 頁。
18) アンダーウッドの朝鮮事情の報告に、H.G. アンダーウッド（韓晳曦訳）『朝鮮の呼び声―朝鮮プロテスタント開教の記録』未來社、1976 年、がある。
19) 金鍾瑞前掲書、32 頁。
20) 宗教概念をめぐる論争の整理として、星野靖二『近代日本の宗教概念―宗教者の言葉と近代』有志舎、2012 年、第 1 章、参照。
21) 朝鮮総督府『施政三十年史』1940 年、98 頁。
22) 朝鮮総督府中枢院編『朝鮮旧慣制度調査事業概要』1938 年、119-127 頁。
23) 今村鞆の調査の性格については、坂野徹『帝国日本と人類学者――八八四―一九五二』勁草書房、2005 年、303-306 頁、参照。
24) 例えば後年、同僚の赤松智城と朝鮮半島及び中国東北部のシャーマニズム調査を行った京城帝国大学の秋葉隆は「私が朝鮮の民俗について多少とも興味を有ち始めたのは、大正十五年の暮に、欧州留学から帰つて、創立早々の京城帝国大学に赴任の途中、たまたま関釜連絡船昌慶丸のサロンの本棚にあつた、故今村鞆翁の「朝鮮風俗集」を読んでからのことである」と回顧している。秋葉隆『朝鮮民俗誌』六三書院、1954 年（名著出版により 1980 年に復刻）、1 頁。
25) 今村鞆「自序」、『朝鮮風俗集』ウツボヤ書籍店、京城、1914 年。本稿で引用しているのは大正 8（1919）年発行の「改訂 3 版」である。

26) 同上、312 頁。
27) 同上、315-316 頁。
28) 例えば、高橋亨の『朝鮮人』(朝鮮総督府学務局、1920 年)、『朝鮮宗教史に現はれたる信仰の特色』(朝鮮総督府学務局、1920 年)、『李朝仏教』(宝文館、1929 年。復刻版は国書刊行会より 1973 年発行) に、「朝鮮仏教」には独自性がなかったとの主張が繰り返されている。このような高橋の学問については、拙著『植民地朝鮮の宗教と学知』青弓社、2009 年、第 4 章、参照。
29) 前掲今村鞆『朝鮮風俗集』323 頁。
30) 同上、387 頁。
31) 同上、11 頁。
32) 同上、387 頁。
33) 楢木末實『朝鮮の迷信と俗伝』新文社、京城、1913 年、1 頁。この書はいわゆるジンクスの類を収集、列挙したもので、解釈などは排されている。楢木がどのような人物であったかは未詳である。
34) 今村鞆前掲書、453 頁。この文章は「朝鮮の迷信業者」という稿にある。
35) 今村鞆「民俗学と小生」、『朝鮮民俗』第 3 号、朝鮮民俗学会、1940 年、2 頁。ちなみにこの号は、今村の古希記念として編集されている。朝鮮民俗学会については、南根祐「朝鮮民俗学会の創立と活動」『アジア遊学』138 号、勉誠出版、2010 年、参照。
36) 南根祐「日本人の「朝鮮民俗学」と植民主義」、磯前順一・尹海東編『植民地朝鮮と宗教』三元社、2013 年、289 頁。
37) 村山智順については、朝倉敏夫「村山智順氏の謎」、『民博通信』79 号、1997 年、野村伸一「村山智順論」、『自然と文化 (特集：村山智順が見た朝鮮民俗)』66 号、日本ナショナルトラスト、2001 年、青野正明『朝鮮農村の民族宗教』社会評論社、2001 年、第二章などを参照。
38) 川村湊『「大東亜民俗学」の虚実』講談社、1996 年、50 頁。
39) 朝鮮総督府『朝鮮の鬼神』1929 年、2-4 頁。
40) 朝鮮総督府『朝鮮の巫覡』1932 年、396 頁。
41) 同上、2 頁。
42) 同上、493 頁。
43) 同上、411-412 頁。
44) 『朝鮮総督府施政年報　明治四十五年・大正元年版』1914 年、92 頁。
45) 高村竜平「葬送選択と墳墓から見た朝鮮の近代」、『韓国朝鮮の文化と社会』8 号、2009 年、56 頁。
46) 高村竜平「葬送の文明論—植民地朝鮮における土葬と火葬」、池田浩士編『大東亜

共栄圏の文化建設』人文書院、2007年、270-271頁。
47) 高村竜平前掲註45論文、60頁。
48) 朝鮮総督府『朝鮮の風水』1931年、595-609頁。
49) 青野正明「朝鮮総督府の墓埋政策と民衆の墓地風水信仰」、富坂キリスト教センター編『大正デモクラシー・天皇制・キリスト教』新教出版社、2001年、187-188頁。
50) 朝鮮総督府『朝鮮の風水』1931年、595頁。
51) 全京秀（岡田浩樹・陳大哲訳）『韓国人類学の百年』風響社、2004年、108頁。
52) 孫晋泰「書評・村山智順氏の朝鮮民間信仰四部作を読みて」、『民俗学』5-10、1933年、103頁。
53) 同上、104頁。
54) 川村湊前掲書、55頁。
55) 野村伸一前掲論文、69頁。
56) なお、野村伸一氏により、村山が残した写真が解説付きでまとめられ、インターネット上で公開されている。「村山智順所蔵写真選」（http://www.flet.keio.ac.jp/~shnomura/mura/index.htm、2013年10月閲覧）
57) 蔡錦堂『日本帝国主義下台湾の宗教政策』同成社、1994年、39-45頁。
58) 青野正明『朝鮮農村の民族宗教』社会評論社、2001年、180頁。
59) 이용범「무석에 대한 근대 한국사회의 부정적 시각」、종교문화연구소『근대성의 형성과 종교지형의 변동1』한국학중앙연구원, 성남（李龍範「巫俗に対する近代韓国社会の否定的視角」、宗教文化研究所『近代性の形成と宗教地形の変動1』韓国学中央研究院、城南）、2005年、274頁。
60) 이필영「일제하 민간신앙의 지속과 변화」、연세대학교 국학연구원 편『일제의 식민지배와 일상생활』혜안, 서울（イ・ピルヨン「日帝下民間信仰の持続と変化」、延世大学校国学研究院編『日帝の植民支配と日常生活』ヘアン、ソウル）2004年、354-366頁。
61) 並木真人「植民地期朝鮮における「公共性」の検討」、三谷博編『東アジアの公論形成』東京大学出版会、2004年、200頁。
62) 朝鮮総督府『部落祭』、1937年、472頁。
63) 同上、3頁。
64) 池上良正『死者の救済史』角川書店、2003年、118-121頁。
65) 尹海東（河かおる訳）「植民地近代と大衆社会の登場」、宮嶋博史ほか編『植民地近代の視座―朝鮮と日本』岩波書店、2004年、57-61頁。
66) 金泰勲「一九一〇年前後における「宗教」概念の行方」、張錫萬「日本帝国時代における宗教概念の編成」、磯前順一・尹海東編、前掲書。

67）イ・ピルヨン前掲論文、344-346 頁。
68）崔吉城『「親日」と「反日」の文化人類学』明石書店、2002 年、199 頁。
69）李龍範前掲論文、294 頁。
70）この問題については、真鍋祐子の以下の論考を参照のこと。真鍋祐子「日本人学者はなぜ韓国巫俗を研究するか―自己内省からポストモダンの民俗学へ―」、『地域研究』18 号、筑波大学、2000 年。

第三部

事例研究：日本

熊沢蕃山の鬼神論と礼楽論

井 関 大 介

　日本宗教史叙述のほとんどにおいて、儒教は世俗化・合理化の旗手として語られてきた。とくに近世の儒者は仏教の出世間性を批判し、輪廻説や他界観を迷妄と否定する者として、あるいは「気」や「理」という儒教の抽象概念によって神々を論じ、神代巻を歴史的記録の脚色や誤伝として脱神秘化することを国学者・神道家から批判される者として、その宗教史上の位置が測られている。哲学や倫理として近代社会に儒教を適応させようとした明治以後の言説の影響も大きいが、何より現代人が自明的に「宗教」と見なす仏教や神道との対比によって、つまり「宗教／世俗」という近代社会の二項対立図式に回収される形で、儒教は無批判に合理性・世俗性の側に割り振られてきたのではなかったか。
　一方、かつてM.ヴェーバーはプロテスタンティズムとの対比の上で、儒教こそが「呪術の園」を存続させて中国の近代化を阻んだと論じていた[1]。両者はともに「現世〔世俗生活〕に対して合理的に対処するものでありながら、しかも根本的に反対の型」（187頁）を示し、「現世を超越する神のどこまでも究めがたい決断」を根底とするプロテスタンティズムは「現世〔世俗生活〕の合理的改造への使命〔観〕」に、「呪術」を根底とする儒教は「現世への順応」つまり伝統の堅持に帰結したというのである。ヴェーバーにとって儒教の大部分は、「自己の個人的資質によって精霊の静穏や降雨、収穫期における好気象の招来などに対して責任をと

る、そうした皇帝の職分から始まって、およそ公式宗教でも俗間宗教でもその基礎となっている祖霊に対する礼拝儀礼や、俗間の（道教的）呪術的治療や、その他なお残存するアニミズム的な精霊の圧伏、人間礼拝・英雄礼拝的な職能神の信仰やにいたる、純呪術的な宗教」（172頁）であり、それは「現世のさまざまな因果関連に関する粗野で理解しがたい宇宙一体観的観念や、あの諸元素による支配」（168頁）という非科学的な陰陽五行説による世界観と不可分であるとされる。目的合理性と価値合理性の二項対立によって「呪術」と「宗教」を区別することの是非はともかくとして、思想史的研究からは消極的に扱われがちな呪術＝宗教性を強調し、その「合理性」が近代社会のそれとは異質であったとする儒教論として興味深い。

　とくに非宗教的な学問として儒教を受容したとされる近世日本においても、実際にはヴェーバーがいう意味での呪術性がしばしば顕著に見られる。たとえば、新井白石（1657-1725）の『鬼神論』という著作である。主として朱子学の鬼神論に依拠し、祭祀対象である「天神・地祇・人鬼」（「鬼神」と総称される）を陰陽二気のはたらき（非人格的な自然現象）として解釈する一方で、子孫は祖先と同じ「気」によって構成されているため、死後は「気」として散じた祖先の「鬼神」も、子孫が祀ることで再びそこに「来り格る」のだとして祭祀の意義を説明している。さらに、横死者の「厲」、「生霊」、「呪い」等をも同じく「気」の「感応」という原理で説明し、仏教者や民衆の語りとは差異化するものの、それら怪異なる現象自体は肯定してしまうのである。

　しかし、そのような『鬼神論』に、従来は人格神の存在や祈祷による現世利益を否定する点において「合理性」ばかりを見出しがちであり、たとえば白石の「感応」の説を「生物学的」「薬理学的」とさえ形容し、朱子と比較しての「宗教的心情の希薄さは、却て合理主義への徹底となっている」と進歩主義的に位置づけてきた[2]。その一方で、「余りにも合理主義

者として喧伝されすぎた嫌ひがあり、そのために白石の精神構造が全き姿に於いて把握されてゐない憾みがあつた」と指摘する宮崎道生のように、とくに個人としての思想の全体像を描こうとする時、「合理主義」として片付けられない何かを無視できなくなることも知られている[3]。白石には卜筮の実践や不可測の「天命」への畏敬といった一面もあり、宮崎によれば、それは「儒教的世界観人生観に立脚」し、「宗教的色彩の濃いヨーロッパの神秘主義とはその意義を異にする」ものではあるが、仮に「神秘主義」と呼んで相応の意義を認め得る思想であって、晩年には「謂はば宗教的心情にまでたかまつてゐた」（713頁）。そして、それは「独り白石に限らず、程度の差こそあれ近世の儒者に共通して認められる姿」であったという。

とはいえ、その「神秘主義」なるものは宮崎独自のその場限りの概念として用いられており、他の思想史研究者との間で共通理解があるわけではない。個々の儒者についての個別研究では同様の指摘が少なからず見られるにも関わらず、歴史叙述において主題化されることはなく、複数の「神秘主義」の比較や系譜の検討もほとんど行われていない。結果、前述した「宗教／世俗」の二項対立に回収されて、儒者の「神秘主義」は思想史・宗教史としては不可視化されてしまう。

そうした不毛な二項対立を回避し得るような宗教史叙述の方法を開発するため、一つには、近年盛んに行われている西欧内外からの「宗教」概念批判を踏まえて、研究の未発段階で既に忍び込んでいる「宗教／世俗」観を対象化する必要があろう。その上で、それぞれの非西欧的伝統の側から、どのように異なった仕方で宗教的なものが分節化されていたのかを再構成せねばなるまい。自明的に呪術＝宗教的とされる中世と合理的・世俗的とされる近代とのあいだに位置し、見様によってどちらとも評価される近世儒者の鬼神論を対象として、本稿ではその作業の一端を試みたい。「宗教か世俗か」といった本質主義的な問いをより生産的な方向へとずら

すために、「宗教」概念を迂回しつつ「宗教」との距離を測ることのできるような視点として、儒教の「礼」という概念から近世儒者の鬼神論について検討する。

1．儒教の宗教性と鬼神論

　儒教の宗教性をめぐっては、加地伸行が重要な問題提起を行なっている。いかにも西欧中心主義的なヴェーバーの議論を踏まえてであろう、加地は「なにか或る神聖な絶対者を想定し、それに対して畏敬感をもって絶対帰依する」という「宗教」の定義は「キリスト教を念頭に置く宗教学の呪縛」であるとして退け、「宗教とは、死ならびに死後の説明者である」と独自に定義することで、儒教が「宗教」であることを肯定的に主張している[4]。死者の霊を憑代に招き降ろすシャマニズム的な招魂儀礼という「古今東西に存在する呪術」を、「肉体の死後も子孫の生命との連続において生き続ける」という生命論（「孝」）として理論化し、「死の恐怖や不安を解消する説明を行なうことに成功した」（21頁）のが儒教であるという。いくつかの倒錯を含むとはいえ、儒教研究者の大勢に抗して儒教史を宗教的側面から捉え直した意義は大きく、非西欧側からキリスト教的「宗教」と異なりつつ比較可能なものとして儒教を問題化した点で先駆的であった。

　池澤優は「「儒教は宗教か」問題」をめぐる複数の論考を踏まえ、「儒教」と「宗教」それぞれの定義をめぐる混乱を整理した上で、宗教性をも一つの柱として含む「儒教体系」というモデルを提示している[5]。儒教が「天」の信仰と祖先崇拝を含む殷・周時代の古代宗教に由来することは確かであるが、「天」を人格神から抽象的な理法に転化し、祖先崇拝の信仰と儀礼を「愛」や「敬」という内面的な心情へと転化するような「革新的な意味づけ」によって、「天」や祖先への信仰・儀礼を思想的営為の「動

機付け・基盤」として含みつつ、理知的・論理的な国家論・社会論・道徳論へと展開していくような、いわゆる儒教なるものが成立したという。国家論や道徳論等も祭祀儀礼を前提として含んだままである以上、「儒教体系」のどの部分も完全に世俗的な学問として独立しているわけではない。あくまでも近代的な「宗教」概念（""一般通念"としての宗教」）の枠組みを用いて表現するならば、儒教は「宗教」と「非宗教」の「ちょうど両者にまたがるもの、両者の境界線上に位置する」ものと言わざるを得ないのである。

　澤井啓一が指摘するところによると、従来の「中国社会で実践されている儀礼・習俗（プラクティス）と儒学の言説とを混同する傾向、あるいは儒学の言説を安易に実体化して理解する傾向」、つまり理知的な言説と宗教的な儀礼実践のどちらかに還元して儒教全体を論じる姿勢が、儒教の宗教性についての議論を混乱させてきた[6]。超時代的・超地域的に同一性を保つものと前提することなく、「国家儀礼や祖先崇拝という習俗をプラクティスとして把握したうえで、それらと言説との連関を考察する」という「迂回路」を経ることにより、文化人類学が儒・仏・道に通底する「漢民族の宗教」として語るような儀礼実践に対し、儒者が「「合理的な説明」を付与しようとするところに、ある種の誤認によって導かれた理論が成立」（112頁）するという動的な構造、「言説とプラクティスとの相関的な構成体」（79頁）として儒教を認識することができる。

　澤井のいうプラクティスとは、「儀礼や日常的に繰り返される慣習として現われた行為」、「言語を媒介とした認知的な知識とは異なる原理によって人間の身体に染みつくほどに慣習化され構造化された知識体系」のことである（78頁）。理論は常に「プラクティスの透明な反映ではなく、むしろ、特定の認識コードのなかで再編成することによって、そのイデオロギー性を拡大したり、歪曲したり、ときには隠蔽する」。シャマニズム的な招魂儀礼は儒家の言説によって「孝」のような日常的倫理と連続する祖

先崇拝へと置換され、さらに王権の正統性を示す祭天儀礼等の他のプラクティスと結合されてシステム化し、儒教固有のイデオロギー機能を持つプラクティスの体系が成立する。「誤認」による理論とプラクティスの隔たりは互いの修正によって小さくなり、やがて新たなプラクティスとして定着、そしてまた「誤認」による理論化へと、「理論化とプラクティス化との絶え間ない繰り返し」が続くのである（112頁）。

　池澤のいう儒教を儒教たらしめた「革新的な読み込み」、澤井のいう儒家言説によるプラクティスの置換という出来事を、子安宣邦は『論語』先進篇における「鬼神」をめぐる問答に見ている[7]。「鬼神に事へんこと」および「死」について問うた子路に、孔子は「未だ人に事ふること能はず、焉んぞ能く鬼に事へん」、「未だ生を知らず、焉んぞ死を知らん」と答えた。子安によれば、この問答は「祭祀共同体的な生活のうちに問われることなく存続していた鬼神（祖霊）が、その祀り方を問うという形ではじめて言説上に存在することになった原初的な事件」であり、「儀礼や習俗の意義を問い直すことからなる言説化（教説化）の作業」を通じて、「孔子の教説、すなわち儒家の教説は成立」したという（13頁）。

　もちろん、子路の問い以前にも祭祀実践にはその意義や起源を示す物語が伴っていたであろうし、巫者を介した「鬼神」自身による語りもあったろう。子路はそれら当事者の語りを真理から外れたものとして排除し、古の聖人の制度に通じた孔子のみが知る正しい祭祀のあり方を問うことで、目前に行われる鬼神祭祀を儒教的に置換した。歴史的事実であるか否かはさておき、確かに象徴的な物語であり、後の鬼神論においても同じ構造が繰り返されることになる。自らも同一社会内に住し実践する鬼神祭祀等の行為に、理想的な儀礼制度の制作者（聖人）の視点から俯瞰的に関わり、国なり家なり共同体の諸価値と関連付けて、祭祀は如何にあるべきかと理知的に論じる営みの繰り返しが、言説とプラクティスを両極とする「儒教体系」を形作ってきたともいえよう[8]。

もちろん、既存のそれを誤った（無効な）儀礼として批判し、正しい儀礼とその意義を提示するだけならば、道教や仏教の言説も同様である。儒者の場合、祭祀儀礼について特権的に議論することを可能にしているのは、不可視の「鬼神」を見通す神通力や法術ではない。祭祀や社会制度をめぐる「大きな物語」、すなわち「聖人の堯・舜や夏・殷・周三代の盛期には、王達が定めた礼の規則にもとづいて完璧な政治社会秩序が実現していた」が、その「礼」が実践されないことによって世が乱れているのであって、「いにしえの正しい礼制を復活させる」必要があるという前提[9]のもとでこそ、経典の学習によってかつての礼制を知る儒者のそれが特権的言説たり得る。聖人によって制作された「礼」を規範とするのが儒教独自の性格なのであり、その鬼神祭祀をめぐる議論は主に『周礼』、『儀礼』、『礼記』といった「礼」の経典を解釈する経学として展開される。鬼神論が「合理性」なるものを備えているというのは、「礼」への従属に付随する二次的な問題に過ぎなかったといえよう。「礼」言説による慣習的儀礼実践の置換、それが儒教の宗教性について議論する上で中心的な問題とされるべきなのである。

　注意すべきは、儀礼や世界像の制作者の視点に立つ（制作の意図を考察する）という時点で、「礼」という枠組みはすでに一種の宗教起源論、あるいは宗教本質論に相当するという点である。西欧近代の「宗教」概念がかつてアニミズム等から多神教、一神教、そして世俗化へと至る宗教史を描き、諸宗教を社会進化の物語に位置づけたのと同じく、この「礼」概念によって祭祀儀礼の発生から発展や劣化、あるべき姿からの逸脱や復興という物語の中に、在来の巫覡や神仙思想、外来の仏教やキリスト教を含む呪術＝宗教的なものの諸様態が位置づけられていく。

　小島毅は西欧哲学の枠組みを異文化である中国の伝統にあてはめてきた「中国哲学」の問い直しのために、あえて西欧の枠組みにあてはまらない「礼」を研究するという[10]。同様に、「礼」概念から近世日本儒教を見直す

ことは、宗教学や日本宗教史を問い直す上で重要な作業となることが期待される。

2．近世日本における「礼」

とはいえ、中国における儒教と近世日本のそれが同様であるとは限らない。黒住真のように、近世日本では既に神道・仏教が宗教的機能を担っていたため、「儒学は結局、それ自身は非宗教的な存在にとどまり、神仏に依る生・死の祭祀を前提にして、非宗教的な意味での「学問」および倫理的政治的な「道」を本領として、これらを世に提供する役を果たした」[11]とする叙述には説得力がある。ただし、黒住自身が「神道に親近しない儒者の方が少ないほど」であったと指摘する、いわゆる儒家神道に注目する必要があろう。「日本古代の礼楽・祭祀あるいは先王たちが歴史的にも中国古代とつながっている」、あるいは「易など普遍的な道の図式を通じて儒道も神道も調和的に捉えうる」という前提のもとで神儒一致が論じられ、それは彼らにとって「「別々のものの習合」ではなかった」というのである。澤井の表現によれば、それは「いままでは仏教の言説によって型どられていた土着的な祖先（祖霊）祭祀のプラクティスを儒学の言説によって置換しようとする試み」に他ならない（澤井、93頁）。近代以後の「神道」概念を遡及的に適用し、儒家神道を不用意に「儒学」と「神道」に分けるのではなく、在来のプラクティスがいかに置換されていくかを見ていく必要がある。

白石の『鬼神論』の場合はどうであったのか。菅野覚明は『鬼神論』執筆の動機について、やはり鬼神祭祀を論じた白石の『祭祀考』を引きつつ、「礼の祭法」としての「厲鬼」祭祀の必要を主張するためであったと論じている[12]。四代家綱、五代綱吉と続いて世嗣たるべき男子を得られず、白石の仕える六代家宣、その子である七代家継も病弱で早逝し、つい

に八代将軍は紀州徳川家から迎えることとなるが、白石によれば、世嗣が得られないのは「族誅せられしものども前後凡そ二十余万人」という島原の乱の死者達が原因であった。子孫によって祀られない死者は「厲鬼」として社会に悪影響を及ぼすため、為政者が正しい「礼楽」に基づいて祀らねばならない。白石は次のようにいう。

> されば礼といひ、楽といふは、ただに先王人を教へ、人を化し給ふ具にあらず。以て天地の位を定め、以て陰陽の気を和し給ふところ也。ここを以て、愚ひそかに疑ふところ、もしくは今礼楽いまだ修らずして、天地の気和せざる所あれば、鬼神その他をたすくべきところなくして、生育の理、或は達せざるか。さらば先王の法によりて、明にしては礼楽の教化を興し、幽にしては鬼神の祭祀を修め、かの多子の祥をまねぎ、此群姓の望に副べし。(『祭祀考』、487頁[13])。

白石において「鬼神」「厲鬼」は陰陽二気の作用に過ぎないため、結局は二気の不和によって「生育の理」が妨げられていることが原因ということになる。白石は『鬼神論』『祭祀考』を著すことで、「仏教的因果観にとらわれている世嗣問題を、天地の秩序の問題として捉え直」し、競合する「「仏事作善」の祭祀としての無効性を説く」(菅野、24頁)。

ただし、白石の鬼神祭祀は単に独立した呪術＝宗教的なわざとして、仏教の供養・調伏等と「厲鬼」問題解決の有効性を競うだけのものではない。高橋章則は「白石における広義の鬼神祭祀とは現実の政治施策たるべき礼楽の問題と連続的に論じられるのであって、人鬼の祭祀も政治的に議論されるといえる」[14]と、また、大川真は「礼楽による民衆への教化も、鬼神への祭祀も、根幹として天地の気を和らげるために必要」であるが、具体的な「厲鬼」祭祀の実践よりもむしろ「礼楽」による「仁政」の実現が『鬼神論』の主張であったとして[15]、経世論的意図が濃厚であったこと

を強調している。「礼楽の教化」を「明」、「鬼神の祭祀」を「幽」と区別する一方、「古の先王制し給ひし礼には、天下をしろしめされては、必ず彼の天神地祇人鬼を祭らせ給ふ御事有り」(『鬼神論』、148頁[16])ともあり、白石は祭祀儀礼が「先王」によって立てられた礼制の不可欠な一部であることを明言していた。あくまでも「「幽明」を通じた統一的な礼制の確立の一貫として鬼神祭祀(特に祖先祭祀)が論じられ、それをささえる論理的な根拠として祖考と子孫の感応が論じられていた」(高橋、18頁)のであり、形而上学によって現象を「合理的」に説明すること自体が目的ではない。

白石は前述した『論語』先進篇の問答について、「生をだに知りなん後は、死をも知るべきもの」と解し、また、「知」について問うた樊遅に孔子が「民の義を務む、鬼神を敬して遠ざく、是を知ると云ふ」と答えた物語(『論語』雍也篇)を引いて、次のようにいう。

> 彼是をかよはして見るに、よく人につかふるは、民の義を務る也。鬼神を敬して遠ざくるは、鬼によくつかふるの道にや。此二つをあはせてこそ、能しれるといふべけれ。「礼は、生をやしない、死を送り、鬼神につかふる所なり」とぞ、礼〈礼記〉には記せり。又「明にしては礼楽有り、幽にしては鬼神有り」〈礼記〉とも侍り。幽と明とは、二つなるに似たれど、まことは其ことはりひとつにこそかよふらめ。是に能く通ぜば、かれにも通じぬべき。(『鬼神論』、147頁)

つまり、不可視の「鬼神」を直接知ろうするのではなく、「よく人につかふる」と「鬼によくつかふる」という、「礼」として連続させられた二つの社会的行為についての正しい認識がすなわち「鬼神」を知ることだ、と置換しているのである。それゆえに、白石は「鬼神の事のごときは、聖賢説き得て甚だ分明也。只だ礼を以て熟し読なば、則ち見てん」という朱

子の言（『朱子語類』三）を引用し、「鬼神」問題を「礼」の議論に還元してしまうことができた。白石の主張に従うならば、「鬼神」は「礼」に基づいた祭祀行為の対象としてのみ議論されるべき、それゆえ儒者だけが正しく論じることのできるものとなる。

　一般的に、中国式の「礼」が親族構造等において大きく異なる日本に根付くことは無かったため、儒教は「礼」実践を欠いた「儒学」としてのみ受け容れられたに過ぎないとされる。また、科挙のような人材登用の仕組みを欠き、儒者が制度の立て替えに関わるような要職に就くことはごく稀であるため、野蛮な戦国時代の遺風あるいは「夷狄の俗」として儒者達の嫌う、幕初以来の儀礼慣習が近世を通じて用いられたのである。そのような中で、将軍の信任を得て幕政を左右した例外的儒者が白石であり、太平の文明社会に相応しい「礼」の制作に腐心したのであるが、早逝した家継に替わり将軍となった吉宗は白石の改革した礼制を尽く覆し、旧来のそれに戻してしまった。

　とはいえ、プラクティスとしては導入に失敗した「礼」が、言説としても無力であったとは限らない。通常「神道」と呼ばれるような朝廷の祭祀儀礼を白石は「礼」概念によって解釈しており、古代中国の礼制と同様のものが日本古代に存在したと主張するが、「本朝にして宗廟山陵などいふ事、其の義は同じけれ共、其の礼は同じからぬ事あり」（『祭祀考』、482頁）と、儀礼の具体的な形式においては日本の特殊性を認めている。つまり、プラクティスとしての儒礼そのものではなく、それを産み出す理論としての「礼」言説の受容が、白石による礼制再編を促したのである。それは近世東アジアのグローバル水準に近づこうとする「文明」化であると同時に、古代の律令制時代を理想とする「復古」でもあって、一家の私ではなく公の祭祀として「神道」が浮上してくる思想的前提となったであろう。祭祀は人間社会のためにいかにあるべきか、という普遍的理論として受容された「礼」言説は、近世知識人が呪術＝宗教的なものを言説上で再

編成するにあたって、有力な枠組みを提供したと考えられる。

「鬼神」概念を徹底的に聖人の制作物、「治国平天下」を実現するために作られた「礼」という装置の一部として論じたことで知られているのが荻生徂徠（1666-1728）である。渡辺浩は徂徠の鬼神論について、「ルソーの、「暴力なしで導き、説得することなく納得させる」ため「神々」に頼る「立法者」（『社会契約論』第二編七章）にも似て、統治手段として鬼神を利用する」と説明している[17]。朱子学をその形而上学の根底から批判したという学説上の断絶が強調され、徂徠のそれは朱子学者とされる白石等とは相容れない独自の説であるかのように見られがちであるが、以上のように、聖人によって制作された「礼」に還元する鬼神論という点では白石も同様であった。従来の学派分類を横断し、近世日本において受容された「礼」言説の系譜として再考される必要があろう。

これまでにも『朱子家礼』による葬祭を実践しようとした山崎闇斎（1619-1682）の学派については少なからず研究されているが、儒礼そのままの実践ではなく「礼」言説によって在来の神道等を読み換えていく営みについては、同じ「礼」の問題として正面から扱われてこなかった[18]。しかし、儒教の言説がそもそも在来のシャマニズムやアニミズムを読み換えるためのものであった以上、日本における在来の神道を「礼」言説で読み換えることは、儒礼そのままの実践よりも儒教本来の性質をよく受け継いでいたともいえる。

本稿では以下、早い段階で儒教的な神道論を著したことで知られ、かつ儒礼そのままの実践ではなく、「礼」言説による神道の読み換えという姿勢が顕著な儒者、熊沢蕃山（1619-1691）の鬼神論について検討していく。陽明学に分類されることの多い蕃山は現実的な経世論者として知られ、その断片的にしか語られていない鬼神論が主題として研究されることは無かったが、そこには「礼」言説による呪術＝宗教論の重要な特徴が表れていた。

3．鬼神の自然化、自然の鬼神化

　蕃山の鬼神論は、白石と同じく、朱子学の理気論によって基礎づけられた天人相関的な宇宙論に依拠している。「人は小体の天にして、天は大体の人といへり」と、天・人は相似形を成し、同一の「理」に貫かれているとされ、天地自然のあり方が倫理性を帯びると同時に、「天地造化の神理主帥を元・亨・利・貞といひ、人に有りては仁・義・礼・知といふ」と、人間社会における普遍的な倫理は自然的根拠を持つものとされる（『和書』、14頁）。

　これも白石と同様であるが、人間社会と天地自然は「気」によって直接影響し合うため、正しい統治を行なうことで民を養うと共に、天地自然の運行にも好影響を与えることが為政者の理想とされる。統治が正しければ天候は順であり、食糧は豊作となる。倫理的社会の維持による天地との調和が、人間の践むべき義務であり、求めるべき幸福でもある。

　「鬼神」についても、次の引用に見る通り、やはり理気論によって自然現象として説明する傾向が顕著であり、修辞的な表現を除けば、独立した人格を持つ存在者としては語られない。

> 理をいへば気をのこし、気をいへば理をのこす。理気ははなれざれども言にのこす所あり。ただ道といふ時はのこすことなし。理気一体の名也。其大に付ては空虚といひ、其小に付ては隠微といひ、其妙用に付ては鬼神といふ。（『集義和書』、299頁[19]）

　万物の本体であり本質である理気一体の「道」の霊妙な作用としての側面を「鬼神」と呼ぶという。本来は『礼記』の一章であり、朱子学によって「四書」の一つとして尊重された『中庸』には、積極的に「鬼神」を称

える文言が複数見られるが、蕃山は「鬼神」を実体的には捉えない形で解釈する。

　　しかれども天地万物鬼神の造化にあらずと云ことなし。形色あり、声臭ある物、皆鬼神を以て本体とす。鬼神の遺すことはなき也。天下の物、鬼神の為す所に非ずと云ふこと莫き也。(中略)象あらはれて神霊なるは日月にしくはなし。形ある者の中にては人又生神也。知、神明なれば也。礼を行ひ楽をしらべ、六尺の身、方寸の神舎なれども、知仁勇の徳ありて天下をすべ治む。神通妙用の至也。(『中庸小解』、24頁)

　ひとまずは本文に従って「鬼神」の「徳」を称えるが、万物は全て「鬼神」の造化により、「自然の理」あるいは「天道」以外に独立した一物として「鬼神」が存在するわけではない。見慣れた日月も人間自身の営みも「鬼神の為す所」である。そして、「鬼神」と「人道」は同一の「理」によるものであるから、日常には「明白の理」である「人道」だけを考えれば良いという。

　　神は幽深の理也、人は明白の理也。幽には鬼神あり、明には人あり。本二にあらず。故に人道をいふ時は正神の理、其中にあり。書に筆し、理をいふ時は鬼神の事をのたまへども、平生礼楽の教の中には用なし。平生も好で神をいふは利心なり。(『論語小解』、97頁)

　ただし、以上のような主張は、「鬼神」の存在を否定する無鬼論ではない。自然哲学的言語によって「鬼神」を解釈すると同時に、「汎鬼神論的に自然のすべてに鬼神を認める」朱子と同じ立場であって(子安、前掲書、167頁)、「鬼神が自然化されるとともに、自然も鬼神化され」(121

熊沢蕃山の鬼神論と礼楽論 | 337

頁）ている。当たり前の自然現象が当たり前にあることの神秘性が前景化され、祭祀対象としての「鬼神」の背後に存する真に畏敬すべきものとされる。

では、禍を恐れ福を求めて「鬼神」に祈願することについてはどうか。蕃山の説くところでは、「天」や「鬼神」による禍福の応報は確かに存在するが、人々の期待するような不思議な現象ではない。「神明の罰・利生」は本当にあるのかという問いに、「たしかなる事にて侍り。しかれども、正神の罰・利生と邪神の罰・利生とのかはりあり。神明の徳は不測也。故に約束のごとく目に見ゆることはなし」と答えている（『和書』、186 頁）。聖人に等しい孔子でさえ、その危機において明らかな超常現象で助けられたわけではなかった。難に遭った際に大風が吹いて助かったのは「天道の感応」であるが、餓えたからといって空から米が降ったりはしなかったのであり、「ふらざる所がまことの天道神明の理なり」と説く。仏教のような「異端の神通力」は米も降るというであろうが、それらは「方便説」か「邪神の幻術」であって、「正神の常」ではない。

真の「天道」・「鬼神」による「福善禍淫」は何ら特別な現象ではなく、日常において働いているのと同じ「理」が、常の通り自動的に作用するのみである。

> 天命は一なれども、命を受くる者の下地によりて福となり禍となれり。人の福善禍淫かくのごとし。天道は至善にて悪命と云事はなし。同じ慈命なれども善心の者は福あり、悪心の者は禍あり。（『中庸小解』、27 頁）

本来「至善」である天道はただ「慈命」を平等に降すばかりで、そこから福や禍を得るのは受け取る側の問題であるという。本来の鬼神への「いのり」とは「平日の過を悔て、是を改め、善にうつらむことを欲す」とい

うものであり、「悪」とは「鬼神の造化」に逆らうことであって、それゆえ自動的に天地自然から不利益を被るに過ぎない(『論語小解』、104頁)。

ただし、善人が必ずしも福を以て報われるわけでないことは、人々が目のあたりに知るところであった。仏者の堕落によって乱世が到来するという蕃山の予想に対し、仏者だけが天罰を受けるべきではないかと問う者には、「天道は無心」であって、天罰は水の流れの様な自動的な現象であるから、人間の期待通り作用してはくれないという(『外書』、388頁)。悪人を個別に罰するわけではなく、地上の「気」の悪化に応じて天候不順等を生じるのみであるなら、為政に関わることなく生業を営み、自分自身の禍福を心配する常人の立場からすると、結局のところ「神明の報応」は無いに等しいことになろう。

その一方で、「天罰」の確かさを強調する場合もある。刑死者の遺体で刀の試し切りをする「すへ物ぎり」を「不仁」として戒める際には、「其の不仁の心に天罰当るにて候。我等も、すへ物きりたる者の子孫絶たるを、二人まで見及び候」(『和書』、84頁)と証言する。また、ある旗本から為政者のあり方について質問された際、「天地鬼神の福善禍淫に叶ふを君道とす」と答え、「如何して鬼神に叶ふべきや」との問いには次のように答える。

> 天地人の道は一也。天地に応ぜざれば人道に非ず。徳を以て造化を助くるは上知の事也。才を以て助るは中知といへ共及ぶべし。況や天地鬼神の禍福にそむかざる事は少志あらば叶ふ事安かるべし。鬼神の禍福は功と過とをはかりて功多きには福あり。過多きには禍あり。(『集義義論聞書』、69頁)

「上知」「中知」「少志あらば」と分けて論じているように、蕃山は対話相手の資質に応じて教化の内容を変えていると思しい。この旗本に対して

は難しい道理や厳しい自己修養ではなく、「功」と「過」を数量化して自戒するという単純な教説で善政に導くのが良いと考えたに違いない。悪くいえば二枚舌的であるが、蕃山が単一の声でのみ「鬼神」を語っていたのではないことには注意が必要である。

4．不測、あるいは有無のあいだ

　欲心から「鬼神」に祈ることを批判する一方で、「鬼神」を信じない者に対しても蕃山は批判的であり、禍福の応報についてと同じく両義的な態度を示している。『論語』雍也篇の「鬼神を敬して之を遠ざく」は、盲信と不信とのあいだに位置する態度として説明され、「世俗、鬼神の徳を知らざるゆへに、或はまどひ、或は信ぜず。まどふ者はなれ近付き、信ぜざる者は敬せず。共に知らざる也」（『論語小解』、85頁）という。

　祖先祭祀における「神」の有無という根本的な問いに対しては、蕃山は二つの解釈を提示した上で自らの意見を述べる（『集義論聞書』、21頁）。一つめは「神は心の敬を存じ申すべきため、孝子の親を思ふの事に候。有無の内、定め難し」というものであるが、これは宋学以来の無鬼論的な風潮に毒された見解であり、「聖人の神の道理」を理解していないとして批判する。もう一つは音楽からの推論であり、壱越（西洋音階のD音）を吹けば他の壱越の音と和すように、「神も此の如く天地の間に之有り候。誰が神と知らず候へども、祭る人の心に応じ候」というものである。これは一つめよりは良いが、この理屈では誰が祀っても祀り方が同じなら「神」が応じることになってしまい、「道理に叶はず候」と斥けられる。それぞれ己の祖先を祀るべきであるというのが「礼」の規定なのである。蕃山の結論は「聖人は神明不測と仰せられ候。不測にてよく聞え候。祭り候時、応ずる時もあり、応ぜざる時もあり、それが不測にて候。聖人の語に無との事は且て之れ無く候」というものである。他ならぬ聖人が「神明不

測」（『易経』繋辞伝）と教えたのであるから、有でも無でもなく「不測」として理解せねばならない。

　これは言い逃れとしてお座なりに答えた「不測」ではなく、「鬼神」問題の（言語上の）結論として自覚的に主張される「不測」である。有でも無でもない、両者のあいだという不安定な場所に立とうとする意志は、「古今、鬼神有無の説、きはまりがたく候」という質問者への次のような応答に明らかである。

　　聖人、神明不測との給ひ候。明白なる道理にて候へども、不測の理に達せざればにや、愚者は有とし、知者は無とす。言論の及ぶ所にあらず。よく知る者は黙識心通すべく候。（『和書』、68頁）

　「不測」という以上には表現し得ない領域であるから、可能な者は言外に悟れという。語り得ないというものを言語化するのは憚られるが、いくつかの含意は指摘できよう。一つには単純に、応報のあり方が不確定で予測できないということである。しかし、より重要であるのは、「愚者」と「知者」が対比され、そのあいだの態度として「不測」が論じられていることであろう。知識人と民衆の乖離をいかに解決するかということは、社会全体に「道」の実現を求める蕃山の思想において最も重要な主題の一つであった。「愚者」に学問を強いることで「知者」に近づけるのが通常の啓蒙主義的発想であるが、蕃山は「道」が世に行われるためには、聖人がそうであったように、むしろごく少数の「知者」が圧倒的多数の「愚者」に足並みを揃えるべきであるという。

　　聖人は俗と共にあそぶ。魯人猟較すれば孔子も亦猟較す。衆とともに行ふを以て大道とす。善なるべき時は衆とともに善なり。時至らざる時は、衆と共に愚なり。故に、学者、俗を離れず。道、衆を離れず。

徳至り化及び、行はるべき時は天下と共に行はる。衆勧て悖るものなし。(『和書』、95頁)

特に「礼」や法度のような制度的なものは、本来それが「愚者」のためのものである以上、「知者」ではなく「愚者」を基準に立てられねばならない。同様の主張はしばしば「和光同塵」という老子に由来する語句でも表現され、聖人の「和光同塵」は次のように説明される。

幼子を愛して童子の遊を共にするがごとし。聖人心中の神は、来を知て兼て民の為の用をまふけ、心中の知は古往の道徳を修て、今に叶ふの礼楽法式を制作し、六芸詩書を教て善心をみちびき、新にする民を興し玉へり。(『集義義論聞書』、68頁)

常人の知り得ない過去と未来への深い洞察に基づいて、聖人はその時代に応じた「礼楽法式」を制作する。認識論的には民のため自ら制作した制度の外部に立つが、民との間の断絶は「心中」だけにとどめ、自らもその内部に住するかのようにふるまうというのである。これはもちろん、『論語』泰伯篇に依拠した「人々道をしらしむることあたはず。ただ君上の徳化によりて、しらずしらず此道によりて常人となれり」という民衆観に基づいている。「説法のごとくして衆庶のこらず道をしらしめんとする時は却て弊あり。徳治の風化にあらず。及ぶこと少して浅し」(『論語小解』、112頁)、つまり、集団としての人々に一々理屈を説いて納得させることの不可能性を直視するがゆえに、「風化」、すなわち為政者の徳や「礼楽法式」という文化的装置によって、無意識裡に人心を正していくような教化方法が重要とされる。

蕃山は「鬼神」概念の虚構性や詐術性への言及を注意深く避けているようであるが、前述した徂徠のそれに通じる祭祀観を持っていたと推測さ

れる。たとえば、「三年塞がり」「金神」「鬼門」といった方角・建築のタブーについての問いに対し、蕃山は「日本は福地なる故に、田畠多く人多し。山沢これに応じがたく候」と、山林河川資源の持続的利用の観点から答えている。人々が欲しいままに伐採して建築すれば、すぐに山河は荒れてしまうが、タブーに拘束されている限り、その分だけ資源の浪費は抑えられるというのである。そのような社会的に有意義な習俗は「神道の法」、すなわち「聖人の道」に基づき水土に即して立てられた日本古来の「法」として肯定するのであるが、当然ながら祟りを恐れる当事者の認識からはかけ離れた議論である。

あるいは、蛇を「神の使者」としてタブー視する土地の武士から、民の信仰に従うべきか排除すべきかと問われた際は、叢に住むべき蛇が人居に交わるのは「非道」であり、「神明」は「非道」を戒めるはずであるから、叢に追いやって従わない蛇は打ち殺して良いと答える（『和書』、50頁）。そして、「なをも愚民疑ひあらば、御くじをとりて神慮を御うかがいあるべく候」と続けるが、その際、「神の御同心成さるまで」何度でも御籤を繰り返せと説いている。「神の御同心」という表現が本心でないことは明らかであり、いかにも詐術めいている。

こうした蕃山の矛盾するかのような語りは、教化や経世策としての効果が得られるように、複数の声を使い分ける絶妙なバランス感覚が「鬼神」を論ずる者に必要とされることを示している[20]。儀礼が正しく実践されるためにこそ「鬼神」を語るのであり、「鬼神」それ自体を主題化して唯一の物理的事実を明らかにすることが目的ではない。次のような徂徠の言が、白石や蕃山にも共有される「礼」中心の呪術＝宗教論を端的に示していよう。仏教・道教や民間の巫覡等にも「鬼神を治むる道」はあるが、同時に「国家を治むる道」としても有用なのは「聖人の教」だけなのである。

聖人の書には鬼神を治むる道御座候て、それにて鬼神は世界の利益になり、害には成り申さず候。是にて相済み候事に候。仏老巫覡之説に鬼神の治め様之れ有り候へ共、国家を治むる道に害之れ有り候て、聖人の書と違ひ申し候へば、君子の信用すべき事に之れ無く候。冥々の中を見ぬき候て、鬼神はいかやうの物に候と申し候事を存じ候事は人のならぬ事に候。たとひ存じ候ても、聖人の教の外に別に鬼神の治め様あるまじく候へば、曾ていらざる事にて御座候。（『答問書』、453頁）

聖人に従って正しく祀る限り、「鬼神は世界の利益になり、害には成」らないため、見えざる「鬼神」そのものを知る必要は無く、むしろ蕃山のように「不測」のままにしておくのが適切な態度である。知るべきなのは、聖人の制した「礼」としての鬼神祭祀がどのようなものであったのか、同様の「礼」を当代日本においていかに実現するのかということになる。

5．鬼神の礼楽化、礼楽の鬼神化

では、蕃山にとって「礼」に適う祭祀とはどのようなものか。『論語』為政篇の「其鬼にあらずして祭るは諂へるなり」について問われた際には、神社一般を儒礼における「廟」、つまり死後の人間を祀る施設として捉え、正式の廟以外に重ねて作られた「原廟」にあたるという論理によって、勧請社の廃絶が主張されている。

しかし、それは既存の仏教や吉田神道の儀礼に替えて、ことごとく儒教式の祭祀儀礼を用いよという主張ではない。蕃山の思想的特徴としてよく知られていることであるが、彼は普遍的な無形の「理」である「道」と、それが各地の水土や時勢に応じて相対的・具体的な形を取った神儒仏三教

のような「法」とを明確に区別していた。「道」は「聖人の道」とも呼ばれるものの、古代中国の聖人達は普遍的な「道」に基づいて後に儒教と呼ばれることになる相対的な「法」を立てたのであって、それは仏教という「法」を立てた釈迦も（優劣はあるが）同様である。蕃山は「法」としての儒礼を通して「道」としての「礼」を理解し、当代日本に適した「法」としての「礼」のあり方を論じる。

たとえば、日本で庶民が皇祖神あるいは「天神」である伊勢内宮に参詣しているのは「礼」に反するという批判に対し、蕃山は「礼あるの外には神を祭らざること」は、「利心を以て神を汚すことを禁じ、且つ邪術をしりぞけ」るためであって、血のつながった先祖だけを祀るという儒礼の規定は絶対ではないと主張する。また、至尊たる「天」と万人の「精神」が同一の「理」として直結している以上、庶民が「天神」を祀ることも原理的には問題は無いとして、次のように日本の流儀を肯定する。

> 日本は神国なり。むかし礼儀いまだ備らざれ共、神明の徳威、厳厲なり。いますがごとくの敬を存して、悪をなさず。神に詣でては、利欲も亡び邪術もおこらず。天道にも叶ひ、親にも孝あり、君にも忠あり。ただ時・所・位の異なるなり。（『和書』、41頁）

「時・所・位」、つまり時代や地域その他の状況が異なるが故に具体的な形式は同じではないが、儒礼が伝えられる以前から日本には「道」にかなう祭祀があり、同様の倫理的教化が行われていたとして、日本的な「法」としての正当性を主張している。また、蕃山自身は伊勢に参ることで、古代日本を統治した「聖王」とされる天照大神の「徳」を仰ぎ、その好影響を受けようとしているのだとも主張する。

> 太神宮は其の御治世のみならず、万歳の後までも生々不息の徳明かに

おはしまして、日月の照臨し給ふがごとし。参りても又おもひ出しても、聖師にむかひたるがごとく、神化のたすけすくなからず。(『和書』、42頁)

「神化」は「神」による「風化」ということであろう。続けて、「ただ聖王のみならず、霊山川のほとりに行ても道機に触るるの益すくなからず。これ又山川の神霊の徳に化する故なり」ともあるが、この「神霊」は非人格的な力のことである。蕃山によれば、人々が霊験あらたかともてはやす有名寺院も、この山川の神霊のはたらきを地蔵や観音として語っているに過ぎない。

鬼神祭祀を通じて人は「神明」、つまり天地の「誠」のままの状態になる。冬に火で暖を取り、夏に水で涼むように、「神明（＝鬼神）」に向かう時、人々は自ずから身心を「誠」にする。

天下の人をして斉明盛服せしむる者は神明の徳也。冬火あれば人よりて身をあたため、夏水あれば人よりて暑をさますがごとし。祭は神明とまじはることなれば、ものいみして心を洗ひ、身をきよめ、礼服を盛にして我身を神明にする也。かくて祭祀につかふれば祭る人の誠敬によりて、其上にいますがごとく、其左右に在がごとし。神は形なければ形ありて在が如しと也。洋々は流動充満の意なり。(『中庸小解』、25頁)

「鬼神」は祭祀の絶対的な主役ではなく、とはいえ祭祀は人間側だけで完結する行為でもなく、「誠敬」を以て祀り得た時、無形の「道」のはたらきである「鬼神」が、あたかも形あるものであるかのように現象するという循環がある。

以上のように、何が正しい祭祀であるかは、儒礼の形式に従っている

か否かではなく、人々を「風化」して倫理的な本来性に立ち戻らせるという、儒礼と同じ効果が得られるか否かという面から論じられている。逆に、儒礼自体を実践しても「時・所・位」が異なれば同じ効果が得られるとは限らず、かえって害悪にもなるとして、蕃山は儒礼そのままの実践を主張する「格法者」を強く批判している。

　理想社会の実現に資する効果の有無が第一に考えられるべきであるのは、祭祀に限らず「礼」一般の性質であり、祭祀はあくまでも「移風易俗」の装置である「礼」の一部として意義を有する。そもそも鬼神祭祀の「礼」は、社会が経済的に豊かになって人心が堕落し始めた時、富の余剰を有益無害な形で蕩尽させるために整備されたという。

　　無事なる時は、五穀ますます豊熟し、衣食足りて、礼楽おこる。いよいよ有余なる時は人おこたり奢る。故に鬼神に事ふる礼備はれり。是を孝を鬼神に致すといへり。(『論語小解』、257頁)

　蕃山は「飲食・男女」という人間が生きる上での自然的な欲求を肯定するが、それを欲しいままに放置すれば社会は成り立たない。それゆえ、あたかも堤で河の流れを整えるように、「人欲」という力を無害化するために「礼」が必要とされる。

　　それ礼法は、人欲の堤也。大河のほとりに住居する者は、堤堅固なれば、生全し。しかるに源遠らぬ、小河の水の憂もなき地に、堤余多所に大にせば、民の身命を養ふ田畠も、多は堤の為にとられて、うゑに及べし。(『外書』、331頁)

　その発生からして「礼」は人々の欲望の対象でもあるため、不適切に煩雑な「礼」はかえって社会生活を破壊してしまうのであり、過不足なく適

切に立てられねばならない。それが代々の聖人による「礼」制作の歴史として語られている。

「情」・「欲」の調整という「礼」の機能は、『礼記』礼運篇に「夫れ礼は、先王以て天の道を承け、以て人の情を治む」[21]とある通り、遅くとも漢代には認識されていた。祭祀儀礼等の「礼」は天地自然にも人情・人欲にも根拠を持つ、合理的なふるまいのシステムであり、それによって理想社会を築くのが「聖人の道」なのである。そうした経典の解釈と目前の社会の観察から、蕃山は普遍的な人情のメカニズムと祭祀等のプラクティスとの関係を考察し、日本の水土と時勢に適した理想的な「礼」の制作を構想する。

おわりに

蕃山が主張する祭祀儀礼の意義は、その大部分を社会的機能あるいは心理的機能と呼んでよかろう。とはいえ、単に人心操作の術として呪術＝宗教的なものを政治的に利用する企みと見るのは適切ではない。伊勢参りの論に見られたように、蕃山は自身の無意識をも「礼」で統御あるいは陶冶しようとしている。また、あたかも外部から訪れた人類学者のように儀礼の社会的機能を対象化して論じてはいるが、その社会なるものは自己利益を追求して争う者達の妥協の産物ではなく、禽獣とは異なって互いに助け合う本性を有する者達の倫理的共同体であって、必ずしも「世俗」への従属とはいえない。そして、たとえば雨乞いに雅楽の演奏が有効であると主張するように（『外書』、402頁）、「礼」は人心だけでなく天地にも作用するとされ、どちらも「感応」という同じ原理で語られている。

そのような「礼」の物理的効果と心理的効果を峻別し、前者を非科学的な呪術的思考、後者を調査や実験で効果を立証できるかもしれない儀礼の社会的・心理的機能として振り分けてしまう近代人の常識を揶揄する

かのように、ハーバート・フィンガレットは後者をこそ「magic power」と形容する[22]。日常的な挨拶の作法一つでさえ、一方が微笑みかけ手を差し出せば、「いかなる命令も策謀も強制も特別な仕掛けや道具を用いなくても」、「完全に自発的な協働行為として」、もう一方がタイミングよく微笑み返し握手をするという、「協調的な「儀礼的」行為の微妙さ、驚くべき複雑さ」は「magic」としか言いようがないのである（37頁）。そのような「「儀礼的」行為」によって社会を形成する「人間の真の卓越した力」は、しかし「普段あまりにも身近で普遍的であるゆえに気づかれないもの」であるため、孔子は「伝統と慣習の総体」を「聖なる儀礼・神聖なる儀式の譬喩」で、すなわち「礼」という語（原義は祭祀儀礼あるいは祭器）で表現したという（33頁）。

フィンガレットが『論語』の分析から論じているのは、まさに蕃山の鬼神論において生じている出来事である。「真の神通妙用は春夏秋冬、日月星辰、風雨露雷、人道の礼楽也」（『中庸小解』、15頁）というように、当たり前の自然現象が当たり前にあることの不思議さを前景化すると共に、人間の行なう「礼楽」も不思議なものとして捉え直される。人心と「礼楽」は別々に存在するものではなく、世界や人間がそもそも礼楽的存在として「道」に裏打ちされているのである。自然と「鬼神」の関係に同じく、この事態を「鬼神の礼楽化」そして「礼楽の鬼神化」と呼ぶこともできよう。「鬼神」がいわば礼楽内存在とされる一方で、シャマニズムにおいて「鬼神」の帯びていた神秘性は、日常的な「礼」を含む人間の儀礼的行為の神秘性に転写されている。

蕃山が「不測」を貫いたように、祭祀が特定の言語的意味には還元し得ない多義的で社会的な身体的行為であることを、むしろ強調する方向で理論化していたのが「礼」という概念である。「礼」に基づいて発せられる「鬼神」ということばは、個人の内面の信仰の表出などではなく、儀礼の場における行為遂行的発言であって、論理的一貫性よりも場面ごとの発

話行為としての適切さが優先され得た。近代人のいう「信じる」でもなく「信じない」でもない、矛盾するかのような語りは「信の多様性」「信の多元性」として文化人類学がしばしば問題にしてきたが[23]、シャマニズムやアニミズムのそうした一面を、儒教は特有の仕方で捉え再解釈したと評価すべきかもしれない。そもそも孔子のことばとして「死に之きて之を死せりとするを致すは、不仁にして、為すべからざるなり。死に之きて、之を生けりとするを致すは、不知にして、為すべからざるなり」(『礼記』檀弓篇)と伝えられているように、死んだらそれで終わりとする「不仁」と死んでも変わらずいるとする「不知」のどちらでもなく、両者のあいだで儀礼が行なわれるとする思考法が、経典本文から「礼」概念には付きまとっている。

　宗教的なものをめぐる言説の歴史上、近世に身体的・慣習的実践の社会的機能を重視する一種の宗教理論が生まれ、宗教的伝統を再編成していったであろうことは注目に値する。磯前順一は本来宗教的なものに含まれていたビリーフ的側面とプラクティス的側面のうち、近代に輸入された「宗教（religion）」が前者に傾いた概念であったことを指摘し、神社政策においては「当時、日本であらたに起こった倫理と宗教の分離に乗じて、プラクティス的な神社神道がビリーフ的な宗教とは異なることを理由に、それを非宗教としての公共道徳へと仕立てあげるものであった」[24]という。こうした問題についても、外来概念の影響とは別に、在来概念の文脈を明らかにする必要があろう。

　もちろん、蕃山の鬼神論が近世儒者全体を代表するものと見ることはできず、本稿では従来の研究傾向とは異なって共通性に注目した白石・徂徠についても、今後詳しく蕃山の言説との関係を論証していかねばなるまい。蕃山を例として、「礼」言説の近世日本における質的・量的な広がりを確認する作業の宗教史的重要性を指摘するまでが、ひとまず本稿の意図した作業である。

注

1) マックス・ヴェーバー「儒教とピュウリタニズム」（大塚久雄・生松敬三訳『宗教社会学論選』みすず書房、1972年）。なお、引用文の〔　〕内は訳者による補足。
2) 友枝龍太郎「解題（鬼神論）」（『日本思想大系35　新井白石』岩波書店、1975年）、584頁。
3) 宮崎道生『新井白石の研究〔増訂版〕』、吉川弘文館、1984年、712頁。
4) 加地伸行『儒教とは何か』中公新書、1990年、33頁。
5) 池澤優「「儒教は宗教か」問題について」（『近代的「宗教」概念と宗教学の形成と展開』、平成10〜12年度科学研究費補助金（基盤研究B（1））研究成果報告書）。
6) 澤井啓一『〈記号〉としての儒学』光芒社、2000年。
7) 子安宣邦『〈新版〉鬼神論』白澤社、2002年。
8) そのような鬼神論によって、「社会の支配的な上層の知識のレベルと、「鬼神」が祭祀対象として収り、信仰のうちに沈む伝統的社会やより低層の、多様な「神霊」の蠢く民俗的信仰社会のレベル」への分裂が生じる（子安、51頁）のは確実であろうが、鬼神論が「儒家知識人の側の独白」に過ぎないという（46頁）のは早計であろう。子安も鬼神論が「鬼神とその祭祀に新たな意味づけを与え、その祭祀を再編していくもの」であり、「朱子における鬼神の究極的な言説化とは、中華帝国の学者＝官僚による鬼神祭祀のトータルな再編への道を示すもの」、同じく「近代日本の国家神道は鬼神を国家的言説の上に住まわせたもの」であると指摘している（17頁）。
9) 小島毅『世界史リブレット　東アジアの儒教と礼』山川出版社、2006年、6頁。
10) 小島毅『中国近世における礼の言説』東京大学出版会、1996年。
11) 黒住真「儒学と近世日本社会」『岩波講座日本通史　近世3』岩波書店、1994年、280頁。
12) 菅野覚明「『鬼神論』の前提」『倫理学紀要』第12輯、東京大学大学院人文社会系研究科倫理学研究室、2003年。
13) 引用は『新井白石全集　第六』1907年。
14) 高橋章則「新井白石の鬼神論と「大化改新」論」『日本思想史研究』17、東北大学文学部日本思想史学研究室、1985年、16頁。
15) 大川真『近世王権論と「正名」の転回史』御茶の水書房、2012年、54頁。
16) 引用は『日本思想大系35　新井白石』より。なお、〈　〉内は底本である東北大学図書館蔵寛政元（1789）年写本に記された小字注記。以下、読み易さを考慮して表記を適宜改めている。

17）渡辺浩『増補版　近世日本社会と宋学』2010 年、173 頁。
18）『朱子家礼』受容の研究として、田世民『近世日本における儒礼受容の研究』（ぺりかん社、2012 年）が詳しいが、「朝廷の礼楽の制度は、皆唐朝の法なり」（『太平策』）と語っていた徂徠や白石はほとんど扱われていない。闇斎学派の「礼」実践と神道の関係については、「儒教・儒家神道と「死」」（『日本思想史学』29、日本思想史学会、1997 年）等、田尻祐一郎が重要な研究を多数重ねてきた。
19）以下、『集義和書』を『和書』、『集義外書』を『外書』と略す。『和書』の引用は『日本思想体系 30　熊沢蕃山』（岩波書店、1971 年）、『外書』は『神道大系　論説編二十一　熊沢蕃山』（神道大系編纂会、1992）、蕃山の他の著作の引用は『増訂蕃山全集』（名著出版、1978-80 年）による。
20）こうした思考の背景として、儒者の鬼神論の系譜以外に、蕃山も大きな影響を受けたことが指摘されている政道論書、いわゆる「太平記読み」の影響も考慮すべきであろう。そこでは神仏は「領主の領民支配に有効性をもつもの、いわばイデオロギー装置」（若尾政希『太平記読みの時代』平凡社、1999 年、64 頁）であり、領主は民と同じ信仰を持つかのようにふるまうことで、容易に民を動かすことができると説かれている。
21）引用は『新釈漢文大系　礼記　上』明治書院、1971 年より。
22）ハーバート・フィンガレット著、山本和人訳『孔子―聖としての世俗者』平凡社ライブラリー、1994 年。
23）関一敏「宗教人類学の視覚と方法」（佐々木宏幹・村武精一編『宗教人類学』新曜社、1994 年）に議論の概要が紹介されている。
24）磯前順一『近代日本の宗教言説とその系譜』岩波書店、2003 年、54 頁。

魔術は催眠術にあらず
——近藤嘉三『魔術と催眠術』の言説戦略——

一柳廣孝

はじめに

　明治二十年前後に始まる第一次催眠術ブームのなか、催眠術が西欧における最新の学術的成果として喧伝される一方、前近代的な魔術のイメージをまとって受容されたことについては、すでに触れたことがある[1]。他者を自在に使役し得るとされた催眠術は、その神秘性ゆえに人々の注目を集め、海外の精神医学、心理学の文脈に寄り添いつつ紹介されることで、学術的な客観性が担保されていた。

　こののち催眠術は、明治三十年代半ばに第二次ブームを迎えるものの、様々な問題が表面化した結果、学術の表舞台からは徐々に姿を消していく。しかしこの間の催眠術をめぐる動きは、日本の近代にあって「呪術的なるもの」「マジカルなもの」「魔術」がいかに処理され、いかなる言説の下で再編されたのか、という問題を考察するさいの、貴重なケース・スタディであると言える。そこで本稿では、近藤嘉三『心理応用魔術と催眠術』（明25・08、頴才新誌社出版部）を取り上げ、明治期の「魔術」イメージの一端を探るとともに、同書の「魔術」をめぐる戦略的な言説構成を明らかにしたい。

　吉永進一は同書を「明治の催眠術ブーム、第一期の末尾」に位置づけ「当時のベストセラーで、桑原俊郎が催眠術を実践する契機となった」点

に注目している[2]。桑原は、催眠術による暗示療法が霊術へと変貌する過程のなかで、大きな影響を与えた人物である[3]。桑原が『魔術と催眠術』を初めて熟読したのは明治三十四年九月一二日。その時の模様を、彼は次のように記している。

> 予は、この日、病気で床についておる、病床のつれづれなるままに、何か、気の晴れるものを見たらば、よかろうと思って考えた。すると、フト考えの浮んだのは、三十二年の夏、市中を散歩しているときに、買った、「魔術と催眠術」という本のことである。当時、予は、二三葉を一瞥したが、こんなことが出来るものかという心を起してそのまま、本箱の隅へ、つきこんで置いた。それを、長く忘れてしまって、居ったのが、フト、そうそう、あの本を、モウ一度見ようと思い出した。こんどは、綿密に、念を入れて見た。読めば読むほど面白い。こんどは、是非、この通りにやって見ようと思って、半信半疑のまま、遂に、下婢に施して見た。難なく三十分斗りに眠った。その時、予が、不思議に思ったのは、一通りでなかった。[4]

桑原の興奮が伝わってくる。彼の関心は、どうやら催眠術の実践的な技法に向けられている。しかし、実は『魔術と催眠術』において、催眠術の技法説明はそれほど手厚くない。実は同書の眼目はそこにはなく、あくまで「魔術」の内実を把握することが第一義となっている。その点も含めて、同書は明治期の催眠術書とは一線を画す。ともあれ、次章では『魔術と催眠術』における「魔術」の意味について確認する。

1　魔術とは何か

本書の凡例で、近藤はまず「本書編纂の趣旨は専ら心理学上精神作用の

試験をなし心理学の発達進歩を計り兼て世人理外の理或は心象の異常に因るとなす等の事実を講究し其の真理を発見せんとするにあり」とし、さらに「本術は今後益々能く之を研究し其効果を全うするに至れば医学上更に一新奇軸を出すべきのみならず哲学者宗教者等精神の作用を研究し之を応用するに於ては其学科別に一生面を開き得べし」と述べる。

　心理学のみならず、医学、哲学など、複数の学問領域を横断するテーマであることを強調するとともに、精神作用に関する「試験」をおこなうという実験的な要素を織り込み、このテーマが学術的な研究対象であることを訴えている訳だが、凡例には「敢て世人をして徒に奇を弄せしむるの目的にあらず」とあるように、本書が読者に「徒に奇を弄せしむる」印象を与えるであろうことも、十分に意識している。

　それゆえに近藤は序において、読者に発想の転換を促す。「古代の不思議は、今日の不思議にあらず昔日の奇怪は、今は必ずしも奇怪にあらざるなり人動もすれば、自己の智力之を解すべからざる者に逢えば、直ちに排して放談無稽となす、蓋し思わざるの甚しき者と云うべし」。とはいえ、世の趨勢は「不思議」の圧殺に動いている。魔術も同様である。彼は言う。「凡そ古今東西何れの国を問わず多少の怪談奇話なきに非ざるも不可思議の幻術邪法として排斥するに非ざれば精神上の過誤なりとして之を研究する者なし況んや自ら之を行んとする者に於ておや」。

　このように近藤は、新時代の規範によって「怪談奇話」が迷信として排斥され、研究する者もないことを嘆いてみせる。事実、怪異をめぐるこうした認識は、この時期には新聞言説などを通じて広く共有されていた。早くは明治十五年九月二八日の西京新聞に「人は幽霊より心経病を怖がれ」「世に心経の病ほど怖しきものはあらじかし」とある（「舅の幽霊」）。怪異とは、神経の異常がもたらす錯覚にすぎない。

　同様の言説は、『魔術と催眠術』刊行前でも「化物の惣本家は東京の四ッ谷に名高く幽霊の画は円山応挙に著明なるも談話(はなし)に聞き写し絵に見た

るのみにて誰れも御目に懸りしものなく開明の今日には神経病と相場の極まりし」(「幽霊」、明22・02・09、東奥日報)、「幽霊を視たりと言い張るは神経の作用にて我れと我が心に幽霊を描がき出すものにやあらんと非難するは今日一般の状態(ありさま)なり」(「亡き母の幽霊」、明23・08・23、静岡大務新聞)など、容易に見いだすことができる。

　もちろん魔術もまた、当代にあっては迷妄に他ならない。彼は言う。「世間の人動もすれば魔を以て悪鬼妖魅の一種となして頗る之を懼れ自己の知識に解すべからざる事は皆鬼神の霊能威力に帰して之を恐怖するは未開人の常情にして従て魔は大能力を具備する一動物なりとの観念は常に人の心内を離れざる者なり文明進歩の新空気は頑迷野蛮の旧説を一掃すると共に魔術の如きも妄謬牽強の一説に数えられ古来より其の伝説の著明なることをも併て吾人の思想外に駆逐せられんとするなり遺憾の極なりと云うべし」。

　かくして近藤は、従来の「魔」の意味の刷新を図り、改めて魔術の定義を試みる。彼によれば、魔とは「事物の虚に応じて侵襲竄入する一種の霊気」である。そして「魔術とは精神作用即ち心性の感通力に因て人及び諸動物の心身を左右し或は物質の変換を試みるの方術を云う」。

　この「心性の感通力」については、序に言及があった。次の箇所である。「心内に伏在せる一種の霊気、克く人の心身を制し、又天地間の諸物に通じて、之を感格する者あるは、著者の固く信ずる所にして、古今其の例に乏しからず、此の玄妙の機、之を感通という」。したがって彼の言う魔術とは、我々の心に内在している霊気(魔)の力によって、対象に影響を与える(感通)手法ということになるだろう。その対象は、人間にとどまらず動物、さらには物質にまで及ぶ。

　近藤によれば、魔術には睡魔術と醒魔術の、二種類がある。睡魔術とは「人の精神作用を休止して睡眠の状となし之に向て行う所の魔術」であり、この術を行うにあたっては、まず「催眠術を行わざる可らず」。また醒魔

術とは「覚醒せる人に向て行う所の魔術」である。両者は、被術者の状態によって区別される。ただし、ふたつの術はともに「其人又は諸動物に向て自己の思想を慿據せしむる者」であって、内容自体は変わらない。

　ここで彼が強調するのは、睡魔術と催眠術の相違である。「催眠術は睡魔術の序幕にして催眠術と睡魔術とは自ら別物たるを記憶せざるべからず」と述べる近藤は、筆を転じて催眠術の歴史を語り始める。古代インド、エジプトに催眠術の起源を求め、フランツ・アントン・メスマーを催眠術の泰斗と位置づけつつ「余を以て之を見れば氏も亦迷想者中の一人に他ならざるなり」とする。また日本における加持祈祷、口寄せは「一種の睡魔術」であり「恐くは仏教渡来の時代より始まりし者なるべし」と、この間の歴史を整理してみせる。

　この箇所の記述で注目すべきは、近藤が催眠術に接した契機である。彼が初めて催眠術を目撃したのは「馬嶋某氏の宅」だったという。彼は催眠術を用いた馬嶋の治病の様子を見学し、愕然とする。そして「余は当時其の現象の奇且つ怪なる為めに頗る其の理由を求むに苦みたり爾来専ら此の術の講究に心を用い終に其の理由を発見し且つ催眠術を睡魔術とは全く別物なることを知れり」と述べている。

　近藤がいう馬嶋某とは、日本で最初に催眠術治療を試みた馬島東伯をさすと思われる。彼は明治十八年頃から催眠術を治療に用いはじめ、その後の三年間で、約六十人の患者に効果があったという。しかし馬島は、なぜ効果があるのかを解明できなかった。催眠術治療の有効性を確信しつつも、生理学ではその理由が説明できない。結局彼は「吾人人類ノ体性ニハ此ノ不可思議ナル象状ヲ発顕スベキ元由ヲ有スルモノアリトセザルヲ得ズ」と語るにとどまり、「心性作用上之ヲ哲学ノ大源ニ探究セザルベカラズ」と、医学とは視点が異なる哲学的なアプローチの必要性を訴えた[5]。

　近藤の主眼は、おそらくこの馬島のとまどいから生じている。彼は馬島の言う「不可思議ナル象状ヲ発顕スベキ元由」として「心内に伏在せる一

種の霊気」、すなわち「魔」を見いだした。そして、この「魔」の機能をより強調した結果、そもそもの出発点である催眠術から離れざるを得なくなったように思われる。

　彼は「催眠術は人為を以て他人を睡眠せしむる法にして睡魔術或は睡眠治病法の予備法として之を行う者なり其法種々あれども要するに高等精神作用を休止せしむるに過ぎず」と、催眠術のイメージをテクニカルな技法のレベルにまで後退させる。ここには、後に大きく取り上げられる催眠術の暗示作用に関する考察が全く存在しない。

　例えば竹内楠三は「現今の催眠術は決して魔法でもなければ、不思議な術でもなく、全く確実なる科学的基礎の上に立ち、一定の学理に拠って施されて居る科学的の術である」と述べたあとに、世界の催眠術研究の趨勢を概説し、現在では「一切の催眠現象を以て凡て心理的の現象となし、其れを起すのは全く暗示の作用に由るとなす」ナンシー学派の見解が学会の多数を占めている旨を紹介している[6]。福来友吉『催眠心理学』（明39・03、成美堂書店）もまた、催眠術の理論的説明について「ナンシー派が暗示と称する名目の下に凡ての秘密を掩い去らんとしたるの外、未だ発達の別に眼を引くべきものなし」と述べる。

　これらはかなり後の指摘であるものの、明治二十年代初頭には「哲学雑誌」などを通じて、欧米における催眠術研究の現状がすでに紹介されていた[7]。しかし近藤は、こうした催眠術研究の成果に言及しようとはしない。これは、彼の主張する魔術の特徴と抵触し得るための処置と思われる。

　このような魔術をめぐる彼の理論は、明治三十六年から始まる第二次催眠術ブームのなかで、形を変えて継承された。例えば先にあげた桑原俊郎は「催眠術というものはどうしても心理的作用ではない、霊魂作用である」と断言し「なることなら催眠術、催眠学などの名前が、早くやんで、霊魂研究とか、精神哲学とかいう名称の起らんことを翼望」する[8]。この

桑原の提言は、近藤の主張をさらに形而上学の問題へと拡大したものである。

また富永勇『感応術及催眠術秘訣』（明36・05、哲学書院）の「世の学者は、動もすれば催眠学を称えて只管催眠にばかり重きを置く様だが、余の考えは、それとは少しく反対で、所謂催眠なる者は、ただ感応を為すの一助たるに過ぎず、乃ち催眠術其者は、独立しては何の効もないもので有ると云う事を断言するに躊躇せんので有る」といった言説は、まさに近藤の主張の繰り返しである。近藤の「魔術」は富永の「感応術」に置き換えられ、さらに後には、霊術のなかに溶解していくこととなる。

富永とは違う形で近藤を利用するのは、古屋鉄石『驚神的大魔術』（明41・02、訂正九版、明43・07、精神研究会）である。同書は、過去に魔術を定義したなかで「稍々見るべき者」として近藤の「「魔術とは精神作用即ち心性の感通力に因て人及び諸動物の心身を左右し或は物質の変換を試みるの方術を云う」をあげた上で「之れでは単に魔術の現象の一部を挙げたるに過ぎずして、魔術其物の解釈とならざるの嫌あり」と否定してみせる。

では本書の定義はというと「精神作用によりて起る処の奇妙の現象を集めて、之を大魔術と称する」のである。たしかにこれで「魔術の現象」はすべて網羅できるかもしれない。しかしこの定義が「魔術其物の解釈」に該当するとは思えない。そこで古屋は、再度魔術の定義を試みる。「余の愚考によれば巧に精神作用を惹起する方法こそ真に魔術と云うも可ならんと信ず」。ならば、精神作用とは何か。「精神に確信せる如く五官の感覚及び肉体に変化を生ずるを云う」。近藤を批判しつつ、結局は近藤の主張を繰り返しているようにしか見えない本書のありようもまた、『魔術と催眠術』がもたらした現象のひとつと言えるだろう。

2　感通・心性・心身相関

　さて、近藤が魔術の根本的な原理とするのは「精神の感通作用」である。それは霊魂の「霊妙なる能力」に起因すると彼は主張する。しかし、この「霊魂」という概念の使用は、かなり危うい。近代心理学は実体概念としての「霊魂」を忌避し、代わりに「意識」「精神」を使用することで、哲学的心理学から実験科学への転身を図った。ここで魔術を再編するにあたって「霊魂」を持ち出せば、魔術は再び近代以前の神秘的な暗闇の中に回収されてしまう。

　ただしこの点については、近藤も自覚していたと思われる。彼は言う。「夫れ感通は霊魂特有の妙能にして心理上一種の規則に因て起ると雖ども其の機能の深淵なると現象の奇怪なるに因て雑然厖然規則なきが如き看あるは本術説明に一層の困難を与うる者なり」。さらに彼は感通について「五識以外に卓立する一種の精神作用の霊機」と語ってもいる。つまり「五識」の分析を中心とする心理学の研究対象であると同時に「五識以外」の精神作用にもとづく現象であるため、説明が困難であると逃げを打っている訳だ。

　ここから近藤は、戦略を変える。霊魂を「心性」という概念に置換し、この心性による現象、すなわち心象を分析対象に据えるのだ。いわば、心理学的な問題規制の導入である。しかし、そもそも実体概念としての霊魂と抽象概念としての心性を同一視するためには、いくつかの階梯を踏む必要があるのだが、そのあたりについては、彼は問わない。近藤によれば、心象は「意識上の作用にして物界に属せざる自知の霊能」である。またそれは「高等精神作用の妙能にして神経中枢の機能」でもある。

　こうして霊魂は「心性」へと形を変え、不可視の領域と物理領域の両者を包含する特異な場所となる。精神と肉体の双方に影響を与える「心性」

によって、両者には相互干渉的な関係が成立する。「神経の機能に変化を及ぼす事は之を感覚にも及ぼし従て神経を感動することは心をも感動する者なり」。よって「精神の作用は身体の模様に因て変化する者にして身体の模様は精神作用に因て変化するや亦疑を容れず」。いわゆる、心身相関の原理である。施術者の意思は感通によって、被術者の身体に影響を与える。これこそが、魔術の正体なのである。

　では、どういう場合に感通はよりよく成立するのだろうか。またそもそも、施術者の意思はどのようにして被術者に伝わっているのか。近藤は「磁気、電気等の相感するが如き状をなして精神に伝わるものならん」と予測する。施術者と被術者の間には距離がある。両者の間で感通が成立するためには、何らかの感通を「伝導する媒体」が存在するはずである。彼はその導体を「伝達瓦斯」と命名する。

　「伝達瓦斯」は「無数の細胞上の原子」である「伝達細胞」によって構成された「至極至細の超弾力体」である。それは空気間に充満しており、あたかも「イーセル」のようであるという。伝達ガスは弾力体なので、軽微の刺戟にも反応する。施術者の意思は一種の振動を起こす。伝達ガスはその振動を迅速に伝導して、被術者の脳髄に感受させる。こうして両者の間には連鎖が生じ、両者同一体の作用をなすというのである。

　近藤がいう「イーセル」とは、おそらくエーテルのことである。ここで彼がエーテル概念を援用していることは、興味深い。エーテルとは、アリストテレスの時代から二十世紀初頭にアインシュタインが登場するまでその存在が確信されていた、代表的な仮想物質である。この間、例えばアリストテレスはエーテルを空気を包む元素としているし、ニュートンは、空気よりもさらに希薄で強い弾性を備えた媒質であるエーテルによって、光や磁気は伝播すると考えた。

　近藤の設定する伝達ガスは、明らかにこのエーテル概念の影響を受けている。一方でエーテルは、神秘主義の文脈の中で、肉体と霊魂をつなぐ透

明な微粒子の集合体というイメージも獲得していた。このイメージもまた、近藤の「精神の感通作用」と重なるところがある。さらに二者間における意思の疎通という点では、SPR（Society for Psychical Research、英国心霊研究協会）の研究成果との流通性も考慮する必要がある。例えば次のような新聞記事の言説は、容易に近藤の主張を重ねることができるだろう。

> 英国にて精神学上不思議なる事を研究する為め設けたるソサイエチーフオーワプシチカルソセルチ会の重なる会員ゴルニー、マイエルス、ポドモールの三氏ハハンタスムス〔ママ〕、オブジーライビングと云う大部の書物を著し人の精神五官の働きを仮らず近く或ハ遠くの人の精神に働き得ることを証拠立る為めに多くの事実を集められたり……〈中略〉……日本にも昔しより是等は類似の事ありて小児或は親の死したるを遠方にて知りたる事や或は亭主の戦争にて負傷せしを夢に見たる事など語れる話しあり随分おかしき話なり。[9]

この記事で紹介されている書物は、ガーニー、マイヤーズ、ポドモアによる"Phantasms of the Living"（1886、『生者の幻像』）である。初期SPRの研究成果のなかでも、テレパシー研究の嚆矢として知られる。SPRでは、すでにW・F・バレットによって、ひとつの心が感覚器官を経由せずに空間を超えて他の心に働きかける、いわゆる思想伝達の理論を作り上げつつあった。彼は、空間を超えて作用する電気誘導のモデルを使った仮説を提唱している[10]。こうしたSPRの研究成果を意識すれば、近藤の言う「精神の感通作用」とはテレパシー、もしくは思想伝達ということになろう。また近藤の伝達ガスの発想にも、SPRの研究に影響を受けている可能性がある。「感力の波及は恰も空気の音響の振動を伝達し「イーセル」の光線の振動を伝達するの状に異らざるべし」という近藤の

一文には、バレットとの類似が認められよう[11]。

なお思想伝達については、SPR の研究を日本に紹介した最初期の文献である、箕作元八「奇怪不思議ノ研究」(明18・03、「東洋学芸雑誌」)に言及がある。ここでは SPR の研究テーマのひとつとして「察心 Thought-reading」(ソートリージング)が示され「五官ノ助ニ依ラズ他人ノ思想ヲ推察スルコト」と説明する。Thought-reading は後に「思想伝達」と訳され、Telepathy とは区別される。

両者の違いについては「精神感応と思想伝達」(明43・06、「丁酉倫理会倫理講演集」)に、雑誌「スヴァスティカ」からの引用として、次の説明がある。「精神感応とは心霊と心霊との間に於ける感情又は感覚の伝播で、思想伝達とは精神と精神との間に於ける言語、観念又は印象の伝播である。それ故精神感応は或程度まで心霊の発達せる人々及び互に幾分かの同情を有する人々の間にのみ起り得る現象で、之れに反して思想伝達は一方優勢な精神が何等の同情なき他方の精神に其作用を現出し得るのである」。この説明にしたがえば、近藤の言う「精神の感通作用」には、両方の要素を見いだせそうだ。

さて、ふたたび『魔術と催眠術』に戻ろう。施術者と被術者をつなぐ空間の問題をクリアした近藤は、それではどういう場合に感通はよりよく成立するか、という問題について、施術者、被術者の個々の要因、また両者に関連する要因から説明を試みる。彼が重視するのは、施術者の「感力」「心力注集」の強度である。何よりもまず、術者が自らを信じる力、「自己信仰」を持たねばならない。「本術は施術者の信仰に由て成る」のだ[12]。

したがって、施術者が強い信仰力を持ち、被術者が無我の状態にある時、最も効果がある。また被術者が無我でなくとも、施術者を強く信頼していれば成功する。同じく、施術者が信仰を欠いていても、被術者が施術者を強く信頼していれば成功する。一方、施術者と被術者ともに「信仰」がない場合や、被術者が最初から施術を拒否する意志を持っている場合

は、効果がないと近藤は言う。魔術には、共同作業の側面もある訳だ。

　また近藤は、被術者が「感力を受得するを受感と云い受感の効果あるを感応と云う」とし、さらに「感通の全く完成したるを感得と云う感得は最終の伝達細胞より中枢神経に感通する者にして己に甲と乙との連絡を完成するに至れば其の作用は言語行為等の運動の他身体組織にも作用を及ぼす」と述べ「彼の病体を健康に復さしめ健康体を病体となす等随意に之を左右するを得る者なり」と、魔術の効果を語ってもいる[13]。

　ちなみに、近藤によれば魔術は動物も行う。例えば、狐は尾を上下し左右に振ることで、人を無我の状態に導くという。「狐狸の人を魔することなしとして一時の精神病となし又五官器の錯誤に帰す此の種の人蓋し未だ共に魔術の蘊奥を語るに足らざるなり」と近藤は断言する。だがこの時期、江戸時代の代表的な化妖である狐狸に関する話題は、相変わらず新聞を賑わせていた。「狐狸の所為か」（明19・06・11、福井新聞）、「古狸」（明19・09・21、読売新聞）など、多くの言説を見いだすことができる。

　ただしその認識としては「アノ竹の図子にはむかしから古狸が棲で居るゆえ大方それが魅すのであろうと昨今頻りに評判するがこれは定めてその化物譚を為た人が狸なるべし」[14]といった具合に、急速にフィクションの領域へ移行しつつあったようだ。

3　魔術から催眠術へ、催眠術から魔術へ

　以上、近藤の魔術の定義を追ってきた。魔術とは、施術者の「心性」を被術者に送り込む技術である。したがって、心身相関の原理が示すように「感通力に由て人身の組織機能の変化を起す」ことも可能である。よって、魔術によって病患を治癒することができる。ただし、そのさいに魔術の効果を高めるためには、被術者が無我の状態にあるのが望ましい。「魔術を以て治病の目的に供するは亦一の感通に由る者なれば被術者の無心なるを

要するとは己に之を云えり故に人多く魔術を以て疾病を治癒するに催眠術を応用する以所なり」。

このように近藤は、繰り返し魔術と催眠術の差異を強調する。さらには、催眠術による治療は有害であるとまで主張する。そもそも人間の身体には自然治癒力が備わっている。にも拘わらず催眠術で苦痛を除去するのは間違っていると言うのだ。また彼は、世間に言う催眠術治療とは、実は魔術によるものであるとする。「必竟催眠術を行うて疾患を治癒せしめんとするに当ては術者の一心は切に病患の治癒を望むを以て心力注集して知らず識らずの間に精神の感通して治癒の効を見るに由る者なり」「彼の奇異なる現象も亦催眠術の効にあらずして精神の感通即ち魔術の作用たるべからず」。

つまり、催眠術における暗示効果だけを独立させ、そこに「精神の感通」という仮説を嵌め込んで特異な理論を作り出したことになるだろうか。しかし彼の試みは、十全には機能しなかった。こののち、近藤が意図した意味で「魔術」という概念が流布することはなかった。しかし彼が提示した「心力注集」にもとづく治癒システムの理論は、催眠術の魔術的側面を強調する上でおおいに利用される。

例えば、まさに近藤が示したような理解で患者に治療を施した桑原俊郎。先に示したとおり、彼は『魔術と催眠術』を読んでその魅力にとりつかれた訳だが、彼の理論構築のなかに「魔術」は存在しない。桑原は言う。「予の考では、催眠術では、唯神経系統に属する病気のみでない、物質的、即肉体上の病気でも、勿論、直すことが出来るということを保証するのである、それは、予が実際治療したので、ここに断言が出来る」[15]。

ただその一方で、近藤が魔術の特徴として挙げた「感通」という概念は、そのまま催眠術の定義として利用されてもいる。「催眠術とは人為に由りて他人の神経に感通を及ぼし之れを眠らしめて其精神を左右するの術なり」といった説明は[16]、近藤に言わせれば魔術の説明ということになる

だろう。催眠術の魔術的側面を説明する鍵語として、感通は催眠術の内部に吸収されてしまったのだ。

　その意味で、近藤の試みは水泡に帰した。しかし、その後の近藤を見る限りでは、彼は魔術と催眠術の峻別には、あまりこだわりを持っていなかったのかもしれない。彼が強調したかったのは、ただ「感通」のみだった可能性がある。

　『魔術と催眠術』刊行から約二年後、彼は『幻術の理法』（明27・12、穎才新誌社）を公にした。ここで焦点化されているのは「心霊の感通作用」である。「蓋し人の心性は悟性覚性等に属する作用の他に更に一種特異なる霊光を放つ者なり之を心霊の感通作用と云う即ち甲乙彼我の間に心力の感伝波及するの機能にして之に由り以て他人の心身を制し又我が心身の他人の意思に制せらるるの妙機なり」。この説明は、正しく前著の延長上にある。

　また「心力感通の作用は精神作用中の殊に霊妙奇異なる者にして全く五識の外に卓立せる者なれば其の機能の隠約機微なるは素より論を俟たず之を他の五官機能に比するに蓋し日を同うして語るべからざる者あり故に之を知ること頗る難く之を説明するは又更に難し」とあるように、その核心部分の説明を曖昧にしている点も、前著と変わらない。しかし感通の説明に関しては、より科学的な色彩を強めている。次の個所である。「感通は固と心力の波動作用に由りて起り心力の波動は脳髄細胞の作用の転じて精神作用に変化するに由りて起る即ち張力の変じて活力となる際に起る処の一種の振動作用に基く者ならん」。

　さらに、同書における幻術の説明は、実は魔術とほとんど変わりがない。「幻術とは術者の心力に由て他人の心身を制して自由に之を行動左右せしめ又種々の幻影を視覚せしむる所の方術を云う」。要するに魔術と同じ力を用いて、特に幻影を相手に見させる部分を特化したに過ぎないのである。

しかし大正期に至って催眠術から形を変えた霊術にとって、近藤の試みは貴重な源泉のひとつとなった。のちに村上辰午郎は霊術家について、次のように述べている。「霊術家は神ではないが、併し霊術家の強い信念によって、患者の信念を導き出し、以てその病を治するに至らしむるのである」「霊術家自ら確実なる心理上の知識を有し且人格の修養を為し、以て患者に接するならば、それが患者のための大なる力となり、従って患者自身の信念をも強からしめ得る道理である」[17]。

村上が言う霊術家が持つべき資質の内部には、近藤の「魔術」のエッセンスがたしかに息づいている。

注

1) 一柳『催眠術の日本近代』、97・11、青弓社。
2) 「解説」、『日本人の心・身・霊——近代民間精神療法叢書II』第7巻所収、04・05、クレス出版。
3) 桑原について、詳しくは井村宏次『新・霊術家の饗宴』(96・12、心交社) 参照。
4) 桑原『精神霊動』、明36・08、訂正十二版、明38・01、開発社、48〜49頁。なお本文の引用は、適宜現代語表記に改めた。以下の引用も、同様である。
5) 馬島東白講演、田中政吉筆記「催眠術治療法」、松本源太郎他『哲学館講義録 心理学』所収、明21、哲学館。
6) 竹内楠三纂訳『実用催眠学』、明36・06、大学館。
7) (1) と同。
8) (4) と同。
9) 「不思議の研究」、明20・04・19、めざまし新聞。
10) ジャネット・オッペンハイム、和田芳久訳『英国心霊主義の抬頭 ヴィクトリア・エドワード朝時代の社会精神史』(92・01、工作舎)、デボラ・ブラム、鈴木恵訳『幽霊を捕まえようとした科学者たち』(07・05、文藝春秋)。
11) 近藤と類似した発想としては、渋江保『心象及び其の実験』(明42・03、内外出版協会) に「例えば、天地の間には、大気ありて音響を伝播し、精気ありて光と熱とを伝播す、シテ見れば、五官の助を仮らざる思想感覚の交通、並に幻想の出現にも亦大気、精気の類と酷だ相肖たる震動的媒介物なかる可らず」とある。

12) なお竹内楠三纂訳『学理応用催眠術自在』(明36・03、大学館)には、次の記述がある。「何か特別な力の作用で甲の人が乙の人に不思議な影響(例えば、病気を癒す如き)を及ぼすことが出来るという信念の、太古より方々の国民間で行われて居た事、又た今日現に未開人の間に行われて居る事は疑のない所である。而して此の信念は、既に述べた通り、催眠術の現象に基いて起ったものである」「又た殊に、魔術師と称する一種の人間があって、魔術を行って他人を昏睡させるという観念の行われて居るに従って、其の確かに催眠術の行われて居たという事は、一層明かな所である」
13) 「感応」という用語は、夏目漱石「吾輩は猫である」二(明38・02、「ホトトギス」)にも登場する。その木の下に来ると必ず首を縊りたくなるという首懸の松に魅入られて、危うく首を縊りそうになった迷亭の話である。彼はこの体験を、次のように解釈してみせる。「今考えると何でも其時は死神に取り着かれたんだね。ゼームス抔に云わせると副意識下の幽冥界と僕が存在して居る現実界が一種の因果法によって互に感応したんだろう。実に不思議な事があるものじゃないか」。なお、ここでの「ゼームス」とはウィリアム・ジェームズをさし、ここでの「感応」は、彼の『宗教的経験の諸相』(1901年)を踏まえている。
14) 「風説する者が狸」、明19・12・11、日出新聞。
15) (4)と同。
16) 東京催眠術協会編『活用魔力催眠術秘伝』、大06・05、東京青文堂書房。
17) 「玉は玉、石は石」、東京霊界廓清同志会編『破邪顕正霊術と霊術家』所収、昭03・06、二松堂書店。

科学と呪術のあいだ
―― 雪男学術探検隊、林寿郎がみた雪男 ――

宮坂　清

1　はじめに

　「雪男は存在するか」という問いは、今日、UMA（ユーマ、未確認動物）を取り上げるオカルト誌やテレビ番組における定番となっているが、その端緒は半世紀以上前、人類学、動物学、比較解剖学の研究者による「学術」探検にあった。ことの始まりは19世紀、登山家や探検家が相次いでヒマラヤ山麓でその姿や足跡を目撃したと報告したことにあり、1950年代に欧米諸国によるヒマラヤ登山が盛んになるのと時を同じくして雪男ブームが起こり、探検隊が次々と派遣された。雪男は英語圏では一般に「忌まわしき雪男」（Abominable Snowman）と呼ばれるが、これはヒマラヤ地方に暮らす民族シェルパによりイエティ（Yeti）あるいはメテ・カンミ（Meteh Kanmi）などと呼ばれているものを指す[1]。日本でも同時期にやはり雪男ブームが起こり、1959～60年にかけて「雪男学術探検隊」がエヴェレスト山麓に派遣された。しかしこれが雪男の発見につながらなかったため、批判され、一時の熱狂も冷め、オカルト的な事象として取り上げられるのみとなり、以降は学術的な対象としてはほとんど顧みられていない[2]。問いが「雪男は存在するか」だけであれば、ブームから半世紀以上が過ぎて未だ発見されていない雪男が存在する可能性は限りなく少ないといえる。しかし存在する可能性が減り続けているにも関わ

らず、依然として雪男がオカルト誌やテレビ番組において饒舌に語られ続けているとすれば、雪男の問題をその存否だけに限定せず、雪男を見、探し、語る人間の想像力の問題として捉え直す必要があると考えられる[3]。この関心に沿って、雪男学術探検隊を検証することが、本稿の狙いである。

厳冬期のエヴェレスト山麓で雪男を探した隊員たちはいったい何をみたのか。それを明らかにするため本稿では、同探検隊が旗印にしていた「学術」（科学）とはどのようなものだったのか、隊員は現地でシェルパの「呪術」的なイエティ像に触れそれをどのように理解したのか、そしてその「学術」的視点と「呪術」的視点はどのような関係にあるのか、以上の3点について考える。とりわけ動物学者として参加した林寿郎が残した記録を中心に検討を行う。

2．雪男学術探検隊——雪男はどのように研究されたか

サンフランシスコ講和条約により日本が国際社会に復帰した翌年の1952年、早くも今西錦司らにより、ヒマラヤ山脈のマナスル峰の登頂を最終目的とした踏査隊（予備調査隊）が派遣された。これにより、1938年に立教大学隊がナンダ・コット峰の登頂を果たして以降、戦争により中断していた日本のヒマラヤ登山が再開された。とりわけヒマラヤ南麓の国ネパールは鎖国が解かれたばかりの未知の世界であり、当時のヒマラヤ登山は探検の延長線上にあったといってよい（今西 1975：98-100）。

雪男ブームはこのマナスル登山とともに始まった。踏査隊を含め登頂までに計4回派遣されたマナスル登山隊が、日本における雪男ブームと雪男探検隊の母胎となったのである。まず1952年の踏査隊では、今西錦司と竹節作太（毎日新聞社）が「雪男の足跡」に遭遇している。特に竹節は足跡の写真を撮影し、また雪男らしき黒い姿を目にしてもいる（日本山岳

会 1954：145、竹節 1957：192-197)。1953 年の第一次隊には、竹節のほか、後に雪男探検隊に参加することになる依田孝喜（毎日新聞社）、山崎英雄（札幌医科大学、比較解剖学）、そして後にイギリス雪男探検隊のラルフ・イザードの著書を翻訳出版することになる村木潤次郎（早稲田大学）が参加した。その道中で竹節が語る目撃談を聞き、隊員たちが大いに盛り上がったことは想像に難くない。なお、この第一次隊には「科学班」として中尾佐助（浪速大学、植物学）、川喜田二郎（大阪市立大学、人文地理学）も参加したが、ほぼ別行動であった。1954 年の第二次隊には竹節、山崎、依田、村木のほか、やはり雪男探検隊に参加することになる大塚博美（日本教育テレビ）が参加しており、1955～56 年の第三次隊には大塚、依田、村木が参加している（日本山岳会 1954：139-40, 1958：9, 29-30）。さらに、第三次隊に参加した橋本誠二（北海道大学、地理学）は 3 人連れの雪男の足跡に遭遇し、その写真を撮影している（植原 1997：223-24)。

　日本で最初に雪男に出会ったのが研究者とメディア界の人々だったことにより、雪男は学術研究の対象とされ、メディアが主なスポンサーとなって雪男学術探検隊が派遣されることになった。マナスル登頂という共通の目標に集った研究者とメディア業界人たちの、専門を活かすことができる次なる目標のひとつが雪男の発見だったのである[4]。ヒマラヤ登山に関する図書や雑誌記事は 1950 年代に急増するが、それらのなかには雪男が頻繁に登場する。国立国会図書館が所蔵している、タイトルや内容見出しに「雪男」を含む図書や雑誌を年代別にみると、1952 年以前は皆無、1953 年に 1 件、54 年 8 件、55 年 14 件、56 年 11 件、57 年 10 件と推移している。なかでも、竹節作太の『ヒマラヤの旅』（1957 年）、イギリスのデイリー・メール隊の隊長レーフ（ラルフ）・イザードによる『雪男探検記』（1957 年）が、重要な資料としてあげられる。1955 年には日本アルプスを舞台にした映画『獣人雪男』（制作：東宝、監督：本多猪四郎、原作：

香山滋)が封切られ、1959年には『サンデー毎日』誌に井上靖が雪男探検を題材にした『群舞』を連載するなど、影響は多方面に及んだ。

　雪男学術探検隊のアイデアは、マナスル登山に参加した山崎英雄、依田孝喜、大塚博美に、山崎の同僚であった植原和郎らが加わってつくられたと考えられる。植原は後年の回想のなかで、山崎から熱心に話を聞かされ、「この動物は高等霊長類の一種である可能性が高い」という点で意見の一致をみたと記している。1959年7月、解剖学者を中心に一般の参加者も出席した「形態学談話会」で、山崎と植原が「雪男探検の学術的意義」と題した講演を行い、これが探検隊結成の直接の契機となった(植原 1997：220-221)。探検隊の隊長となる小川鼎三も熱心な聴衆のひとりだった。講演の後、イギリスの登山家エリック・シプトンが1952年に発表したイエティの足跡写真の検討、マナスル登山隊が撮影した足跡写真の鑑定が行われ、「雪男がいる可能性は学問的にも十分ある」ということになり、現地調査の実施を目指して「日本雪男研究グループ」が立ちあげられた。彼らとは別に雪男に関心をもっていた多摩動物園長の林寿郎がそこへ合流した。研究グループの事務局は東京大学医学部解剖学教室内におかれ、代表は小川が務めた。研究グループには、長谷部言人(日本人類学会長)、岡田要(国立科学博物館長)、古賀忠道(上野動物園長)、岸田久吉(哺乳類学会長)、槇有恒(第三次マナスル登山隊長)、井上靖らが名を連ねた(毎日新聞1959年10月29日)。

　早くもその秋には、「日本雪男学術探検隊(Japanese Yeti Expedition)」が、同年12月から翌年2月まで現地調査を行うことになった。小川鼎三隊長(東京大学、比較解剖学、58歳)、以下、林寿郎(多摩動物公園長、動物学、47歳)、依田孝喜(42歳)、山崎英雄(35歳)、大塚博美(35歳)、尾崎陽一郎(毎日放送、28歳)の、計6名だった。ネパール政府から「雪男の調査、写真撮影と捕獲を許可する。ただし、雪男を傷つけること、捕獲できたときにはネパール国外に連れ出すことは禁止する」との条

件で許可が下りた。日本雪男研究グループ、日本教育テレビ、毎日放送、毎日新聞社による共催で、文部省、日本山岳会が後援することになった。スポンサーだった森永製菓が新聞紙上で「雪男がつかまるか否かを当てる懸賞」を実施するなど一般の関心も高かった（神谷 1997：361-2、2004：7-8、毎日新聞 1959 年 10 月 29 日、1960 年 1 月 1 日）。

　以上の経緯を鑑みると、この探検隊はマナスル登山に参加した依田、山崎、大塚らが雪男に入れ込んで計画を練り、小川、林という年配の「先生」を担ぎだして実行されたものとみることができる。1951 年以降の海外学術探検のなかでも、雪男の発見という極めて限定された目的をもつ点で異例である（飯田 2007：244）。学術探検隊であるものの、例えばマナスル踏査隊の「科学班」による学術調査の成果を展開させたものではなく、登頂を目指す登山隊の体験からでてきたテーマである点も特徴である。また科学班に参加した川喜多二郎のような文科系が含まれず[5]、完全な「理科系の探検隊」であった点も特徴といえる。この隊員編成は、雪男に対する当時の学術的なまなざしが反映されたものであり、探検の目的や方法を自ずと規定することになった。

　雪男研究グループは探検の実施にあたりどのような仮説をたてたのか。入手できた資料によれば、仮説には主として上述の山崎英雄と植原和郎のふたりによるものと、林寿郎によるものがある。山崎と植原が先述の形態学談話会で発表した仮説の最大かつほぼ唯一の根拠は、シプトンが撮影した足跡の写真である。この写真の他にも足跡の写真や目撃情報が多数あり、その他デイ

シプトンが撮影した「雪男の足跡」（林 1961 より）

リー・メール隊が現地のチベット仏教寺院でみつけた雪男の「頭皮」や、登山家の案内役を務めてきたシェルパたちの証言もあったが、それらは必ずしも確実でない参考情報として扱われている。有力な証拠はこの足跡の写真のみだが信頼のおける確実なものとされ、その形状から、その主が推定されていく。可能性としてサル、クマ、ヒト、そして「それ以外の可能性」があげられるが、前三者についてはそれぞれ足跡の形状や足跡の続き方から否定される。足跡は長さ 30 センチメートル、幅 15 センチメートルと巨大かつ幅広で、親指と人差し指が大きく、その他は小さい。足跡の大きさからすれば身長 2 メートル、体重 100 キログラムと推定され、二本足で歩いているとみられることや足跡の形状から判断すると、オランウータンなど高等霊長類と人類の中間的な生物と推定されるが、そのような動物は知られていない。目撃情報、「頭皮」、シェルパの証言などの参考情報とともに総合判断すると、未知の高等霊長類、つまり雪男であると考えられる、ということになる。なかでも植原は雪男がギガントピテクスである可能性を提示している（毎日新聞 1959 年 7 月 21 日、23 日、24 日、植原 1997）。これはイギリスやアメリカの雪男探検隊、そして後述する林寿郎の仮説とも大筋で同じである（イザード 1957、林 1961）。シプトンが撮影した足跡の写真により、彼らは人類と既知の高等霊長類の中間にあたる未知の高等霊長類がヒマラヤに実在すると確信した。それは人類のルーツを解き明かす可能性をもつという点で、学術的な意義が大きいと判断されたのである。ただし半人半獣としてイメージされたその形姿が人々の好奇心をおおいに掻き立てるはずだという計算があったと考えられる点も記しておく必要がある。

　6 名の探検隊員は 11 月 10 日に日本を発ち、カルカッタやカトマンズでの準備期間を経て、12 月 2 日にネパール東部からキャラバンを組み約半月かけて同 17 日にエヴェレスト山麓のナムチェ・バザールに到着し、その奥の集落近く、標高 3500 メートル付近にベースキャンプを設営した。

探検の時期に12月～翌2月の厳冬期が選ばれたのは、その時期であれば雪線が下がり、雪男が食物と求めて標高の低いところにやってくると考えられたことによる。また探検場所にはエヴェレスト山麓のクーンブ地方が選ばれたが、それは欧米の登山家や雪男探検隊がすでに多数訪れており、またシェルパの故郷であり、雪男（イエティ）の情報が豊富な地域であったことによる。マナスル登山にシェルパとして参加した経験のあるギャルツェンが正式な隊員として加わった他、シェルパ数名とポーター数十名（それぞれ途中で変動あり）が同行する大所帯であった（毎日新聞1959年11月6日夕刊～1960年1月18日夕刊）。

12月23～31日にわたり第1回探検が実施された。本隊と支隊に分かれ、本隊はラングモチェ渓谷に前進基地をつくり、足跡を捜すなどした。正月は休息にあて、1月6～15日まで第2回探検が行われ、東方のパンポチェ寺院に保管されていた「雪男の頭皮」を観察し、またヤクを殺して餌としておびきよせるという方法を試した。同22～31日まで第3回探検が行われ、ラングモチェとブド川源流に分かれて捜索を行った。1月末で捜索を打ち切り、2月5日にベースキャンプを発ち、20日にカトマンズに到着、3月7日に帰国した（毎日新聞1960年1月22日～3月7日夕刊）。雪男の姿を見ることはできず、また暖冬で新雪がほとんど降らず足跡も確実なものは見つけられなかったが、物的な資料として雪男のものとされる頭髪、糞、血塊などを持ち帰った。それらは主に東京大学医学部で鑑定されたが、頭髪や血塊については特定に至らず、糞については別の動物のものであることがわかった（林1961：249-250、矢田1961）。

1960年10月、「日本人類学会・日本民族学協会連合大会第15回大会」において、小川により「ヒマラヤ雪男踏査の結果報告」と題した特別講演が行われ、記録映画『ヒマラヤの雪男を求めて』が上映された。講演では以下のような報告がなされた。暖冬で雪がまったく降らず、雪男と思われる新鮮な足跡に遭遇しなかった。その反面、自由に広い地域が調査でき

たため、土地や住民の様子を調べ、動植物の分布や、類人猿のような動物がいる可能性、いるとすれば何を食べているかなどの問題について考察した。寺院で保存されている雪男の頭皮を観察し、毛を採取し持ち帰って組織学的に検討したが、決定的な所見は得られなかった。その他、雪男のものとされる手の骨、舌、血塊、咽頭、毛皮なども持ち帰った。この講演に対し、今西錦司と長谷部言人から生態学、頭皮の構造について見解が示された（神谷 2004：9-12）。学界向けになされたのはこの口頭報告のみであり、対談録 1 篇（小川鼎三・辰沼広吉・武藤晃 1960）を除けば、学術誌上での報告はなされていない。発見につながる目立った成果が出せなかったことから週刊誌に批判され、また 1960 年にはイギリスのヒラリー卿らによる大規模な雪男探検隊が出かけたがやはり発見に至らず、雪男は実在しないという結論を発表したことから、以後、雪男への熱狂は急激に冷めていった。こうして雪男に関する学術探求を継続する道は閉ざされ、やがて隆盛するオカルトブームをつうじて雪男は UMA のひとつとして定着していくことになった[6]。

3．動物学者、林寿郎がみた雪男

　雪男学術探検隊について、毎日新聞に逐次掲載された報告と、小川鼎三による学界向けの口頭報告を除けば、まとまった報告を発表したのは林寿郎のみである。林が 1961 年に著した『雪男―ヒマラヤ動物記』には、探検に参加するまでの経緯、雪男に関する仮説、探検の行程が詳述され、動物学的な観点から雪男の実在可能性について考察されているだけでなく、雪男やその痕跡を探すなかで見出された多くの知見が記されている点で注目される。期待を背負い、メディアに注目されながら探検を行うなかで揺れ動く心情も綴られている。探検に臨む基本姿勢は動物学者としてのものであり、他の隊員よりもいっそう厳密に科学的な視点で臨んでいるように

みえるが、その一方で、動物学という自身の専門領域を超え出るような地点に踏み出してでも、雪男（イエティ）をみようとしている。それは主に探検に同行したシェルパや現地の人々がイエティをどのようにみなし、どのように扱っているかについての観察を記した箇所にみられる。シェルパたちのイエティ信仰に触れるなかで、雪男なるものの存在の仕方について思考を深めていくのである。順を追ってみていこう。

「雪男の頭皮」をかぶる林寿郎（林 1961 より）

　林寿郎は探検隊に参加した当時、東京の多摩動物公園の園長を務めていた。東京大学理学部を卒業後、上野動物園の調査員を経て、1958 年に多摩動物公園園長に就任している（後に上野動物園の園長となる）。1954 年にはケニアで 8 ヶ月間にわたるゴリラを中心とした野生動物調査を経験しており、海外における動物調査の腕を見込まれて探検隊に参加を求められたかたちである。1950 年代には『中学〇年生』（旺文社）など子供向けの雑誌へ盛んに動物についての記事を寄稿し、テレビの動物番組の制作に関わるなど、主に一般向けに動物学の研究・啓蒙活動も行っていた。

　林が雪男について最初に著した文章は、確認できた範囲では、『主婦と生活』（1958 年 10 月号）誌に寄稿した「ヒマラヤの雪男―世界猛獣国めぐり」という小編である。日本人の男女が「林の小父さん」と共にヒマラヤを旅しながら、雪男の頭の毛皮を観察したり、シェルパの言うままクマ

を雪男と間違えて銃で仕留めたりするうちに、「背の高さが二メートル以上もある、ゴリラのような人間のような怪物」に遭遇し、雪男がいることを確認する、というものである。イザードや竹節の著書を参考に、林がこの頃すでに雪男探検のイメージを抱いていたことがわかる。『雪男—ヒマラヤ動物記』によれば、1959年4月には制作に関わっていたNHKの『アジアの動物』というシリーズ番組で雪男を取り上げている。アジアの動物で一番高等な動物は類人猿のオランウータンであり、さらにオランウータンと同様、赤毛でもっと大きなサルがヒマラヤにいるというウワサがある、これは問題の雪男である、という内容であった。この番組には山崎英雄と植原和郎も出演しており、これを縁に雪男研究グループと関わることになった（林1961：17）。

探検隊への参加については当初から前向きであり、その動機について次のように書いている。「足跡がある以上、その持ち主はいるはずである。いったいその正体はなにか、この雪男の謎は、私の心からいつもはなれず、なんとかして外国からの資料によってでも、はっきりした自分自身の判断をもちたいとつねに考えていた」（ibid：17）[7]。雪男はいないとする批判に対しては、証拠とされる足跡や頭皮について科学的な検証がされていないと反論している（ibid：10）。現地調査をつうじて証拠となる足跡や頭皮について検討し、実在するか否かについて科学的に結論を出すことが必要であるという。

その一方で打算ともいえる心情を吐露している。「「雪男なんて、全然架空のもので、実在しません」とはっきりいってしまってから、外国の雪男探検隊が、本物の雪男を生け捕ったりしたら、私の面目、丸つぶれである。だから、「雪男はいると思います」といっておけば、なかなかつかまらなくても、またほんとうは実在しなくても、無難である。こんな、ずるい考えは、当時、私の心の奥にはあった」（ibid：4）。当時、雪男がいるとされたヒマラヤ地域（特にネパール領）についての情報はまだわずかで

あり、雪男の存否を判断するための材料は限られていた。そのような状況で「雪男はいると思います」といえば自分が雪男探検隊に参加する理由になり、存否に関する結論を未来に委ねることもできる[8]。ただもちろん、未来に委ねられるとはいっても、探検をしたが雪男やその痕跡は見つからなかった、あるいはサルやクマであったというのは好ましくない。未知の高等霊長類であるという見立てのもと、それが実在するという見通しをもってそれを確かめるためにわざわざ現地に赴くのであるから、当然そのようなものとして見つけることが期待される。

　打算が一部あったにせよ、林は雪男の実在を「信じている」と、著書のなかで繰り返し書いている。「ネパールの首都に住んでいるインテリからみれば、我々は、天狗様を信じている山のなかのシェルパの同類に思えるのかもしれない。しかし、私自身、雪男の存在を今でも固く信じている。信じているからこそ、山にはまったく素人の私が、本職の動物園の仕事を休んで出かけていったのだ。できれば私は雪男を生け捕って、多摩動物公園に連れ帰りたいと本気でいた」（ibid：9）。「いると思います」と言ったからには本気で探すという覚悟が、「信じる」という表現に現れている。日本でもそうだが、ネパールでも特にインテリにとっては、やはり雪男を捜すというのは正気の沙汰ではない。それらを押し切って行くだけの根拠とされたのはほぼシプトンが撮影した足跡写真のみであり、危ういのだが、それでもそれに賭けるという意気込みが、信じるという表現に現れている。

　一方で林の「科学的」なまなざしは厳しい。シプトンの足跡写真以外について、つまり数多くある雪男の目撃談や足跡の写真について、証拠として採用できないと断じ、雪男学術探検隊に意義があるとすれば、シプトンの写真と同等のものを持ち帰ることに尽きると書いている（ibid：210）。現地で聞いた目撃談についても、「化物の正体みたり枯尾花で、こわいこわいと思っていると、ススキも幽霊に見えることがあるから、私

は今さら、このような話を聞かされるより、もっと確かな証拠がほしいと思った」(ibid：174) と手厳しい。実際に捜索を行うなかで、林は次第にその地域に雪男は生息できないという見解に傾いていき、生息しているという立場に固執する小川や山崎と議論になる場面も描かれている (ibid：222)。

このようにみてくると、林が雪男の実在を「信じる」と言うとき、それは科学的な裏づけがあると林が判断する事象に対して言っているとわかる。その林がしかし、雪男が実在するかしないかではなく、その存在の仕方が問題となるような事象に出会うことになる。探検隊唯一の現地人 (シェルパ) 隊員であるガルツェンのふるまいのなかに、雪男 (イエティ) が思いもよらぬ形で存在する可能性を発見するのである。

> ガルツェンと二人きりで、この足跡をつけている間、私は、ガルツェンのこのオオカミの足跡に対する解釈の仕方について重大な発見をした。ときどき、オオカミの足が、岩の上の凍った薄雪の上ですべって、それが人間の足跡のように大きくなっていると、「イェティ」つまり、これは雪男だという。はじめは冗談に、雪男のように見えるという意味だと思っていたが、そうではないらしい。まさか、オオカミがすべるたびに突如、雪男に化けるわけでもなかろうが、雪上の、大きな足跡さえみれば、ガルツェンにとっては、それが雪男の足跡なのかもしれない。彼は、インド領ダージリンに長く住み、シェルパとしては最高の教養をもっている一人である。そして、林という男は、動物のことはなんでも知っているから、出鱈目なことはいってはいかんと、若いシェルパや村人たちをたしなめていたと、通訳のバタライ君が私に知らせてくれたことがある。してみると、今、彼は大まじめで、オオカミが岩の上ですべった足跡を、本物のイェティといっているらしい。私には不思議でならなかった。(ibid：228)

林はここでガルツェンにとって「イエティ」がどのようなものであるか、直接に経験している。知らない者にとってそれはオオカミの足が偶然大きくなったものに過ぎないが、知っている者にとってそれは紛れもないイエティの足跡である。ガルツェンはマナスルでの実績を買われて学術探検隊に隊員として参加した現地人であり、「学術」（科学）に裏づけられた実証的なものの見方を他の隊員と共有している一方で、現地の人々のものの見方もする。このふたつのものの見方は相容れないようでいて、同じ人物に同居しうるのである。この経験により、林は「化物の正体みたり枯尾花」では済ませることができない、現地におけるイエティの存在の仕方の二重性に気づくことになる。続けて林は以下のように述べる。

> 一説によると、イェティは、村人に悪疫などをもたらす、魔物として恐れられ、ラマ寺にあるイェティの頭皮も、この恐ろしい、生きたイェティを寄せつけないおまじないとして、秘蔵されているのだといわれている。そうなると、ガルツェンをはじめ、シェルパ部落の人たちにとっては、イェティは、普通の動物ではなく、自由に化身できる、悪霊のごときものであるかもしれない。(ibid：228)

これを読むと、自分が（公に）探し求めている「雪男」と、シェルパにとっての「イエティ」が、同一のものではない、という可能性について林が気づいていたことがわかる（文章表現としては同一扱いしている箇所もあり、気づきに必ずしも自覚的ではなかったと考えられるが）。イエティは自分が探している「普通の動物」、つまり雪男ではなく、「自由に化身できる、悪霊のごときもの」である[9]。雪男探検隊が探しているのは未知の高等霊長類であり、未だ知られていないだけであって、見つかればそれは「普通の動物」である。しかし、イエティはそうではないのである。た

だし、この「発見」についてたとえば探検隊の他のメンバーと話し合ったという記述はなく、林にとってこれが「科学的」に展開すべき発見ではなかったと考えられる。結果としてこの発見は科学的には埋もれてしまうことになる。

　この発見から得られた知見を展開したとみることができる記述が後年の林の文章にみられる。探検から5年後、一般誌に「雪男と思いきや」と題したエッセイを寄稿し、シェルパふたりと雪男捜索のために過ごした石小屋での体験を記している。夜、干し草にもぐり込んで寝る前に、彼らが小屋の内側のしんばり棒をかうのに苦心しているのをみて、林は不思議に思う。そのあたりに人がおらず、ヒマラヤグマやトラもおらず、オオカミはいるが人は襲わないということを、彼らはよく知っている。彼らはふだんイエティなど信じていない風であったが、その状況で他に恐れるものなどないはずである。内心おかしくなったが、林もまたライフルを手許に引きよせ、懐中電灯を枕許において寝た。そして深夜、扉がガタガタいう音ではっと目が覚めた。ライフルを握りしめて扉に向け、懐中電灯で照らした。そこには自分たちが連れてきたヒツジがいた（林 1965：55-56）。ここには、シェルパにとってイエティがどのように存在するか、そしてそれを目の当たりにした自分がそこからどのような影響を受けたかが記されている。恐れてなどいないという素振りをみせながらいざとなると用心する、そのような一見したところ矛盾した態度のうちにこそイエティの居場所がある、そしてその種の態度は自分にもやはり備わっているのではないか。科学的に裏づけられたものを「信じる」ことと、シェルパが身体に染みついたイエティを「信じる」ことのあいだに、どれだけの違いがあるのか。動物学の成果としては表しようのない、イエティの存在の仕方に関する発見を、林は物語として表したのである。

4. 科学と呪術のあいだ

　雪男学術探検隊は雪男やその痕跡を見つけることができなかったものの、隊員たちはその後も雪男が実在すると考えていた（小川鼎三、林寿郎、山崎英雄、依田孝喜、大塚博美、尾崎陽一郎 1960）。表面上それは「科学的」に存在する可能性があるというものだったが、これまでみてきたように、林の著作を丹念にみると、必ずしもそれに留まるものではなかったことがわかる。林が、動物学の成果としては捜索した地域に雪男が生息している可能性は少ないという結論に達したにも関わらず、雪男はいると「信じている」と繰り返し述べているのはなぜか。この問いを以下のように言い換えたうえで考えてみたい。林にとって、A「雪男の存否を科学的に明らかにすること」と、B「雪男はいると信じること」のあいだは、つながっているのかいないのか、つながっているとすればどのようにつながるのか。

　まずシプトンの撮影した足跡の写真を動物学的に検証し未知の高等霊長類がいる証拠として採用する一方、それ以外の足跡の写真などはすべて明瞭でなく証拠として採用しないとする、そうした厳密な態度は「科学的」といえる（A-1）。それでは、シプトンによる足跡写真を証拠に表明された、雪男はいると「信じる」という言明についてはどうか。科学的といっていいのか、あるいはそれを超え出た領域に踏み出しているといえるのか。

　林の著述をみると、多くの箇所でAとBのあいだは、ほぼ直接の関係で結ばれている。科学的に確かな証拠があるのだから、見つかっていないだけで雪男は存在する、と信じるのである。科学的に存在する可能性が高いと判断し、自分はその可能性を「信じる」。その論理は明快である。しかしここで興味深いのは、AがA-1のみに留まるものではないという点

にある。林の著述には、林自身は必ずしも「科学」とみなしていない、しかし今日の人類学的な観点からいえば「科学」といえる視点が含まれている。それは例えば前節の最後に検討した、近代教育を受けたシェルパのイエティに対する態度にみられる分裂、つまりふだんはそんなものはいるはずがないという態度を示しながらいざとなると恐れる、という分裂を、鋭く観察する部分である（A-2）。これは現代の人類学的な呪術研究のいう「～であることはわかっているんだが、でもやはり～」という形で定式化された枠組みにより理解することができる。この枠組みを最初に示したマノーニがあげたホピ族のカチーナと呼ばれる仮面の事例では、「カチーナが祖先や精霊でないということを私はよく知っている。それは父親やおじきたちだ。しかし（父やおじきたちがマスクを被って踊っているときにカチーナはそこにいるのだ）」という形で実在の二重性が表現される。これはナマハゲを恐れる子どもや、サンタクロースがいるかいないかについての語りを想起すれば、私たちの日常にありふれたものであることがわかる（関 2010：102-103）。林も同様に、シェルパのイエティに対する「でもやはり～」という態度を発見し、さらにそのような態度を自身もとるということに気づいている。

　A「雪男の存否を科学的に明らかにすること」は、今日の視点からみれば、A-1 だけでなく、林の意図を超えて A-2 をも含んでいる。そしてこれと呼応して、B「雪男はいると信じること」も二つの面を含んでいる。林とシェルパは科学に基づく近代的な思考を共有しているが、イエティの存否について当面の見解は異にしている。そして林はイエティなど信じない近代シェルパのほうが常識的であるということを理解している。そのシェルパが、しかしイエティに対する恐怖を前提としているとしか考えられない行動をし、自分も恐怖を感じることになった。そのことに気づくことで、林の雪男の実在に対する信念は二重化したのである。林が「信じる」というとき、そこには科学的言説として、実在の可能性に賭ける意

気込みを表すために用いられる「信じる」(B-1)と、シェルパにみられる「でもやはり〜」を自身にも見出した結果として浮上してきた「信じる」(B-2)が重なっているのである。先に述べたように、林自身はA-1の足跡写真を科学的に分析されるべき事象とみる一方、A-2の自身の発見をそうはみていない。A-2は、物語として一般読者に向けて語られただけである。それは雪男学術探検隊の目的や、動物学という林の専門を鑑みれば当然の限界だろう。したがって、「信じる」という語についても表面上、B-1の意味のみで使っている。しかしよく読むと、そこにB-2の意味が重ねられていることがわかるのである。

このようにみてくると、林の著述において、科学的な言説と、それを越える日常的・呪術的な言説のあいだの境界は必ずしも明瞭ではないことがわかる。A-1とB-1、そしてA-2とB-2はそれぞれ一組であり、前者が科学的言説、後者が日常的あるいは呪術的な言説、ととりあえずはわけることができるが、しかしその境界は必ずしも明らかではない。中川敏は、偏見／無心、信念／知識、固執／誤謬の修正、といった対比を用いて両者を比較し、呪術と科学の境界は曖昧であることを示してしているが、林の著述においても、やはり両者の違いはそれほど自明でないのである（中川2009：32-55）。

雪男学術探検隊は、雪男の実在を確信した科学者たちにより、その発見を目的に行われた探検であった。発見こそされていないが、その実在はシプトンによる足跡写真によって担保されており、それゆえ信じるに足るものであるとされた。少なくとも公的にはそうであった。しかし一方では、その端緒はマナスル登山隊の隊員が雪男らしき足跡や姿を目撃したことにあり、現地での直接経験や伝聞に基づく直感的な信念が、探検の強い動機となっていた。林の著述は、そうした直感的な信念のあり方を理解することが、雪男やイエティの「正体」を明かすための鍵であると教えている。

注

1) 「忌まわしき雪男」（Abominable Snowman）はチベット語のメテ・カンミの訳語であるとされる（ただし誤訳という説もある）。本稿では、1950年代の日本や欧米における用法に沿い、イエティ（イェティ）やメテ・カンミなどヒマラヤ地方に棲むとされる未確認動物を「雪男」と呼ぶ。なお、かつて雪男と一括されていたものは、現在では北米のビッグ・フット、中国の野人など、現地の呼び名で呼ばれることが多い。
2) 金子毅によれば、1960年代の人類学はオカルトの揺籃としての機能を果たしたが、雪男の発見を目指した探検はその典型例といえる（金子 2009：49-50）。
3) 2000年代になってもなお、憑かれたようにヒマラヤで雪男を捜す人々がおり、また在野の探検家、研究者による真剣な議論が続いている。そこでは雪男が存在するか否かだけでなく、「どのように存在するか」が問われている。根深はヒマラヤ登山を繰り返すうちに雪男に惹かれるようになり、1990年代以降、精力的に現地調査と資料の検討を行ったが、彼がえた結論は「イエティ（＝雪男）の正体はチベット・ヒグマである」というものだった。その正体はこれまで隠蔽ないし否認され続けてきたが、それは欧米や日本の探検隊がイエティ（＝雪男）を人間と類人猿の中間的な生物（半人半獣）と想定し、それに固執したために、探検隊の案内役を務めたシェルパたちの語る情報が軽視された結果だという（根深 2009：117-128；191-200）。それに対し、佐藤は根深の議論を大筋で認めつつも、現地調査を経て「イエティはヒグマに非ず」と結論している。佐藤によれば、イエティが探し尽くされ、観光の対象として定着している現在でも、シェルパがイエティを依然として怖れているという事実を鑑みると、イエティがヒグマであるとするのには無理がある。欧米人や日本人がいう「雪男」はシェルパがいう「イエティ」とは異なっている可能性があり、雪男がヒグマであるとするのはよいとしても、イエティがヒグマであるとすることはまさに「シェルパたちの語る情報を軽視」するものであり、問題がある。ヒグマが現実的存在としてのイエティを全面的、或いは部分的に、担保していたことはおそらく事実であるが、それをもってイエティはヒグマであると結論することはできない。そうした観点に立つ佐藤は、シェルパにとってイエティはむしろ神であり、信仰の対象であるという（佐藤 2007：206-225）。イエティが信仰の対象であるという点については他にも指摘されてきており、例えばピーターズが、イエティをシャーマニズム的な実践のなかに位置づけ、バン・ジャンクリという精霊がその起源であると論じている（Peters 2004）。
4) 「発見」を目的とするこの時期の探検の限界については金子毅が論じている（金子

2009：44-47)。
5) 川喜田は1952年の踏査隊の調査成果を発展させ、1957～58年に「西北ネパール調査」に参加し、現地で行われていた「鳥葬」を紹介しブームを起こした（金子2009：51-55)。
6) 雪男は発見できなかったが、カルカッタに帰着後、小川鼎三の提案でガンジスカワイルカの調査が行われた。これは後に淡水イルカに関する本格的な研究プロジェクトへ展開し、林寿郎と山崎英雄もメンバーに加わっている（神谷2004：22)。
7) 本書の副題からもわかるように、ヒマラヤに生息する動物の生態を観察したいという動機もあった。「私はアフリカで、熱帯動物の生態を八ヶ月みてきたことがあるが、今度は極寒のヒマラヤで、生物の生息し得る限界、ことに斜陽族雪男が住んでいるといわれる雪と氷の山に、いったいどんな動物たちがいっしょにすんでいるのかも知りたかったのだ。またこれは雪男を探す手がかりにもなるのだ」（林1960：10)。
8) 可能性はどんどん減っているものの、実在する可能性は、たとえわずかであっても、いつまでも残り続ける。ただしあまりに可能性が低いものに希望を託し続けることは科学者としての立場を危うくするものであり、多くの科学者はそこから手を引く。その後、オカルトが引き受けることがある。
9) 今西錦司は雪男が信仰の対象である可能性について、柳田國男の『山の人生』を参照しながら指摘している。「ヒマラヤの雪男は―もしいるとしたら―わが国ではすでに絶滅した、山男や山姥と同種のものか、あるいはこれに近縁のものではないだろうか」（今西1975（1954)：74)。

参考文献

飯田卓　2007：「昭和30年代の海外学術エクスペディション―「日本の人類学」の戦後とマスメディア」『国立民族学博物館研究報告』31(2): 227–285。
今西錦司　1975：『私の自然観―自然と山―そこに山がある（今西錦司全集9)』講談社。
植原和郎　1997：『日本人の骨とルーツ』角川書店。
小川鼎三、辰沼広吉、武藤晃　1960：「涼味三題―雪男、南極基地、マナスル」（座談会録）『日本医師会雑誌』44(3)：209-222。
小川鼎三、林寿郎、山崎英雄、依田孝喜、大塚博美、尾崎陽一郎　1960：「雪男のナゾ

を追って」（座談会録）『中学時代二年生』5月号、72-79。

金子毅　2009：「オカルト・ジャパンの分水嶺―純粋学問としての人類学からの決別」吉田司雄編『オカルトの惑星―1980年代、もう一つの世界地図』青弓社。

神谷敏郎　1997：「調査研究余滴　雪男からカワイルカの研究へ」東京大学編『精神のエクスペディシオン―学問の過去・現在・未来〈第2部〉』東京大学、361-362。

――　2004：『川に生きるイルカたち』東京大学出版会。

佐藤健寿　2007：『X51.ORG THE ODYSSEY』夏目書房。

関一敏　2010：「呪術とは何か―実践論的転回のための覚書」白川千尋、川田牧人編『呪術の人類学』人文書院、81-112。

竹節作太　1957：『ヒマラヤの旅』ベースボール・マガジン社。

中川敏　2009：『言語ゲームが世界を創る』世界思想社。

日本山岳会　1954：『マナスル　1952-3』毎日新聞社。

――　1958：『マナスル　1954-6』毎日新聞社。

林寿郎　1958：「ヒマラヤの雪男―世界猛獣国めぐり」『主婦と生活』10月号、138-141。

――　1961：『雪男―ヒマラヤ動物記』毎日新聞社。

――　1965：「雪男と思いきや」『文芸朝日』4(8)、朝日新聞社、55-56。

根深誠　2012：『イエティ―ヒマラヤ最後の謎―「雪男」の真実』山と渓谷社。

レーフ・イザード　1957：『雪男探険記』村木潤次郎訳、ベースボール・マガジン社。
　　(Izzard, Ralph, 1955: *The Abominable Snowman adventure*, Hodder & Stoughton.)

矢田昭一　1961：「いわゆる雪男の血液型検査成績」『犯罪学雑誌』27(5-6)：16-20。

Peters, Larry G., 2004: *The Yeti: Spirit of Himalayan Forest Shamans*, Nirala.

新聞資料

毎日新聞　1959年7月21日、23日、24日、10月29日、11月6日夕刊、9日、11日、12月14日、1960年1月1日、4日夕刊、5日夕刊、6日夕刊、7日夕刊、8日、9日夕刊、11日夕刊、13日夕刊、14日夕刊、15日夕刊、18日夕刊、19日夕刊、22日、26日夕刊、27日夕刊、29日夕刊、30日夕刊、2月9日夕刊、19日、24日、3月7日、10日、15日夕刊。

「魔法少女」の願い

今 井 信 治

1．「男の子の国」、「女の子の国」

　本稿では、TV アニメーションのジャンルとして根強い人気を誇る「魔法少女アニメ」について、主要作品を概観していく。その作業を通じて、ヒロインが魔法を用いて叶えようとする願望はもちろん、視聴者層ないしは時代状況からの影響を鑑みつつ、アニメで描かれる魔法にはどのような時代的・メディア的特徴があるのかを考察したい。

　まずは先行研究に言及するところから始めたいのだが、魔法少女アニメに括られる作品群についての学術研究は多くない。2000 年代半ばより、いわゆる「オタク」らが嗜好するアニメ作品や彼らの動態について論究される機会は増えている。しかし、魔法少女アニメの視聴者層は主に女児であるとされ、成人男性をステレオタイプなイメージとして有するオタク的言説では、積極的に取り扱う意義が薄いと思われているのかも知れない。

　成人男性のアニメファンに言及することなく魔法少女アニメが取り沙汰される場合、子供番組が幼児・児童に与える影響が主に論じられる。そうした論考においては、男児向けアニメの代表としてロボットアニメが、そして女児向けアニメの代表として魔法少女アニメが通史的に概観されるのである。そして、魔法少女アニメから析出される要素が、ジェンダー・ロールの強化ないしは再生産に寄与しているといったフェミニズム批評の

文脈に乗せて論が展開されるのが典型であろう［石渡 2007a；2007b、藤村・伊藤 2004 など参照］。その代表格として、まずは斎藤美奈子による「男の子の国」、「女の子の国」という子ども向けアニメの区分を確認する。

斎藤美奈子［2001：12-39］によれば、「男の子の国」は、「モモタロウ文化の国」（英雄譚）であり、「未来と宇宙と戦争の世界」であり、その戦争では「科学技術」を基盤とした「親方日の丸の軍隊」が「武装」という変身を遂げつつ「異質なものを排除」し、女性に対してセクハラを繰り返す「セクハラ天国」である。それに対する「女の子の国」は、「シンデレラ文化の国」（姫君婚姻譚）であり、「夢と星と愛の世界」であり、その世界では「非科学的な魔法」を基盤とした「子どもの仲良しサークル」によって「世界に一つの宝物を守る」ことが尊ばれ、最終的には「王子様に依存する恋愛立国」である。斎藤が取り扱っている作品群は1960年代中頃から1990年代中頃までのおよそ30年間であるが、上記のような特徴付けは、今日にも通底する非常に支配的な印象批評だと言えよう。斎藤自身、主要作品の内容分析を終えた後に、種々の例外事項について「重箱の隅的知識をひけらかす連中が必ず出てくるのだが、総体としてどうかを問うているのだ」［斎藤 2001：222］と述べることで、反論を封殺している。

斎藤の論に対して「重箱の隅」をつつくことは本論の意図ではないし、論旨が演繹的に導かれたものではない以上、その間違い探しによって「総体」を批判することに意味はない。それにもかかわらず、あえて女児向け作品（≒魔法少女アニメ）の印象論的な諸特徴を列挙したのは、アニメを視ない層からすればこうした認識が一般的であろうという確認のためである。

ただし現在、魔法少女アニメは女児だけを対象としたジャンルではないし、また、その登場人物が一貫して恋愛にうつつを抜かしていたわけでもない。次節以降、魔法少女アニメを時代的・メディア的変遷と共に追うこ

とで、魔法少女らの願いと、それを描いた制作者らの想い、そしてオーディエンスの変転を確認していく。

2. 魔法少女の願うもの、オーディエンスの願うもの

2-1.「東映魔女っ子シリーズ」の魔法少女たち
（1960年代後半～1970年代）

「魔法少女」という単語を耳にした時、おそらく世代を超えて想起されるのは『魔法使いサリー』（以下『サリー』。本論で言及する作品の初放送期間などについては付表参照）あるいは『ひみつのアッコちゃん』（以下『アッコ』）であろう。両作品は東映動画（現・東映アニメーション）によって制作された「東映魔女っ子シリーズ」[1]の第1作・第2作目である。両者共に、今日に到るまで再三に渡る再放送や第2期アニメの制作、TVドラマ化や実写映画化が行われており、どの世代であっても作品に触れる機会には事欠かない。もちろん後代に与えた影響は大きく、この両作品によって魔法少女アニメの原型が形作られたと言っても過言ではないだろう[2]。また、『サリー』は「アメリカのTVシリーズ『奥様は魔女』のヒットがきっかけになって企画された、日本初の少女向けアニメ番組」[TOEI ANIMATION]として重要な意味を担っている。

その『サリー』放送前夜から1970年代半ばまで、女児が好むTV番組から「魔女」や「魔法少女」を扱った番組をピックアップしたのが表1である。なお、表1には男児の嗜好を載せていないが、これは男児の挙げる番組群に上記ジャンルが含まれていなかったからである。魔法少女アニメはその起点から、あるいは前段階としてのTVドラマ『奥様は魔女』の時点から、女の子を中心に受容されるものであったことが確認される。

全体的な傾向として言えるのは、低・中学年層における『サリー』・『アッコ』の継続的な人気と、高学年層における離脱であろう。魔法少女

表 1. 1966 年 3 月～1974 年 2 月における女子児童の「好きなテレビ番組ベストテン」から、「魔女」・「魔女っ子」・「魔法少女」に関わる番組を抜粋

		66/3	67/5	68/1	68/7	69/5	70/1	70/6	71/3	72/3	72/7	73/3	73/10	74/2
奥様は魔女	低・中学年					10 (5.3)								
	高学年	6 (12.7)	3 (13.0)	7 (10.7)										
コメットさん	低・中学年			2 (28.4)	2 (39.0)									
	高学年			2 (17.9)	8 (8.5)									
魔法使いサリー	低・中学年	1 (46.8)	1 (63.2)	1 (50.7)		3 (22.7)	4 (34.5)			10 (6.0)	5 (14.0)		5 (10.0)	7 (11.5)
	高学年		2 (18.5)		2 (16.2)		10 (6.0)							
かわいい魔女ジニー	低・中学年													
	高学年			9 (8.3)										
ひみつのアッコちゃん	低・中学年					1 (52.0)	1 (51.5)	2 (38.3)	8 (8.7)	2 (28.0)	4 (19.0)		1 (49.0)	
	高学年					3 (15.4)								
魔法のマコちゃん	低・中学年									2 (35.0)		1 (44.0)	6 (12.0)	
	高学年													
好き！すき！！魔女先生	低・中学年									4 (20.0)				
	高学年													
魔法使いチャッピー	低・中学年									2 (35.0)				
	高学年													
ミラクル少女リミットちゃん	低・中学年											3 (33.0)		
	高学年													
魔女っ子メグちゃん	低・中学年													3 (25.5)
	高学年													
オズの魔法使い	低・中学年													4 (17)
	高学年													

調査は都内小学生に好きなテレビ番組を 3 つ自由記入してもらう形式で行われた。表内の数値は「順位（その番組を挙げた割合）」を示す。調査対象学年に揺れがあるため、2～4 年生を低・中学年、5～6 年生を高学年として集計した。1973 年までを『子ども資料集成』[子ども調査研究所 1974：53-70]、1974 年該当分を『子ども資料集成第Ⅱ集』[子ども調査研究所 1987：175-179] より作表。ただし、1974 年 2 月調査について、この調査時期には『魔女っ子メグちゃん』および『オズの魔法使い』は TV 放送されていない。「1975 年 2 月調査」の誤記と思われるが、ここでは原文ママ。

アニメを支持する年齢層について、須川亜紀子は主要オーディエンスを未就学児から小学校低学年、視聴を中止する年齢期を小学4年生（9歳ないし10歳）とし、そうした魔法少女アニメから「『卒業』する年齢は、年々早まる傾向にある」と捉えている［須川 2013：167］。まずはその点を確認したい。

　表1で見る限り、『サリー』・『アッコ』は初放送当初こそ両年齢層で受け入れられているが、それでも「好きな番組」として挙げる割合には3倍前後の開きがある。しかも、両者の初放送が続いている調査時点（1968年1月および1970年1月）で、既に高学年層の支持が抜け落ちている。そして、『アッコ』に続く同シリーズ3作目の『魔法のマコちゃん』に到っては、最初から高学年層からの支持が得られていない。換言すると、女児向け番組の選択肢が多様に提示されれば、高学年女児があえて魔法少女アニメを支持することは少ないと言える。須川が魔法少女アニメの支持層を未就学児から小学校低学年と捉えていることは正しいとしても、そこから「『卒業』する年齢は、年々早まる傾向にある」とは言えないだろう。魔法少女アニメの元祖である『サリー』・『アッコ』の時代から、主な支持年齢層は小学校中学年以下の女児であり、そこに大きな変化があったとは言い難い[3]。

　冒頭で述べたように、日本のアニメ史、特に女児向けアニメ史において魔法少女アニメは特権的な地位を与えられがちである。しかし、1960年代後半のメディア状況を鑑みれば、その特権性は「魔法」というテーマに由来するものではないことが理解されるだろう。そもそも女児向けには魔法少女アニメしか存在しなかったのであって、そこに選択の余地など介在しない。女児が自身らに向けられたものを支持することは、すなわち「魔法少女」を支持することであり、それを拒否することは必然的に、男児向けないしは全年齢向け番組を視聴することと同義だったのである。折しも1950年代〜1960年代は「三種の神器」・「新・三種の神器（3C）」の

筆頭として、それぞれ白黒 TV・カラー TV が家庭に導入された時代である。吉見俊哉は「家庭におけるアイデンティティ政治を中心的に担ったのが『三種の神器』としての家電に他ならなかった」と述べ、とりわけ TV を導入すること、並びにそこで放送されている番組群について、欧米社会への憧憬と抵抗を看取した［吉見 2003：28-38］。1960 年代後半当時の女児からすれば、物心ついた時には既に TV が「お茶の間の守護神」たる地位を獲得しているため、メディアへの接触と言えば TV 視聴であっただろう。しかし、そこでは自身に向けた番組をほとんど放送していない。『サリー』・『アッコ』が叶えた女児オーディエンスらの願いは、何よりもまず、家庭に配された「神器」ないしは「守護神」である TV が、自分たちの方を向いたということにある。ただし、高学年女児に関しては、その願いが十全に叶えられたとは言い難い。放送当初は支持しつつも、その期間中に視聴を止める――支持しなくなる――という表 1 のデータからは、彼女らの失望にも近い状況が窺える。

　さて、魔法少女アニメは、その元祖より小学校中学年以下の女児を主な視聴層としていた。続いて、それらの層に熱狂的に受容された『サリー』・『アッコ』の両主人公はどのような人物で、魔法で何を願ったのかを対比しながら確認していきたい。両者は相補的な形で魔法少女のテンプレートを形作っており、それは『美少女戦士セーラームーン』（以下、『セーラームーン』）に代表されるような、変身して闘うヒロイン表象[4]の導入以降にも通底する類型であるように思われる。

　魔法少女批評にて随所で類型化されるのは、何よりも両者の出自と、それに付随する魔法が行使できる理由付けである。『サリー』の主人公・夢野サリーは魔法の国の王女であり、その出自故に魔法使いである。対して『アッコ』の主人公・加賀美あつ子は普通の女の子でありながら、鏡の精から魔法のコンパクトをもらったことで望むものに変身できるようになった。先天的に魔法が使えるのか、後天的に魔法の力が付与されるのかとい

う二分法であるが、これは物語の根幹に関わる問題だろう。魔法少女の物語に何らかのオチを付けるとするならば、概してそれは日常への回帰である。つまり、『サリー』型であれば、主人公は日常への闖入者であるから、元々所属していた世界に帰るか、さもなくば転生などによって魔法の力を失うことで社会に埋没する。『アッコ』型であれば、魔法のアイテムの破損や遺失、あるいは返還によって平生な日常を取り戻す。以降の魔法少女アニメにおいても、その多くで最終話付近にこうした日常への回帰が盛り込まれている。

　また、『奥様は魔女』を強く踏襲し、様々に魔法を使いこなす『サリー』とは異なり、『アッコ』で用いられる魔法は自身が変身するものに限られている――『サリー』が変身の魔法を使う場合、それは自身にではなく、主に義弟のカブに用いている。この魔法を使役できる理由が「先天性／後天性」であるという設定、および魔法の使役対象が「周囲／自身」であることを物語の骨格として、魔法少女アニメは種々にバリエーションを展開していると言ってよいだろう。

　『サリー』および『アッコ』が対になって作り出した魔法少女アニメの類型は上述の通りだが、両者が作った――あるいは『奥様は魔女』から受け継いだ――舞台設定の妙は、その日常性にある。魔法少女アニメは、その上位ジャンルに「エヴリデイ・マジック」もしくは「ロー・ファンタジー」と言われる物語様式を持ち、日常を基盤に不思議な要素が加味されるお話として受容されている。その結果、魔法が常態化している作品は魔法少女アニメと捉えられることが稀であり、逆に、日常に差し挟まれたものが「魔法」と明言されていなくとも、何か不可思議な力で問題解決を図っていれば魔法少女アニメとして括られる風潮が出来上がった。また、魔法が日常に侵入した異物であるが故に、周囲に魔法使いであることが知られると、『サリー』はその人の記憶を消して魔法の国へ帰らねばならず、『アッコ』は鏡に自身の姿が映らなくなり、魔法が使えなくなるという制

限を被るのである。

　こうした日常における問題解決としての魔法、特に『アッコ』のように変身の伴う魔法は、「魔法のコンパクト」のような変身アイテムと共に女児の変身願望をくすぐるものとして支持され、定着していった。「魔法のコンパクト」が大ヒットし、女児の変身願望を惹起するアイテムとして支持されていたこと、また、サリーよりもアッコの方が容姿や名前の響きから、女児が自らに近しい者として同一化しやすかったことなどは、須川［2013：175-183］に詳しい。やや時代がずれるが、1970年代当時の女児が抱く変身願望について、1972年7月および1977年7月に行われた「変身できるなら何に変身したいか」のアンケートから見てみよう。

　まず、1972年7月調査［子ども調査研究所1974：683-685］にて小2女子（N=100、1種自由記入）が変身したいものは、「東映魔女っ子シリーズ」の4作が全体の1/4もの票を得ており、そこに得票数1位の「魔法使い」12票を加えると1/3を超える。しばしば小学校低学年女児に典型的な変身願望として語られる「お姫さま」の得票数が10票であることを鑑みるに、同シリーズがもたらした「魔法使い／魔法少女」表象の強さが窺える。同小5女子（N=100、1種自由記入）においては、具体的な作品名は『アッコ』1票のみに留まるが、「魔法使い」が単独1位の15票を獲得している。1977年7月調査［子ども調査研究所1987：1095-1097］の小3女子（N=100、1種自由記入）では、「魔法使い」13票、「魔女」1票。小6女子（N=100、1種自由記入）では、「魔法使い」24票、「魔女」3票である。こちらの調査では魔法少女アニメが挙げられていない代わりに、小3女子で「キャンディ」（東映動画『キャンディ・キャンディ』）が12票得ている。

　両調査の両年齢層において、「魔法使い／魔法少女」が他よりも一歩抜きんでた得票数を誇っている。次点に挙げられるのは「お姫さま」や「鳥」なのだが、それらへの変身は「魔法使い／魔法少女」を経由すれば

果たされることを、彼女らは作品を通して知っているのだろう。『アッコ』を例に取れば、OPで現れる「シンデレラ姫」はアッコであり、また彼女は作中で様々な動物に変身する。小学校の低学年から高学年に上がるに従い、具体的な作品名は捨象されつつも――魔法少女アニメから「卒業」しつつも――、変身願望を叶える装置として、「魔法使い／魔法少女」が受容されている。総じて、1970年代までの魔法少女アニメは「東映魔女っ子シリーズ」に支えられており、上記アンケートでは、まさしく同シリーズで育った女児達の憧憬を反映した結果が提出されている。黎明期の魔法少女アニメは、「お姫さま」に代表される童話的な西洋表象への憧れと変身願望を満たし、日常の困難を暴力的な手段抜きで解決するものであった。そこには女児に期待されるフェミニニティが如実に表されており、その他の選択肢をほとんど欠いたままに、低学年の女児を中心に支持されていたと言えるだろう。

2-2. 成長する魔法少女、男性オーディエンスと現実の闖入（1980年代）

「東映魔女っ子シリーズ」の最終作『魔法少女ララベル』が1981年初頭で放送を終了したこともあり、1980年代の魔法少女アニメは、葦プロダクションとスタジオぴえろが牽引した。前者は1982年開始の『魔法のプリンセスミンキーモモ』（以下、『空モモ』[5]）を制作、後者は1983年以降の「ぴえろ魔法少女シリーズ」を制作し、両者は第二次魔法少女ブームの立役者となる。以下、それらの概要と「東映魔女っ子シリーズ」からの変転を確認する。

『空モモ』は、空に浮かぶ夢の国のプリンセスであるモモが、地上の人々に夢を与えるようにと遣わされる物語である。モモが活躍すると人々は夢を取り戻す。すると、夢の国は地球に近づき、人々は夢の国と地球とをかつてのように行き来できるようになる。モモの出自は前述した「サ

リー型」だが、使える魔法は何らかの職に熟達した大人になることのみであり、毎話、モモがその魔法で人々の手助けをすることで物語が進行する。

　当時の女性労働を取り巻く時代状況は、1960年代以降の第二派フェミニズム（ウーマン・リブ運動）により結実する「勤労婦人福祉法」施行（1972年）から「男女雇用機会均等法」施行（1986年）の狭間にある。女性の就職について、1982年の『空モモ』と1991年の『魔法のプリンセスミンキーモモ』（以下、『海モモ』）の両作品で総監督を務めた湯山邦彦は、インタビューで次のように語っている。「10年間で女性の地位が変わってまして、10年前は女の子が職業のエキスパートになるということは、それだけでドラマになったんですよ。ある種の、夢だったんですよ」［掛尾編 1997：72］。かように、『空モモ』の魔法で行われることは大人になること、とりわけ職業人になることであり、それはOPで繰り返される「大人になったら何になる」というフレーズと共に作品テーマとして表れている。視聴者たる女児に向けて、『アッコ』が「何になりたい？」と変身願望を問うていたとすれば、『空モモ』では「何になりたい？」と将来の夢を問うていたのだと言えよう。ただし、この作品で表象される夢は、必ずしも女児たちの夢をすくい上げたものではない。女性の社会進出は着々と進んでいたが、当時の子供達は必ずしも将来を嘱望してはいない。それは、1983年にダン・カイリーが「ピーターパン症候群」を提唱し、その語が翌年の翻訳[6]によって日本でも受け入れられたことを鑑みればよいだろう。この点について、『空モモ』の構成・脚本を担当した首藤剛志は、以下のように語る。「子供たちの間には、大人になりたくないという感情が、すでに広まっていた。〔中略〕そんな子供たちに、大人になる事への期待を持たせたかった」［首藤 2006：49回］。『空モモ』は、このような認識のもとで制作者側が作品に仮託した夢である。

　『空モモ』は、作中の人々と現実の子供達に夢を与える物語であった。

しかし結局、『空モモ』の変身アイテムである「魔法のペンダント」が壊れ、夢の国と地球が接合することは叶わない。普通の女の子になったモモはトラックに轢かれ死亡する。その際に夢の国の両親と邂逅し、何のために地球へ行っていたのか改めて問答をするのだが、「夢や希望は自分が持つものでしょ。人から貰うものでも人にあげるものでもないわ」と当初の目的を否定し、モモは他者に夢を与えるのではなく、自分自身の夢を見る人間へと生まれ変わることを望む（第46話）。また、そもそも作中において、モモが大人になって直接解決した事件は多くない。『空モモ』は紛う事なき魔法少女アニメでありながら、魔法で万事を解決するご都合主義的な展開を良しとしなかった。『空モモ』は「大人になる魔法」で子供達の抱える将来へのアパシーに抗いつつも、結果的には現実に対する魔法の無力さを描いた作品となった。『サリー』や『アッコ』も魔法を万能に描いていたわけではないが、それでも種々の問題を解決する有効な手段ではあった。しかし『空モモ』において、魔法を行使することでは問題解決に到らないことが明確に論じられたと言えよう。

　『空モモ』で、夢の国は地球と接合しなかった。その代わりに、『空モモ』は魔法少女アニメと成人男性ファンを繋ぐ橋渡しになったと言われている。まず、『空モモ』の基本テイストは何でもありのドタバタ劇である。脚本の破天荒振りと、他アニメの1.5倍から2倍近くあったと言われる作画枚数の豊富さ、そして変身シーンには毎回ヌードが挟まれるという「お約束」[7]を作るなど、『空モモ』は大人のアニメファンが参入する素地を多く持っており、今日ではロリコンブームの火付け役とまで言われる存在である。ただし、こうした言説に対して、首藤は「ロリコンアニメの元祖だとか本家だとか言うのは受け取り手の自由だが、作った側としては、かなり不愉快である」とし、「モモが男性にこびているような態度は、徹底的に排除」して「『ミンキーモモ』をロリコンから守ろうと」している［首藤2006：54回］。制作者側の意識は一貫して女児向けアニメであったも

のの、コミックマーケットに代表されるファン活動の高まりに後押しされつつ、1983 年にエッセイストの中森明夫が「おたく」という語を用いる［中森 1989］のと同時期に、魔法少女アニメは思わぬオーディエンスを迎え入れる事になった。

　そしておそらくは『空モモ』のオーディエンスを引き継ぐ形で、「ぴえろ魔法少女シリーズ」の第 1 作目『魔法の天使クリィミーマミ』（以下『マミ』）が開始される。主人公・森沢優が用いる魔法は基本的に大人（17 歳[8]）への変身のみであるが、どんな大人にもなれるわけではない。妖精から魔法のアイテムを授かった優が使えるのは、「クリィミーマミ」への変身のみで、1 年間の期限付き。更に、クリィミーマミは何かのプロフェッショナルというわけではなく、ただの「素敵な女性」。『マミ』は、優がその姿で芸能事務所にスカウトされたことによって不承不承アイドルになるという物語である。

　アイドルを題材にしているのは、『マミ』が放送を開始する 1983 年に先んじて、松田聖子や小泉今日子・松本伊代・中森明菜といった大物アイドル達がデビュー（前者は 1980 年、後三者は 1982 年）したという世相を反映しているのだろう。『モモ』が持つ要素は、アニメ史的には歌やアイドルの存在を前面に押し出し、三角関係の恋愛ドラマを繰り広げる『超時空要塞マクロス』（1982 年）の後塵を拝してはいる。それでも、主人公の担当声優に新人アイドルを起用し、アニメの登場人物として主題歌・劇中歌を歌いながらも、現実にアイドル活動を行うという戦略は画期的であった。他、こうした現実の風俗と物語を架橋するものとして、『マミ』では優の両親がクレープ店を営んでいることが挙げられる。アイドルと共に、流行を強く意識したものと言えよう。また、今日でこそ実際の風景を元にアニメの背景を描くことが多くなっているが、『マミ』以前、特に魔法少女アニメでは、背景が西洋的ないしは無国籍に描かれがちであった[9]。それに対し、『マミ』は東京都国立市が優の居住地であり（作中で

は「くりみヶ丘」)、マミがコンサートを行う会場も実在する。このように、『マミ』は空想世界を中心に描かれる魔法少女アニメではなく、現実世界と架橋する要素を多々含んでいた。

　さて、『マミ』は上述の設定もさることながら、魔法少女アニメに恋愛要素を強く注入したこと、そして変身後の仮初めの自分ではなく、悩みながら等身大の自分を受容していく物語であったことにその特徴が求められるだろう。主人公の優には好きな男性がいるのだが、その男性は優が変身したアイドル・クリィミーマミを好きになる。こうして、物語の根幹をなす奇妙な三角関係が出来上がる。そして『マミ』の場合、魔法は他者に露見すると使えなくなるため、優は自身がマミであることを隠した二重生活を余儀なくされる。最終的に、魔法の使用期限が過ぎた最終話において、意中の男性は優の正体に気付く――正確には記憶を取り戻す――のだが、「優は優だもん」と言って正体への言及を遮る。魔法少女アニメの結末は概して日常への回帰であることは述べたが、『マミ』に到り、それは魔法によって変身するアイドル＝偶像を捨て去ることで自己肯定へと辿り着く物語へと昇華されている。また、このテーマの踏襲は同シリーズ3作目『魔法のスターマジカルエミ』(以下、『エミ』)にて顕著であり、『エミ』は魔法で培った経験を糧に、主人公が自己実現へと踏み出す物語になっている。

　『空モモ』で行われた魔法の否定、そして、その否定の上に成り立つ『マミ』／『エミ』の自己肯定／自己実現のように、1980年代の魔法少女アニメは日常に立脚したテーマの深化が見られる。しかし当時は、ともするとスポンサーから「『関連グッズ30分のCMのつもりで作ってください』という」注文をされたというご時世でもあった［首藤2006：50回］。それでも物語に注力し、成人ファンも取り込む結果となったのは、いわゆる魔法少女アニメの「お約束」や「小道具」がこの時代に確立し、ハイ・コンテクスト化されたからだと言えるだろう。例を挙げれば、『アッコ』

以来の定番となっている変身グッズと、魔法の解説役となるマスコットを登場させ、後はそれらを作中に配置すればスポンサーへの当て馬となる。逆に言えば、どれだけストーリーが輻湊しても、上記を満たせば「魔法少女アニメ」であり、スポンサーもオーディエンスも安心できる。

　また、1980年代中盤以降は、ビデオデッキの普及と相まってOVA（オリジナル・ビデオ・アニメ）が多発した時期でもある。「ぴえろ魔法少女シリーズ」のOVAでは、『マミ』のミュージック・クリップや、事件の起きない『エミ』の日常を描いたもの、第1作目から4作目までのヒロインが設定や世界観を継承することなく一堂に会してエイリアンとの戦闘を繰り広げるものなど、魔法からの遊離やキャラの自立化が目立つ。このように、スポンサーに縛られない土壌を得て、成人ファンを対象とした魔法少女アニメが制作され始めた。1990年代以降、魔法少女はパロディ色の強い作品と「戦闘美少女」へと大きく分化するのだが、その萌芽が見出せる時代と言えよう。

2-3. 魔法と変身の混濁、闘うヒロイン達の席巻（1990年代）

　1990年代は、チームを組んで闘うヒロインたちがとみに溢れた時代である。魔法少女が戦闘をすること自体は、前節末尾のOVAの例や、特撮作品であるが「東映不思議コメディーシリーズ」——とりわけ第9作『魔法少女ちゅうかなぱいぱい！』（1989年）から第14作『有言実行三姉妹シュシュトリアン』（1993年）まで——にて定着しつつあった。しかし、やはりエポック・メイキングは『セーラームーン』シリーズのヒットにあり、そのエピゴーネンが多々作られたことに起因する。『セーラームーン』シリーズは1992年から1997年に渡る5作品が地上波でアニメ放映されており、この時期は魔法少女＝『セーラームーン』と目された時代と言えるだろう。

　『セーラームーン』シリーズは、魔法少女アニメの「お約束」を踏襲し

ながらも、その実、様々な意味で型破りな作品であった。既に述べたように、『セーラームーン』ではチームを組んで悪と闘う。ここで浮上するのは、戦闘要素の前景化に反比例して、魔法の秘匿性が薄れたという問題であろう。同シリーズでは、チームを組むことにより、自身が魔法を使って問題解決を図る存在であることについての自己言及が失われている。つまり、これまで秘密を共有できる他者がマスコットしかいなかった魔法少女らと違い、チーム内で秘密を共有できるようになったのである。また、変身によって変化するのは衣装と身体能力の向上、キャラクタ毎に異なった技が使えるようになることであり、少なくとも別人になる類の変身ではない。そのため、これまでの後天的に力を授かった魔法少女達のように、本来の自分とのギャップに葛藤することが主題とはならなかった[10]。平生と変わらぬ相貌のまま闘う魔法少女達を見て、視聴者の方が、何故正体に気付かれないのだろうと疑問に持つほどである。また、『セーラームーン』シリーズでは、向上した身体能力によって敵を打倒する例がほとんど見られない——極言すると、主人公が技を放ちさえすれば問題が解決する——ため、そこにコンプレックスが見出されることもない。恋愛や友情がクロース・アップされる日常パートと、「お約束」として視聴者にカタルシスを与える戦闘パートとの主題的な繋がりは希薄である。前節にて魔法少女アニメのハイ・コンテクスト化を論じたが、『セーラームーン』によって、それは設定上の「お約束」レベルではなく、いわば『水戸黄門』が印籠をかざすように、魔法を使うと大団円に到るというストーリーの領域にまで達している。

　では、『セーラームーン』シリーズは当時の世相を反映した作品だったと言えるのだろうか。石渡さくらは、「戦いよりも、恋愛に、友人関係に忙しかった」同シリーズの登場人物達をして、「大人たち同様、魔法少女もバブルに浮かれきっていたのだろう」と分析する［石渡 2007b：34］。しかし、仮にシリーズ一作目開始当初こそバブルの余韻が残っていたと

しても、同シリーズが1990年代半ばを縦断する長寿作品である以上、いささか無理のある物言いであろう。あえてバブルという語に乗れば、「6ポケット」[11]の時代が始まりつつあり、また成人ファンも多く付くようになったために、成長するおもちゃ業界の時流に噛み合っていたとは言える。作品テーマがどれほど空洞化しようとも、番組スポンサーはグッズを作り、売ることが生業である。ターゲット層の拡張、チーム制の導入によるグッズの多様化、戦闘で窮地に立たされる度に登場するアイテム群などにより、おもちゃ会社のバンダイでは、社史で取り上げるほどに同シリーズのグッズがヒットしていた［株式会社バンダイ 2004：7］。マーケティングにおいて、変身して敵を倒す魔法少女と販売グッズとが蜜月にあることは、『赤ずきんチャチャ』（以下、『チャチャ』）にその要素が挿入されたことに例証される。『チャチャ』は、マンガ原作こそほのぼのとした日常ドラマであるが、アニメ版では魔法のアイテムを用いて敵を倒すという要素が新規に追加された。アニメ版『チャチャ』は、ストーリーを含む設定の根幹から原作を改変しているのである。このように、魔法を行使することの制限や特権性、それにまつわる葛藤は捨象され、魔法は作品にとってもスポンサーにとっても便利なアイテムとして用いられるようになっていた。

　魔法少女のチーム化は、オーディエンス側からも歓迎される要素であったのだろう。女児からすれば同一化の対象を、成人ファンからすれば好みのタイプを複数から選択できるようになったのである。『セーラームーン』シリーズは主人公に人気が集中することもなく、それぞれのキャラクタ付けも多様であるため、今日でも色褪せない二次創作の対象物となっている。同シリーズは、キャラクタへの愛情表現を表す「萌え」という概念がその登場人物に由来するという説［森川 2003：30-32］がある程に、キャラクタの重要性を肥大化させた作品であった。1980年代の魔法少女アニメが作品テーマの深化を図ったとすれば、続く1990年代ではキャラ

クタの作り込みがなされているとまとめられるだろう。

　こうしたキャラクタの肥大化により、魔法少女アニメは、既にキャラクタが作り込まれている他作品からのスピンオフも受け入れる状況になっていた。その典型が『魔法少女プリティサミー』である。SFラブコメディとして人気を博していた『天地無用！』シリーズの登場人物が、本編の設定・世界観を切り離した魔法少女ものとして、ラジオ・CDドラマ・OVA・TVアニメなどに展開している。『魔法少女プリティサミー』において魔法少女アニメのスピンオフ／パロディ作品が地上派でも受容され、その流れは、2000年代の「邪道魔法少女」シリーズへと続いていく。総じて、1990年代の魔法少女アニメは闘うヒロイン達が席巻し、その中での亜種として、ターゲットを高年齢層に絞ったパロディ作品が生まれる。その2種を分類して扱うことは可能であるものの、当時のアニメ業界ならびに視聴者の趨勢自体が、キャラクタ性を前面に押し出し、それを享受する傾向にあったと思われる。よって両者共に、主要オーディエンスを違えながらも大局に則した展開がなされたとも言えよう。こうしたオーディエンスの分化は1999年から4年間で4シリーズがTV地上派放送された『おジャ魔女どれみ』（以下『どれみ』）以降、放送時間帯の分化として顕著に表れる。

2-4. 放送時間帯の分化、オーディエンスの分化（2000年代以降）

　前節を次いで論を進めると、1990年代末まで、代表的な魔法少女アニメは平日18時から20時までに固まっているのだが、『カードキャプターさくら』（1998年）を最後に、魔法少女アニメは休日の朝に女児向け作品が、深夜帯もしくはOVAで成人ファン向け作品が放送されるようになっている（詳細は付表参照）。視聴層と放送時間帯がおよそ不可分の関係にあることを考えれば、この変化は大きなものであろう。まず、ここで指摘されるのは、2000年代初頭の朝を飾った『どれみ』シリーズに見られる

先祖返りである。

　『どれみ』の物語の根幹を成すのは、魔女見習いである主人公らが一人前の魔法使いになることに尽きる。放送当初小学3年生であった主人公は、元々魔女に憧れてはいたものの、普通の女の子であった。『どれみ』のストーリーは、主人公が引き寄せられるように入った店内で番をしていたお婆さんを魔女と言い当ててしまい、魔女見習いになることから始まる。これは、魔女が正体を見破られると「魔女ガエル」になってしまい、元の姿に戻すためには正体を言い当てた当人が魔法を使って戻す他にないからである。『どれみ』では、主人公が仲間と共に経営する「MAHO堂」を中心に魔女修行が行われ、折に触れては正体を見破られそうになって「カエルになっちゃう」と慌てふためくエピソードが挿入される。つまり『どれみ』において再び、魔法使いであることに付随するリスクが物語の中核を占めるようになったのである。また、『どれみ』には『セーラームーン』に代表される「月に代わってお仕置きよ」のような口上ではなく、各キャラ毎に違った魔法の呪文が用意されている。女性に魔法少女アニメの思い出を尋ねると、そこで返ってくるのは変身シーンを呪文と共に真似た経験がしばしばであるが、『どれみ』においてもそれは強く意識されている。シリーズディレクター・佐藤順一は「ちょっとひねったイントネーションがあったりすると、それを頑張ってマネすることで、さらになりきれる」とし、「ピリカピリララポポナペペルト」という呪文を「ピーリカ」とわざと伸ばして発音させている［松崎編 2011：74］。ちょっとしたことだが、キャラクタへの同一化、あるいはキャラクタの占有に重要なファクターであろう。これらの点から、『どれみ』はチーム化によるキャラクタの多様化などを『セーラームーン』から受け継ぐ一方で、魔法少女アニメの古典的要素を復興させた作品であると言える。

　更に『どれみ』では、女児向け要素がより強く作品に反映されている。主人公達が経営する「MAHO堂」は、シリーズ第1期こそ魔法グッズ屋

であるが、第2期ではガーデニングショップ、第3期では菓子屋、第4期では小物雑貨屋になる。どれも女児にとって魅力的な店舗である。例えば第一生命による1989年〜2012年の「大人になったらなりたいもの」アンケート［第一生命2013］では、「お花屋さん」はトップ10の常連、「お菓子屋さん」は1989年〜1992年まで1位もしくは2位の高順位であり、その集計カテゴリが「食べ物屋さん」に統合された後は1993年〜1996年で1位から3位、1997年〜2012年で16年連続首位である。なお、「食べ物屋さん」に統合された後も、その内訳は「ケーキ屋さん」と「パティシエ」がほとんどである。『どれみ』第3期では主人公達がパティシエ服に「お着替え」する――「変身」ではなく普段着の上から被る――のだが、それが女児の憧憬を反映し、またキャラクタへの同一化に一役買っていることは疑いない。

　こうしたキャラクタへの同一化装置は2004年から始まった『プリキュア』シリーズにも見られる。『プリキュア』は『セーラームーン』同様に、チームで敵と闘う[12]ことを骨子とする物語が展開されるのだが、キャラクタへの同一化に関して、ここではEDのダンスに注目したい。同シリーズ6作目（2009年）から、EDではフルCGで描画された主人公達がダンスを踊るようになった。ED制作に際しては、当時の女の子の好きなものはダンスだというリサーチ結果から始まり、大人目線でのクオリティの高さではなく、子供が見て喜び、またダンスを覚えて踊ってくれる演出を心掛けたという［横尾・宮本・中谷2012］。キャラクタへの同一化は現在、90秒間のダンスとして提供されており、デパートなどで行われる「プリキュアショー」のラストでは、壇上で踊るキャラクタとそれを真似る女児らの姿がある。また同様に、TVの前で踊る女児らの姿が、動画共有サイトなどで確認出来る。こうした風景は、魔法少女アニメが女児らの自己投影ないしは同一化の対象として力強い影響力を有している様を、改めて確認させてくれるだろう。

2000年前後から起こった放送時間帯の分化が視聴層の分化を促していることは既に述べたが、休日の早朝に放送された『どれみ』と『プリキュア』は成人ファンの視聴を拒むものではない。ただただ、成人ファンに向けては作られていないのである。対して、この時期の成人ファン向け作品として注目されるのは、『魔法少女リリカルなのは』（以下、『なのは』）シリーズと『魔法少女まどか☆マギカ』（以下、『まどか』）であろう。共に深夜帯に放送されたことはもちろん、前者は成人向けアダルトゲームのファンディスクを原案にしたアニメであり、後者は成人向けアダルトゲームのシナリオライターとして、バイオレンスかつグロテスクな表現に定評のあった虚淵玄を脚本家に迎えたオリジナルアニメである。その出自からして、女児の視聴を遠ざけていることに異論はないだろう。

　『なのは』は、普通の女の子がフェレットのような動物を助け、魔法の力を授かることで世界──地球のみならず多次元宇宙を含む世界──を危機から救う物語である。魔法少女アニメの「お約束」は作中にちりばめられているものの、魔法は自身や周囲の願いを叶えるものではなく、戦闘に特化している。各シリーズのキャッチフレーズこそ「魔法少女、はじめました。」（第1期）、「魔法少女、続けてます。」（第2期）、「魔法少女、育てます。」（第3期）であるが、CMで「熱血魔法バトルアクションアニメ」を謳っているように[13]、シリーズを追う毎に日常パートの比重が減り、戦闘要素が色濃くなっている。また、危機をもたらし、物語の中核となる「ロストロギア」自体、かつて異世界で高度に発達した魔法技術の遺産であり、時に「超科学」と説明される。極言すれば、『なのは』は魔法少女アニメの設定をなぞるために作中の魔法を魔法と呼んでいるだけであり、その実、「超科学」を用い、「超科学」をめぐって闘う作品と言える。『なのは』からは「高度に発達した科学は魔法と区別が付かない」という定型句が想起され、また、女の子が──ロボットに乗らずに──闘う姿を観たいという成人男性オーディエンスの願望を見て取ることが出来るであ

ろう。2000年代の成人向けアニメ全般で流行した「日常系」に対し、魔法少女の設定を用いたバトルものとして、『なのは』は多くのファンを獲得した。

　魔法少女であることが設定以上に機能していなかった『なのは』とは対照的に、『まどか』は魔法少女になること、そしてその魔法少女らの願いが深く焦点化された作品である。多くの魔法少女アニメでは、深く考えることなく初回で魔法少女になってから、魔法で願いを叶える。『なのは』を引き合いに出せば、「ごくごく平凡な小学3年生のはずだったんですが、何の因果か運命か、魔法少女に任命されてしまいました。待ち受けるのはどんな運命？」（第1話次回予告）と、主人公は先行きの分からぬままに魔法少女になる。この『なのは』の例のように、後天的に魔法少女になる『アッコ』型では、憧れや成り行きで魔法少女になる作品がほとんどである。しかし、『まどか』では魔法少女になって魔女と闘う使命を課せられる代わりに、どんな願いでも1つだけ叶えてもらえる。そのため、主人公・鹿目(かなめ)まどかは、常にマスコットから魔法少女になる「契約」を迫られながらも、闘う使命を負う覚悟を持てず、また契約の対価に見合う願いを決められずに右往左往することで物語が進行する。

　『まどか』に登場する魔法少女達の願いは、幼馴染みの障碍を癒すことや、自身が死に瀕してやむなく回復を願ったものなど、シリアスな願いである。まどかのように安寧な生活が保証され、願いが見当たらない在り方は、作中で「幸せバカ」（第2話）と自嘲され、先んじて魔法少女になっている者からは、必要に迫られずに魔法少女になるなんて、「そんなの、あたしが許さない」（第9話）と諫められる。魔法少女になることの危険性については作中で徐々に明かされ、戦死の可能性、願いの真の対価が自身の魂であること、魔法少女は過酷な戦闘を続け、絶望の末に呪いを振りまく魔女へ成長してしまうことが語られる。魔法少女になる契約はすなわち、人間であることをやめ、救いのない戦いを続けることであった。

結果、まどかは最終話で「全ての魔女を生まれる前に消し去りたい。〔中略〕希望を信じた魔法少女を私は泣かせたくない、最後まで笑顔でいて欲しい」と願う。

　ライターの前田久は、『まどか』を「受け手の期待を裏切らない展開から、半歩はみ出してみせる絶妙なさじ加減」〔松崎編 2011：8〕と評した。『まどか』には種々の批評が提出されているが、本稿では以上の評価を確認すれば十分であろう。『まどか』は、他のスピンオフ魔法少女アニメとは違い、誠実に魔法少女アニメであり続け、「魔法少女達の願いとは何か？」に真摯に取り組んだ作品であった。その結論が、先述したまどかの願いである。そしてこの願いは、『まどか』作中に留まらず、既存の魔法少女アニメにも適用されて然るべきであろう。多くの魔法少女アニメで、その主人公は魔法を手放すか、さもなくば魔法の国に帰っていくことは繰り返し述べた通りである。ただ、それが悲しい結末であってはいけない、笑顔の最終回であって欲しいというのは、作中人物だけではなく、視聴者の願いでもある。

　『まどか』は現在、魔法少女アニメの集大成の１つと目されている。それは、まどかの願いが、個々の作品を超えた全ての「希望を信じた魔法少女」達に救済を与えるものだからであろう。紙幅の都合もあるため、これをもって個別作品の系譜的概観を終えたい。

3．結びにかえて

　本稿では、日本の魔法少女アニメについて、主要作品の概要と魔法表象を、当時の社会状況や視聴者の移り変わりと共に概観してきた。1960 年代、魔法少女アニメは TV における稀少な女児向けコンテンツとして受容されるところから始まる。1960 年代と、それに続く 1970 年代において、魔法は童話に出てくるような魔女の力を行使するものとして表象され、女

児らの変身願望を満たしていた。その後、徐々に魔法少女はハイ・コンテクスト化され、テーマの深化と共に 1980 年代には成人男性ファンの明確な参入が見られた。どんな対象にも変身できる魔法少女は鳴りを潜め、各種職業人やアイドルなどといった理想の大人像への変身へと魔法が限定されることによって、現実と理想との乖離に懊悩する主人公が描かれるようになったのである。1990 年代には仲間と組んで闘うヒロイン像が全盛し、魔法を行使することがテーマから後景化すると共にキャラクタの個性が肥大化し、オーディエンスの分化が起こる。2000 年代以降は、オーディエンスの分化が放送時間帯の分化に明確に現れつつ、魔法少女ものの「お約束」を踏襲しながらも多様なテーマを持つ作品が展開された。

　個々の作品に対しては精査を要するが、総じて、魔法少女アニメは魔法を称揚する構造にはなっていない。日常を基盤としたロー・ファンタジーであるがために、魔法を行使する「ハレ」の状態は永続せず、どこかで「ケ」に戻らねばならないという構造を不可避的に有していると言えよう。しかしながら、そうした作品構造をそのまま受け取る従順なオーディエンスは決して多くない。とりわけ若年層ならば、魔法少女に憧れ、模倣することで、自身も一時の「ハレ」を味わうだろう。そしておそらく、その視聴態度はこの上なく正しい。女児オーディエンスらは幼年期に魔法少女になり、魔法少女アニメから卒業すると共に、魔法の使えない「ケ」に回収されていくのである。

　『サリー』から半世紀近くの間、魔法少女は女児に夢を提供し続け、おもちゃ会社は夢を売り続けている。もはや魔法少女に変装できない成人ファン達は、魔法少女を変奏することで「ハレ」の日に参加している。数あるアニメジャンルの中でも一際ハイ・コンテクスト化している魔法少女アニメは、廃れることなく、今後も社会状況を取り込みながら連綿と続いていくだろう。

付表　本稿にて言及される作品情報一覧

タイトル	制作	初放送期間	放送時間帯	放送ネット系列
魔法使いサリー（第1期）	東映動画	1966年12月5日～1968年12月30日	月曜19時00分～19時30分	NET系
ひみつのアッコちゃん（第1期）	東映動画	1969年1月6日～1970年10月26日	月曜19時00分～19時30分	NET系
魔法のマコちゃん	東映動画	1970年11月2日～1971年9月27日	月曜19時00分～19時30分	NET系
さるとびエッちゃん	東映動画	1971年10月4日～1972年3月27日	月曜19時00分～19時30分	NET系
魔法使いチャッピー	東映動画	1972年4月3日～1972年12月25日	月曜19時00分～19時30分	NET系
ミラクル少女リミットちゃん	東映動画	1973年10月1日～1974年3月25日	月曜19時00分～19時30分	NET系（1977年「テレビ朝日」へ社名変更）
キャンディキャンディ	東映動画	1976年10月1日～1979年2月2日	金曜19時00分～19時30分	
魔法少女ララベル	東映動画	1980年2月15日～1981年2月27日	金曜19時00分～19時30分	ANB系
魔法のプリンセスミンキーモモ	葦プロダクション	1982年3月18日～1983年5月26日	木曜17時55分～18時25分	テレビ東京系
魔法の天使クリィミーマミ	スタジオぴえろ	1983年7月1日～1984年6月29日	金曜18時00分～18時30分	日本テレビ系
魔法のスターマジカルエミ	スタジオぴえろ	1985年6月7日～1986年2月28日	金曜18時00分～18時30分	日本テレビ系
美少女戦士セーラームーン（無印）	東映動画	1992年3月7日～1993年2月27日	土曜19時00分～19時30分	テレビ朝日系
赤ずきんチャチャ	ぎゃろっぷ	1994年1月7日～1995年6月30日	金曜18時00分～18時30分	テレビ東京系
魔法少女プリティサミー（テレビアニメ）	AIC	1996年10月4日～1997年3月28日	金曜18時30分～19時00分	テレビ東京系
カードキャプターさくら（第1期）	マッドハウス	1998年4月7日～1998年12月22日	火曜18時00分～18時30分	BS2（半年遅れてNHK教育）
おジャ魔女どれみ（無印）	東映アニメーション	1999年2月7日～2000年1月30日	日曜8時30分～9時00分	ABC・テレビ朝日系
満月をさがして	スタジオディーン	2002年4月6日～2003年3月29日	土曜7時30分～8時00分	テレビ愛知・テレビ東京系
東京ミュウミュウ	ぴえろ	2002年4月6日～2003年3月29日	土曜8時00分～8時30分	テレビ愛知・テレビ東京系
ふたりはプリキュア	東映アニメーション	2004年2月1日～2005年1月30日	日曜8時30分～9時00分	テレビ朝日系
魔法少女リリカルなのは（無印）	セブン・アークス	2004年10月1日～2004年12月24日	金曜24時10分～24時40分	独立UHF局
シュガシュガルーン	studioぴえろ	2005年7月2日～2006年6月24日	土曜7時00分～7時30分	テレビ東京系
しゅごキャラ！（無印）	サテライト	2007年10月6日～2008年9月27日	土曜9時30分～10時00分	テレビ東京系
魔法少女まどか☆マギカ	シャフト	2011年1月6日～2011年4月21日	木曜25時25分～25時55分	毎日放送他

注

1) 『サリー』放送当初から「東映魔女っ子シリーズ」という呼称があったわけではなく、1966年から1980年に放送された全9作が、後にシリーズとして包括された。
2) 大橋崇行は、「〈魔法少女〉は「ぴえろ魔法少女シリーズ」を受けて用いられるようになった用語であると考えられ、それ以前は〈魔女ッ子〉という言い方が一般的だった」として、『サリー』や『アッコ』を「魔法少女」と呼称することに苦言を呈している［大橋 2010：67］。ただし、同シリーズ第1作に先んじて『魔法少女ララベル』が存在していたこと、そして同シリーズのヒロインが参集するOVA『魔女っ子クラブ4人組A空間からのエイリアンX』が1987年7月28日に発売している事から、「魔女っ子」から「魔法少女」への推移がいつ頃行われたか判ずることは難しいことを指摘しておく。
3) なお、これは高学年女児が「魔法少女アニメ」から距離を置いたのであって、アニメそのものを支持しなくなったわけではない。事実、1970年1月調査において、小5女子の支持する上位5番組中、3番組がアニメ作品である。
4) 『セーラームーン』をして斎藤環の「戦闘美少女」概念を代表させる言説があるが、本来、同概念の適用範囲はかなり広く、『サリー』や『アッコ』をも巻き込むものである［斎藤環 2000：214-217］。混乱を避けるため、本稿では「戦闘美少女」概念を援用しない。
5) 同名のアニメが1983年と1991年に放送されており、ファンは両者を区別するために、ヒロインの出身地から『空モモ』、『海モモ』と呼称する。
6) ダン・カイリー著、小此木啓吾訳 1984『ピーター・パン・シンドローム――なぜ、彼らは大人になれないのか』祥伝社を参照。
7) 『空モモ』以前にも変身時に衣装が破ける描写はままあったため、全く新しい演出というわけではない。ただし、「お約束」として、魔法少女の変身シーンに「バンク」(同様のシーンを繰り返し流用する演出) を用いたことに新規性があった。
8) 作中では明言されておらず、公式サイトのDVD-BOXのリリース情報から確認 (http://pierrot.jp/title/magicgirl/mami_dvd.html)。同サイトは現在リンク切れの為、Webサービス「wayback machine」を利用した。
9) 1960年代から1970年代における西洋表象の優位性については、先述した吉見や須川［2013：30］の分析が参考になる。『空モモ』も西洋を中心とした舞台設定がなされているのだが、これには制作会社の「日本だけでなく世界に『ミンキーモモ』というアニメを売ろうという深慮遠謀」［首藤 2006：47回］がある。この制作サイドの思惑は、吉見や須川の問題意識とは別離して取り扱うべきだろう。

10）冒頭でこそ主人公は後天的魔法少女として取り扱われるが、後に、主人公が選ばれたのは前世の出自によるものとしてストーリーが展開されるため、自身が魔法を使える特権性についても主題から捨象されている。
11）子供1人に対して両親と両祖父母の計6人の懐から金銭が授受される状況のこと。日本の少子高齢化が進んだことによって指摘された。
12）正確に言えば、『プリキュア』シリーズで用いられる力は魔法ではない。第1〜5シリーズの監督・鷲尾天が、「変身すること自体がファンタジーなので、魔法は組み込みたくなかった」［加藤 2012：165］と述懐するように、『プリキュア』は魔法ではない何かで変身する。同様に、『セーラームーン』のシリーズディレクターも、『セーラームーン』は魔法少女アニメよりも「東映不思議コメディーシリーズ」の流れを汲むものと見なしていた［松崎編 2011：72］。そのため、論者によっては「魔法少女」と「変身ヒロイン」を厳密に区別する者もいる。
13）『魔法少女リリカルなのは A's』Vol.4 所収の「TV-CM 集」参照。

参考文献

石渡さくら　2007a：「子ども番組研究──ロボットアニメにおける対立構造の変容」『日本大学芸術学部紀要』45、日本大学芸術学部。
石渡さくら　2007b：「子ども番組研究──魔法少女の語りしもの」『日本大学芸術学部紀要』46、日本大学芸術学部。
大橋崇行　2010：「〈魔法少女〉の夢──『魔法の天使　クリィミーマミ』と〈キャラ〉言説の問題点」」『昭和文学研究』60。
掛尾良夫編　1997：『動画王』Vol.2、株式会社キネマ旬報社。
加藤レイズナ　2012：『プリキュアシンドローム！──〈プリキュア5〉の魂を生んだ25人』幻冬舎。
株式会社バンダイ　2004：『バンダイアニュアルレポート2004』株式会社バンダイ。
子ども調査研究所　1974：『子ども調査資料集成』子ども調査研究所。
子ども調査研究所　1987：『子ども資料集成第II集』子ども調査研究所。
斎藤環　2000：『戦闘美少女の精神分析』太田出版。
斎藤美奈子　2001：『紅一点論──アニメ・特撮・伝記のヒロイン像』ちくま文庫。
須川亜紀子　2013：『少女と魔法──ガールヒーローはいかに受容されたのか』NTT出版。
第一生命　2013：『第一生命2012年夏休みこどもミニ作文コンクールアンケート「大

人になったらなりたいもの」全国の子ども1,100人の声』第一生命。
首藤剛志　2006：「シナリオえーだば創作術だれでもできる脚本家」(http://www.style.fm/as/05_column/05_shudo_bn.shtml、2013年10月28日閲覧)。
中森明夫　1989：「僕が『おたく』の名付け親になった事情」石井慎二編『おたくの本』別冊宝島104号、JICC出版局。
藤村久美子・伊藤めぐみ　2004：「テレビアニメが子どものジェンダー意識の形成に及ぼす影響──内容分析と子どもへの聞き取り調査を中心として」『人文・社会科学論集』21、東洋英和女学院大学。
松崎憲晃編　2011：『オトナアニメ』Vol.20、洋泉社。
森川嘉一郎　2003：『趣都の誕生──萌える都市アキハバラ』幻冬舎。
横尾裕次・宮本浩史・中谷純也　2012：「プリキュアダンスエンディングダンスの変遷」、CEDEC2012。
吉見俊哉　2003：「テレビが家にやってきた──テレビの空間 テレビの時間」『思想』No.956、岩波書店。
TOEI ANIMATION：「魔法使いサリー（第1期）」(http://www.toei-anim.co.jp/lineup/tv/sally/、2013年10月6日閲覧)。

サブカルチャーの魔術師たち
——宗教学的知識の消費と共有——

堀 江 宗 正

1 「魔術」への関心の高まり

　特定の宗教組織に強く関与しない個人によるスピリチュアリティの探究は、2007年をピークとするスピリチュアル・ブームのあとも続いている。ここで言うスピリチュアリティとは、「目に見えないけれど感じられるものへの信念とそれを心身の全体で感じ取ろうとする実践」を指す。スピリチュアル・ブームとは、江原啓之のテレビ出演などに伴い、スピリチュアルなものへの関心が高まり、それについての情報が多く流通するようになった現象を指す（堀江 2006、堀江 2007a、堀江 2007b）。江原啓之がテレビ出演を控えるようになったあとも、2009年以後には「パワースポット・ブーム」が訪れた。やがてパワースポット・ブームは、伊勢神宮や出雲大社の遷宮の年であった2013年にかけて「神社ブーム」の体をなしていった（菅 2010）。

　これらの「ブーム」ほどマスメディアで取り上げられないが見逃してはならないのは、サブカルチャーにおける「魔術」への関心の高まりである。本章はこのことを探索的に記述することを目的とする。ここで言う「魔術」は英語で言えば「magic」であるが、それに対する訳語として宗教学で定着している「呪術」とは区別される。Googleを使った検索では「呪術」が3,400,000件ヒットするのに対し、「魔術」は26,400,000件で

圧倒的に多い。なお「スピリチュアル」は 19,600,000 件であり、「呪術」より多いが「魔術」に及ばない（2014 年 1 月 25 日アクセス）。このことからも魔術への関心の高さがうかがわれる。

「呪術」については、宗教学や文化人類学の定義にのっとった用法も見られるが、漢字から連想したのか「呪いの術」という意味での用法も見られる。それに対して「魔術」は、ルネサンス以後に体系化した西洋近代魔術と関連づけられ、ライトノベルやマンガやアニメの物語の構成要素として用いられる例が多い。それについては次の節で詳述する。

筆者も取材を受けた新聞記事だが、『中日新聞』の「異界探訪　サブカルチャーと若者──「魔術」と絶妙な距離」（宮川 2012）によれば、愛知県立美術館で「魔術／美術」展が開かれ、関係者の予想の 2 倍近くの約 27,000 人がおとずれ、1,300 冊の図録は会期途中で売り切れたという。この展覧会は、「魔術」を下敷きとする幻想的な絵画を中心としたものだったが、通常と比べて若い世代の来場者が多く（4 割が 20 代〜 30 代）、「黒を基調にフリルなどを施したゴスロリファッションで着飾った女性たち」もいたという。だが展示作品は、西洋近代魔術をイメージして陳列されてはいるものの、それと直接的関係はないようである（記事にはエッシャー、宮島達男、ルドンの名前がある）。そこにゴス・カルチャーに属する人々も集まったことで目を引いた形である。

ゴス・カルチャーは 80 年代のゴシック・パンクから出たと言われるが、日本ではその影響がビジュアル系ロックに流れ込み、様々なサブカルチャーと混淆しながら独自の発展を遂げた。源流と言われるゴシック・パンクにしても、さらに古いゴシック文学やドラキュラ映画をイメージの源泉としている。その関連でイギリスではヴァンパイア・カルトも発生した。また、音楽上のスタイルとしてのゴスは、パンクに加えて従来からサタニズムと関係のあったヘヴィ・メタルの要素も取り入れている。今日ではオルタナティブ・ロックの一ジャンルとして認知されているもの

の、作品のなかにはオカルト的、ペイガン的な要素を匂わせるものもある（Yaso 夜想 2003、Nelson 2013、Groom 2012）。このようなゴス・カルチャーに関心を示す人が、「魔術」という言葉にひかれる人と重なる状況もあるようだ。

　そもそも「魔術」という言葉がどのように使われ、その意味がどのように変遷してきたのかを辿るのは容易ではない。現代日本のポピュラー文化・サブカルチャーに限定するなら、筆者が観察している限りでは、「魔術」が使われるのは、第一に文学、ライトノベル、マンガ、アニメ、美術、音楽などの創作文化、第二に近代西洋魔術に関する文献の翻訳とそれにのっとった儀式魔術の実践で、受け手は二つのジャンルを個人的選好にしたがって横断的に摂取し、ネットや自らのファッションを通して表現しているという状況である。

　これらの諸ジャンルをすべて網羅することはこの小論では難しい。そのなかでも重要と考えられるジャンルを確定し、「魔術」という言葉の用法、意味、産出の様態を概観し、これまでの研究の文脈に着地させたい。

2　インターネットにおける「魔術」
——内容と関心層の属性

　まず、インターネットにおける「魔術」の用法を、一般的な検索エンジンであるGoogleと、公開性と個人性がほどよく混ざっているTwitterを検索することで確認してみよう。

Google 検索における「魔術」100 件——創作物への言及

　検索サイトGoogleにおいて「魔術」という言葉で検索し（2014年1月25日アクセス）、上位100件を閲覧した。それらを分類すると、次のようになった（表1を参照）。括弧内は分類する際に用いたコード名であ

る。宗教学や文化人類学などで用いられる通文化的概念としての呪術と同義のものを「呪術」とし、ルネサンス以後発展した特殊歴史概念としての西洋近代魔術を指すものを「西洋」とし、西洋近代魔術を淵源としながらも現代日本の文脈で実践されているものを「現代」とした。これらは、宗教学が対象とする「宗教・呪術的現象としての魔術」と言えるだろう。次に「創作物全般に登場する魔術」がある。とくに多いのはライトノベルにはじまり、アニメ、マンガなどでヒットした「とある魔術の禁書目録(いんでっくす)」(鎌池 2004)関係の情報で、「とある」とした。それ以外の創作物に登場する魔術への言及は「創作」とする。これらと関連するものもあればまったく関連しないものもあるが、自分自身を「〜の魔術師」と呼ぶものや、その技術を「〜の魔術」と呼ぶものなど「自己形容の手段としての魔術」に関わる群がある。この表現が固有名の一部である場合は「固有名」とし、自分自身の卓越した技術を形容する場合は「卓越性」、そして自己の技術の卓越性を表現することによる商品・情報財などの宣伝を主目的とするものは「宣伝」とした。意外に少なかったのは手品の説明上での表現である(「手品」)。

　以上を多い順にコード名で並べると「とある」が 31 件、「創作」26、「現代」17、「卓越性」9、「西洋」5、「宣伝」4、「呪術」3、「固有名」3、「手品」1 である。これらを三つの分類にまとめるなら、「創作物全般に登場する魔術」が 57 件で過半数を占め、「宗教・呪術的現象としての魔術」が 25 件、「自己形容の手段としての魔術」が 16 件である。

表 1　Google 検索と Twitter 検索における「魔術」

検索の種類	呪術	西洋	現代	とある	創作	固有名	卓越性	宣伝	手品
Google 検索	3	5	17	31	26	3	9	4	1
Twitter ユーザー検索	0	0	10	11	12	48	6	13	1
分類	宗教・呪術的現象としての魔術			創作物全般に登場する魔術		自己形容の手段としての魔術			

Twitter ユーザー検索における「魔術」100 名——アニメと魔術師

次にソーシャル・メディアである Twitter で「魔術」という言葉を検索した。Facebook ではなく Twitter を用いるのは、情報を公開しているユーザーが多く、中国語圏の情報を排除してくれるためである。左のフレームで「すべて」か「ユーザー名」かを選べるが、「すべて」を選択すると検索時点での最新ツイートが並び、一過性の情報しか拾われない。そこで「ユーザー名」に限定して、100 名のユーザーを調べた（2014 年 1 月 19 日アクセス）。

先ほどの分類に従うと、「固有名」が 48 件、「宣伝」13、「創作」12、「とある」11、「現代」10、「卓越性」6、「手品」1 であった。これらを三つに分類するなら、「自己形容の手段としての魔術」が 67 件、「創作物全般に登場する魔術」が 33 件、「宗教・呪術的現象としての魔術」が 10 件である。なお「西洋」と「呪術」は 0 件であった（表 1 を参照）。検索対象は現代日本人の自己紹介なのだから、過去の西洋魔術や、異文化ないし日本の過去の呪術が含まれないのは当然であろう。逆に自分自身のアカウント名に「魔術師」を使うものが多く、「固有名」が半分近いという結果になった。しかし、そのほとんどが説明のなかで何らかの創作物に言及している。とはいえ、既存の特定の作品との関連は強くない。そこで今回の分類では「創作」には入らず、自分のアカウント名などに「魔術」「魔術師」を用いているので「固有名」に入る結果となった。しかし、自称「魔術師」という現象は、ソーシャル・メディア上の人格そのものを「魔術師」という創作物に仕立てているということを意味し、一種の「創作」である。彼らは創作物の受け手であると同時に、自らを創作物として提示している作り手であるとも言える。

また、以上の分類とは別に創作物のジャンルをカウントしてみた。これは一つのアカウントの説明にいくつものジャンルが含まれることもあるので、重複項目である。1 名しかあげていないジャンルを省くと、アニ

メ12、音楽10、マンガ8、ゲーム8、ボカロ7、性5、声優3、ビジネス3、コスプレ2である。これらのうちで、アニメがもっとも多い。また、声優、コスプレはアニメと直接関係があるジャンルであり、マンガ、ゲームはアニメの原作となることが多い。また「ボカロ」（ボーカロイド）はキャラクターのアニメーションも並行して制作されるため、アニメとの親和性が高い。これらを合計すると40となり、それ以外の18を圧倒する。このことから、「魔術」というキーワードは創作文化のなかでもとくにアニメを中心とするサブカルチャーと深い関係を持っていることが分かる。また、Twitterのように自分の趣味嗜好についての発信が多いメディアでは、歴史的な魔術に関する情報よりも、自分自身を「魔術師」として創作する姿勢が目立っていることが分かった。

mixiにおける「魔術」関心層の属性調査——若年男性の関心

最後にソーシャル・ネットワーキング・サービスのmixiのプロフィール検索で「魔術」を自分のプロフィールに含むユーザーについて調べた。普通の検索の仕方では自分と関係の近い人が出てくるため、全体の動向の把握にはむかない。また、プロフィールの内容を把握しようとして友人以外のページを多数訪問すると、訪問履歴を残して回るスパム的行動と見なされ、ページの訪問そのものが制限されてしまう。そこで、ここでは性別と年齢（20〜49歳）で条件を付けて、どれくらいの人数がヒットするかを調べ、自分のプロフィールに「魔術」を記載する人の属性を調べることにした。また、比較のために「スピリチュアル」という語をプロフィールに含むユーザーについても調べた（2014年1月6日アクセス）。結果は若年世代で魔術に言及するユーザーが桁違いに多いというものであった。しかしユーザーが若年世代に偏っている可能性もある。そこで、mixiの「ユーザー属性調査」（2012年12月31日）に基づき、年齢階級ごとの全体に占める割合、および男女比によって補正をおこなった。たとえ

ば、プロフィールに「魔術」を含む 20-24 歳の男性の実数は 2098 人である。一方 mixi ユーザー中の 20-24 歳は 26.4％で男性の割合は 46.5％である。mixi 資料での年齢階級は 8 区分あり、性別は 2 種類である。よって、2098÷0.264÷8÷0.465÷2 で 1068 となる（小数点以下は四捨五入）。これによって年齢構成と男女比がフラットだと仮定した場合の人数が出る。なお、年齢幅を 5 歳でそろえるために、20 歳未満と 50 歳以上は除外した。さらにこのようにして出した補正値をグラフ化した（表 2、図 1）。

表 2　魔術とスピリチュアル、mixi プロフィール検索（括弧内は補正値）、2014 年 1 月 6 日アクセス

年齢	20-24	25-29	30-34	35-39	40-44	45-49
魔術男性	2098 (1068)	1804 (1092)	700 (667)	297 (399)	119 (314)	55 (224)
魔術女性	496 (219)	371 (195)	106 (88)	30 (35)	10 (23)	8 (28)
スピリチュアル男性	71 (36)	240 (145)	277 (264)	299 (402)	307 (809)	181 (737)
スピリチュアル女性	119 (53)	448 (236)	549 (455)	474 (554)	332 (760)	204 (722)
mixi ユーザー*	0.264	0.222	0.141	0.1	0.051	0.033

*2012 年 12 月 31 日現在 mixi 社調べ、「2012 年度第 3 四半期決算説明会資料」<http://mixi.co.jp/ir/docs/earnings/>。男女比は 0.465：0.535。

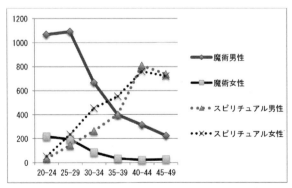

図 1　魔術とスピリチュアル、mixi プロフィール検索（横軸は年齢、縦軸は件数を年齢比・男女比によって補正した値）

なお、検索されることを防ぐように設定しているユーザーは除外されるので「プロフィール検索を許容している会員」というバイアスが生じ、宣伝目的のユーザーをより多く拾う可能性につながる。だが、現在のネット・ベースの文化現象では純粋な売り手と買い手を想定することは難しい。ファンが容易にサービス提供者に転じるが、その報酬だけでは生活できないので、容易にファンの立場に戻る。専業の魔術師やスピリチュアル開業者はごく少数であるので、バイアスはさほど重く見る必要はないだろう。

結果としては「魔術」関心層は20代から30代前半の男性だということが明らかになった。20代女性も他の年齢区分と比較すれば高いが、男性の5分の1程度しかない。

次に、「スピリチュアル」関心層は男女とも40代前半をピークとする中年世代であることが分かった。30代前半においては女性が男性の2倍であるが、ピークである40代前半以降はほぼ同数、補正値を見ると男性の方が若干上回っているという結果である。

ところで、筆者は2010年にも同じ形で「スピリチュアル」というキーワードでプロフィールを検索している（表3、図2）。このときには、30代前半までは女性は男性の約1.5倍、30代後半からは同数に近かった。男性は加齢とともに少しずつ上昇する傾向だが、女性の場合、30代前半にピークがあった。それが4年の間に、東日本大震災をはさんで、男女ともに40代前半をピークとする年齢分布に変化した。のみならず実数でも補正値でも、40代前半ではスピリチュアルをプロフィールにのせているユーザーは3倍に増えている。逆に20代では若干減っている。全年齢区分の総数では1.25倍に増えている（2797人から3501人へ）。過去に書いたプロフィールがそのまま残っているための積み上げがあるとしても、スピリチュアルへの関心が弱まったとは言えないだろう。一過性のスピリチュアル・ブームとは関係なく、震災を契機に、とくに40歳前後に

おいてスピリチュアルへの関心は急激に高まったと言えそうである。

表3　スピリチュアル、mixi プロフィール検索（括弧内は補正値）、2010年3月28日アクセス

年齢	20-24	25-29	30-34	35-39	40-44	45-49
スピリチュアル男性　2010	161 (72)	296 (164)	300 (230)	201 (239)	102 (244)	64 (296)
スピリチュアル女性　2010	271 (114)	546 (283)	446 (319)	237 (263)	112 (251)	61 (263)
mixi ユーザー **	0.288	0.233	0.169	0.109	0.054	0.028

**2010年3月31日 mixi 社調べ、「2009年度第4四半期及び通期決算説明会資料」<http://mixi.co.jp/ir/docs/earnings/>。男女比は 0.483：0.517。

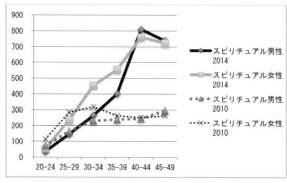

図2　スピリチュアル、mixi プロフィール検索、2010年と2014年（横軸は年齢、縦軸は件数を年齢比・男女比によって補正した値）

　したがって、少なくとも mixi ユーザーに関する限り、スピリチュアルに関心を持っていた人が魔術にスライドしたとは言えない。スピリチュアルへの関心は持続ないし、中年世代でむしろ強まっている。それに対して、若年世代では弱く、とくに男性の間でスピリチュアルより魔術への関心が高いということが分かる。このような傾向が mixi 特有であると考える理由はないので、ネットユーザー一般の動向を反映しているのではないかと推測される。

インターネット調査の結果

　以上、インターネット上での「魔術」に関する情報をGoogle、Twitter、mixiを通して見てきた。結果をまとめると次のようになる。（1）「とある魔術の禁書目録」に関連する情報が多い。（2）「魔術」を用いるユーザーは、アニメおよびそれと関連するサブカルチャーへの関心が高い。（3）魔術関心層は若年男性である。（4）彼らはソーシャル・メディアで自分自身を「魔術師」として演出ないし創作することがある。（5）スピリチュアルへの関心が魔術への関心に変化したのではない。スピリチュアル関心層は30代以降の女性と30代後半以後の男性で、震災をはさんで急速に増えている。

　なお、筆者はTwitterやmixiを通して「スピリチュアル」に関心のあるユーザーと継続的に交流しながら彼らを観察しているが、実践魔術への関心がまったくないわけではない。たとえばスピリチュアルの延長上で占いに関心を持ち、そのなかで占星術やタロットに関心を持つと西洋近代魔術につながるからである。しかし、明るさを基調とするスピリチュアルに比べると、魔術には暗さがあり、アンダーグラウンドな印象は否めない。

3　アニメに見るサブカルチャーのなかの魔術

　結果（2）でも述べたように、「魔術」関心層はアニメおよびそれに関連するサブカルチャーに親しんでいる。そこで、テレビアニメのなかで「魔術」および広い意味で「宗教」に関わる語彙が登場する作品にどのような傾向があるかを、2012年から2013年の2年に絞って確認した。

　作品選択に際しては、テレビアニメの放送情報を網羅しているサイト「最新アニメ情報」の「過去ログ置き場」[1]を参照した。ここで2012年と2013年に放送が開始されたアニメのなかで、魔術・宗教的語彙が公式サ

イトおよび Wikipedia の作品説明にあるものを取り上げる。全部で 53 作品である。2 年間でこれほどの数が制作されていることは驚きである。1 シーズンにつき約 6 作品が制作されていることになる。それらを分析項目ごとにまとめたのが表 4（000-000 頁）である。

　テレビアニメを取り上げることには調査の戦略上の利点がある。原作がアニメ以外のメディアであるものがほとんどであり、ラノベ、マンガ、ゲームのなかでも人気のある作品がテレビでアニメ化されるため、一定程度のポピュラリティが保証されるという点である。実際、今回の対象作品 53 のオリジナル媒体を見ると、小説（いわゆるライトノベルに分類されるものが多い）は 25、マンガは 17、ゲームは 6 で、オリジナルアニメ作品は 5 しかない。したがって、ここでは純粋にアニメだけを取り上げているのではない。アニメが一つの結節点となっている魔術・宗教的語彙を用いた様々なメディア作品が織りなすサブカルチャーの内容的特徴を明らかにすることが可能になるのである。

　なお、今回の調査では、「魔術」という言葉の使用に限らず、広い意味で超自然的現象や超人間的能力や宗教的出自を持つ用語が見られるものを幅広く収集し、「魔術・宗教的語彙を持つアニメ」とする。全体のなかでの「魔術」の位置・影響力を見るためである。また、宗教学的研究およびアニメ研究のなかで類似の調査がないため、調査結果に資料的価値を持たせる意味もある。

魔術・宗教的語彙の内容──西洋宗教的語彙の優位性

　まず、説明のなかに魔法、魔術、魔女、魔法少女、魔王、悪魔など、「魔」という漢字が何らかの形で使われているものが過半数であることが確認される（28 作品）。「魔」が出てくる場合はほとんどが西洋魔術に関連する（26 作品）。他に「神」という漢字（神話、神、神々、〜神）を含むものが多い（24 作品）。この二つほどではないが、漢字一文字でいう

と「霊」15、「力」15、「怪」13、「鬼」13、「妖」12 などが頻出する。こ
れらの漢字は西洋的文脈でも日本的文脈でも使われる。全体での西洋的
と日本的の比率は3対2である（31作品対23作品）。西洋でも日本でも
ないそれ以外の世界の地域は滅多に出てこない。異世界が出てくる場合で
も、それが準拠したり似せたりしているのは西洋か日本である。「神」と
いう言葉が一神教的な意味で用いられている作品はほとんどない。つまり
ほとんどすべての作品が多神教的世界観を前提としている。日本由来の宗
教的語彙の場合、神道、民間信仰に関わるものばかりで、仏教はほとんど
登場しない。西洋出自の場合でもキリスト教に直接関わる語彙は見られな
い。つまり、広い意味で宗教に関わる語彙があったとしても、教義体系が
明確で「宗教」として認知されるキリスト教や仏教など、いわゆる「世界
宗教」の構成要素が出てこない。おそらく、視聴者は宗教や神話や魔術に
由来する語彙を、「宗教」とは無関係のものとして見ている可能性が高い。
また制作者が教条的宗教から距離を取っていることは明確である。

　キャラクターの名前や属性、特殊用語を見ると、神話や宗教に由来する
ものが多い。列挙すると、次のようになる。まず、西洋のものだとギリシ
ア神話や北欧神話、あるいは旧約聖書の神話的部分に登場する名前が目
立つ。アスタルテ、ゼウス、ユニコーン、アテナ、ペルセウス、ケリュ
ケイオン、ミカエル、サリエル、ルシフェル、ケルブレム［ケルビムの変
形？］、レヴィアタン［リヴァイアサン］、バハムート［ビヒモス］、ゴー
レム、ソロモン、グリフォン、聖杯、エクスカリバー、ヨルムンガンド、
フェンリル、エルフ、ヴァルプルギス［ワルプルギス］、ダンタリオンな
どである。固有名以外だと、サバト、吸血鬼、ヴァンパイア、セフィロー
ト、エレメンタル、サタン、ディアボロス、ダエモニア［デーモンに由
来］、ドラゴンなどがある。日本の神話・宗教に関するものには、カグツ
チ、ムラクモ、カグラ、クシナダ、タケミカヅチ、ツクヨミ、スサノオ
（スサノヲ）、アラハバキ、天狗、稲荷、式神、アラタマなどがある。アボ

リジニの神話由来のユルルングルなどは例外的である。

　試みに『世界宗教大事典』（平凡社）を引くと、エレメンタル、ケリュケイオン、サリエル、ダンタリオン、ヨルムンガンドなどは項目どころか索引にも登場しない。しかし、インターネットのWikipediaなどには項目として登場し、詳細な説明が付されている。このような語彙の出所に関しては後ほど言及する。

戦闘手段としての「魔」的なもの

　対象作品は戦闘シーンを含むものがほとんどである。上述の神話に登場するような神格、怪物は、超人的な魔力を持つものとして描かれる。その場合、アニメの性質上、視覚的に表現できるものとして魔力を描くため、強い光や音を伴う電気的衝撃のようなものが、特殊な武器を通して発され、ものを破壊し、人にダメージを与える。場合によっては催眠術のように幻覚をもたらすものもあるが、どちらかと言えば少数である。つまり魔力と言っても、物理的な力に近い戦闘手段である。SFやロボット・アニメの戦闘シーンと、力の表現においてそれほど変わるところがない。実際、近代兵器やロボットが併用されたり、魔力を引き立てる劣位の武力として登場したりすることもある。

　神話的キャラクターや怪物・妖怪が魔力の発動者である場合、魔力は生得的に備わっており、呪文の学習や武器使用の習熟は必要がない。他方、魔法学校のようなものを舞台として、生徒たちが魔力の使役に長け、敵を倒すごとに成長し、視聴者が育成するような感覚を楽しむものもある。その場合、チームや組織のなかでの葛藤を経て和解や団結を目指すことが作品のテーマになることもある。

　西洋の魔女などにつきものと言われる「使い魔」や陰陽道における「式神」など、魔術を使う人の代わりに魔力を発揮する存在が頻繁に登場するのも特徴である。アニメ・ファンにとっては珍しい存在ではないが、これ

も前出の『世界宗教大事典』の索引には載っていない。実際の宗教史で大きな位置を占めていないことの証拠である。現代の教団信者や民間宗教者のなかで言及されることもほとんどないだろう。「使い魔」「式神」に限らず作品中に何らかの形で使役関係——主従関係も含む——が登場するものは、不明の作品を除くと 36 あり、そうでないものは 10 だった。つまり 8 割近くの作品が・キ・ャ・ラ・ク・タ・ー・間・の・使・役・関・係を描いているのである。

　魔の使役という発想が、実際の宗教史を超えてここまで頻出する背景には、ポケットモンスターや遊戯王などのトレーディング・カード・ゲームの影響があるのではないだろうか。これらのゲームでは幻獣や神話的キャラクターが大量に登場し、使役されるからである。ポケットモンスターはゲームから始まり、遊戯王はマンガから始まったが、どちらも 1996 年に出ている。小学生男子が対象であることから、仮にこの年に 8 歳だとすると、2014 年には 26 歳という計算になる。「魔術」に関心を持つ若年男性の多くは、こうしたカード・ゲームに親しんできたと思われる。とくに遊戯王ではキャラクターその他の名称に、魔術・宗教的語彙が頻出する。たとえばサイト「遊戯王☆カード検索」の「ランキング」（2014 年 10 月 2 日アクセス）というページには、ドラゴン、カオス、魔法、死者蘇生、神、神智、リビングデッド、ミドラーシュ、ネフィリム、聖槍などがある[2]。また、遊戯王の作中に出てくる架空のカード・ゲーム「マジック＆ウィザード」は日本で 1995 年に発売された米国発の「マジック：ザ・ギャザリング」を下敷きにしていると思われる。これも「マジック」という言葉から分かるように、魔術・宗教的語彙がふんだんに出てくるが、累計で 1 万種類以上のカードが発売されていると言われ、ゲームに精通すれば、魔術・宗教的語彙にもおのずから親しむようになる。魔術に関心のある若年男性は、以上のようなトレーディング・カード・ゲームを使って学校の友人などと対戦する経験を成長の途上で有していると思われる。

　アニメ作品に話を戻すと、作品内で使役関係のないパターン、つまり先

天的に魔力を持つキャラクターが自律的に活躍する場合であっても、関連商品としてトレーディング・カードが発売される場合がある。その場合、視聴者はキャラクターを切り札のように使役する視点を獲得し、さらに物語の進行をゲームのように楽しむ視点を獲得するだろう。

多神教的世界と善悪二元論の相対化

　使役し、使役される世界のなかで、キャラクターたちは戦闘の不毛さに悩む。単純な善悪二元論が破られ、善と思っていたものが悪だと分かったり、悪だと思っていたものが完全に悪ではないと分かったりする。和解がテーマとなることも多い。あるいは、対立しつつも最初からなれ合っている場合もある。このような戦闘への懐疑や善悪二元論の相対化は、これまでも戦闘シーンを含むアニメには見られた。たとえば「ガンダム」や「エヴァンゲリオン」などが作り上げてきたパターンである。古くさかのぼれば、「デビルマン」なども悪魔でありながら悪役ではないという設定の走りだと言える。今回対象とした作品における新しさは、その数の多さである。不明なものを除くと、脱二元論は30、逆に善悪二元論は4、どちらとも言えないもの——多くは敵と味方になるはずの存在同士がなれ合うギャグタッチのもの——は7であった。つまり7割が善悪二元論を相対化するストーリーなのである。

　魔的存在を戦闘に駆り立てる自陣営の善性に疑念を抱くという物語は、暴走しがちな日本型組織への批判を含み、組織内の個人の葛藤と自立をテーマとしているのだと解釈することも可能である。しかし、より魔術と関連づけた解釈も可能である。魔術・宗教的語彙のアニメの特徴は「魔を倒す存在も魔」という矛盾である。また、「魔力」は外部の単一の神的源泉ではなく、キャラクター自身の能力に由来する。この意味で、対象作品は、一神教より多神教の世界観に近い。善悪二元論的な終末論は、一神教的枠組では善悪を固定的に見る。しかし、多神教的枠組では、視点を転じ

れば登場人物の善性や敵対者の悪性は自明でなくなり、相対化される。

　脱二元論的傾向は日本の宗教が多神教的であることと関係があるだろうか。実は日本でも勧善懲悪の物語は古くから人気がある。大人向け時代劇や子ども向けアニメではむしろ主流である。脱二元論的になるのは、視聴者と制作者が単純な二元論に満足できないほど成熟したからだと解釈した方が自然である。

　さらに日本社会の文脈では見逃せない要因がある。すでに見たように、対象作品は実定的「宗教」と距離をとっている。その背景には、オウム真理教事件と「宗教」の善悪二元論的な終末論への疑念があるかもしれない。オウム事件以後、子どもたちの魔的なものへの興味に応えるべく、カード・ゲームやマンガやアニメを制作してきた作り手たちは、たとえ魔術・宗教的素材を採用しても、あくまで語彙の借用にとどめ、教条的な世界観が背後にあったとしてもそれは取り除くようにした。そのため脱二元論的で多神教的なアニメ世界が発達した。今日の若年男性の「魔術」関心層は、そのようなポスト・オウムのメディア環境のなかで育った世代なのである。

　また、日本アニメが多神教的な伝統に根ざしている独特かつ世界に誇れるコンテンツだという文化ナショナリズムに与することもできない。すでに見たように、素材の借用元は日本よりも西洋の方が多い。一神教的とされる旧約聖書にも天使や怪物への言及はある。さらにギリシア神話、ヨーロッパ土着の神話、中世の民間伝承、近代のファンタジーなど、西洋でも豊かな多神教的世界は描かれていた。それらは子ども向け善悪二元論に単純化され、ディズニー作品などを介して、手塚治虫のような日本の作家にも影響した。しかし、手塚作品には陰影のあるストーリーも初期から多い。多くの子ども向けアニメは二元論的だが、そうでない作品も蓄積され、やがて制作者と受容者双方の成熟、オウム事件などの影響を経て、今日のような脱二元論の状況になったというのが筆者の見方である。

使役の関係と純粋な関係――ジェンダー構成に見る

アニメ作品の分析において避けられないのがジェンダーの関係性の描き方である。非常に多くの魔術・宗教的語彙を持つアニメ作品が、他のアニメ作品一般と同様、性的に強調された肉体と童顔の美少女キャラクターを配し、男性中心の視点で描かれている。典型的なのは、一人の少年が複数の美少女に囲まれる「ハーレム型」である（17作品）。ジェンダーが逆転し、一人の少女が複数の美男子に囲まれる「逆ハーレム型」も少数だがあり（3）、描き方から女性視聴者がターゲットと考えられる。とはいえ、男女ほぼ同数のキャラクターが対等な関係を保つ「群像型」もやや多い（13）。ハーレム型は男性的（男性とは限らない）視聴者の願望を表現しているというのが素直な解釈だろう。これの亜種として、男性が後景に退いて複数の戦闘美少女が団結して悪と戦う「アマゾネス型」も類型として置くことができる（5）。少女たちを操る存在、または陰で見守る存在が描かれることも多い。男性的視聴者はこうした「黒幕／守護者」と自らを同一視することができる。ハーレム型でもアマゾネス型でも、美少女たちは、視聴者という自らは幕の向こうにいて戦わない男のために戦うことになる。ハーレム型では「男―競争する美少女」、アマゾネス型では「黒幕の男―団結して敵と戦う美少女」という構造の違いはあるものの、美少女たちは男性視聴者の性的欲求、あるいは権力行使欲求を満足させる存在として描かれている。

魔術・宗教的語彙を持つアニメ作品は、前述のように使役関係が複雑に絡み合った世界を構成する。「使い魔」「式神」が出てくる作品だけでなく何かの形で使役関係が登場するものは8割近い。英米の哲学や社会学理論では、個人の行為が社会構造や言語構造によって媒介され、主体が何かの代理として行為させられている状態を指すために「エージェント」（行為主体＝代行人）という言葉が用いられることが多い。魔力が効果を持つ

アニメ世界は、エージェンシー——誰かが誰かの代理で戦うことで主体性を発揮している状態——を特徴とする複雑な使役関係で構成されている。そこに前述のジェンダーの関係性、とくに異性間の使役関係が重なる。

使役関係の間を縫うようにして描かれるのが純粋な関係である。それは操作的な異性愛と対照的な、ときに同性愛をにおわせるような友愛として描かれる。典型的なのは『魔法少女まどか☆マギカ』で、魔法少女たちは黒幕的存在と葛藤しつつ、互いを恋人のように思い合いながら戦う。男女が対等な群像型は、恋愛がテーマでない作品、友情に価値を置いている作品などがある。それでも群像型の13作品中、使役関係が見られないものは3作品しかない。内容を見ると対等なジェンダー関係に純粋な関係が託されているもの、たとえば男女の助け合いを通して使役関係を乗り越えるとか、組織から脱却するというものもなくはない（『新世界より』など）。男女が均等なまま友情関係を構成し、友情がさまざまな困難を乗り越える鍵となっているものもある（『FAIRY TAIL』など）。だが、多くは対等なジェンダー関係と操作的な使役関係がたまたま重ならなかっただけと見た方が良いだろう。

4 「魔術」に関する知識の操作

以上のことから、対象作品の「魔術」の表象には次のような傾向性があるとまとめられる（むろん例外はある）。（1）「魔術」のモデルは西洋魔術である、（2）「魔術」は物理的効果を持つ魔力を使う戦闘手段である、（3）「魔術」は魔的存在を使役する技術でもある、（4）「魔術」に関わるものは魔を使役する戦闘に巻き込まれる、（5）「魔術」を使う戦闘の終着点は戦いをもたらすような「魔術」の否定であり、善悪二元論的な対立の無効化、使役関係を超えた純粋な関係の構築、魔術を保有していても共生が可能な日常への回帰である。

このようにストーリーの進行に不可欠なものとしての魔術への関心は、本稿の冒頭で定義したようなスピリチュアリティへの関心とは相当に違う。ネットでのファンの反応で、魔術や魔的なものを文字通り信じている形跡を確認したことはない。「魔術」への関心といっても、登場するのは実際に儀式をおこなう実践魔術と異なる。西洋の儀式魔術はアニメの魔術のように物理的戦闘と結びつくことはない。アニメの視聴者が歴史上の儀式魔術に興味を持ったとしても、空想上の「魔術」の元ネタとして消費しているにすぎない。

しかしリアルと非リアルの区別にこだわらなければ、これら魔術的ファンタジーを生成すること自体が、魔力あるキャラクターの生成と使役であり、一種の魔術とも言える。これは作り手だけが味わえる魔術ではない。視聴者にとって見るという行為は、戦いを見守る存在としてファンタジー世界に参入することである。見なければその世界のストーリーは進行しないのだから、「見ること」は魔力保有者を戦わせるゲームを駆動させること、すなわち魔術を駆使することである。実際、作品がゲームにもなっている場合、それをプレイすれば魔的存在を使役して戦うという「魔術」を誰もが実践できる。

Twitterにおいて自称「〜の魔術師」がアカウント名として使われていたのも、この文脈で理解できる。今日の魔術・宗教的語彙をもったメディア作品の受容者は、単に作品を受動的に消費するだけでなく、より能動的に魔的キャラクターを操作し、使役する存在——魔術師——として自らを同定しているということを意味するのである。

『とある魔術の禁書目録（インデックス）』とクリエイター向け事典の存在

すでに見たように、ネットでの「魔術」という語は、『とある魔術の禁書目録（インデックス）』（鎌池 2004）と連動している（以下『とある』）。もちろん若年男性の「魔術」人気を『とある』のみに帰すわけにはいかないだろう。む

しろ、この世代が幼い頃から魔術を駆使するようなカード・ゲームおよびその関連作品に親しんできた延長線上に、『とある』があると見た方がよい。

　しかし、この作品独自の貢献もある。それは、一般にあまり流通していなかった西洋のエソテリックな魔術用語を多用することで、以後「魔術」関連作品が西洋魔術に集中する端を開いたことである。この作品のストーリーは、完全記憶を持つ少女・インデックスが「教会」によって禁書とされた世界中の魔道書103000冊を記憶しており、彼女をめぐって教会から派遣された魔術師と、科学的に開発・教育された超能力者（のなかでは落ちこぼれ）である主人公・上条当麻とが戦うというものである。正確にはインデックスにとって敵か味方かというキャラクターの特徴付けがストーリー展開のなかで変化し、善悪二元論が相対化される。先ほどのアニメ分析のコードを使うと典型的なストーリーだと分かる。小説をオリジナル媒体とし、西洋魔術を扱っていること、実社会では無能と思われているが恐るべき力を秘めている少年が、組織によって非人間的に使役されている少女をただ助けたいという純粋な気持ちを持つがゆえに戦闘に巻き込まれるという設定、そして気づけばさまざまな力を持った女性に囲まれているハーレム型のジェンダー関係など、魔術・宗教的語彙を持つ作品の典型的な特徴が見られる。

　まず、この作品で「魔術」がどうとらえられているかを確認する。インデックスを追う魔術師たちは、彼女を守ろうとする主人公に魔術を発動する。ここでも魔術は物理的効果をもたらす戦闘手段である。一方魔術は、超能力のような才能のない人間が才能のある人間と同じことをするための術式と儀式——上条少年の理解では「プログラム」——とされ（121-2）、超人的な力の行使の背景にはマニュアル化された仕掛けがあると示唆される。魔術が詳しく説明されるのは、魔術師でない普通の女性教師が、指示に従うだけで魔術を発揮し、重傷を負ったインデックスを癒す場面であ

る。
　インデックスは意識を失ったまま「自動書記(ヨハネのペン)」というモードに入り、言うとおりに魔術の儀式をおこなうよう女性教師に指示する。まず、ちゃぶ台の上に、室内の様子を模倣するようにメモリーカード、シャーペン芯のケース、空き箱、文庫本、フィギュアを置かせる。すると、ちゃぶ台が彼らのいる部屋とシンクロし、象徴として機能する。女性教師が呪文を唱えるとフィギュアも呪文を唱える。インデックスは女性教師に天使を思い浮かべさせる。しかし、疑念が浮かんだので失敗してしまう。そこで「水属性(ウンディーネ)」［妖精］で神殿を守護させる。もう一度女性教師に呪文を唱えさせると、ちゃぶ台上のフィギュアが溶け、それからもとの形に戻る。するとインデックスの傷も回復している。これによって「生命力(マナ)」の補充ができたとし、儀式と自動書記(ヨハネのペン)は終了となる。

「あとは……降臨ろ(お)した守護者を帰して、神殿を崩せばおしまい」インデックスはつらそうな顔で笑いかけ、「魔術なんて、こんなもの。リンゴとアップルは同じ意味だよね、それと同じ。［略］タロットカードもそう。絵柄と枚数さえ合っていれば、少女マンガの付録を切り抜いたって占いはできるんだよ?」(140)
「もうこれ以上、あの人は魔術を使っちゃダメ［略］魔道書っていうのは危ないんだよ。そこに書かれてる異なる常識『異常識』に、違える法則『違法則』——そういう『違う世界』って、善悪の前に『この世界』にとっては有毒なの」／『違う世界』の知識を知った人間の脳は、それだけで破壊されてしまうとインデックスは言う。コンピュータのOSに対応していないプログラムを無理矢理に走らせるようなモノなんだろうか？　と上条は頭の中で翻訳した。／「……私は宗教防壁で脳と心をも守っているし、人間を超えようとする魔術師は自ら常識(げんかい)を超え、発狂(たどりつく)する事を望んでる。けど、宗教観の薄い普通の日本

人なら——もう一度唱えれば、終わる」(146-7)

　以上の引用から、魔術とは、象徴を通じて「違う世界」に働きかけて現実を操作する術式・儀式——プログラム——だと考えられていることが分かる。それは誰にでも使えるが、常識と違うので、それを使いすぎると常識から逸脱してしまう。魔術師はそのような逸脱を意図的におこなう。宗教は、違う世界に関する知識の体系であり、脳や心の「防壁」として、常識を保ちつつ魔術を使うことを可能にする。それゆえ宗教心の薄い日本人が魔術を使うことは危険である。これが作品世界の中での「魔術」観である。

　また、インデックスの出身地であるイギリスは魔術が盛んなので、「イギリス清教」(作中の言葉でイギリス国教会と清教徒を合成した架空の教団)は魔術に対抗する文化・技術を発達させたという。そのための特別な機関が「必要悪の教会(ネセサリウス)」である。この組織のなかでインデックスはどのような魔術でも中和できるようすべての魔術を記憶させられた (150-1)。だが、それらから世界を破滅させるほどの魔力も得られる。この魔力を手に入れたい魔術師たちは彼女を狙っている。潜在的に強い魔力を持つ人物が組織のせいで戦いに巻き込まれるというパターンである。それに対して、あらゆる超能力や魔力を無力化する右手の持ち主という設定の主人公は敵意を燃やす。少女に無理に魔道書を記憶させておきながら「汚れ」として扱う教会と、その記憶を手に入れて世界を操作しようと狙う魔術師 (154)、インデックスを追い回す魔術結社に対して、主人公・上条は「ゾッとした」(172) という。このような操作的人間関係に怒る「上条は単にインデックスの役に立ちたかった。インデックスがこれ以上傷つくのを見たくなかった。それだけだった」と純粋な関係を志向する人物である。そして、最終的には、魔力を持っていても戦わずにすむような日本社会の日常のなかに、魔術の国イギリスから来た少女を迎え入れ、組織から

守ろうとするが、追っ手とのやりとりのなかで、追っ手が単純な悪ではないことが分かり、善悪二元論が相対化される。このように、前節で見た魔術・宗教的語彙を持つ作品の傾向性が『とある』には凝縮されている。

これまでの引用で、上条は、魔術に関するインデックスの説明を、コンピュータ用語に置き換えて理解しようとしていた。魔術を「プログラム」、脳をOSになぞらえ、普通の人間が魔術を使うことを「OSに対応していないプログラムを無理矢理に走らせる」ことと表現している。別の場面で、魔道書を燃やせばいいじゃないかという上条に対して、インデックスは、弟子に伝えれば意味がない、新たなアレンジを加え、新しい魔術を生み出すのが魔術師だ、と答える。そのとき上条は、魔道書とは「ネットに流れるデータみたいなもの」「元のデータを消したところで、コピーに次ぐコピーで永遠にデータは存在し続ける」「データというよりは、常に変異していくコンピュータウィルスみたい」だと考える（151-2）。

魔術をデータ、プログラム、コンピュータウィルスという用語で理解しようとする上条は、作者自身の姿勢と重なる。作者は「あとがき」で、『とある』を書くきっかけはネットだったと書いている。

　　思えば本書のきっかけとなったのもネットでした。／ＲＰＧなどに出てくる『魔法使い』はＭＰ［マジック・ポイント／パワー、魔力］消費で火の玉から死体の蘇生まで何でもこなす『魔法だから何でもあり』な便利屋さんですが、じゃあ実際にいた（とされる）歴史上の魔法使いってどんな人？［略］実際にどんな理屈で何をやってたの？という疑問を解消すべく、検索エンジンに『魔術師』『実在』などの文字をパチパチ打って調べまくったのが事の始まりです。／それで［略］、あれ？オカルトって割には仕組みは科学っぽいぞ？　という辺りに興味を持った訳で。／ライトノベルで『魔法』を当たり前のように扱ってる電撃文庫で、その『魔法』について深く突っ込んだ作

品っていうのも新しいかも、という流れにあいなりました (296-7)。

この文章からは色々なことが読み取れる。まずＲＰＧを持ち出していることから、ゲームが「魔法使い」のイメージの元となっていることである。1990年代後半から人気を博した魔的存在を使役するゲームが、魔術への関心に影響しているのではないかという筆者の仮説を裏付ける。だが、『とある』以前のＲＰＧやライトノベルに頻出する「魔法」「魔法使い」は、歴史的に実在した魔法、魔術師とは異なるということを作者は知る。ネットは、そのことを知ったきっかけであり、実際のルーツをたどる手段でもあった。つまりすでにこの時期（あとがき執筆時は2003年）のネットには「魔術」に関する歴史的記述が十分にあった。その基礎には専門書の充実があるだろう。歴史的な西洋魔術に基づくことは、作者や編集者にとって「新しい」切り口だと考えられている。実際これまで見たように、今日のネットにおける「魔術」に関する情報は、かなりが『とある』に関連している。その後の魔術・宗教的語彙を用いるアニメの多くは西洋魔術を意識している。このことから、『とある』が現代の若年男性を中心とする魔術への関心の重要な契機だと推測される。

作中ではイギリスが魔術の国だと表象される一方で、日本は無宗教で科学＝超能力の国だと表象される。その教育システムのなかで上条は超能力レベルゼロの落ちこぼれだが、その右手は超能力だけでなく魔力をも無にする「幻想殺し」である（21）。上条は、すべてを情報としてフラットに受け入れ、争いをもたらす宗教・魔術の「力」を無にする平和で無宗教の日本を象徴しているかのようである。それはネットから歴史的な「魔術」情報を引き出し、ネタとして作品に吸収させ、読者に消費させる作者、そしてこの作品に影響され、関連情報をネットで発信する読者や他の作り手の姿とも重なる。

クリエイター向け事典の噴出

　こうした姿勢が『とある』以後に拡大したことを証拠づけるのが、事典・辞典・資料本の増加である（以下、「事典類」と呼ぶ）。とくに「クリエイター」向けをうたったものの登場が近年の特徴である。表5「魔術・宗教的語彙に関する事典類のリスト」（453-464頁掲載）は、国立国会図書館で｛(魔術 or 魔法 or 魔 or ファンタジー or 幻想) and (事典 or 辞典)｝をタイトルに含む本を調べ、さらに複数の本が出ているシリーズとして、「Truth in fantasy 事典シリーズ」（新紀元社）、「F-Files」（新紀元社）、「NEXT CREATOR」（ソフトバンククリエイティブ）、「萌え萌え……事典」（イーグルパブリシング）、「よくわかる……事典」（廣済堂出版）から、最初の検索に含まれないが魔術・宗教的語彙に関係があるものを加え、関連性の薄いものと重複を削除して年代順に並べた文献リストである（2014年11月3日検索）。事典・辞典と銘打っても五十音順ではないものが多く、全体として資料本に近い。逆に上記シリーズの資料本も、諸文化を通覧し、事典・辞典的に使えるものがある。これらの出版年代の分布は次のようになる（表6）。

表6　魔術・宗教的語彙に関する事典類の年代別出版点数

1994まで	1995-1999	2000-2004	2005-2009	2010-2014
9	14	6	44	33

　合計106冊だが、ほとんどは2005年以後である。詳しく見ると、2006年が5冊だったのに、2007年が12、2008年が13、2009年が12と、この3年で年10冊以上に倍増し、2010年で4冊に落ち込み、その後やや盛り返して今日までコンスタントに出版されている。ちょうどスピリチュアル・ブームのピークだった2007年から3年間が出版のピークと跡づけられる。時代の雰囲気が、スピリチュアル、魔術、幻想的なものへと一気

に傾いたと言える。とはいえ、文献リストの内容はスピリチュアル・ブームと関連しない。2007年から2008年にかけては「F-Files」「萌え萌え……事典」「よくわかる……事典」シリーズが、多数出版されている。「萌え萌え……事典」シリーズには、きわめてエロティックなマンガ・アニメ風イラストがついている。「F-Files」は簡略化されたイラストに文字情報、「よくわかる……事典」は文字中心でゲームに出てきそうなリアルなファンタジー系イラストを載せている。いずれも、マンガ・アニメ・ゲームの制作に役立ちそうな内容である。また、「ゲームシナリオ」「クリエイター」「ネーミング辞典」「ライトノベル作家のための」「マンガ／イラストで使える」など、制作に役立つことを直接うたったものは2010年代以降に多い。

　これらのなかで比較的よくできている東方創造騎士団『ライトノベル作家のための魔法事典』(ハーヴェスト出版、2012)を取り上げよう。章のタイトルは「魔術」「占い」「魔術用語」「アイテム」「組織」「人物」「魔導書」であり、書名には「魔法」が使われているものの、実際には「魔術」を中心とするものであることが分かる。

　例として宗教学でよく知られており、先ほどの『とある』にも出てきた「マナ」を取り上げる。まず、アメリカのＳＦ作家ラリー・ニーヴンの小説『魔法の国が消えていく』において、魔法を使うために消費されるエネルギーとして「マナ」という言葉が使われたこと、マナが枯渇した場所では魔力が使えず、魔物は死亡・変異してしまうという設定、殺害した相手からマナを奪い取る妖術師などが紹介される。この作品に影響されて、さまざまな作品が「マナ」という言葉を使っていることが紹介される。そして、元はメラネシアで発見され、キリスト教宣教師によってヨーロッパに伝えられた概念だとし、人類学者モースの説がニーヴンに影響を与えたとする。加えて、旧約聖書に出てくる神が与える不思議な食料「マナ」についても別の言葉として紹介する。最後に「ライトノベルではこう使え！」

という欄では、魔法に説得力を与えるものとしてマナは使えるとし、世界設定のためにたとえばマナの濃淡が地域によって違うなどというアイディアはどうか、マナの根源として人間の感情、死者の魂、天使・悪魔、精霊を当てはめてみてはどうかなど、具体的に提案する。マナは実は極小サイズの機械（ナノマシン）だったというのも意外性があって面白いなど、きわめて踏み込んだ提案まで書かれる。食料としてのマナについても具体的な使い方に言及する。これで見開き2ページの「マナ」の解説である（72-3頁）。

　全体で114項目あるが、一見すると宗教学関係の事典類と項目の内容はさほど変わらないように見える。しかし、「レメゲトン」や「ガルドラボーク」などの魔導書の名前は、『世界宗教辞典』の索引にも載っていない。ところがネット上のWikipediaには詳しく解説されている。Wikipediaのそれぞれの項目の編集履歴を見ると、「レメゲトン」は2007年10月12日に、「ガルドラボーク」は2010年1月3日に最初の記事が書かれている。レメゲトンの記事を最初に投稿したPeehyoro Acalaは自己紹介ページでアニメとオカルトに関心があると書いている[3]。これらWikipedia上のマイナーな知識は、2007年以降の魔術・ファンタジー関係の事典類の出版ラッシュと同時に、拡大、拡充され、ネットで共有されるに至ったことが分かる。なお、Wikipediaの「マナ」の項目にも「マナの登場するファンタジー作品」というサブ項目がある。これが追加されたのも2007年（7月16日）であることが編集履歴から分かる。

　これらの事典類の項目の内容は、もはや実在する宗教に関する語彙の解説の範囲を越えている。非実在のフィクションでどれだけ使われているか、また使いやすいかが収録の基準となっているのである。これらの語彙の定着は次のようなものであろう。まず1）神話学者、言語学者、宗教学者、歴史学者、人類学者の学問的成果から、ある語彙が特定作品に借用される。2）それが他の作品にも影響を与え、語彙が共有される。3）影響

力のある語彙が時間を経て残り、標準化が進む。こうした語彙の借用と共有と標準化は『とある』の出た2000年代から進み、2007年以後に加速し、魔術・宗教的語彙を用いたおびただしい作品群、そしてネットでの「魔術」への言及に結実する。

消費から共有へ——受け手から創作者へ

　作り手のための事典類がこれほどまでに受容されるということ自体、作り手と受け手、クリエイターとオーディエンスの境界が曖昧になっていることを意味する。さらに今日では、著名な出版社から作品を発表せずとも、ネット上で作品を発表することができ、反応を得ることもできる。同人誌は単体では商業ベースに乗らないが、それらを売買する「コミケ」などは巨大な市場を形成している。これは受け手が作り手側に回りやすい環境が整っていることを意味する。

　また、ファンによるレビューや、ブログ、ソーシャル・メディア上での感想の共有、コメント書き込み機能のついた動画サイトなども、作り手と受け手の境界の流動化を進めている。というのも、そこでの投稿は、受け手の反応であるだけでなく、それ自体も、閲覧する別のユーザーにとってはコンテンツとなるからである。とくにSNS上では、自分の趣味や趣向を他のユーザーと共有することで、クラスターが形成され、相互に作品の理解を深め合ったり、類似作品についての情報を教え合ったりすることが可能である。この場合、ユーザーは互いに誰かのコンテンツであり、自分自身も一種の作品となる。話題となったアニメ作品については、深夜であっても放映と同時にツイッターで感想がつぶやかれ、リアルタイムな「トレンド」としてキーワードが表示される。単なる視聴者の声にとどまらず、それ自体が作品を補完するコンテンツとなっているのである。

　その意味で、「魔術師」という言葉を含むアカウント名が、ツイッターのユーザー検索「魔術」で多く見いだされたことは象徴的である。実際に

彼らが魔術について積極的に発言しているかどうかはともかく、魔術・宗教的語彙を含むメディア作品の受け手がそれについて発言することは、魔術・宗教的語彙を選別し、関連づけ、仮想上のデータベースを更新する営みである。彼らは、魔術に関する語彙を受け継ぎ、使いこなすという意味で「魔術師」なのである。

　さらに、以前は目立っていなかった現実の魔術師、魔女も、今日ではソーシャル・メディア上で自己表現をしている。筆者はすでにインタビュー調査にもとづいて「現代日本の魔女たち」という論文を発表している（堀江 2014）。それによれば、日本の魔女の草分けと言えるヘイズ中村は百科事典類から魔術に関わる知識を摂取し、本人も魔女・魔術関連の本を翻訳し（Green 1987 など）、『魔法世界元ネタ図鑑』（ヘイズ中村・魔法研究会 2013）などのネタ探しを用途とする資料本を刊行している。より若い世代の谷崎留美はネットを介して秘教的な知識を収集し、セルフ・イニシエーションでソロ魔女になった。さらに彼女も加わっている東京リチュアルは、新たな儀礼を創作し、イベントを積極的に開催して、ネット上で公開している[4]。

　また、今は休止している majyocco sabath というクラブ・イベント（2011-2013）は、ＤＪによるダークで幻想的な音楽、トークショー、幻想的な絵画作品・アクセサリー、薬草・オイルの展示・出品、関連書籍の販売、占いブースなどで構成されていた[5]。筆者は4回ほど参与観察しているが、来場者・出展者は長年魔術・魔女に関わっている中年層の男女と、以前からのスピリチュアル系の実践者、ゴス系ファッションに身を包んだ若年女性からなり、全体としては男女半々である。来場者の服装も、魔女や魔術師をイメージした黒い服装が多い。2013年8月22日の回には魔術・魔女に関するアニメについての座談会も含まれていた。こうしたイベントは、メディア作品にとどまらない「魔術」への関心の高まりを示すと同時に、従来はバラバラであった音楽や美術やゴス・カルチャーを含

むさまざまなジャンルと人々を結びつける役割を果たしている。このイベントに関する情報や感想はソーシャル・メディア上でも共有され、それと相乗効果で、関心を共有する人同士が新たに交流を開始している（筆者の観察による）。

　本稿は、冒頭のネット調査に基づき、数量的に多くの情報が集中しているアニメを研究の焦点としたが、西洋の儀式魔術や魔女術を実践している人々はまさに、魔術に関する知識を事典編集的に選別し、つなぎ合わせ、自らを「魔術師」「魔女」として創作するという意味で、「サブカルチャーの魔術師たち」であると言えるだろう。

5　研究の意義
──サブカルチャー研究と「宗教」研究のあいだで

　最後に先行研究を概観し、現代日本の魔術関連創作物の噴出を、文化現象として、宗教現象としてどのように位置づけるかを考え、同時に本研究の意義についても述べておきたい。

サブカルチャー研究への肉付けと魔術・宗教的語彙への注目

　本研究がサブカルチャー研究の一つであることは間違いない。ヘブディジによれば「サブカルチャー」とは、主流文化の要素の使用法を変え、その記号を変え、新しい文脈に位置づけ、異なる解釈を示す若者のスタイルである（Hebdige 1979）。この意味で、歴史的な魔術・宗教的語彙を参照しつつ本来の用法や文脈と無関係に借用し、現実と異なる世界を構築する現代的な作品群、その作り手と受け手を指すのに「サブカルチャー」という語はふさわしい。ただし、今日のサブカルチャーの担い手はヘブディジが注目した英国のモッズやパンク以上に自覚的に、自分たち自身を一種の創作物として提示している。それを端的に表しているのは、作中人物に扮

装するコスプレであろう。もう一つの変化としてあげられるのは、サブカルチャーそのものが、今日では固定的な文化集団と同一視することができないということである。日本での「サブカル」という語は、マイナーなメディア作品をめぐる文化現象とほぼ同義のように使われている。魔術・宗教的語彙を持つ創作物も、すでに見たようにかなり多くの作品が作られ、語彙に関わる書籍が出版されているのだから、今日的な意味で「サブカル」の一つと見なすことはできる。だが、それは必ずしも可視的な集団を伴っていないのである。

　絶え間ないシミュレーションの末、コピーがオリジナルを持たず、コピーのままで増殖していくのを「シミュラークル」として、あらゆる文化現象を読み解こうとしたボードリヤールの議論の方が、今日の魔術・宗教的語彙を持つ創作物をめぐるサブカル的状況を記述するのに有効かもしれない（Baudrillard 1981）。オリジナルな歴史的事象より、そのコピーであるフィクション作品に頻出する宗教・魔術的語彙を選別し、蓄積し、データベースを構築し続ける現象は、まさに「シミュラークル」である。それは、現実を加工した新しいスタイルが陳腐化し、次の古い現実になっていくという図式ですらない。現実を超えた次元でコピーが繰り返されて出現する別の現実を、ボードリヤールは「ハイパーリアリティ」として記述するが、まさにそれに当たる。ただ、ボードリヤールの議論はある種の構築主義、現代の唯名論であり、すべての文化的事象をシミュラークル、ハイパーリアリティとして記述するものである。今日のマンガ・アニメ文化が従来の文化以上に現実から遊離していることを示すためには、指示対象が一般的すぎる。他方、ボードリヤールは宗教をもハイパーリアリティの構築物とし、イメージがそれを崩壊させる段階を概略的に示す。筆者の補足も交えてまとめるならば、次のようになる。1）イメージがリアリティを表象するという素朴な実在論から、2）イメージがリアリティを歪曲するという偶像破壊、否定神学を経て、3）リアリティの不在を覆い隠してい

るという近代の無神論から、4）イメージはいかなるリアリティとも無関係だというポストモダンのシミュレーション論に到着する。このような歴史的段階説をボードリヤールは持っているようである（17＝邦訳8）。これはボードリヤールの議論そのものをも歴史的に相対化する諸刃の剣であるが、サブカルチャーの歴史的位置づけには有用であろう。

　歴史的位置づけを意識しながらマンガ・アニメのサブカルチャーを論じているものとして、東浩紀の「データベース消費」論があげられる（東2001）。東はボードリヤールのようにすべてがコピーだというポストモダニズムの一般論にマンガ・アニメを解消させず、キャラクターの類似性や部分的改変に着目し、受け手は作品自体を消費しているのではなく、その背後にあるデータベースを消費しているのだとした。本研究の魔術・宗教的語彙を持つアニメ作品の分析は、それを可視化するような作業である。すでに見たように、対象作品群は、ストーリーにもキャラクターのジェンダー関係にもパターンの類似性があった。作品のオリジナリティへのこだわりがあるとは言えないだろう。背景的データベースがあるかのように前例を参照しながら作り、楽しむという消費の形態は、東の言う「データベース消費」の典型と言える。さらに、本研究では背景的データベースを可視化したような事典類の消費も指摘した。

　東はその後、大塚英志のマンガ・アニメ的リアリズム論——マンガ・アニメは現実を写生するのではなく虚構を写生している——を参照し、今日の作品は、ゲームのように物語とキャラクターを複数化し、死によってリセットしており、ゲームを写生しているというゲーム的リアリズム論を展開した（東2007）。本研究の場合、魔力（＝物理的戦闘力）を持つ魔的存在の使役としての「魔術」という魔術観は、歴史的にはリアリティがないものの、1995年以降のカード・ゲームに親しんだ特定世代の若者にとってはごく自然に受け入れられることを示唆した。つまり、彼らが親しんできた、神話的キャラクターと魔力の繰り広げられるゲームを写生するもの

として、宗教・魔術的語彙を持つ作品群はとらえられるのである。

　本研究は、サブカルチャー研究の文脈で論じられてきたことを肉付けしたと言える。だが、先行するサブカルチャー研究は、不思議とも思えるほど魔術・宗教的語彙の借用という現象に光を当てない。それを取り上げたのが本研究の貢献だと言える。また本研究は、受け手が情報を消費するだけでなく、共有することで、自ら発信者となり、自分自身をいわば「魔術師」として創作していることも明らかにした。

　一方、データベース消費やゲーム的リアリズムの理論は、宗教や神話に関する理論と並べるならば、さまざまな現象の背後に共通の構造や元型を仮定する本質論的な構造主義と、形式上は類似している（松村1999参照）。それは宗教研究や神話研究においては、研究者のモデルの実体化、個別現象の特殊性の還元として批判される旧式の理論と言われかねない。東の議論に限らず、現在のサブカルチャー論にはこうした隣接分野での議論の水準に対する目配りが乏しい[6]。

　しかし、宗教学者は今でも宗教や神話関係の事典類や概説書を編纂している。それはある程度の一般化を伴う以上、本質論的にならざるをえない。魔術・宗教的語彙を持つ作品はそれを意図的に模倣しつつ改変する。あたかも作品群が背景的データベースを共有しているかのように、語彙を標準化してゆく。それを記述するのに東らの理論は特化しているだけなのである。宗教理論では批判されがちな本質主義や還元主義は、今日のサブカルチャーではすでにリアリティを持たされてしまっている。分析者が措定した背景的データベースに複雑な現象を還元しているのではないかという批判は当たらない。すでに生成されている作品群が十分に情報をそぎ落とされ、パターンに還元されているからである。そしてそのことが、サブカルチャーの当事者にとっては、物語の生成と共有にかける時間や労力のエコノミーに役立っている。このような事態を理解するのには、むしろ時代遅れの元型論や本質論的な構造主義のほうが適している。さらにそのよ

うな言説が作品の生成にも影響を与え、還元を強化するだろう。だが、元をたどるならば、このような事態に宗教学をはじめとする人文知は多少なりとも責任を負っているのである。

　　　　「宗教」とサブカルチャーはどちらがリアルなのか
　最後に宗教研究の文脈での本研究の意義を考えておこう。すでに、正統的な宗教文化から外れた周辺的な宗教現象の相互作用や緩やかな結合を指す述語としては、「カルティック・ミリユー」がある（Kaplan and Lööw 2002）。さらに、パートリッジはそれを拡張し、エソテリシズム、神智学、神秘主義、ニューエイジ、ペイガニズムなどと結びつけられる逸脱的な信念と実践、その他のサブカルチャー的な信念と実践を含む、広い意味でオカルトと関連する文化現象を「オカルチャー」という用語で表した（Partridge 2004）。日本の研究でもこのような用語と類似するものとしては、やや広い概念だが、西洋的文脈を越えて日本も含めたグローバルな展開を包括的に理解しようとする島薗進の「新霊性文化」がある（島薗 2007）。また、新宗教が伝統宗教との連続性を弱め、さまざまな素材を異なる文脈から折衷する傾向を井上順孝は「ハイパー宗教」と呼び（井上 1999）、平藤喜久子は、ゲームにおける神話的素材の借用をも視野に入れ、「ハイパー神話」と呼んでいる（平藤 2008）。西洋でも、ポッサマイ（Possamai 2012）らが精力的に研究している「ハイパーリアル宗教」（ポピュラー文化に素材を持つ宗教）についての研究、スターウォーズなどのファンたちが作った「虚構に基づく宗教」を「歴史に基づく宗教」と対比させる研究もある（Davidsen 2013）。
　しかしながら、これらの議論は、神話の借用に焦点を当てた平藤を除けば、社会的実体を持つ文化現象を主な対象とし、それを既存の「宗教」概念との関係でとらえようとする。「宗教マンガ・アニメ」を主対象としたトーマスも、既存の宗教概念を拡張することでマンガ・アニメの宗教性を

読み取ろうとし、作品を超えたオーディエンスの受容に注意を寄せつつも、それを宗教との類比関係で理解しようとする（Thomas 2012）。山中弘など何人かの宗教研究者が宮崎駿の作品について言及しているが（山中 2003）、個別の作品や作家を取り上げ、それを宗教観、宗教思想、宗教的機能と結びつけて論じるものが多い。だが、宮崎のように宗教学的素養を持ち、宗教や神話に関する知識を作品に詰めこもうとする作家のなかに宗教性を読み込めるのは当然であり、それを指摘することが研究として生産的とは思われない。むしろ、作家が「宗教」にならないように注意しつつ、宗教学的知識を再生産し、別のものに変えてゆく創造的なプロセスを、「宗教」概念と切り分けて主題化するべきではないだろうか。

　「宗教」と距離を取り、過去のファンタジーやフィクションをある種の「伝統＝伝承」として発見＝再構成し続け、語彙のデータベースを更新してゆくような、それ自体は社会的実体性を持たないサブカルチャーは、これまでの宗教研究であまり論じられてこなかった。非実体的なサブカルチャーは宗教社会学の研究者からは軽視されるかもしれないが、現代日本の「サブカル」の当事者──「魔術師」たち──にとっては、親近感の沸かない過去の宗教伝統やオウム以後存在感を弱めた新宗教より、ずっと大きなリアリティを持つ。個人主義的とはいえ、なお特殊な信念と実践をリアルなものとして奉じているスピリチュアル・ブームの担い手とも、「サブカルチャーの魔術師」たちは距離を取っている。魔的なものへの関わりは、あくまで「リアル」な世界に持ち出してはいけないのであり（このタブーを犯すと「中二病」として嘲笑される）、虚構、趣味だと装わなければならない。ところが、この「虚構」と自称されるデータベース的な非実体的サブカルチャーのほうが、彼らにとっては、現実の宗教史に登場する「宗教」よりもはるかに大きな存在感を持っているのである。

　このサブカルチャーが本当に虚構なのか、逆に宗教は本当にリアルなのか、理論的に突き詰めるとシンプルな回答は出ない。近代におけるメル

ヒェンやファンタジーは、宗教学をはじめとする人文知なしには成立し得なかった。グリム兄弟は言語学者、トールキンは文献学者、ルイスは神学者・宗教学者であり、近年の日本でも『学校の怪談』シリーズは民俗学者である常光徹の手による。今日の魔術・宗教的語彙を操るサブカルチャーは、宗教学者をはじめとする人文系の研究者の神話や伝承の研究に端を発している。巨視的に見れば、このサブカルチャーは、人類の発生以来、伝承や伝播を通して受け継がれてきたさまざまな物語の延長線上にある。文字化される以前の物語の継承は決して正確なものではなく、変形や再構成や類話の蓄積など、東が「データベース消費」と呼んだものと同じ流動性を備えている。むしろ、「文字の文化」の影響を受けた教典宗教、いわゆる近代的な意味での固定的な教義・組織・メンバーシップを持った「宗教」の方が、民間伝承からサブカルチャーへと連なる「声の文化」の系譜の上では異質に見える（cf. Ong 1982）。「宗教」も成立当初は口頭伝承に依拠していたが、ある時期から、物語の内容を歴史的実在として固定化し、他の物語に対する排他的真理を主張するものに変化する。現代日本のサブカルチャーの当事者から見れば、そうした「宗教」、とくに今日のいわゆる「原理主義」に見られるような「伝統の発明」こそ虚構だと思われるだろう。

　これらをフラットに物語やイメージの生成の形式として相対化し、そこから宗教とスピリチュアリティとメディア作品中心のサブカルチャーを扱い、相互の関係を明確化するような研究の端緒として、本研究が貢献することになれば幸いである。

表4　アニメ分析一覧表

作品名	放送開始日（再放送含む）	オリジナルの媒体	公式サイトおよびWikipediaの作品説明中の魔術・神話・宗教的語彙	西洋宗教か日本宗教か	使役関係	脱善悪二元論的傾向	ジェンダー関係：ハーレム型、逆ハーレム型、群像型、アマゾネス型
夏目友人帳肆	2012年1月2日	マンガ	妖怪［神との境界が不鮮明］。妖力。祓い人。化け猫	日本	○	○退治ではなく友好関係	妖怪に襲われる美少年が難を切り抜け、人との絆を築くのを鑑賞する視点（もとは少女マンガ）
魔法少女リリカルなのはStrikerS	2012年1月5日	ゲーム	魔法少女。魔法学校。魔導師。ケリュケイオン（元はヘルメス神の杖）、竜の召喚	西洋	○使い魔	一種の警察機関に属しているので×？	アマゾネス型。少女の成長物語
ゼロの使い魔F	2012年1月7日	小説	魔法学院。魔法使い。使い魔。吸血鬼。精霊、魔獣、ドラゴン	西洋	○使い魔。ただし恋愛関係がミックス	不明	ハーレム型。魔法美少女にペット的存在として使役され服従する少年。ラブコメ的
偽物語	2012年1月7日	小説	動物の怪異。化け物。人間の情念に感応して憑依	日本	使役関係よりも憑依関係という意味で○	○妹が怪異の化けた偽物であると分かっても家族として共生	怪異的美少女に囲まれるハーレム型
妖狐×僕SS	2012年1月12日	マンガ	妖怪。先祖返り。妖館。妖狐。鬼、九尾の狐などの血を継いだ子孫が先祖返りしたもの	日本	○美少年で強い力を持つ妖狐が主人公の少女の召使いになる	△複数の妖怪が共生するマンション妖館が舞台	力強い美少年を犬として従わせる
魔法少女まどか☆マギカ	2012年2月8日	アニメ	魔法少女。魔女。キュウべえという地球外生命体。契約を迫り、少女を魔法少女に変える	西洋	○魔女に使い魔がいる	○善悪の視点の反転。戦いと悲しみのない世界への希望	アマゾネス型。少女同士の友情・愛情。純粋な願いを持つ魔法少女が穢れを蓄積して悪しき魔女になるという設定
緋色の欠片	2012年3月5日	ゲーム	玉衣姫。鬼。巫女。狐。魔術。セフィロト。ロゴス。鬼斬丸という世界を破滅させる力を持った刀。そしてその封印を守る者たち。それを奪おうとする者たち	日本と西洋	○主従関係	不明	逆ハーレム型。元は女性用の恋愛ゲーム
黒魔女さんが通る！！	2012年4月4日	小説	魔女。黒魔女。オカルト。魔法。ギュービッドと呼ばれる黒魔女のインストラクター。その他、読者考案の魔界の存在も	西洋	一部○、使い魔も	×冒険であり予定調和	少女向け児童文学。小学生向け教育テレビ番組内アニメ

作品	日付	種別	要素	舞台			特徴
これはゾンビですか？オブ・ザ・デッド	2012年4月4日	小説	ゾンビ。魔装少女。吸血忍者。妖精。冥界から来たネクロマンサー。そしてそれによってよみがえったゾンビなど	西洋	×	不明	女装少年。戦闘美少女の亜種。ラブコメ
かんなぎ	2012年4月7日	マンガ	樹の精霊。神樹。産土神。ケガレ	日本	×	×激しい対立が最初から薄い	ハーレム型。神である美少女のアイドルとしての活躍
Fate/Zero 2ndシーズン	2012年4月7日	小説	聖杯。魔術師。英霊。使い魔。聖堂教会。魔力。怪物。海魔	西洋	○	○聖杯戦争の終結を志向	群像型
黄昏乙女×アムネジア	2012年4月8日	マンガ	旧校舎の幽霊。怪異。学校の怪談。怪奇現象。霊界。隠れ鬼。悪霊。神隠し。人身御供。人柱	日本	×	○正体不明の幽霊（神隠しの悪霊？）との共生	幽霊の美少女と他の美少女に愛される少年。ハーレム型
人類は衰退しました	2012年7月1日	小説	妖精さん。人類の衰退	西洋	×	○旧人類の調停官による人類を衰退させた妖精との交流	女性が主人公。妖精との戯れ
夏雪ランデブー	2012年7月5日	マンガ	幽霊	日本	憑依。使役の状態も。○	○未浄化霊の純粋な愛情、死による再結合？	女性が主人公。生死を超えた愛情
はぐれ勇者の鬼畜美学（エステティカ）	2012年7月6日	小説	異世界。魔法。魔王。魔王を倒した勇者。拳神	西洋	×	×	ハーレム型
カンピオーネ！～まつろわぬ神々と神殺しの魔王～	2012年7月6日	小説	神話からはずれて災厄をもたらす「まつろわぬ神」。神殺しの魔王カンピオーネ。魔術書。魔術結社。魔術関係者の監査機関。神器。神具。アテナ。ペルセウス。スサノオ。神話に登場する神々	西洋	○神獣や使い魔の召喚	○主人公は平和主義者。しかし争いに巻き込まれ、神殺しの力を持つ。神々の方が暴力的と描かれる	ハーレム型ラブコメ
劇場版 FAIRY TAIL 鳳凰の巫女	2012年8月18日	マンガ	鳳凰、魔導師、巫女、魔法、魔力	西洋	○	○魔法は善か悪かの問い。死そのものは悪なのではなく、愛のもとだという死生観	群像型、少年マンガ、恋愛より友情
新世界より	2012年9月28日	小説	呪力を持った人間。人間に使役される幻獣。怪物。化け物。不浄猫。真言（マントラ）。悪鬼。業魔化	日本	○幻獣の使役。絶対的な力を持つ呪力を持つ人間への反乱	○支配服従関係への抵抗というモチーフ。人間と幻獣との間。能力を持つ若者を養成する大人。呪力の管理。共生を志向する少数の登場人物	美少女と美少年の群像型。受容者は男性・女性に限定しない

作品名	日付	種別	要素	舞台	世界観	戦い	特徴
神様はじめました	2012年10月1日	マンガ	土地神。神使。あやかし。妖怪。化身。鞍馬。雷神	日本	○神と神使	△戦闘能力があることをほのめかしながら、深刻な戦いには至らない	少女マンガ。美少女の主人公に美少年の神使が多数関わってくる逆ハーレム型
絶園のテンペスト	2012年10月4日	マンガ	魔法使いの一族。それと契約することによって普通の少年が魔法の力を得る。創造の力を司るはじまりの樹。破壊の力を司る絶園の樹。魔具	西洋	△創造と破壊の二つの樹という神的存在に仕える人間	○二つの樹が善悪二元論的な戦いを象徴するが、黒鉄病という人類にとっての悪が最終的な破壊を防ぐためのものであるなど善悪の基準が分からなくなるような設定	群像型。美少女に翻弄される少年という設定だが、二人の少年をBL的に見る余地を残す
マギ	2012年10月7日	マンガ	魔法。アラジンの笛によって現れる魔神、魔法の絨毯。魔力とその元になるルフ。魔法学校。魔法道具。魔法装置。魔導師。回復魔法	西洋	○	戦いのための準備をしている途中。ここまでは旅と冒険と奴隷状態からの解放	少年マンガ。女好きの登場人物だが恋愛はテーマにならない
まおゆう魔王勇者	2013年1月4日	小説	魔王。魔族。魔界。妖精	西洋	○身分制社会における使役関係。部族社会。幻獣の使い魔はいる	○人間と魔族が戦う設定の世界で、魔王を討伐することを目指す勇者だが、経済学的知識を持つ魔王に討伐が問題解決にならないと説得され、結局は魔王と愛し合う関係に	美少女である魔王に愛される勇者。ややハーレム型
八犬伝－東方八犬異聞	2013年1月5日	マンガ	四獣神家。妖。鬼。狐。妖刀・村雨。教会。癒し。生き神。土地神	日本と西洋	○カラスの形になることもある、腕に宿る妖刀など、犬との共生、鬼への変身など身体の分身	不明	BL誌掲載。美少年。美青年
戦勇。	2013年1月8日	マンガ	魔物。魔王。勇者。魔女。封印	西洋	○魔物の召喚	○魔王と勇者なのに馴れ合う	美少女が魔王
ささみさん@がんばらない	2013年1月10日	小説	日本と世界の神話の神々。あらゆるものに宿っている。それが実体化したものが妖怪。天岩戸。根の国。つるぎ。かがみ。月読神社。悪徳オカルト結社アラババキ。ゴーレム。九頭竜	日本と西洋	不明	不明	美少女もの

タイトル	日付	種別	キーワード	西洋/日本	精霊等	ストーリー	キャラクター
問題児たちが異世界から来るそうですよ？	2013年1月11日	小説	超能力者、「箱庭」の神的存在。神魔の遊戯。白夜叉。吸血鬼。ペルセウス。火龍。精霊。魔王	西洋	○キャラクターによっては精霊などを使役	△ギフトを用いたコミュニティ同士の戦い（ギフトゲーム）。戦争というよりは競技。魔王など「神魔の遊戯」。超能力者は必然性もなく巻き込まれていく	群像型。美少女キャラは登場するが、男性キャラの活躍の方が目立つ
RDG レッドデータガール	2013年4月3日	小説	熊野古道。神社。姫神。憑依。山伏。呪術。幽霊。陰陽師。戸隠忍者	日本	○式神	不明	群像型。男女とも美しい容姿。学園もの
はたらく魔王さま！	2013年4月4日	小説	聖十字大陸。悪魔大元帥。魔王サタン。聖剣。勇者。魔力エネルギー弾。ルシフェル。死神。大天使サリエル	西洋	不明	○魔王を退治しようとする勇者が魔王と共生することになる	魔王がフリーターとして生きる普通の男性の姿をし、複数の美少女キャラクターに囲まれるハーレム型
DEVIL SURVIVOR 2 the ANIMATION	2013年4月4日	ゲーム	死に顔サイト。死に顔動画（ニカイア）。魔方陣。悪魔。悪魔使い	西洋	○ゲームがオリジナルであることと関連	○宇宙からの謎の侵略者との戦い。侵略者もそれと戦う悪魔も幻獣のような感じ。つまりどちらも魔的	群像型。プレイヤーとしてのキャラクター
デート・ア・ライブ	2013年4月5日	小説	精霊。封印。天使の召喚	特定できず	○「天使」は使い魔に近い	○精霊は敵だが主人公と恋愛をし、デートをすることによって戦闘不能になる	ハーレム型
絶対防衛レヴィアタン	2013年4月6日	ゲーム	妖精。竜族。魔法。大魔導士。ガーディアン。レヴィアタン。ユルルングル（アボリジニ神話に出てくる虹の蛇）ヨルムンガンド（北欧神話に出てくる蛇の怪物）。バハムート（ベヒモス）	西洋	不明	○宇宙からやってくる敵から世界を防衛するので、ストーリー自体は善悪二元論。しかし、キャラクター名の元は怪物で本来は退治されるべきものであり、設定自体が善悪二元論をずらしている	アマゾネス型
アラタカンガタリ～革神語～	2013年4月8日	マンガ	天和国（あまわくに）。剣神（はやがみ：剣の形を取った神格）。鞘（しょう：神の力を胎内に収めることのできる人間）。十二神鞘。鬼化（鞘が負の感情に飲み込まれ暴走すること）	日本	○鞘であるはずの人間の方が剣である神を使う	○十二神鞘どうしの戦いを終わらせるための戦い	群像型、少年マンガ

サブカルチャーの魔術師たち | 457

タイトル	日付	種別	要素	西洋/日本	用語	内容	類型
幻影ヲ駆ケル太陽	2013年7月6日	アニメ	タロット。人間の魂を糧とする悪魔のディアボロス。自然の力を根源とするエレメンタル・タロット。占い師。ダエモニア。ケルブレム	西洋	○タロット使いという言い方	○人間の心の闇から殲滅するべきダイモニアが発生するが、その声に耳を傾けることで葛藤が生じる	アマゾネス型
〈物語〉シリーズ セカンドシーズン	2013年7月6日	小説	怪異。幽霊。式神。ご神体。吸血鬼	日本	○憑依、式神	△危害を加えるかと思えばなれ合う、の繰り返し	ハーレム型
神さまのいない日曜日	2013年7月6日	小説	墓守。不死。死神	特定できず	×	○「死者」でありながら生きているのを殺すことが善である世界。最初から善悪がねじれている	群像型
ハイスクールD×D NEW	2013年7月7日	小説	神器。悪魔。聖剣エクスカリバー。オカルト研究会。ヴァンパイア。天使。堕天使。魔王。聖剣アスカロン。魔法少女。魔術師	西洋	○下僕、低級悪魔など、支配や階層の観念	○悪魔世界が舞台だが社会のようになっている	ハーレム型。上級悪魔になりハーレムを作るのが主人公の夢
有頂天家族	2013年7月7日	小説	狸。天狗	日本	×	○人間と同様の意思を持つ魔物であるような動物を、人間が食べること、彼らが自ら食べられることの是非を巡る葛藤	群像型
ブラッドラッド	2013年7月7日	マンガ	魔界。吸血鬼。狼男。幽霊。魔力。生き返り	西洋	力による支配○	○魔界が舞台だが社会のようになっている	群像型に近いがハーレム型の要素も
魔界王子 devils and realist	2013年7月7日	マンガ	ソロモン。ダンタリオン（悪魔の名前）。魔界。降霊術。シトリー。サバト。大天使ミカエル。法悦。ルシファー	西洋	○悪魔は主人公によって召喚され、従っている	○大天使ミカエルが「法悦」を与えると悪魔は自由意志をなくして、自由意志をもった他の悪魔たちをおそう。大天使の方が悪のように見え、善悪が反転	逆ハーレム型ＢＬ風（美少年が複数の美男子に囲まれる）
あの日見た花の名前を僕たちはまだ知らない。	2013年7月11日	アニメ	公式ＨＰには宗教的用語はないが、死霊との交流を扱っている	特定できず	×	該当せず	群像型
Fate/kaleid liner プリズマ☆イリヤ	2013年7月12日	マンガ	魔法。魔法少女。魔術師。英霊	西洋	○言葉をしゃべるマジカルステッキ	不明	アマゾネス型。少女同士の友情

作品名	日付	種別	キャラクター・用語	背景	戦闘	ストーリー	備考
ガイストクラッシャー	2013年10月2日	ゲーム	ガイスト、ゼウス、オリンポス、フェンリル、グリフォン、オロチ、ユニコーン、ゼウス、ガルーダ、リュウジン、ヤタガラス、その他、ガイストに対して既存の神名、幻獣の名前多数	西洋、東洋	○	不明	少年中心
境界の彼方	2013年10月2日	小説	妖夢（普通の人の目に見えない妖怪のようなもの）。虚ろな影（実体を持たない強力な妖夢）。異界士（妖夢を討伐する者）	日本	×	○半妖である少年と異界士である少女の恋愛。少女の家は「地の一族」で悪と見なされ、忌み嫌われ、それを払拭するために戦い続けていた	オタク的コミュニケーションを軸にしつつも一対の男女のラブストーリー
狂騒戯画	2013年10月2日	アニメ	妖怪、モノノケ、稲荷、鞍馬、鬼、黒うさぎ。明恵上人（稲荷とも言う）、絵を描き、それから超常的存在を生み出す。鞍馬、鬼、黒うさぎなど。黒うさぎ（古都という名前）との間に主人公の青年明恵をもうける。アラタマ、式神	日本	○	不明	不明
アウトブレイク・カンパニー	2013年10月3日	小説	ドラゴン、異世界、ハーフエルフ	西洋	不明	△異世界における種族間問題。オタク文化を伝えることを文化的侵略と考えるテロリストの出現	ハーレム型。ファンタジー的な美少女キャラに囲まれ、尊敬されるひきこもりのオタク男子
Angel Beats！特別編「Stairway to Heaven」	2013年10月3日	アニメ	若くして理不尽な死、死後の世界、神への復讐、天使との戦い。それ以上死ぬことのない戦いを繰り広げる青春学園ドラマ。未練がなくなると消滅し、転生する	不明	×	○復讐心から天使と戦闘していたが、自分の死を受け入れ、やがて和解へ。消滅	ハーレム型。少年と複数の美少女。うち一人は少年が告白したことにより満足して消滅するが、転生した後再会
ストライク・ザ・ブラッド	2013年10月4日	小説	吸血鬼。剣巫。攻魔師。霊槍。魔族特区。アスタルテ。獣人。天使。魔女。魔力。監獄結界。魔導医師。魔道書。竜脈。魔獣。	西洋	○眷獣	△戦いがあっても学園ものの枠に収まる	ハーレム型

タイトル	発売日	媒体	キーワード	西洋/日本	善悪	その他特徴	キャラクター
勇者になれなかった俺はしぶしぶ就職を決意しました。	2013年10月4日	小説	勇者、魔王、マジックショップ、「家電」＝魔法を元にしたグッズ、なまくら剣	西洋	不明	○魔王を倒すなりたかった若者と魔王の娘が同じ職場	ハーレム型。オタク的な少年と美少女
夜桜四重奏〜ハナノウタ〜	2013年10月6日	マンガ	妖怪、奇怪な事件、言霊、妖変化、龍脈、心を読むことができる「サトリ」	どちらかと言えば日本	○死霊や式神を使うキャラクターもあり	○人間と妖怪の共生	「美少女とクールな少年」
ぎんぎつね	2013年10月6日	マンガ	稲荷神社、狐その他の神使、占い、夏越の祓	日本	○神そのものは登場せず神使が主役	△異様な形相を持つツンデレの狐と異類間の愛情を育んでいるようにも見える。争いや葛藤は大きくない。個人的悩み	少年・青年マンガが原作だが、アニメは女子高生目線。異性愛より、神使との愛情ある交流（やがては人間の方が先に死んでいくはかない関係）がメイン
機巧少女は傷つかない	2013年10月7日	小説	機巧魔術（マキナート）、ヴァルプルギス、自動人形を操る魔術師（人形使い）の学院、魔触の都市、魔術師の頂点「魔王（ワイズマン）」の称号をかけた戦い「夜会」。自動人形を襲う魔術喰い。魔術結社「新機関（ノヴム・オルガヌム）」	西洋（英国）	○魔力による人形使い	○学園内の競争。バトルはあるが、善悪ではない	ハーレム型。美少女の形をした自動人形を操る男が主人公。その美少女は主人公に積極的に甘え、他の美少女に嫉妬するという設定
東京レイヴンズ	2013年10月8日	小説	式神、陰陽師、霊災（霊的災害：霊気→瘴気→自然の自浄作用の限界を超える→物理的被害→移動可能に→百鬼夜行）、密教、修験道、霊力、見鬼の術（霊視）、狐の生成り（先祖返り）	日本	○式神。人間の姿をした式神	○完全な悪役が出てこない作品作り。元から善悪を作らない	美少女あり。若干男装あり、幼女好きあり、など
BLAZBLUE ALTER MEMORY	2013年10月8日	ゲーム	カグツチ、ムラクモ、カグラ、クシナダ、タケミカヅチ、ツクヨミ、スサノヲなどの固有名。死神、魔道書、魔素、術式	日本だが近未来	○魔力を持った武器の使用、使い魔カード	不明	群像型。機神＝女性型の自動人形（オートマトン）

表5　魔術・宗教的語彙に関する事典類のリスト

書　名	著者名	出版社名	出版年	シリーズ名
世界幻想作家事典	荒俣宏 著	国書刊行会	1979	
現代思想のキーワード　科学の知から神話や魔術の知の領分まで：文明転換期の知の流儀を理解するための思想用語辞典	JICC出版局／編	JICC出版局	1980	
RPG 幻想事典	早川浩 著, Nikov 絵	日本ソフトバンク出版事業部	1986	
モンスター事典：ファイティングファンタジー	M．ガスコイン／編, 浅羽莢子／訳	社会思想社	1987	(現代教養文庫；1188)
ジャパネスク：RPG 幻想事典・日本編	東山プロダクション 絵, 飯島健男 [ほか] 著	日本ソフトバンク出版事業部	1988	
宮沢賢治幻想辞典：全創作鑑賞	畑山博 著	六興出版	1990	
魔術		学習研究社	1992	(Mu super mystery books. 事典シリーズ；6)
RPG 幻想事典 チャンバラ英雄伝	柳川房彦 [ほか] 著	ソフトバンク出版事業部	1993	
RPG 幻想事典 戦士たちの時代	司史生, 坂東いるか 共著	ソフトバンク出版事業部	1994	
RPG 幻想事典 アイテムガイド	ヘッドルーム [ほか] 著	ソフトバンク出版事業部	1995	
魔女と魔術の事典	ローズマリ・エレン・グィリー 著, 荒木正純, 松田英 監訳	原書房	1996	
武器事典	市川定春 著, 新紀元社編集部 編	新紀元社	1996	(Truth in fantasy 事典シリーズ；1)
RPG 幻想事典 戦場の乙女たち	司史生 他著	ソフトバンク出版事業部	1996	
戦国百傑伝：戦国の世に輝いた百の将星 上巻	オフィス新大陸 編著	ジャパン・ミックス	1997	(ファンタジー・ファイル；5)
神の事典	ツイン・スター 編著	ジャパン・ミックス	1997	(ファンタジー・ファイル；3)
幻想動物事典	草野巧 著, シブヤユウジ 画	新紀元社	1997	(Truth in fantasy 事典シリーズ；2)
幻獣夜話	オフィス新大陸 編著	ジャパン・ミックス	1997	(ファンタジー・ファイル)
ケルト：幻想の神々	STUDIO-M 編著	ジャパン・ミックス	1997	(ファンタジー・ファイル)
インドの神々	石黒直樹 編著	ジャパン・ミックス	1997	(ファンタジー・ファイル；6)
Evangelist：喜びを伝えるもの	STUDIO-M 編著	ジャパン・ミックス	1997	(ファンタジー・ファイル；4)
魔法事典	山北篤 監修	新紀元社	1998	(Truth in fantasy 事典シリーズ；3)
西洋神名事典	山北篤 監修, シブヤユウジ 画, 稲葉義明 [ほか] 著	新紀元社	1999	(Truth in fantasy 事典シリーズ；4)
死者の百科事典	ダニロ・キシュ 著, 山崎佳代子 訳	東京創元社	1999	(海外文学セレクション)
悪魔事典	山北篤, 佐藤俊之 監修	新紀元社	2000	(Truth in fantasy 事典シリーズ；5)

タイトル	著者	出版社	年	シリーズ
魔導具事典	山北篤 監修, 稲葉義明 [ほか] 著	新紀元社	2001	(Truth in fantasy 事典シリーズ；6)
東洋神名事典	山北篤 監修, 桂令夫 [ほか] 著	新紀元社	2002	(Truth in fantasy 事典シリーズ；7)
図説ファンタジー百科事典	デイヴィッド・プリングル 編, 井辻朱美 日本語版監修	東洋書林	2002	
英雄事典	山北篤 監修, 稲葉義明 [ほか] 著	新紀元社	2003	(Truth in fantasy 事典シリーズ；8)
魔術事典	ダグラス・ヒル 著, 高山宏 日本語版監修	あすなろ書房	2004	(「知」のビジュアル百科；11)
図解近代魔術	羽仁礼 著, 新紀元社編集部 編	新紀元社	2005	(F-files；no.1)
図解クトゥルフ神話	森瀬繚 編著	新紀元社	2005	(F-files；no.2)
萌え萌え幻想武器事典	幻想武器制作委員会 編	イーグルパブリシング	2006	
図解錬金術	草野巧 著	新紀元社	2006	(F-files；no.4)
図解吸血鬼	森瀬繚, 静川龍宗 編著	新紀元社	2006	(F-files；no.6)
新説RPG幻想事典：剣と魔法の博物誌	村山誠一郎 著	ソフトバンククリエイティブ	2006	
幻想地名事典	山北篤 監修, 桂令夫, 草野巧, 佐藤俊之, 司馬炳介, 秦野啓, 山北篤 著	新紀元社	2006	(Truth in fantasy 事典シリーズ；9)
夢魔の幻獣辞典	井上雅彦 [著]	角川書店	2007	
萌え萌え妖精事典	妖精事典制作委員会 編	イーグルパブリシング	2007	
萌え萌え天使事典：side 白	天使・悪魔事典制作委員会 編	イーグルパブリシング	2007	
萌え萌え女神事典	女神事典制作委員会 編	イーグルパブリッシング	2007	
萌え萌え悪魔事典：side 黒	悪魔・天使事典制作委員会 編	イーグルパブリシング	2007	
図解北欧神話	池上良太 著, 新紀元社編集部 編	新紀元社	2007	(F-files；no.10)
図解天国と地獄	草野巧 著, 新紀元社編集部 編	新紀元社	2007	(F-files；no.9)
図解陰陽師	高平鳴海, 土井猛史, 若瀬諒, 天宮華蓮 著	新紀元社	2007	(F-files；no.11)
よくわかる「世界の妖怪」事典：河童、孫悟空から、ドラキュラ、口裂け女まで	「世界の妖怪」を探究する会 著, ブレインナビ 編	廣済堂出版	2007	(廣済堂文庫．ヒューマン文庫)
よくわかる「世界の幻獣」事典：ドラゴン、ゴブリンからスフィンクス、天狗まで	「世界の幻獣」を研究する会 著, ブレインナビ 編	廣済堂出版	2007	(廣済堂文庫．ヒューマン文庫)
よくわかる「世界のドラゴン」事典：サラマンダー、応龍から、ナーガ、八岐大蛇まで	「世界のドラゴン」を追究する会 著, ブレインナビ 編	廣済堂出版	2007	(廣済堂文庫．ヒューマン文庫)
パワーストーン幸運の辞典：魔法の石とのつき合い方教えます	森村あこ 著	実業之日本社	2007	(じっぴコンパクト)
萌え萌え妖怪事典	妖怪事典制作委員会 編	イーグルパブリシング	2008	
萌え萌え魔法事典	魔法事典制作委員会 編	イーグルパブリシング	2008	

萌え萌え幻獣事典	幻獣事典制作委員会 編	イーグルパブリシング	2008	
萌え萌え英雄事典 ヨーロッパ編	英雄事典制作委員会 編	イーグルパブリシング	2008	
図解火の神と精霊	山北篤 著	新紀元社	2008	(F-files；no.13)
図解 UFO	桜井慎太郎 著	新紀元社	2008	(F-files；no.14)
新説 RPG 幻想事典：剣と魔法の博物誌 モンスター編	村山誠一郎 著	ソフトバンククリエイティブ	2008	
幻想図書事典	山北篤 監修	新紀元社	2008	(Truth in fantasy 事典シリーズ；10)
よくわかる「魔界・地獄の住人」事典：サタン、ハデスから、死神、閻魔大王まで	幻想世界を研究する会 著, ブレインナビ 編	廣済堂出版	2008	(廣済堂文庫. ヒューマン文庫)
よくわかる「天国・神界の住人」事典：ゼウス、オーディンからミカエル、天照大御神まで	幻想世界を研究する会 著, ブレインナビ 編	廣済堂出版	2008	(廣済堂文庫. ヒューマン文庫)
よくわかる「世界の神器・魔導具」事典：エクスカリバー、村雨から、ソロモンの指輪、聖杯まで	幻想世界を研究する会 著, ブレインナビ 編	廣済堂出版	2008	(廣済堂文庫. ヒューマン文庫)
よくわかる「世界の幻獣」大事典：ドラゴン、ゴブリンから、スフィンクス、天狗まで	「世界の幻獣」を研究する会 著, ブレインナビ 編	廣済堂出版	2008	(廣済堂ペーパーバックス)
よくわかる「世界のドラゴン」大事典：サラマンダー、応龍から、ナーガ、八岐大蛇まで	「世界のドラゴン」を追究する会 著, ブレインナビ 編	廣済堂出版	2008	(廣済堂ペーパーバックス)
魔法と錬金術の百科事典	ロウズマリー・エレン・グィリー 著, 目羅公和 訳	柊風舎	2009	
萌え萌え妖怪事典零	妖怪事典制作委員会 編	イーグルパブリシング	2009	
萌え萌えドラゴン事典	ドラゴン事典制作委員会 編	イーグルパブリシング	2009	
萌え萌えクトゥルー神話事典	クトゥルー神話事典制作委員会 編, 森瀬繚 監修	イーグルパブリシング	2009	
日本幻想作家事典	東雅夫, 石堂藍 編	国書刊行会	2009	
図解西洋占星術	羽仁礼 著	新紀元社	2009	(F-files；no.019)
図解水の神と精霊	山北篤 著	新紀元社	2009	(F-files；no.021)
新説 RPG 幻想事典：剣と魔法の博物誌 モンスター編 2	村山誠一郎 著	ソフトバンククリエイティブ	2009	
幻想娘百科事典	柚木貴 著	キルタイムコミュニケーション	2009	(アンリアルコミックス；42)
幻想世界の神々イラスト大事典	別冊宝島編集部 編	宝島社	2009	(宝島 sugoi 文庫)
幻想ネーミング辞典	新紀元社編集部 編	新紀元社	2009	
よくわかる「世界の死神」事典：ハーデース、オーディンから、ヤマ、閻魔、イザナミまで	七会静 著	廣済堂あかつき	2009	
猫と魔術と神話事典	M. オールドフィールド・ハウイ 著, 鏡リュウジ 監訳, 真喜志順子 訳	柏書房	2010	
図解悪魔学	草野巧 著	新紀元社	2010	(F-files；no.027)

タイトル	著者	出版社	年	備考
ハリー・ポッターのホントの魔法事典：妖精、幻獣から、アイテム、魔法使いまで完全解説!!	七会静 著	廣済堂あかつき出版事業部	2010	（廣済堂ペーパーバックス）
ゲームシナリオのためのファンタジー事典：知っておきたい歴史・文化・お約束110	山北篤 著	ソフトバンククリエイティブ	2010	
萌え萌えヴァンパイア事典	TEAS事務所 著、ヴァンパイア事典制作委員会 編、寺田とものり 監修	イーグルパブリシング	2011	
伝説の神獣・魔獣イラスト大事典：人類が語り継いできたモンスターたちの知られざる生態!		宝島社	2011	
世界の魔法・魔術事典：異教の魔法使い、悪魔と契約した魔女、禁断と背徳を秘めた奇跡の力の系譜	歴史雑学探求倶楽部 編	学研パブリッシング	2011	
図解巫女	朱鷺田祐介 著	新紀元社	2011	(F-files；no.028)
図解魔導書	草野巧 著	新紀元社	2011	(F-files；no.032)
図解日本神話	山北篤 著	新紀元社	2011	(F-files；no.033)
幻想世界武器事典	幻想武具研究会 著	笠倉出版社	2011	
幻想世界幻獣事典：モンスターの美麗イラスト500収録!!	幻想世界を歩む会 著、スタジオエクレア 編	笠倉出版社	2011	
幻想世界の神々イラスト大事典EX		宝島社	2011	（別冊宝島スペシャル）
幻想世界11カ国語ネーミング辞典	ネーミング研究会 著	笠倉出版社	2011	
ファンタジー・ネーミング辞典EX：13ケ国語対応!	幻想世界研究会 著	宝島社	2011	
和の幻想ネーミング辞典	新紀元社編集部 編集	新紀元社	2012	
漫画／イラストで使える西洋魔術事典	山北篤 著	秀和システム	2012	
萌える!淫魔（サキュバス）事典	TEAS事務所 著	ホビージャパン	2012	
ライトノベル作家のための魔法事典：This is a Magic item to establish your own world	東方創造騎士団 著	ハーヴェスト出版	2012	
ゲームシナリオ創作のためのファンタジー用語大事典：クリエイターが知っておきたい空想世界の歴史・約束事・知識	ゲームシナリオ研究会 編	コスミック出版	2012	
ゲームシナリオのためのミステリ事典：知っておきたいトリック・セオリー・お約束110	ミステリ事典編集委員会 著、森瀬繚 監修	ソフトバンククリエイティブ	2012	(Next creator)
ゲームシナリオのためのファンタジー衣装事典：キャラクターに使える洋と和の伝統装束110	山北篤 著、池田正輝 イラスト	ソフトバンククリエイティブ	2012	(NEXT CREATOR)
日本幻想文学事典	東雅夫 著	筑摩書房	2013	（ちくま文庫；ひ21-7. 日本幻想文学大全）
図解黒魔術	草野巧 著	新紀元社	2013	(F FILES；No.040)
幻想世界ネーミング辞典：13カ国語版		コスミック出版	2013	(COSMIC MOOK)
ゲームシナリオのためのクトゥルー神話事典：知っておきたい邪神・禁書・お約束110	森瀬繚 著	ソフトバンククリエイティブ	2013	(NEXT CREATOR)

クリエイターのためのファンタジー大事典 = Fantasy Encyclopedia For Creators	高橋信之 監修, スタジオ・ハードデラックス 著	ナツメ社	2013	
クリエイターとプレイヤーのためのファンタジー事典	ファンタジー事典製作委員会 著	笠倉出版社	2013	
世界の妖精・妖怪事典	キャロル・ローズ 著, 松村一男 監訳	原書房	2014	(シリーズ・ファンタジー百科)
世界の怪物・神獣事典	キャロル・ローズ 著, 松村一男 監訳	原書房	2014	(シリーズ・ファンタジー百科)
図解ケルト神話	池上良太 著	新紀元社	2014	(F FILES；No.044)
願いをかなえる！パワーストーン魔法の石事典：Fortune Stones	森村あこ 著	実業之日本社	2014	
ゲームシナリオのためのファンタジー物語事典：知っておきたい神話・古典・お約束110	山北篤 著	SBクリエイティブ	2014	(NEXT CREATOR)

註

1) http://www.saiani.net/image/animeinfo-oldtop.html
2) http://ocg.xpg.jp/rank/rank.fcgi
3) <http://ja.wikipedia.org/wiki/ 利用者 :Peehyoro_Acala>
4) http://www.tokyo-ritual.jp/
5) http://blog.livedoor.jp/majyocco_sabbath/
6) 日本文学の研究者であり、自らもライトノベルの作家である大橋は、東らの議論が、規範化された「近代文学」との対比で組み立てられていると指摘し、日本の物語文化は、戦前からすでにデータベース消費的な傾向を持っていたとする（大橋2014）。しかし、このような遡行を始めると、中世の写本文化、そして古代以前からの口承文化にまでさかのぼらなければならなくなるだろう。そして、受け手自身が背景的データベースを自覚しているという、今日のサブカルチャーの特質が見失われるだろう。

参考文献

東浩紀 2001。『動物化するポストモダン――オタクから見た日本社会』（講談社）。
東浩紀 2007。『ゲーム的リアリズムの誕生――動物化するポストモダン 2』（講談社）。
井上順孝 2009。『若者と現代宗教――失われた座標軸』（筑摩書房）。
大橋崇行 2014。『ライトノベルから見た少女／少年小説史――現代日本の物語文化を見直すために』（笠間書院）。
鎌池和馬 2004。『とある魔術の禁書目録(インデックス)』（アスキー・メディアワークス）。
島薗進 2007。『精神世界のゆくえ――宗教・近代・霊性(スピリチュアリティ)』（秋山書店）。
菅直子 2010。「パワースポットとしての神社」、石井研士編著『神道はどこへいくか』ぺりかん社、232-252 頁。
東方創造騎士団 2012。『ライトノベル作家のための魔法事典』（ハーヴェスト出版）。
平藤喜久子 2008。「グローバル化社会とハイパー神話――コンピューターＲＰＧによる神話の解体と再生」、山中弘・松村一男編『神話と現代』（リトン）。
ヘイズ中村・魔法研究会 2013。『魔法世界元ネタ図鑑』（学研パブリッシング）。
堀江宗正 2006。「メディアのなかの「スピリチュアル」――江原啓之ブームとは何か」、『世界』No. 759（2006 年 12 月号）、242-50 頁。

─────2007a．「日本のスピリチュアリティ言説の状況」、日本トランスパーソナル心理学・精神医学会編『スピリチュアリティの心理学』(せせらぎ出版、2007年)、35-54頁。

─────2007b．「スピリチュアルとスピリチュアリティのあいだ」、『国際宗教研究所ニュースレター』No. 54（2007年4月）、19-29頁。

─────2014．「現代日本の魔女たち」、『季刊民族学』149（2014年7月号）、15-23頁。

松村一男 1999．『神話学講義』（角川書店）。

宮川まどか 2012．「異界探訪1　サブカルチャーと若者──「魔術」と絶妙な距離」、『中日新聞』(2012年8月7日)、11頁。

夜想 2003．『Yaso ──特集ゴス』（ステュディオ・パラボリカ）。

山中弘 2003．「「生きる力」のユートピア──宮崎駿「現象」の意味するもの」、『現代宗教2003』（国際宗教研究所）、183-202頁。

Baudrillard, Jean. 1981. *Simulacres et simulation* (Paris: Galilée). 竹原あき子訳『シミュラークルとシミュレーション』（法政大学出版局、1984）。

Davidsen, Markus Altena. 2013. "Fiction-based Religion: Conceptualising a New Category against History-based Religion and Fandom," *Culture and Religion* 14-4, pp. 378-395.

Green, Marian. 1987. *The Gentle Arts of Aquarian Magic: Magical Techniques to Help You Master the Crafts of the Wise* (NY: Harper Collins). ヘイズ中村訳『やさしい魔女』（国書刊行会、1994）。

Groom, Nick. 2012. *The Gothic: A Very Short Introduction* (Oxford: Oxford University Press).

Hebdige, Dick. 1979. *Subculture: The Meaning of the Style* (Methuen & co. ltd.). 山口淑子訳『サブカルチャー』（未來社、1986）。

Kaplan, Jeffrey and Lööw, Heléne. 2002. *The Cultic Milieu: Oppositional Subcultures in an Age of Globalization* (Oxford: AltaMira Press).

Nelson, Victoria. 2013. *Gothicka: Vampire Heroes, Human Gods, and the New Supernatural* (Harvard University Press).

Ong, Walter J. 1982. *Orality and Literacy: The Technologizing of the Word* (York: Methuen). 林正寛ほか訳『声の文化と文字の文化』（藤原書店、1991）。

Partridge, Christopher. 2004. *The Re-Enchantment of the West, Volume 1: Alternative Spiritualities, Sacralization, Popular Culture, and Occulture* (London: T&T Clark).

Possamai, Adam (ed.). 2012. *Handbook of Hyper-real Religions* (Leiden: Brill).

Thomas, Jolyon Baraka. 2012. *Drawing on Tradition: Manga, Anime, and Religion in Contemporary Japan* (Honolulu: University of Hawai'i Press).

● 編者

江川　純一　（えがわ　じゅんいち）
東京大学大学院人文社会系研究科研究員、同宗教学研究室教務補佐員
「イタリア宗教史学の生成―ペッタッツォーニの開講講演をめぐって」松村一男・市川裕・渡辺和子編『宗教史とは何か（上巻）』リトン、2008 年。「ファシズム期のイタリア宗教史学―民族学、フォークロアの流れのなかで」竹沢尚一郎編『宗教とファシズム』水声社、2010 年。「新美南吉における〈野生の思考〉」『ユリイカ 2013 年 8 月号』青土社、2013 年。「イタリア王国～イタリア共和国における宗教史学」『東京大学宗教学年報』30（特別号）、2013 年。「折口信夫における宗教学的思考 ―ライフ・インデックス論と最高存在論」『現代思想 2014 年 5 月臨時増刊号 総特集 折口信夫』青土社、2014 年。『イタリア宗教史学の誕生 ―ペッタッツォーニの宗教思想とその歴史的背景』勁草書房、2015 年。

久保田　浩　（くぼた　ひろし）
立教大学文学部教授
Religion and National Identity in the Japanese Context, Münster, 2002（共編著）. *Religionswissenschaftliche Religiosität und Religionsgründung*, Frankfurt a. M., 2005. *The Study of Religion Under the Impact of Fascism*, Leiden, 2007（共著）.『宗教史とは何か（上巻）』（共著）リトン、2008 年。『宗教とファシズム』（共著）水声社、2010 年。「「ユダヤ人イエス」の実践性―シオニズムとドイツ民族主義宗教における」『キリスト教学』53、2011 年。『文化接触の創造力』（編著）リトン、2013 年。

● 執筆者［掲載順］

藤原　聖子　（ふじわら　さとこ）
東京大学大学院人文社会系研究科准教授
『「聖」概念と近代―批判的比較宗教学に向けて―』大正大学出版会、2004 年。『現代アメリカ宗教地図』平凡社、2009 年。『教科書の中の宗教』岩波書店、2011 年。「「対話」としての比較研究、「批判」としての比較研究―宗教学からの問題提起―」、国立民族学博物館調査報告『人類学的比較再考』、2010 年。「「コギト」の構造主義？―ジョナサン・Z・スミスと北米宗教学―」『東京大学宗教学年報』29、2012 年。「アメリカにおける人文系宗教学の制度的位置―「神話と儀礼」としての「宗教」概念の由来 ―」『東京大学宗教学年報』30（特別号）、2013 年。"Japan," in *Religious Studies: A Global View*, ed. by Gregory D. Alles, London & NY, 2008.

竹沢　尚一郎　（たけざわ　しょういちろう）
国立民族学博物館教授・総合研究大学院大学教授併任
『人類学的思考の歴史』世界思想社、2008 年。『宗教とファシズム』（編著）、水声社、2010 年。『社会とは何か』中央公論新社、2012 年。『被災後を生きる』中央公論新社、2013 年。『西アフリカの王国を掘る』臨川書店、2014 年。

横田　理博　（よこた　みちひろ）
電気通信大学情報理工学部教授
「ウェーバー宗教社会学の新しい読み方——近代西洋のエートスを相対化する三つの文化比較」橋本努・矢野善郎編『日本マックス・ウェーバー論争——「プロ倫」読解の現在』ナカニシヤ出版、2008 年。「西田幾多郎の『善の研究』とウィリアム・ジェイムズ」『宗教研究』83（3）、2009 年。『ウェーバーの倫理思想——比較宗教社会学に込められた倫理観』未來社、2011 年。「ニーチェからヴェーバーへ——『ルサンティマン』説をめぐって」茨木竹二編『ドイツ社会学とマックス・ヴェーバー——草創期ドイツ社会学の固有性と現代的意義』時潮社、2012 年。「山口の西田幾多郎」『電気通信大学紀要』27（1）、2015 年。

高橋　原　（たかはし　はら）
東北大学大学院文学研究科准教授
『ユングの宗教論——キリスト教神話の再生』専修大学出版局、2005 年。「ポスト嘲風・梁川世代のスピリチュアリティ——福島政雄と霜田静志を例として——」『スピリチュアリティの宗教史（下巻）』リトン、2012 年。「明治期東京帝国大学宗教学科における仏教と宗教——亀谷凌雲の事例を手がかりに——」江島尚俊・三浦周・松野智章編『近代日本の大学と宗教』法藏館、2014 年。「誰が話を聴くのか？——被災地における霊の話と宗教者」『死生学年報 2014』リトン、2014 年。

谷内　悠　（やち　ゆう）
東京大学大学院人文社会系研究科博士課程
「『信』と虚構について——分析哲学による理論構築——」『東京大学宗教学年報』27、2010 年。「宗教はなぜ科学による基礎づけを求めるのか——創造論運動を事例とした分析哲学的考察——」『宗教研究』88（1）、2014 年。

鈴木　正崇　（すずき　まさたか）
慶應義塾大学文学部教授
『東アジアのシャーマニズムと民俗』（共編著）勁草書房、1994 年。『スリランカの宗教と社会——文化人類学的考察』春秋社、1996 年。『民族で読む中国』（共編著）朝日新聞社、1998 年。『ラーマーヤナの宇宙——伝承と民族造形』（共編著）春秋社、1998 年。『仮面と巫俗の研究——日本と韓国』（共編著）第一書房、1999 年。『大地と神々との共生——自然環境と宗教』（編著）昭和堂、1999 年。『〈血縁〉の再構築——東アジアの父系出自と同姓結合』（共編著）風響社、2000 年。『神と仏の民俗』吉川弘文館、2001 年。『女人禁制』吉川弘文館、2002 年。『拡大する中国世界と文化創造——アジア太平洋の底流』（共編著）弘文堂、2002 年。『祭祀と空間のコスモロジー——対馬と沖縄』春秋社、2004 年。『東アジアの近代と日本』（編著）慶應義塾大学出版会、2007 年。『神話と芸能のインド——神々を演じる人々』（編著）山川出版社、2009 年。『東アジアの民衆文化と祝祭空間』（編著）慶應義塾大学出版会、2009 年。『東アジアにおける宗教文化の再構築』（編著）風響社、2010 年。『南アジアの文化と社会を読み解く』（編著）慶應義塾大学出版会、2011 年。『ミャオ族の歴史と文化の動態——中国南部山地民の想像力の変容』風響社、2012 年。『山岳信仰』中央公論新社、2015 年。

編者・執筆者紹介

木村　敏明　（きむら　としあき）
東北大学大学院文学研究科教授
「トバ・バタックの結婚儀礼とサハラ信仰―メダンにおけるその変容―」『宗教研究』76 (1)、2002 年。「トバ・バタック移民社会におけるキリスト教的口頭表現と儀礼」『東北宗教学』3、2007 年。*Stratification in Cultural Contexts: Cases from East and Southeast Asia*, Balwyn North, 2013（編著）。『不平等生成メカニズムの解明―格差・階層・公正―』（共編著）ミネルヴァ書房、2013 年。

池澤　優　（いけざわ　まさる）
東京大学大学院人文社会系研究科教授
『「孝」思想の宗教学的研究―古代中国における祖先崇拝の思想的発展』東京大学出版会、2002 年。『非業の死の記憶―大量の死者をめぐる表象のポリティックス』（共編著）秋山書店、2009 年。「生命倫理と宗教―エンゲルハート再考」日台国際研究会議『東アジアの死生学へⅣ』（『死生学研究』特集号）、2012 年。「中国の生命倫理」今井道夫・森下直貴編『生命倫理学の基本構図』丸善、2012 年。「死者とはだれのことか―古代中国における死者の記憶を中心に」秋山聰・野崎歓編『人文知』第三巻、東京大学出版会、2014 年。「祀りと占いの世界」中国出土資料学会編『地下からの贈り物―新出土資料が語るいにしえの中国』東方書店、2014 年。『「儀礼」特性饋食の祖先祭祀』市川裕編『世界の宗教といかに向き合うか』（月本昭男先生退職記念献呈論文集、第一巻）聖公会出版、2014 年。

川瀬　貴也　（かわせ　たかや）
京都府立大学文学部准教授
『植民地朝鮮の宗教と学知―帝国日本の眼差しの構築』青弓社、2009 年。"Anti-War and Peace Movements among Japanese Buddhists after the Second World War" in Vladimir Tikhonov and Torkel Brekke (ed.), *Buddhism and Violence*, New York, 2012.「崔麟――ある「モダンボーイ」の肖像」趙景達ほか編『東アジアの知識人　4 巻』有志舎、2014 年。「植民地朝鮮における「宗教」と「政治」――天道教の動向を中心に」湯山トミ子・宇野重昭編『アジアからの世界史像の構築――新しいアイデンティティを求めて』東方書店、2014 年。

井関　大介　（いせき　だいすけ）
東洋大学総合情報学部非常勤講師
「秋成の「神秘思想」における二つの神語り」『文学』10 (1)、岩波書店、2009 年。「残口批判書の三教観」『東京大学宗教学年報』28、2011 年。「増穂残口の「公道」と「神道」」『東京大学宗教学年報』32、2015 年。

一柳　廣孝　（いちやなぎ　ひろたか）
横浜国立大学教育人間科学部教授
『〈こっくりさん〉と〈千里眼〉―日本近代と心霊学』講談社、1994 年。『催眠術の日本近代』青弓社、1997 年。「大正期・心霊シーンのなかの『変態心理』」小田晋ほか編『『変態心理』と中村古峡―大正文化への新視角』不二出版、2001 年。「千里眼事件のなかの「心理学」―『東京朝日新聞』の報道を中心に」佐藤達哉編『心理学史の新しいかたち』誠信書房、2005 年。『無意識という物語　近代日本と〈心〉の行方』名古屋大学出版会、2014 年。

宮坂　　清　　（みやさか　きよし）
名古屋学院大学専任講師
「精霊の入る口―ラダックの巫者儀礼にみる憑依と吸い出し」『アジア遊学』84、勉誠出版、2006年。「シャンバラへの道―八〇年代日本の危うい夢」吉田司雄編著『オカルトの惑星―1980年代、もう一つの世界地図』青弓社、2009年。「教団の映像メディア利用―教祖・教団のイメージはどう創出されたか」（共著）井上順孝責任編集、宗教情報リサーチセンター編『情報時代のオウム真理教』春秋社、2011年。

今井　信治　　（いまい　のぶはる）
筑波大学大学院博士課程
「アニメ『聖地巡礼』実践者の行動に見る伝統的巡礼と観光活動の架橋可能性―埼玉県鷲宮神社奉納絵馬分析を中心に―」『メディアコンテンツとツーリズム―鷲宮町の経験から考える文化創造型交流の可能性―』CATS叢書第1号、2009年。「コンテンツがもたらす場所解釈の変容―埼玉県鷲宮神社奉納絵馬比較分析を中心に―」『コンテンツ文化史研究』3、2010年。「フレームから浮かび上がるリアリティ―秩父札所十七番定林寺調査を中心に―」『デジタルゲーム学研究』6 (2)、2012年。「ファンが日常を『聖化』する―絵馬に懸けられた願い―」山中弘編『宗教とツーリズム―聖なるものの変容と持続―』世界思想社、2012年。

堀江　宗正　　（ほりえ　のりちか）
東京大学大学院人文社会系研究科准教授
『歴史のなかの宗教心理学――その思想形成と布置』岩波書店、2009年。「現代の輪廻転生観――輪廻する〈私〉の物語」鶴岡賀雄・深澤英隆編『スピリチュアリティの宗教史（上巻）』リトン、2010年。『スピリチュアリティのゆくえ（若者の気分）』岩波書店、2011年。"Narrow New Age and Broad Spirituality: A Comprehensive Schema and a Comparative Analysis," Steven J. Sutcliffe & Ingvild Saelid Gilhus (eds.), *New Age Spirituality: Rethinking Religion*, Durham, 2013.「きれいで明るい死後の世界――ポピュラーな映像作品を通して」『文化交流研究』27、2014年。「現代日本の魔女たち」『季刊民族学』149、2014年。

宗教史学論叢　19
「呪術」の呪縛　上巻

発行日　2015年3月31日

編　者　江川純一・久保田 浩
発行者　大石昌孝
発行所　有限会社リトン
　　　　101-0061　東京都千代田区三崎町2-9-5-402
　　　　　　　　　FAX 03-3238-7638
印刷所　互恵印刷株式会社

ISBN978-4-86376-042-4　　　　　　　\<Printed in Japan\>

宗教史学論叢 4　**宗教と風土**　──古代オリエントの場合
- 後藤光一郎 著　A5 判上製　511 頁　本体 6,214 円＋税　　ISBN978-4-947668-08-0

宗教史学論叢 5　**聖なる空間**
- 宮家 準／小川英雄 著　A5 判上製　331 頁　本体 5,631 円＋税
　　　　　　　　　　　　　　　　　　　　　　　　　　　　ISBN978-4-947668-09-7

宗教史学論叢 6　**創成神話の研究**
- 月本昭男 編　A5 判上製　405 頁　本体 5,631 円＋税　　ISBN978-4-947668-20-2

宗教史学論叢 7・8　**太陽神の研究**【上・下巻】
- 松村一男／渡辺和子 編　A5 判上製　上巻 351 頁　本体 5,000 円＋税
　　　　　　　　　　　　　　　　　　下巻 357 頁　本体 5,000 円＋税
　　　　　　　　　　　　　　上巻 ISBN978-4-947668-52-3 ／下巻 ISBN978-4-947668-56-1

宗教史学論叢 9　**生と死の神話**
- 松村一男 編　A5 判上製　493 頁　本体 6,400 円＋税　　ISBN978-4-947668-65-3

宗教史学論叢 10・11　**異界の交錯**【上・下巻】
- 細田あや子／渡辺和子 編　A5 判上製　上巻 413 頁　本体 5,800 円＋税
　　　　　　　　　　　　　　　　　　　下巻 483 頁　本体 7,000 円＋税
　　　　　　　　　　　　　　上巻 ISBN978-4-947668-78-3 ／下巻 ISBN978-4-947668-85-1

宗教史学論叢 12　**神話と現代**
- 松村一男／山中 弘 編　A5 判上製　459 頁　本体 7,000 円＋税
　　　　　　　　　　　　　　　　　　　　　　　　　　　　ISBN978-4-947668-91-2

宗教史学論叢 13・14　**宗教史とは何か**【上・下巻】
- 市川 裕／松村一男／渡辺和子 編　A5 判上製　上巻 427 頁　本体 6,000 円＋税
　　　　　　　　　　　　　　　　　　　　　　　下巻 489 頁　本体 6,500 円＋税
　　　　　　　　　　　　　　上巻 ISBN978-4-947668-96-7 ／下巻 ISBN978-4-86376-008-0

宗教史学論叢 15・16　**スピリチュアリティの宗教史**【上・下巻】
- 鶴岡賀雄／深澤英隆 編　A5 判上製　上巻 469 頁　本体 6,000 円＋税
　　　　　　　　　　　　　　　　　　下巻 511 頁　本体 6,500 円＋税
　　　　　　　　　　　　　　上巻 ISBN978-4-86376-017-2 ／下巻 ISBN978-4-86376-023-3

宗教史学論叢 17・18　**夢と幻視の宗教史**【上・下巻】
- 河東 仁 編　A5 判上製　上巻　404 頁　本体 5,000 円＋税
　　　　　　　　　　　　　下巻　304 頁　本体 4,000 円＋税
　　　　　　　　　　　　　　上巻 ISBN978-4-86376-027-1 ／下巻 ISBN978-4-86376-037-0